U0513960

道不远人

近代中国的儒学与儒生

王锐 著

上海古籍出版社

华东师范大学"中国历史学话语体系建设与国际传播基地"

社会主义历史与文献研究院

资助出版

自　序

　　本书收录了近年来笔者关于近代中国的儒学与儒生相关的一些论文。既涉及近代儒学史上的一些重要概念与学说，又涉及目睹时代变局，一些儒者如何思考儒学的命运、儒学与近代西学之间的关系。

　　从事某一问题的研究，往往由于各不相同的机缘。在之前出版的著作里，由于各种因素，往往未能谈及，在这里或可一述。犹记上中学时，南宁市有一家面积很大、书目很多的三联书店。彼时大概恰逢一个图书出版的小高峰，不少近代学者的著作被陆续整理重印，一些在当代思想史与学术史上留下重要印记的著作也不难找到。在这样的文化氛围里，我开始关注先秦诸子与近代思想和学术的变迁。印象比较深刻的，是上海古籍出版社"蓬莱阁丛书"收录的不少颇为经典的近人论著，三联书店出版的陈寅恪、钱穆著作集与"中国近代学术名著"丛书，广西师范大学出版社出版的当代著名学者著作集，商务印书馆出版的"商务印书馆文库"，以及一些沪上出版社引进的现代港台地区新儒家的著作。当然，如果运气好的话，偶尔还能买到再往前一些年月，由辽宁教育出版社出版的"新世纪万有文库"的书籍。那时思考能力尚属稚嫩，难以完全读懂这些著作的本旨与深意，但对这些著作讨论的问题、提出的观点印象颇深，尤其是这些著作折射出的近代以来古今中西之争如何深刻影响着中国未来的发展道路。对我来说，大概由于时刻都有高考的巨大压力落在心头，加之当时各类让人揪心的社会新闻层出不穷，所以读这些书时，很难有太多从容悠闲之感，大多数时候都是在晚上10点多晚自习结束后回到家中熬夜翻看，因此或许更能与书中涉及的"大哉问"，以及近代中国国势衰微、山河破碎的场景产生强烈共情。

2006年，我高考侥幸上岸，赴华中师范大学历史文化学院读书。8月底去学校报道，瞧见位于今日新图书馆附近的利群书社，在书社看到了张舜徽先生的著作集与章开沅先生的学术自选集，于是买回阅读。同时，还买了一本"辛亥人物文集丛书"里的《张难先集》。张舜徽先生的《周秦道论发微》对我影响极大，让我对先秦诸子的著作主旨有豁然贯通之感。至今我对中国古代政治文化的基本理解，很大程度上还是受这本书的影响。章开沅先生的那本自选集，收录了章先生谈论作为中国近代史基本线索的"民族运动"在不同时期的表现形式，梳理了1900年以后的政治与社会思潮，分析了辛亥革命前后的政局变动，使我对晚清以降的政治与思想变迁有更为直观且深入的认识。特别是收入书中的《时代·祖国·乡里——论一九〇三年江浙知识界的新觉醒》、两篇讨论辛亥革命前呼吁"国魂"的文章，对我理解近代的民族国家建设、中国知识分子对世界形势的认识、新学与传统文化之间的关系有着极大启发。张难先的文集收录了《湖北革命知之录》，书中所述的革命党人多出身士绅家庭，具有儒生身份，他们为什么不畏艰险，毅然走上革命之路？儒学与近代革命之间有何关联？我第一次开始思考这些问题。

2013年，我来到复旦大学，师从姜义华教授攻读博士学位。由于长期阅读章太炎的著作，加之硕士论文便以章太炎晚年学术思想为题，因此跨入复旦大学校门，我就是直奔章太炎研究而来的。恰逢此时新版《章太炎全集》陆续问世，汤志钧先生的《章太炎年谱长编》也出版了增订版，一些重要的章门弟子，如朱希祖、钱玄同的文集或日记亦不断整理出版，于是我更确认了要将章太炎生平与思想作为博士阶段的主要研究对象。整个博士四年，除了有半年在台湾"中研院"访学，其他每个学期，我都完整听了姜老师给研究生开设的课程。当时姜老师在系统思考中华文明的根柢与经脉，分析中国传统与近代以来中国政治、社会、经济变迁之间的复杂关系。我自己的思考重点，也就放在了这些问题上。姜老师出版的几本关于章太炎生平与思想的著作，从主题上看是研究章太炎个人，但却涉及了许多近代政治与文化的关键问题。比如《章太炎思想研究》以章太炎的哲学探索为切入点，深入探讨西方近代哲学与中国古代哲学的关系，《章炳麟评传》对《国故论衡》与《检论》等章太炎学术代表著作之精义的阐述，以及论述章太炎的政治活动及其得失，呈现了近代中国世变与学变的基本面貌，提出了许多值得进一步探讨的学术问题。我的博士论文，包括工作后撰写的章太炎传记，基本上都是在继承师说的基础上进行一些新的学术尝试。其中，儒学的近代命运是必须要直面的问题。

在儒学典籍里，我个人比较偏好《荀子》，以及汉代以来侧重经世之学的儒者著作。修身固然是儒者所必须做到的基本条件，心性之学也是儒学史上非常重要的话题，但儒家之所以能深刻影响中国历史两千余年，窃以为关键还在于提出了一套与以小农经济作为主要生产方式的古代社会比较匹配的政治社会秩序构想。历代儒者除了关心自身的道德状况，更关心化民成俗、德配其位、政治清明，使老有所养、幼有所安、教化遍于四方。就此而言，从《荀子》讨论礼制、君道、臣道起，到汉儒强烈批判西汉中叶以降日趋严峻的土地兼并问题，再到南宋儒者激于时势，对科举、封建、井田等问题展开辩论，及至明清之际顾、黄、王诸人检讨明代政治得失，探索理想的政治与社会秩序，包括道咸之际湖湘儒者对风俗、洋务、边疆、经济等问题的思考与实践，儒学的生命力之一或许就在于能够针对不同时期的政治、社会与经济状况，在强烈的道德理想主义驱使下，思考如何根治时代症结，建立既符合儒家道德标准，又收养民、安民之效，经济趋于均平，政治体现民本精神的秩序。必须承认，历代儒者的相关言说，在近代西力东侵、西学东渐的时代背景下，难免显得左支右绌，进退失据。但回顾第一次鸦片战争以来的历史，那些真正服膺、践行儒学义理的人，不会放弃对中国内外局势的分析，并持续探索解决时代危局之道。就以梁漱溟为例，他在《中国文化要义》里提及的话题，诸如"中国是伦理本位的社会""中国有没有阶级""中国之不像国家"，其是否能准确描述中国社会、揭示其中的特点，或许可以不断引起讨论甚至争辩，但不能否认，梁漱溟的这些认识，体现了他基于强烈道德感而形成的实践动力，以及从不回避直面中国政治与社会诸多矛盾的行事风格。[①]因此，本书在内容上多聚焦于近代儒者对于世变与学变的认识和思考。

　　近代儒学史之所以不同于古代儒学史，归根结底是因为第一次鸦片战争以来，中国被迫卷入由西方资本主义列强主导的世界体系，中国面临一系列亘古未见的危机与困局。这一历史过程，在性质上与古代佛教文化对本土文化的冲击、明清之际利玛窦等人来到中国传播西方文化绝不相同。清代中后期以前，儒学内部固然有不同的流派之争，并且有时论争程度颇为激烈。历代也不乏有心之士重拾先秦诸子遗言，对儒学进行新的审视与改造。宋明两代宗尚理学之

[①]　梁漱溟：《中国文化要义》，上海：上海人民出版社2018年版，第92—111、163—183、184—218页。

士，借用佛道两教的内容来充实儒学的宇宙论、心性论、工夫论。凡此种种，非但没有动摇儒学在中国社会的地位，反而丰富了儒学的内涵与外延，显示出儒学极强的思想吸纳能力。但近代以来，儒学与中国的国运一样，遭遇了整体性的危机。

首先，自汉武帝以来，儒学与皇权和绅权绑定得过于紧密，一旦人们因目睹危局而反思中国传统的政治与社会制度，那么儒学必然遭受越来越强烈的质疑。关于此，只需翻看洋务运动以来的时评政论，便可窥探一二。与之相关，近代儒学需要面对清代儒学的各种遗产，而清代儒学的基本特征和清代的政治文化关系紧密。因此，如何认识清代的政治文化，特别是清廷的统治术，对把握清代儒学的基本特征颇为重要。当清中叶社会危机逐渐显现时，出于强烈的忧患意识，龚自珍这样描述当时的政治氛围：

> 吾闻深于《春秋》者，其论史也，曰：书契以降，世有三等，三等之世，皆观其才；才之差，治世为一等，乱世为一等，衰世别为一等。衰世者，文类治世，名类治世，声音笑貌类治世。黑白杂而五色可废也，似治世之太素；宫羽淆而五声可铄也，似治世之稀声；道路荒而畔岸毁也，似治世之荡荡便便；人心混混而无口过也，似治世之不议。左无才相，右无才史，阃无才将，庠序无才士，陇无才民，廛无才工，衢无才商，抑巷无才偷，市无才驵，薮泽无才盗，则非但魃君子也，抑小人甚魃。当彼其世也，而才士与才民出，则百不才督之、缚之，以至于戮之。戮之非刀、非锯、非水火；文亦戮之，名亦戮之，声音笑貌亦戮之。戮之权不告于君，不告于大夫，不宣于司市，君大夫亦不任受。其法亦不及要领，徒戮其心，戮其能忧心、能愤心、能思虑心、能作为心、能有廉耻心、能无渣滓心。又非一日而戮之，乃以渐，或三岁而戮之，十

年而戮之，百年而戮之。①

及至清末，曾担任驻外使臣，后参与变法运动的黄遵宪，在与梁启超的信中也表达了类似的看法：

> 二百馀年，政略以防弊为主，学术以无用为尚。有明中叶以后，直臣之死谏诤、党人之议朝政，最为盛事。逮于国初，馀风未沫。矫其弊者，极力划削，渐次销除。间有二三骨鲠强项之臣，必再三磨折，其今夕前席、明夕下狱，今日西市、明日南面者，踵趾相接，务催抑其可杀不可辱之气，束缚之，驰骤之，鞭笞之，执乾纲独断之说，俾一切士夫习为奴隶而后心安。其文字之祸，诽谤之禁，穷古所未有。由是愚懦成风，以明哲保身为要，以无事自扰为戒，父兄之教子弟，师长之训后进，兢兢然伸明此意，浸淫于民心者至深。故上至士夫、长吏、官幕、军人，乃至吏胥、走卒、市侩、方技、盗贼、偷窃，其才调意识，见于汉唐历史、宋明小说者，今乃荡然乌有。总而言之，胥天下皆懵懵无知、碌碌无能之辈而已。②

因此，近代儒学流变史的一个深层次主题，大概就是如何克服如此这般政治文化带来的负面影响。

其次，长期以来，儒学之所以能深刻地影响中国历史进程，一个很重要的原因就在于儒学义理深深契合以小农经济作为主要生产方式的中国社会。而到了近代，在西方资本主义的冲击下，中国社会的

① 龚自珍：《乙丙之际箸议第九》，载《龚自珍全集》，上海：上海人民出版社1975年版，第6—7页。
② 黄遵宪：《致梁启超函》（1902年12月），载陈铮编：《中国近代思想家文库·黄遵宪卷》，北京：中国人民大学出版社2014年版，第202页。

经济生产方式与生产关系开始发生变化,这就动摇了儒学的社会经济基础。这一点,不但中国马克思主义史学家曾有丰富论述,就连陈寅恪这样长期被视为文化保守主义(其实陈寅恪思想颇为复杂,未必能如此简单归纳)者也有类似观察。作为在青年留学时代就读过《资本论》的人,陈寅恪说:

> 夫纲纪本理想抽象之物,然不能不有所依托,以为具体表现之用;其所依托以表现者,实为有形之社会制度,而经济制度尤其最要者。故所依托者不变易,则依托者亦得因以保存。……近数十年来,自道光之季,迄乎今日,社会经济之制度,以外族之侵迫,致剧疾之变迁;纲纪之说,无所凭依,不待外来学说之摧击,而已销沉沦丧于不知觉之间;虽有人焉,强聒而力持,亦终归于不可救疗之局。[①]

最后,儒学之所以有生命力,离不开它在不同历史时期大体能对政治、社会与经济问题进行比较深刻的论述,并提出一套走向理想秩序的路径。所以陈寅恪说:"儒者在古代本为典章学术所寄托之专家","二千年来华夏民族所受儒家学说之影响,最深最巨者,实在制度、法律、公私生活之方面"。[②]而在近代变局下,儒学却越来越丧失对此变局之所以出现、如何摆脱内外困境的描述能力与解释能力,因而也就越来越受到立志于救亡图存之士的批判。甲午战争后,目睹中国惨遭战败的结局,严复痛言:

---

① 陈寅恪:《王观堂先生挽词并序》,载《陈寅恪集·诗集》,北京:生活·读书·新知三联书店2001年版,第12—13页。
② 陈寅恪:《冯友兰中国哲学史下册审查报告》,载《金明馆丛稿二编》,北京:生活·读书·新知三联书店2001年版,第283页。

学者学所以修己治人之方，以佐国家化民成俗而已。于是侈陈礼乐，广说性理。周、程、张、朱，关、闽、濂、洛，学案几部，语录百篇。《学蔀通辨》《晚年定论》，关学刻苦，永嘉经制。深宁、东发，继者顾、黄，《明夷待访》《日知》著录。襃衣大袖，尧行舜趋。訑訑声颜，距人千里。灶上驱虏，折棰笞羌。经营八表，牢笼天地。夫如是，吾又得一言以蔽之，曰：无实。非果无实也，救死不赡，宏愿长赊。所托愈高，去实滋远。徒多伪道，何裨民生也哉！ ①

由上可见，严复不但认为谈心说性的理学过于玄虚，无涉实际，就连被视为经世致用之翘楚的南宋永嘉之学与顾炎武、黄宗羲之学，在他看来也不过是空陈高论，无补现实，不能提出有效解决时代危机的方案。在以严复为代表的近代启蒙思想家眼里，儒学有着结构性、整体性的弊病，儒学的"无实"也是全方位的。

以上三点，窃以为是近代儒学史之所以显得困顿曲折、令人慨叹的根本原因。而本书的核心问题意识，也正是由这三点出发，通过具体个案，分析儒学在近代中国的曲折历程，儒生为了弘道救世、为民请命而进行的艰辛探索。惟有将这些史事梳理清楚，或许方能更好地思考儒学的未来。

需要说明的是，收入本书中的部分文章，曾发表在《哲学研究》《社会科学》《现代哲学》《中山大学学报》《广东社会科学》《福建论坛》《近代史学刊》《诸子学刊》《历史教学问题》《章太炎研究》等刊物上。本次结集成书，笔者对文章的内容做了些许修改，为免繁复，皆不标注文章出处。

---

① 严复：《救亡决论》，载林载爵主编：《严复合集·严复文集编年（一）》，台北：辜公亮文教基金会1998年版，第85页。

目　　录

近代学者对"儒"的新诠及其意义

——以康有为、刘师培、章太炎为中心的探讨

　　在古今中西之争的多重激荡下，近代中国思想与学术的一个不能回避的话题就是如何评价汉代以降长期居于官学地位，并对中国政治与社会产生深远影响的儒学。甚至可以说，如何评价儒学，不仅是辨章学术、考镜源流层面的事情，更关乎如何整体看待中国历史与文化，中国传统在近代变局下将处于怎样的位置。

　　从近代中国思想与学术演进的历程来看，关于如何评价儒学，除了那些对之进行整体性批判的观点，大体分为以下几类内容：首先，有感于第一次鸦片战争以来的国势衰微，开始检讨明清两代被奉为官学的程朱理学，重新挖掘宋代以降儒学史中旨在反思、批判、纠正程朱理学的内容。这在近代学者对于戴震的正面评价中体现得最为明显。其次，为了重振儒学中的经世思想，着手表彰儒学史上那些强调经世致用，对政治与社会问题有深刻思考的学者及其论著，填补程朱理学过分关注性与天道而忽视经世济民之学的偏颇。清末浙江士人希望重振永嘉经世之学与黄宗羲之学便是其例。复次，为了让中国读书人更为便利地接受近代西学，不少人士开始以西释中，声称近代西学在中国古代（尤其是先秦）儒学已有相似内容，只是由于后世政治堕落，导致其长期隐而不彰。在这一点上，晚清国粹派的"古学

复兴"之论颇具代表性。最后，受到近代西方历史学与社会科学影响，一些人士开始重新思考儒学在中国历史演变过程中的地位与影响，将儒学史置于历代政治史、经济史与社会史的框架下来审视，借此凸显儒学的某些底色与特征，使之成为构思理想政治与社会状态的起点或资源。

关于最后一点，一个较为值得关注的内容就是晚清以降人们对作为一个群体的"儒"的考证与评价。当然，类似的事情并非近代才出现。《荀子》的《儒效》篇就分析了儒者的政治与文化意义，并区分了不同层次的儒者（俗儒、雅儒、大儒）。《礼记》的《儒行》篇则表彰了儒者的人格与立身行事特色。韩愈在著名的《原道》中建立了一套历代圣贤相传的"道统"，为宋学兴起奠定谱系学的根基。而唐代以来关于应以"周孔"并称抑或"孔孟"并称的争论，也是在通过建立不同儒家谱系学的方式来凸显儒学不同的政治与文化意义。

而近代学者关于此问题的讨论，一是在清末的政治与文化论争中进行的，二是在西学大量涌入中国的背景下立言的，所以虽然与古人在某些言说上有相似之处，但更凸显出近代世变与学变对人们的巨大影响（或冲击）。分析这一问题，可以小见大，思考时人如何通过重新理解"儒"的本意来理解中国的历史与现实，并在此基础上构想未来的政治与文化体制。本文以在中国近代思想史、学术史有重要地位、对此话题有不少思考的康有为、刘师培与章太炎为主要讨论对象，分析其相关论说的基本特点以及背后的文化与政治主张。[①]

---

① 王尔敏先生曾分析当代学者讨论儒家起源问题及其学术意义，认为这些讨论对培养良好的古史研究风气与认识中国文化之价值皆有正面意义。这对笔者启发良多。只是王先生的讨论主要聚焦于辛亥革命后，对晚清思想史与学术史中的相关内容着墨不多。参见王尔敏：《当代学者对于儒家起源之探讨及其（转下页）

一、"今治大地升平、太平之事，
　　　孔子之道犹能范围之"

　　讨论近代儒学史，不能不重视康有为。在为康有为作的传记里，梁启超极力表彰其师能够"发明孔子之道"。他说："先生目光之炯远，思想之锐入，气魄之闳雄，能于数千年后，以一人而发先圣久坠之精神，为我中国国教放一大光明。"[①] 康有为在清末的政学主张或许值得从各种角度予以商榷，但他在清末对孔子与儒家所做的重新诠释，确实对之后的中国政治与文化格局产生了极大影响。

　　面对近代中国遭遇的危机，康有为一方面希望通过向清廷呼吁变法来实现政治、经济与军事上的革新，使中国能在列强环伺的局面下得以自存；另一方面则希望用新的诠释方式来维持儒学的普遍性，避免在近代西学的冲击下，儒学沦落为一种日渐丧失解释力与影响力的地方性知识。基于这样的考虑，康有为对清代中叶以来重新被人重视的今文经学进行了一番颇为"激进"的解释，把"三世"说与"改制"论诠释为一种与近代西方的宇宙论和社会进化论接榫，彰显政治、经济与文化变革重要性与合理性的新说。与此同时，康有为为了凸显儒学亘古不变的普遍主义性格，有意将作为政治-文化原理

　　（接上页）时代意义》，载《中国近代思想史论》，台北：台湾商务印书馆1995年版，第487—520页。张荣华教授通过研究许地山对"儒"的论述，揭示与之相关的前后学术因缘，并提及梳理近代学者论述儒家起源问题的重要性。参见张荣华：《许地山说儒》，载复旦大学历史学系编：《沉潜集：张荣华教授学术暨纪念文集》，上海：复旦大学出版社2024年版，第276—282页。张荣华教授的这些观点，对笔者启示良多。
①　梁启超：《南海康先生传》，载吴松等点校：《饮冰室文集点校》第3集，昆明：云南教育出版社2001年版，第1949页。

的儒学与中国历史进程中的儒学切割，认为后世儒者多基于"伪经"来为不良的政治服务，导致儒学的"真义"长期隐而不彰。在这样的思维方式里，儒学的永恒价值在某种程度上是建立在中国历史形象的整体负面化之上的。

关于今文经学与中国古代政教之关系，冯友兰言："盖在今文经学家之经学中，孔子之地位，由师而进为王，由王而进为神。在纬书中，孔子之地位，固已为宗教之教主矣。故讲今文经学，则孔子自成为教主；而孔子之教，自成为宗教。今文经学家，又有孔子改制，立三世之政治制度，为万世制法之义。讲今文经学，则可将其时人理想中之政治，托于孔子之说，以为改革其时现行政治上、社会上各种制度之标准。"[1] 本乎此，在日常讲学时，康有为即强调："自孔子出，百子所称道，皆孔子之制度也。"[2] "孔子作《春秋》，以立一王之制，非特治一世，将以治万世。"[3] "儒为孔子特创教名，孔子且口自述之，著于《论语》。"[4] 在具体操作层面，康有为尤其强调孔子之学集萃于《春秋》，能得《春秋》本意者首推公羊氏。因此要想明晰孔子关于改制的微言大义，就需要从《春秋公羊传》入手。而后世能对此书有精深解释的，则非西汉大儒董仲舒莫属。在编撰于甲午至戊戌期间的《春秋董氏学》里，康有为根据自己对于时势的理解，将董仲舒的《春秋繁露》进行重新编排，形成一套以变法改制为核心，覆盖从天道至人伦，从政策到典制的康有为版"董氏学"。其中尤为重视凸显董仲舒根据时势，汲取先前各种经世主张，建立颇为完整的关于政治、社会

---

① 冯友兰：《中国哲学史》，成都：四川人民出版社2020年版，第633页。
② 康有为：《康南海先生讲学记》，载姜义华、张荣华编校：《康有为全集》第2集，北京：中国人民大学出版社2007年版，第105页。
③ 康有为：《康南海先生讲学记》，载姜义华、张荣华编校：《康有为全集》第2集，第121页。
④ 康有为：《万木草堂口说》，载姜义华、张荣华编校：《康有为全集》第2集，第150页。

与文化秩序的论述,让儒家学说得以全面指导现实政治。关于董仲舒的历史地位,康有为说:

> 以仁为天心,孔子疾时世之不仁,故作《春秋》,明王道,重仁而爱人,思患而豫防,反覆于仁不仁之间。此《春秋》全书之旨也。《春秋》体天之微,难知难读,董子明其托之行事以明其空言,假其位号以正人伦,因一国以容天下,而后知素王改制,一统天下,《春秋》乃可读。①

又言:

> 董子接先秦老师之绪,尽得口说,《公》《穀》之外,兼通"五经",盖孔子之大道在是。虽书不尽言,言不尽意,圣人全体不可得而见,而董子之精深博大,得孔子大教之本,绝诸子之学,为传道之宗,盖自孔子之后一人哉。②

如果说在《春秋董氏学》里,康有为塑造了一位堪比汉代政治设计师的大儒董仲舒的话,那么为了进一步凸显儒家改制变法的正当性,在编撰于同一时期的《孔子改制考》里,康有为通过用更为"激进"的方式处理儒家与诸子、儒家与历史的关系,凸显儒家与孔子在中国历史甚至人类文明史上的重要性。

在书中,康有为构建了一套论述先秦学术脉络的话语体系,即认为上古史事茫昧无稽,无人能确知当时的历史状况究竟是怎样。之

---

① 康有为:《春秋董氏学》,载姜义华、张荣华编校:《康有为全集》第2集,第310页。
② 康有为:《春秋董氏学》,载姜义华、张荣华编校:《康有为全集》第2集,第416页。

所以在春秋战国时期出现大量关于上古时期历史人物与史事的论述，主要是由于诸子各派为了向统治者兜售自己的思想主张，遂将其渊源追溯至上古，强调自己的主张皆属于古有征，借此来增强说服力。诸子各派虽然纷纷论述上古史事，但并没有多少真实性存焉，只是一种政治修辞（或曰政治话术）。诸子各派的政治主张也并非基于对历史流变的深刻考察，而是类似于宗教领袖的创教之语，极具创新性，从抽象的概念与信仰出发铺陈出一套对于政治与社会的见解。诸子各派也非学术团体，而是秉持不同教义的教派。[①]

关于儒家，康有为一反《汉书·艺文志》里认为的儒家起源于上古司徒之官，强调儒家（康有为用"儒教"）乃孔子所创立，其礼制义理、各类经典，亦为孔子原创。如此一来，截断了儒家与上古王官之学的关系，凸显孔子作为"教主"的政治、文化起源意义。依康有为之见，只有如此这般，方能避免"神明圣王，改制教主，既降为一抱残守阙之经师"。[②]

在康有为看来，孔子的伟大之处不仅在于"创教改制"，而在于他是"制法之王"。他根据先秦西汉文献，认为孔子虽无王者之位，但却是新王、素王、文王、圣王、先王、后王。要想让儒学在近代变局下维持生命力，使之具有普遍性，需从这个角度表彰孔子、阐释儒学，使孔子一人兼具"道统"与"政统"，在地位上远高于世间的统治阶级。儒学不但能够深刻地介入现实政治，并且比一时的政治纷争更具有永恒的神圣性，因为儒者拥有对"道"的最终解释权。就此而言，虽然君主制在世间依然存在，但像孔子这样的儒者却具有制定、规范、限制、定义、批判各种现实中存在的政治制度与政治实践的至

① 康有为：《孔子改制考》，载姜义华、张荣华编校：《康有为全集》第3集，第1—260页。
② 康有为：《孔子改制考》，载姜义华、张荣华编校：《康有为全集》第3集，第86页。

上权力。①关于孔子在人类文明史上的崇高地位,康有为借用纬书之言说道:

> 　　天既哀大地生人之多艰,黑帝乃降精而救民患,为神明,为圣王,为万世作师,为万民作保,为大地教主。生于乱世,乃据乱世而立三世之法,而垂精太平;乃因其所生之国而立三世之义,而注意于大地远近大小若一之大一统。乃立元以统天,以天为仁,以神气流形而教庶物,以不忍心而为仁政。合鬼神山川、公侯庶人、昆虫草木一统于其教,而先爱其圆颅方趾之同类,改除乱世勇乱战争角力之法,而立《春秋》新王行仁之制。②

　　在这样的描述下,孔子具有了一定的神秘色彩,更符合拯救世间生灵的宗教教主的形象。虽然孔子诞生于中国,但其政治与文化意义却远不限于中国历史的脉络,中国仅是孔子思考人间问题的起点,其终点则在于规划全人类的前途与命运。像《春秋》这样的典籍,也已超出具体的历史时空,而具有普遍主义的特质。在此逻辑里,近代以来西方列强势力进入中国,非但不会影响孔子的地位,反而促成孔子学说进一步凸显其普遍性意义的契机。另一方面,康有为从反面论证不如此尊奉孔子的流弊:

> 　　乃上古昔,尚勇竞力,乱萌惨黩。天闵振救,不救一世而救百世,乃生神明圣王,不为人主,而为制法主。天下从之,民萌归

---

① 康有为虽然在清末坚持君主立宪制,但并不认为此制乃人类政治文明发展史上的高光时刻,而是依据对进化论的理解,认为进化过程不能逾越相应的阶段。根据当时中国所处的历史阶段,君主立宪制是最优选择。

② 康有为:《孔子改制考》,北京:中华书局2012年版,《叙》第1页。

之。自战国至后汉八百年间，天下学者无不以孔子为王者，靡有异论也。自刘歆以《左氏》破《公羊》，以古文伪传记攻今学之口说，以周公易孔子，以述易作，于是孔子遂仅为后世博学高行之人，而非复为改制立法之教主圣王，只为师统而不为君统。诋素王为怪谬，或且以为僭窃，尽以其权归之人主。于是天下议事者引律而不引经，尊势而不尊道。其道不尊，其威不重，而教主微；教主既微，生民不严不化，益顽益愚，皆去孔子素王之故。[①]

很明显，康有为并非为了尊孔而一味对中国古代政教体系进行辩护。恰恰相反，他认为越是批判后者，反而更能彰显孔子与儒家的重要性。因为不是孔子与儒家本身有问题，而是后世"伪儒"扭曲了儒学真义，让儒者从"改制立法之教主圣王"降为传经之经师，使儒学丧失了指导现实政治的资格，让不同历史时期的"势"凌驾于本应超迈古今的"道"之上。就此而言，今日的儒学重估，需从重建儒家早期历史的角度出发，重新定义何谓"儒"，何谓"改制"，儒家与现实政治的关系应是怎样的。使人们意识到"天下义理、制度皆从孔子，天下执经、释菜、俎豆、莘莘皆不归往嬴政、杨广，而归往大成之殿、阙里之堂，共尊孔子。孔子有归往之实，即有王之实，有王之实而有王之名，乃其固然"。[②]

戊戌变法失败后，康有为流亡海外。他一面组织保皇会等机构，联络各方，设想通过军事行动来实践其政治主张，[③]一面继续注释、解读儒家经典，使自己的儒学主张更具体系。在《孟子微》里，康有为

---

① 康有为：《孔子改制考》，载姜义华、张荣华编校：《康有为全集》第3集，第101页。
② 康有为：《孔子改制考》，载姜义华、张荣华编校：《康有为全集》第3集，第101页。
③ 桑兵：《庚子勤王与晚清政局（第二版）》，北京：北京大学出版社2015年版，第80—126页。

借解释《孟子》的《公孙丑章句》里孟子对孔子的评价,认为:

> 孔子为制作之圣,大教之主。人道文明,进化之始,太平大同之理,皆孔子制之以垂法后世。后世皆当从之,故谓百王莫违也。①

相似的,在《中庸注》里,对于《中庸》里的"非天子,不议礼,不制度,不考文"之说,康有为这样解释道:

> 天子,孔子也。孔子为苍帝之精,作新王受命。董子《繁露·三代改制》篇曰:《春秋》应天,作新王之事。又曰:《春秋》作新王之事,变周之制。又曰:《春秋》上黜夏,下存周,以《春秋》当新王。何氏休《公羊》宣十六年注:孔子以《春秋》当新王,上黜杞,下新周,而故宋。议礼制度考文,皆孔子改制之事也。《六经》皆是其口说。②

而对于《中庸》里的"今天下车同轨,书同文,行同伦",康有为并不将其视为对战国后期统一政权即将到来之际(或已经建立)的描述,而将其视作身为"素王"或"新王"的孔子之教遍行大地的象征,把儒学史理解为儒教传教史:

> 孔子既改制创教,弟子传道遍天下,或为卿相而立法,或友教士大夫而变俗。《吕氏春秋》曰:"孔、墨之弟子,弥满天下,充

① 康有为:《孟子微》,载姜义华、张荣华编校:《康有为全集》第5集,第425页。
② 康有为:《中庸注》,载姜义华、张荣华编校:《康有为全集》第5集,第386页。

塞天下,皆以其道教化于天下。"魏文侯先立博士,鲁、秦、楚从
之,皆行孔子之制。盖当子思之时,孔子之道已大行于天下矣。
其他虽不尽行,若孔子之车制,各国已从其轨。孔子之文字,各
国已从其书。孔子之人伦,各国已同其行。即三者推之,可见圣
教必行之理焉。①

可见,康有为为了凸显变法改制的重要性,重构了儒家的起源学
与谱系学,把以孔子为代表的"儒"从上古学术脉络中抽出,使之成
为高于中国历史,并且具有超越时间的普遍性与神圣性、能为万世制
法的群体。儒学与政治的关系也不再是汉代以降君统与学统、皇权
与绅权之间的合作、博弈与冲突关系,而是直至董仲舒那个时代的儒
者,多以政治设计师的身份创建一整套政教体制,其意义远高于一时
的政治权力。而为了凸显孔子所秉持的"道"与后世被"伪经"污染
的"道"之间的本质区别,康有为认为孔子《春秋》中表达的微言大
义不能从传世文献中寻找,唯有从战国与西汉儒者的"口说"中探
寻。"口说"赋予了康有为充分施展诠释能力的空间,摆脱了他眼中
的"伪经"对孔子微言大义的干扰与歪曲。而要想挖掘出这些"口
说",则需意识到"今学《春秋》者,第一最要,当知孔子《春秋》义虽
为一书,而分条系于史文中,各家条系时有异同,其系事文无关宏旨,
惟传大义同一发明"。如何在各类史事中发掘出"大义"？康有为
说:《春秋》义之别为一本,而又分条系于史文。如今撰电报密码者,
撰成一一要言,密系于各码字中,任附何字码,皆可以互对而知之。"②
如此路径,自然与清代汉学所强调的治学方法截然相反。但在康有

① 康有为:《中庸注》,载姜义华、张荣华编校:《康有为全集》第5集,第386页。
② 康有为:《春秋笔削大义微言考》,载姜义华、张荣华编校:《康有为全集》第6集,
第6页。

为看来，惟有如此这般，才能保证孔子微言大义高于复杂的历史进程，并不受具体典籍基本框架的束缚。

总之，康有为视儒学为儒教，视孔子为教主，视儒学史如教士尊教主之命传教于四方的历史，从表面上看，确实受到他所了解的西方宗教史，尤其是近代早期的新教历史的影响，但其目的则在于维持儒学在近代变局下的崇高地位，使儒学不但继续在人伦教化层面发挥重要作用，并且能够提出一整套关于政治、经济、国际关系的论述，以此对抗、吸纳、整合汹涌而来的近代西学。用他自己的话来说："今治大地升平、太平之事，孔子之道犹能范围之。"行孔子之道，"中国得奉以进化，大地得增其文明"。[1]重振儒学的生命力，传播孔子的微言大义，不但关乎中国之救亡图存，更关乎人类文明的存续。[2]

从今天的后见之明来看，康有为的政治-文化方案自有其苦心孤诣，但在晚清的历史语境里，却受到另一派从学术渊源到政治立场都与之决然不同的学者的猛烈批评。章太炎与刘师培便是其中的代表。

二、"经术愈明，则深刻亦愈甚"

1903年4月，时年20岁的刘师培赴河南开封参加会试。虽然刘家三世传经，对《左传》深有研究，刘师培秉承家学，熟读各类典籍，但却依然不幸落第。在这之后，他回到家乡扬州，开始与具有革命思

---

① 康有为：《春秋笔削大义微言考》，载姜义华、张荣华编校：《康有为全集》第6集，第7、4页。
② 本节关于康有为的论述，部分参考了张翔的研究。参见张翔：《大同立教：康有为政教思想研究》，北京：社会科学文献出版社2023年版。

想的士人频繁接触。受到当时日渐流行的排满革命论影响，刘师培开始频繁向新式报刊撰文投稿。[①]直至1908年前后投靠清廷大员端方之前，可以说他是以革命党内的学问家与宣传家身份名扬于世。作为有着极佳经学根柢之人，刘师培宣传革命自然不会止于时势分析与革命方略层面，而是深入从学术层面，尤其从中国学术史出发揭示革命的意义，并基于对域外新知的理解，重新论述中国的学术与思想史。其中，如何回应康有为的学说，是他必须要面对的课题。

1904年，刘师培出版《攘书》。在书中，刘师培通过叙述中国历代学术史、政治史、夷夏关系史，强调反清革命的必要性与正当性，并回击当时已立志于保皇的康有为的学术主张，尤其是后者对于儒家起源与孔子地位的论述。康有为声称"上古学术茫昧无稽"，刘师培则借鉴章学诚与龚自珍的观点，认为上古之时学术由史官掌握，史官之职不仅负责文献整理与搜集，而且还涉及礼制、教化与政治活动，是彼时政教结构的中枢所在。诸子九流深受史官之学的影响。如无史官的存在，中国上古学术将难以保存并光大。也正因为这样，包括儒家在内的诸子之学虽然各具特色，其实都与上古学术渊源颇深，并非如宗教教主那样凭空立教。[②]在这样的论述下，康有为主张的改制论的源头——诸子皆为创教改制之人的观点将难以成立。当然，在刘师培看来，主张中国古代学术以史官为中介一脉相承，除了继承前人之说，更与他所理解的近代民族主义史学息息相关。他将19世纪以来西方的民族国家视为中国未来政治发展的典范。而民族国家的兴起离不开民族主义史学的鼓吹，因此亟须在中国构建出符合近代民族主义标准的历史叙事。既然史官是古代学术嬗变的关键，那么

①　万仕国：《刘师培年谱（增订本）》，扬州：广陵书社2022年版，第43—50页。
②　刘师培：《攘书·史职篇》，载李妙根编：《刘师培论学论政》，上海：复旦大学出版社1990年版，第320—322页。

史籍之于中国,就有着区别夷夏的职能。读史能激励人们的保种爱国之念。这不但直指当时中国所面临的外部危机,还关系到革命党宣扬反清革命的话语特质。①

此外,从战国开始,关于东周学术史上的一个重要话题就是分析老子与孔子的关系。这不但关乎如何理解儒家起源,更涉及后世道家(包括道教)在中国古代政教体制的位置。在《攘书》的《孔老篇》里,刘师培秉持司马迁在《史记》里的叙述,认为孔子曾经问礼于老子。而既然老子曾担任过周王朝守藏室之史,加之《汉书·艺文志》里认为道家出于古之史官,这就进一步彰显了史官在上古学术中的重要位置。孔子之学之所以有别于老子,在刘师培看来,实为前者自感"源流渐别,树帜自高,乃托祖述宪章之名"。随着儒家越来越成气候,其"不得不讳其所自出,故《论语》一书削孔老问答之言,于言之稍近道家者辄屏弃弗录,而著书之旨悉与老氏悬殊,于老氏之徒悉加排斥"。②刘师培并不否认孔子有创建学派的作用,但这样的创建并非无所依傍,而是建立在主动与老子之学反目成仇之上的。因此,与其将孔子视为改制创教的教主,不如说更像背叛师门的凉薄势利之人。由此刘师培认为后世儒者动辄视道家学说为"曲说"之举无异于"数典忘祖"。③如此一来,所谓"孔子改制"之说,也就更不能成立了。当然,如果说康有为轻易质疑儒家经典的真实性为后世疑古辨伪之风盛行提供某种思想资源的话,刘师培为了批判康有为的学术主张,重构了儒学起源史,把儒家的兴起定性为有忘恩负义之嫌

---

① 刘师培:《攘书·胡史篇》,载李妙根编:《刘师培论学论政》,第299—301页。另见刘师培:《新史篇》,载万仕国辑校:《刘申叔遗书补遗》上册,扬州:广陵书社2008年版,第326—327页。

② 刘师培:《攘书·孔老篇》,载李妙根编:《刘师培论学论政》,第326—327页。

③ 刘师培:《攘书·孔老篇》,载李妙根编:《刘师培论学论政》,第327页。

的学术事件，同样拆解了儒学的神圣性。

为了进一步批判康有为的学术主张，1906年刘师培复在《国粹学报》上发表《论孔子无改制之事》一文。从题目就能看出，刘师培针对的正是晚清今文经学，尤其是康有为所津津乐道的"孔子改制"论。在这篇文章中，刘师培直指此问题的核心，即如何理解孔子的身份、"儒"的本意、儒家与六经的关系。

刘师培指出，孔子并非宗教家。孔子之前中国是有些许鬼神崇拜与宗教仪式，但这与孔子没什么关系。从先秦典籍来看，"孔子之于宗教，大抵在疑信之间，故于古代鬼神教，不敢深信其有，亦不敢力辟其无"。此外，后世也少有以"孔教"指称儒学。因为"孔子受学士崇信者，不过以著述浩富，弟子众多，而又获帝王之表章耳，于传教无涉"。尊崇孔子者也多"本无迷信之心，而使人立誓不背矣，与西教强人必从之旨大相背驰"。[①]就此而言，以宗教家视孔子，实为罔顾史实之举。

在证明了孔子并非宗教家后，刘师培开始考证"儒"的本意。他根据《说文解字》与《周礼》对于"儒"的解释，认为：

> "儒"为术士之称，与"野人"为对待，犹《孟子》之以"君子"与"野人"区别也。"儒"也者，犹今日恒言所谓"读书人"，以示与齐民区别耳。[②]

可见，刘师培通过字义考证，将"儒"从康有为所描绘的带有神圣性的宗教家或政治设计师，拉回到极具世俗色彩的"读书人"。其地位

---

①　刘师培：《论孔子无改制之事》，载《仪征刘申叔遗书》第10卷，扬州：广陵书社2014年版，第4262、4263、4264页。

②　刘师培：《论孔子无改制之事》，载《仪征刘申叔遗书》第10卷，第4264页。

之所以略显优越,只是因为掌握了知识与礼仪,与"齐民"不同罢了。而在学问层面,儒者"以六艺为学"。也因古之六艺与儒者关系非常紧密,故时人常将六艺称为"儒书",后世则将治六艺者称为"儒家"。①总之,"'儒'字之起原,由于儒者皆习六艺。六艺即儒术,亦即孔子所从之学。孔子者,仅奉六艺之学为依归者也。其所以为后世儒家所宗者,则以儒家所奉之六艺,均孔子编纂之书。战国之儒家,无一不通六艺。《史记》于通经之人,别列《儒林传》,诚以儒者舍通经之外,别无所谓学,而通经之人即'儒'"。②

　　进一步而言,在刘师培看来,在上古之时,儒者并非如康有为所论的那样俨然以教主自居,而是带有极强的希望出仕为官的特质。他们实现政治抱负的方式也不是像宗教徒那样四处传教,而是跻身统治集团,成为其中一分子。刘师培说:

> 儒者以入仕为志,又为具入仕资格之人,故"仕"字从"士"。《说文》亦曰:"仕,学也。"学以求仕,为古代术士所奉之旨。孔子所奉之旨,与古术士同,故孔子讥丈人之不仕;而学于孔子者,若子张学干禄,子路、冉求不辞邑宰,而七十二弟子均仕于诸侯。厥后,叔孙通责弟子,谓"若真鄙儒,不知时变";欧阳建言"经义苟明,取青紫如拾芥";桓荣以明经为三公,自矜稽古之荣,此皆学儒术者之代表也。然推其起源,则以古代术士,即学古入官之人。孔子既奉其旨,故孔子之学术,即蒙"儒家"之称。③

在清末革命党看来,既然要推翻君主制,那么批判与君主制相伴

---

① 刘师培:《论孔子无改制之事》,载《仪征刘申叔遗书》第10卷,第4265页。
② 刘师培:《论孔子无改制之事》,载《仪征刘申叔遗书》第10卷,第4266页。
③ 刘师培:《论孔子无改制之事》,载《仪征刘申叔遗书》第10卷,第4267页。

而生的其他政治制度与政治风气自然也是应有之义。[①]因此，刘师培
通过考证"儒"的本意，揭示其参与政治的路径与特征，其实也就是
在批判传统政治结构里属于"帝制帮凶"的儒生，使人们意识到儒家
地位的崇高离不开统治阶级的扶持。而儒者要维系这种崇高地位，
也需要向统治者兜售其学说，成为统治集团的一分子。如果说康有
为通过将儒学从具体历史演进脉络里抽离，使之成为一种超历史的、
具有神圣性的学说，使儒学与秦汉以后的政治制度切割的话，刘师培
则认为既然儒学与古代政治制度具有如此这般的密切联系，那么就
应该以此为切入点，剖析传统政治制度之所以能够吸纳人才、统合思
想的原因。刘师培与康有为一样，都对秦汉以降的政治制度持批判
态度，但在刘师培看来，这样的批判不能放过长期作为帝制时期官学
的儒学。

　　基于此，刘师培不但分析"儒"在先秦时期的形态，而且还剖析
汉代儒学与儒者的特征（毕竟晚清喜好公羊学者多拿汉儒说事）。在
《儒学法学分歧论》中，刘师培认为"史""吏""士"三字在古韵与古
义上有相同之处，于是指出上古之时，史官不但承担保存典制文献之
责，还明习法典，能够处理各项政务。汉代废黜百家，独尊儒术，让儒
者有了进身之阶，传统的"史"与"吏"合一的职官形态发生深刻变
化，儒生与文吏分属不同的群体。不过前者虽然摆出一副宣扬德教、
反对刑罚的姿态，实际上却吸收了文吏（包括"法吏"）的一些特点，
甚至主要是不好的特点。刘师培说：

---

① 刘师培在当时撰写了不少批判中国古代君主制的论著。他的《中国民约精义》
　更是在倾向革命的群体中颇为风行。时人甚至写下这样的诗句来评价刘师培：
　"刘生今健者，东亚一卢梭。"参见棣臣：《题〈国粹学报〉上刘光汉兼示同志诸
　子》，《国粹学报》1906年第16期。

夫儒生者，嫉法吏为深刻者也。及其进用，则断狱刻深，转甚于法吏。其何故哉？盖法吏者，习于今律者也，有故例之可循，不得以己意为出入，故奉职循理，可以为治。儒生者，高言经术者也，掇类似之词，曲相附合，高下在心，便于舞文。吏民益巧，法律以歧，故酷吏由之，易于诪张人罪，以自济其私。武帝以降，臣民之升用者，其进身之级不同：或由儒生，或由吏掾。吏掾之学，合于古代"仕学合一"者也；儒生之学，背于古代"仕学合一"者也。盖佐史之学，在于明习文法，谙熟典章，且备知民间情伪，非古人以旧典为学之遗意乎？汉之所谓"吏"，即古之所谓"士"也。儒生则不然，明习一经，通知家法，于民间情伪，不识不知，戆者出言迂阔，黠者以经术佐其奸。①

在《春秋董氏学》里，康有为把董仲舒描绘成汉代政治设计师。刘师培并不否认以董仲舒为代表的汉代宗尚今文经学之人对政治有极大的热情，但他指出，彼辈与政治发生关系，靠的不是高高在上的变法改制，而是将经术与法术结合，使本来具有一定客观标准的法令条文可以根据经文被任意解释，这样更便于君主凭一己之愿来施加恩威。在这个意义上，刘师培认为彼时的儒生已然背离上古之时强调知识与实践相结合的"仕学合一"的传统，要么"出言迂阔"，要么"以经术佐其奸"。进一步而言，刘师培的这番分析，其实也道出了秦汉以降郡县制国家形态里，儒生大概很难主导政治的走向。如若不甘寂寞，只好像汉儒那样以经术援饰吏治，"经术愈明，则刻深亦愈甚"。②

---

① 刘师培：《儒学法学分歧论》，载《仪征刘申叔遗书》第11卷，第4596页。
② 刘师培：《儒学法学分歧论》，载《仪征刘申叔遗书》第11卷，第4597页。案：刘师培在当时的不少讨论学术流变的文章，如《清儒得失论》《论古今学 （转下页）

　　不过刘师培并非具有全盘反传统思维的人。在投身革命活动之初，或许是意识到爱国歌曲与近代民族主义具有紧密关联，他编写了一系列《美哉中国歌》，其中有一首名曰《学术歌》。其开篇便言："中国之学术！光华璀璨，英气蓬发兮，横八荒而莫拟。"[1]因此，刘师培虽然批判康有为式的儒学解释，但并不否认儒学本身的价值。在发表于1907年的《儒学出于司徒之官说》里，刘师培根据《汉书·艺文志》里对儒家起源的描述，指出："盖以道教民者谓之儒，而总摄儒者之职者，则为司徒。"他复根据《周礼》，认为司徒在上古之时并非仅是治民之官，还"兼握教民之权"。[2]因此，既然"儒"出自司徒之官，那么教化民众、厚植风俗，就是儒者的分内之事。

　　基于此，刘师培认为儒者的社会与文化功能并不在于出仕为官，而是维持风教、化民成俗：

　　　　汉之陈寔，唐之阳城，其德足以化民，为乡邦所矜式。律以古师儒之职，曾属无亏。宋儒以身率教，虽言与行违，然以化民成俗为心，亦与古师儒相近。明代王学末流，若心斋、龙溪之徒，设立讲坛，启迪民众，渐摩濡染，几及万人，安得谓之非周代儒者之职乎？[3]

相似的，刘师培这样论述孔子与六经的关系：

　　（接上页）风变迁与政俗之关系》等，表面上是分析不同学派的旨趣与源流，实际上非常重视剖析儒者与政治的关系，揭示那些希图进入统治集团的儒者如何使尽浑身解数，为进身扬名而不断"调整"自己的学术宗旨。

[1]　刘师培：《〈美哉中国歌〉附记》，载万仕国辑校《刘申叔遗书补遗》上册，第219页。
[2]　刘师培：《儒学出于司徒之官说》，载《仪征刘申叔遗书》第11卷，第4590、4591页。
[3]　刘师培：《儒学出于司徒之官说》，载《仪征刘申叔遗书》第11卷，第4592—4593页。

周室未修之《六经》，易为孔门编订之《六经》。盖《六经》之中，或为讲义，或为课本。《易经》者，哲理之讲义也。《诗经》者，唱歌之课本也。《书经》者，国文之课本也。《春秋》者，本国近世史之课本也。《礼经》者，修身之课本也。《乐经》者，唱歌课本以及体操之模范也。又孔子教人以雅言为主，故用《尔雅》以辨言。则《尔雅》者，又即孔门之文典也。[①]

值得注意的是，康有为也不否认儒者在化民成俗方面的重要作用，但他设想通过将儒家变为宗教团体的方式来促成此事。而刘师培更着眼于从古代学术与社会流变的角度来思考这一问题。只要儒者能够言行合一，自作表率，由于长期在文教活动中处于重要位置（或者用一个更为现代的表达：拥有"文化领导权"），那么在社会教育与培植风俗方面自然会有一番作为。在此思路下，儒家典籍乃化民成俗、传播文教的教科书，而非指导政治、规划蓝图的法典。当然，这样的想法，也和刘师培在清末重视乡土认同与国家认同之间的关联，主张借由乡土教育，通过培养人们从热爱本乡本土始，延展至热爱国家与民族的观点颇有关系。不过，如果儒者主动从政治领域退出，那么在近代西学伴随列强的坚船利炮汹涌而来之际，如何才能维系中国文化的命脉呢？毕竟19世纪西方列强所秉持的意识形态，诸如社会进化论、文明等级论等，都离不开国家权力的背书。这恐怕是曾身为《国粹学报》主要作者之一的刘师培所未能熟虑的。当然，在他成为无政府主义者后，这些问题本身，大概也随着他在极力批判世间所有国家机器的过程中被消解了。

---

① 刘师培著，陈居渊注：《经学教科书》，上海：上海古籍出版社2006年版，第19—20页。

三、"儒家之病,在以富贵利禄为心"

1907年,在与刘师培夫妇发生矛盾后不久,章太炎致信刘师培说:"与君学术素同,盖乃千载一遇。"①正如其言,在清末,不但在革命立场上二人曾高度一致,在治学旨趣上也颇为相似,都对以康有为为代表的晚清今文经学持批评态度。因此,针对康有为关于"儒"的各种论述,章太炎也给予回应,并对如何看待儒学史、儒者的社会作用何在等问题提出自己的看法。

在戊戌变法期间,一度倾心于变法维新的章太炎因对康有为之学加以非议而遭到康门弟子的羞辱与殴打。在变法失败后,章太炎开始撰文回应康有为的学术主张。康有为为了宣传变法思想,借鉴西方宗教史的内容,将孔子诠释为开创孔教的教主,并将儒家思想神秘主义化。对此,章太炎在发表于1899年的《儒术真论》一文里,通过从《墨子》中钩沉与墨家进行辩论的战国儒者之言说,认为在战国时期儒家的特征恰恰不是宗教化、神秘化,而是拒绝言鬼神之事,强调要从社会实践出发思考问题。正是由于儒者具有这些特点,主张"天命"与"明鬼"的墨家之徒才会批评儒家。

相似的,章太炎认为孔子之所以能被称为圣人,正是因为他"明于庶物,察于人伦,知天为不明,知鬼神为无"。所谓天道,原本就是人们因为不了解自然现象而产生的一种主观想象,随着自然科学的进步,人们会更为深入地认识天体运动规律,而人的生老病死也属于自然现象

---

① 章太炎:《与刘师培》(1907年),载马勇编:《章太炎书信集》,石家庄:河北人民出版社2003年版,第81页。

之一,并无鬼神之道掺乎其中。此外,人的性格和资质主要由后天熏染而成,正是有着这样的认识,为了实现理想的社会状态,孔子才致力于明庶物、察人伦,从社会生活与社会实践中总结归纳人伦之道,而不依靠宗教来惑世诬民。这种以人为主体,重视对历史经验与社会关系进行总结升华的极强的实践性格,实为儒家思想的光辉之处,也是孔子"冠生民,横大陆"的根本原因。①后来章太炎之所以重视历史,强调"依自不依他",反对建立孔教,都可从这篇文章里窥见端倪。

当然,正像此时章太炎并未在政治上完全放弃变法之路,在学术上他也没有与晚清今文经学一刀两断。在收录于初刻本《訄书》的《尊荀》篇里,他一方面表彰荀子的"法后王"思想,另一方面在诠释这一思想时借用了今文经学的观念,如《春秋》为新王制法,而非为汉代制法,"法后王"里的"后王"实为"素王"等。②

庚子事变后,章太炎彻底走上了革命之路。1903年,因发表著名的《驳康有为论革命书》与《革命军序》,章太炎身陷囹圄三年之久。出狱后,他东渡日本,主革命党机关报《民报》笔政,开始系统阐述其政治思想与学术思想。其中,包括了如何认识对中国历史影响极大的儒学。

章太炎认为,孔子教弟子,"总是依人作嫁,最上是帝师王佐的资格,总不敢觊觎帝位。及到最下一级,便是委吏乘田,也将就去做了"。所以"孔教最大的污点,是使人不脱富贵利禄的思想。自汉武帝专尊孔教以后,这热中于富贵利禄的人,总是日多一日"。③在著名的《诸

① 章太炎:《儒术真论》,载汤志钧编:《章太炎政论选集》上册,北京:中华书局1977年版,第118—124页。
② 章太炎:《訄书(初刻本)·尊荀》,载《章太炎全集》第3册,上海:上海人民出版社1984年版,第7页。
③ 章太炎:《东京留学生欢迎会演说辞》,载汤志钧编:《章太炎政论选集》上册,第272—273页。

子学略说》里，章太炎进一步申说此义。他指出，"儒家之病，在以富贵利禄为心"。纵观孔子一生，时常在不停地渴望出仕，追求禄位。为了得到统治者的任用，孔子甚至不惜"逢衣浅带，矫言伪行，以迷惑天下之主"。明明其心颇诈伪，却装出一副仁义充塞之像。较之"乡愿"，此实为"国愿"。因此，在儒家看来，"君子时中，时伸时绌，故道德不必求其是，理想亦不必求其是，惟期便于行事则可矣。用儒家之道德，故艰苦卓厉者绝无，而冒没奔竞者皆是"。[①] 总之，儒学能成为显学，既离不开这种急于向统治者兜售其学说的心态，也离不开不少儒者为了迎合统治者而表现得身段柔软，学随术变，不敢坚持原则。在这个意义上，正像康熙帝评价理学名臣李光地，"知光地者莫若朕，知朕者亦莫光地若也"。[②] 儒学固然离不开君权，君权其实也离不开儒学。章太炎此论，既是对康有为所塑造的教主形象的孔子进行拆解，又一并批判了在他眼中为功名利禄而鼓吹君主立宪的康有为本人。

　　由于曾与康门弟子在时务报馆共事过，章太炎自然很清楚康有为的公羊改制论。[③] 康有为把董仲舒的地位抬得极高，而在章太炎看来：

　　　　董仲舒以阴阳定法令，垂则博士，教皇也。使学者人人碎义逃难，苟得利禄，而不识远略。[④]

董仲舒喜谈天人感应、阴阳灾异，这在章太炎眼里，与其说是儒生，不

---

①　章太炎：《诸子学略说》，载汤志钧编：《章太炎政论选集》上册，第289、291页。
②　章太炎：《訄书（重订本）·别录乙》，载《章太炎全集》第3册，第349—350页。
③　参见王锐：《革命儒生：章太炎传》，桂林：广西师范大学出版社2022年版，第47—48页。
④　章太炎：《訄书（重订本）·学变》，载《章太炎全集》第3册，第142页。

如说像"教皇"。当然，康有为的门生确曾将其师比作"孔教之马丁·路得"。①然关键在于，董仲舒开启的西汉儒学传统，并非如康有为所说的那样追求创法改制，而是为了利禄与权势。在《诸子学略说》里，章太炎进一步指出董仲舒的儒学非但没有继承孔子的微言大义，反而刻意吸收法家元素，杂糅成一种有助于君主统治的新的学说。而为了博取统治者的关注，又需要加入些许纵横家的利口善辩之术。这样的新学说，"纵横是其本真，法律非所素学"。换言之，法律仅为换取利禄的工具而已，非如先秦法家那样"执守稍严，临事有效"。②因此，董仲舒的儒学实为汉代"儒法合流"的产物，意在向君主兜售统治术，"董氏学"的本质实在于此。也正因为这样，章太炎极力表彰东汉的王充，认为他"怀疑之论，分析百端。有所发挞，不避孔氏。汉得一人焉，足以振耻"。③若非董仲舒开启的儒学风气这般不堪，王充的地位又焉能如此重要。

　　或许是为了进一步剖析"儒"的总体特征、儒学与政治的关系，在辛亥革命前夕的学术代表作《国故论衡》的《原儒》篇里，章太炎运用类似于谱系学式的研究，详细考证"儒"的起源与分化。他指出，通常所言的"儒"，包含"达儒""类儒""私儒"三种类型。"达儒"乃上古"术士"的别称，其人喜谈六合之外的神仙之事，迎合统治者妄求长生不老的念想。秦始皇焚书坑儒，主要就是针对这一群体。"类儒"则为古时通晓六艺——礼、乐、射、御、书、数的经师。这一群体的主要贡献在于征文考献，传承经典。论其流裔，西汉宗尚古文经学者庶几近之。"私儒"指的是诸子各派中的"儒家"。这一群体对六艺的掌握程度不及"类儒"，却热衷于向统治阶级兜售学说，常自

①　梁启超：《南海康先生传》，载吴松等点校：《饮冰室文集点校》第3集，第1948页。
②　章太炎：《诸子学略说》，载汤志钧编：《章太炎政论选集》上册，第300页。
③　章太炎：《訄书（重订本）·学变》，载《章太炎全集》第3册，第144页。

比于三公，末流则愈发哗众取宠，德行甚至不及刀笔吏。到了汉代，"私儒"往往与宗尚今文经学者合流，借谈天人感应与风角占候来积极介入现实政治。通过这番梳理，章太炎认为将这三类群体笼统地称为"儒"，容易造成概念混乱。尤其是"传经者复称儒，即与私名之儒淆乱"。为了正名实，需要区分这三类群体。而别其良莠，自然要以通晓六艺、勤于治经的"类儒"为优。[①]

很明显，章太炎区分不同类型的"儒"，说到底是为了强调治经恪守实事求是原则的经生与热衷于借学术干利禄的"私儒"之间的本质区别。[②]后者虽有儒之名，但实为哗世取宠之辈，缺少经生那样不求闻达的治学态度。联系到章太炎在《诸子学略说》等文章里对儒家弊病的剖析，他的这些观点同样指向以董仲舒为代表的汉代今文经学家，以及通过鼓吹董仲舒来彰显自己重要性的康有为。在章太炎的笔下，中国历史上的君权之所以常流于肆虐蛮横，离不开这些人的曲意逢迎，推波助澜。而批判君权的方式也不在于像康有为那样将儒学从中剥离，显得是君权干扰、妨碍了儒家思想的实践，而应从儒家与君权的合流过程入手，剖析君权如何借助儒学的意识形态话语来巩固统治，儒者如何利用君权的力量来维系自己政教精英的地位。[③]

---

① 　章太炎：《国故论衡·原儒》，上海：上海古籍出版社2011年版，第104—107页。

② 　《原儒》篇里，章太炎将汉代治儒学的群体分为"五经家"与"古文家"。在他看来，"五经家"善于"以其术取宠"，导致"本末兼损"，而"古文家独异是"。他还说："古文家务求是，儒家务致用。""有古文家出，实事求是，征于文不征于献。诸在口说，虽游、夏犹黜之。斯盖史官支流，与儒家益绝矣。"参见章太炎：《国故论衡·原儒》，第106页。综合这些观点，可以看到，章太炎基本上是把汉代的"五经家"视为儒家门类之一的"私儒"之流裔。在这个意义上，"古文家"就不属于"儒家"（虽然章太炎对"古文家"也不无过度美化之处）。

③ 　这样的立场与思路，也体现在章太炎对清儒的评价中。他认为清代宗尚汉学者治学强调实事求是，通过研究古代经典，使古史真相得以为人所知。这与那些热衷于依附政治权力的"理学名臣"与治今文经学者形成鲜明对比。参见章太炎：《訄书（重订本）·清儒》，载《章太炎全集》第3册，第152—160页。

　　辛亥革命后，章太炎着手将自己的代表作《訄书》进行修订。1914年前后，他将《訄书》改订为《检论》。[①]其中既有辛亥革命后新写的内容，也有对旧作的增补与改写。[②]具体到涉及与"儒"相关的，《检论》里的内容较之重订本《訄书》有了不小的改动。联系到重订本《訄书》集结于1901年2月至1902年1月间，[③]章太炎之所以对相关内容进行修改，一是他对儒学流变史与儒法关系史的理解越来越成体系；二是在与立宪派的笔战过程中，他对后者也有了更为深入的观察，尤其是立宪派与清政府之间的互相利用关系。

　　在《检论》的《原法》篇里，章太炎分析战国以后"儒法合流"的本质。汉武帝以降，儒家独尊，定刑律之事多属儒生为之。董仲舒强调"《春秋》决狱"，以儒家经籍比附汉代法典，这既不同于之前的儒家学说，也和汉文帝时奉行黄老之道的做法有本质区别。因为法律条文详细繁多并不一定就扰民，真正扰民的是"亿察无征之事"。因为"法之娄者，好舍事状，而占察人之心术"，[④]即不重视具有客观性的证据，却根据某些主观色彩极强的因素作为给人定罪的理由。董仲舒尝言："为人主者，居至德之位，操生杀之势，以变化民。"[⑤]而受到《春秋》公羊学影响，汉儒认为"《春秋》之义，原心定罪"。[⑥]在此情形下，表面上看所谓"原心定罪"强调要重视人们的犯罪动机，根据不同的动机来议定不同的惩治标准，此乃儒家视德化高于刑罚的体

---

① 关于《检论》的定稿时间，笔者参考了朱维铮教授的研究。参见朱维铮：《本卷前言》，载《章太炎全集》第3册，第18页。
② 关于重订本《訄书》与《检论》之间内容上的差别，朱维铮教授在收录于《章太炎全集》里的重订本《訄书》每一篇的篇末做了详细说明。本文除特别提及处，余皆不再详细叙述。如有兴趣，可自行参看。
③ 朱维铮：《前言》，载《章太炎全集》第3册，第10页。
④ 章太炎：《检论·原法》，载《章太炎全集》第3册，第443页。
⑤ 董仲舒：《春秋繁露·威德所生》，济南：山东人民出版社2018年版，第164页。
⑥ 班固：《汉书》卷八三《薛宣朱博传》，北京：中华书局2012年版，第2924页。

现。但实际上，君主可假借洞察他人的内心想法为名，肆意实施刑罚。因为相比于具有客观性的外在证据，所谓内心想法难以验证，全凭掌握生杀大权之人随意裁定。章太炎指出，正是如此这般的"儒法合流"，让西汉酷吏如张汤、赵禹者可援引儒家经传之辞增饰其严刑峻法，"为人主一己便，而教天下谄谀"。让君权看上去更加恩威难测，使人战战兢兢，也给那些善于揣测人君之意的钻营之士更多逢君之恶的机会。这与强调"以法令明符为质"的法家之道截然相反。推其本始，皆源于"汉世儒者，往往喜舍法律明文，而援经诛心以为断"。因此，"自仲舒以来，儒者皆为蚩尤矣"。①由此可见，分析秦汉以降的君权演变史，由汉儒主导的"儒法合流"实为重要环节。因为它不但抛弃了先秦法家的优点，而且未能实现儒家主张的"德化"，反而开启了后世帝王置法律明文于不顾，凭借主观好恶来统治臣民的恶习。

在著名的"天人三策"里，董仲舒指出秦朝"师申、商之法，行韩非之说，憎帝王之道，以贪狼为俗，非有文德以教训于天下也"。②认为由法家开启的政治风气是汉初政治局面一直未臻至善的原因之一。当然，此论也是在延续由贾谊在《过秦论》里开启的一种政治修辞风气。而在《检论》的《商鞅》篇里，章太炎将重订本《訄书》中的同名篇章中凡是提及公孙弘、张汤处，都加上董仲舒的名字，并将原文所批评的"刀笔吏"改为"以儒生为吏"或"弘、汤、仲舒佞人之徒"。③这表明，在修改后的《商鞅》篇里，章太炎更侧重于将商鞅与董仲舒做对比，分析究竟谁才是热衷于为帝王统治添砖加瓦之人。

在这篇文章里，章太炎强调：

---

① 章太炎：《检论·原法》，载《章太炎全集》第3册，第444页。
② 班固：《汉书》卷五六《董仲舒传》，第2184页。
③ 朱维铮：《编校附记》，载《章太炎全集》第3册，第266页。

　　刑之乱，君之擅，本于"决事比"，远不本鞅，而近不本萧何。
董仲舒、公孙弘之徒，踵武公羊氏而文饰之，以媚人主，以震百
辟，以束下民，于是乎废《小雅》。此其罪则弘、仲舒为之魁，而
汤为之辅，于商鞅乎何与？[①]

很明显，章太炎认为汉武帝时期刑罚酷烈，民受其苦，直接原因
固然是张汤这样的酷吏，但更深一层的因素则为董仲舒这样的儒生
为虎作伥。因为以董仲舒为代表的西汉今文经学使当时严酷的法令
有了意识形态支撑，并且有助于君主利用此学说来进一步控制臣民，
使后者常处于如履薄冰的状态。以商鞅为代表的先秦法家固然主张
严刑峻法，但这样的严刑峻法是有明确条文与客观标准的。而汉儒
与酷吏的结合，严刑峻法未曾稍减，反倒是法令条款有如具文，客观
标准付之阙如。君主的主观好恶与倾向可以决定赏罚标准、罪名有
无，掌握法令解释权的酷吏可以任意定人生死。对这样的政治形态，
章太炎说：

　　及夫弘、汤、仲舒，则专以见知腹诽之法，震怖臣下，诛锄谏
士，艾杀豪杰，以称天子专制之意。此其鹄惟在于刑，其刑惟在
于任威斩断，而五官之大法勿与焉。任天子之重征敛、恣调发而
已矣！有拂天子意者，则已为天子深文治之，故非能自持其刑
也。是故商鞅行法而秦日富，弘、汤、仲舒行法而汉日贫。……
法家与通经致用之士，其优绌诚不可较哉！[②]

---

① 章太炎：《检论·商鞅》，载《章太炎全集》第3册，第621页。
② 章太炎：《检论·商鞅》，载《章太炎全集》第3册，第622页。

又说：

> 吾以为酷烈与逆诈者，则治乱之殊、直佞之所繇分也。何
> 者？诛意之律，反唇之刑，非有所受也。弘、汤、仲舒以为不如是
> 不足以媚人主，故瘁心力而裁制之，若鞅则无事此矣。[①]

晚清以降，关心中国前途与命运的人时常思考中国传统政治制
度的弊病究竟在哪里，如何实现名副其实的制度变革，让中国走出
衰微之境。章太炎的这些思考，并未自外于这样的时代氛围。只是
与时人多着眼于外在的典章制度不同，章太炎更注重剖析那些属于
政治文化或政治意识形态的因素。就像他在批判近代西方帝国主
义时将着力点置于解构后者用来论证对外扩张具有正当性的文明
等级论一样，在面对中国自身的政治问题时，章太炎着眼于揭示汉
代以降皇帝制度之所以能够延续下去的政治文化氛围与意识形态
因素。他批判清代帝王运用程朱理学来控制臣民时是如此，在《检
论》的《商鞅》篇里分析以董仲舒为代表的汉儒与以张汤为代表的
酷吏共同炮制的"儒法合流"之特征与本质也是如此。他提醒世
人，与其对以商鞅为代表的法家口诛笔伐，不如多揭露那些"通经
致用之士"如何向帝王施展其逢迎之术。因为后者不但未能在制
度层面限制君权的肆意妄为，反而为其贡献了一套绝佳的意识形态
说辞，使高高在上的君权看上去更为神圣、更不可测。因此，"汉氏
以降，以儒生为吏者，多传《春秋》。其义恣君抑臣，流拖而及于
民"。[②] 总之，在章太炎笔下，儒学与政治的关系并非如康有为所说

---

① 章太炎：《检论・商鞅》，载《章太炎全集》第3册，第623页。
② 章太炎：《检论・商鞅》，载《章太炎全集》第3册，第623页。

的那样充满道德感与神圣性，而是体现着冰冷且残酷的权力运作逻辑。

四、余　论

近代以来，士人蒿目时艰，探索中国症结所在，以求对症下药。其中，如何认识影响中国社会至为深远的"儒"——包括先秦诸子之一的儒家、帝制时代官学的儒学、传统社会里长期掌握文教话语权的儒生，实为时人高度关注的话题。本文讨论的对象——康有为、刘师培与章太炎，他们对近代新知的认识，在当时确实高人一筹，但关键在于，他们自己也是"儒生"，在价值观念、自我定位、行事准则等方面，体现着比较明显的儒家特征。这种特征既有可能激励他们投身各种政治救亡运动，也有可能使他们在纷繁复杂的世变中深陷迷途。

康有为为了让儒学保持普遍主义性格，并成为一种能够推动变法改制的学说，对儒家与孔子进行了颇具颠覆性的改造，使儒家变为类似于基督新教的宗教团体，使孔子成为兼具"道统"与"治统"的教主。而基于政治上与学术上的不同立场，刘师培与章太炎针对康有为的观点展开了一系列批评。他们从"儒"与上古王官之学的关系、儒生与文吏的分合、汉代儒家得以独尊的原因、儒家与政治建立联系的过程与路径、汉代"儒法合流"的本质与影响等方面入手，既批评了康有为式的儒学论述的弊病，同时又对"儒"的本意、儒家起源史、儒法关系史等话题展开颇为细致的分析，将中国传统政治与学术流变中那些充满算计、诈伪与奔竞的内容呈现于世人面前。章、刘的论著虽未像"五四"新文化运动期间的反礼教言说那样激烈与决绝，他们也绝非激烈的反传统主义者，但他们直指中国历史进程中的某些症结与弊病，其历史意义不容低估。而从思想传承的角度来看，章太炎等人的这一思路或多或少地影响了鲁迅在"五四"新文化运动以降对于儒学的评价，比如后者在《儒术》《在现代中国的孔夫子》等文章里对儒学与统治阶级关系的剖析。[①] 此外，顾颉刚在《秦汉的方士与儒生》里生动描述汉儒汲汲于讨好、迎合统治者的事迹；[②] 周予同在经学史研究中反复强调经学与帝制之间的紧密联系；[③] 吴晗等人在《皇权与绅权》里借助剖析皇权对绅权的认可、绅权对皇权的依赖，来凸显中国古代政治统治与经济剥削的特点，[④] 可以说也与章太炎和刘师培对汉儒的批判位于同样的思想演进脉络之中。

　　但问题在于，如果说儒学对中国社会的影响确实十分深远，儒生在历史上绝大多数时期里也确实承担着传承文明、广兴教化之责，那么在近代变局下，这样的历史遗产是否能够简单地视而不见，这些职责的新的替代者又将是谁？恐怕此乃无论对儒学持何种态度的人都需深入思考的问题。康有为对这一问题有过很多思考，今天的学术研究也对之多有发覆与阐微。刘师培在成为无政府主义者后，仍然习惯于从中国传统学术中寻找能够与近代无政府主义匹配的内容，便可证明他其实很清楚包括儒学在内的中国传统学术的持久影响力，这也是他与身处西欧的另一群无政府主义者很不一样的地方。章太炎在清末的政论里，强调在政治活动中应提高带有极强法家色彩的"法吏"的地位。除了小学与军事教育，其他教育机构皆应独立

---

① "五四"新文化运动期间另一位批孔健将吴虞也深受章太炎观点的影响，在其文章中多次援引。关于此事详情，参见王锐：《章太炎晚年学术思想研究》，北京：商务印书馆2014年版，第125—136页。

② 顾颉刚：《秦汉的方士与儒生》，北京：北京出版社2016年版。

③ 周予同：《经今古文学》《纬书与经今古文学》，载朱维铮编：《周予同经学史论著选集》，上海：上海人民出版社1983年版，第1—69页。

④ 费孝通、吴晗等：《皇权与绅权》，北京：生活·读书·新知三联书店2013年版。

于政治,其负责人地位与总统相当,以此防止因 "学在有司" 而造成的学术堕落。①这一思路,某种程度上既想克服儒家在中国历史进程中所体现出来的弊病,又想延续儒生长期掌握文教话语权、承担地方教育事业的社会地位(或曰 "特权")。及至晚年,目睹 "九一八事变" 后国难当头,章太炎又在许多场合提倡恢复古代书院的传统,克服现代大学体制的缺点,通过读经与读史,师生之间切磋砥砺,以收 "修己治人" 之效。凡此种种,其实凸显出近代中国一些颇为重要但也引起无数纷争的问题:哪个群体是中国未来的文教担纲者? 文教与政治的关系究竟应该怎样? 大众民主在政治领域的推广,文教体制是否应做出相应变革? 如何防止文教担纲者成为某种话语的垄断者,进而与大众民主的目标愈发背离? 在知识生产与传播机制上实际掌握话语权的群体,一旦背离了自己的文教体系,甚至志在捣毁、消灭这一文教体系,有哪些办法可以抵御这一趋势? "学在民间" 的理想真的能保证真正的具有普遍性的 "民间"(而非打着 "民间" 旗号的 "非民间" 群体)有条件、有能力承担起传承文教、化民成俗的重担吗? 许多带有学术外观的纷争,难道真的仅是 "纯学术" 之争吗? 如此这般的复杂情形下,如何调整好儒学的地位与作用?

---

① 王锐:《革命儒生:章太炎传》,第105页。

近代学人对古代"史官"之阐释

    近代以来,中国遭遇前所未见的世变。在思想领域,由于西学传入,以及传统学术的内部变迁,出现了新的"道术将为天下裂"之局面。许多传统思想与学说在时代的激荡下,被文化立场与学术取向各异的学者赋予了许多新的阐释,使其先前所蕴含的各种内容被重新阐扬或表彰,成为构建近代知识体系的一部分。特别是一些古代已有的概念,由于本身辞约旨远、言简意赅,加之年代久远,书缺有间,难以在各类典籍中将其含义钩沉索隐,进而一一确切实证,因此更是赋予了人们足够多的阐释可能性。而这些阐释背后,也显现出近代中国知识分子面对世变与学变时的思考甚至焦虑。研究这些古代名词及其背后蕴含的观念在近代衍生出的各种阐释,对于更为全面且深入地理解近代中国的思想与学术之变迁不无裨益。

    中国传统学术里,史学为一大宗,不但渊源甚早,而且各类史籍卷帙浩瀚,相较于世界各地其他具有悠久历史的文明,史学之发达堪称中国文化主要特色之一。岛田虔次曾分析中国古代"史"的含义,认为除了作为事件的史事与作为载籍的史书,"还必须加上另一种意思,那就是史官、记录者。在中国,'史'字的本来含义,实际上就是如此"。通过对古代史官制度的考证与梳理,他指出中国"文明的恩人们原来都是史官,都是记录者"。所以中国古代"史"字"最根本最原始的意思是所谓记录者、史官"。^①这一观点对理解中国史学之特质颇有启发。与其关注点相似,近代以来不少中国学人也对"史官"这一概念有过各种阐释,且其着眼点与结论往往不尽相同。仔细绎读这些文献,颇能看出他们对近代世变下的思想与学术的各种感观与思考。^②

一、史官地位的抬高与扩大

史官之名在先秦典籍中已出现,《左传》里记载了不少当时各诸侯国史官的名字。然对其性质与流变进行系统梳理者,当自唐人刘知幾的《史通》始。他强调世人无论贵庶,皆图不朽,欲达此境,唯有姓名事迹著于竹帛,因此在他看来,"苟史官不绝,竹帛长存,则其人已亡,杳成空寂,而其事如在,皎同星汉"。正因为"史之为用,其利甚博,乃生人之急务,为国家之要道",所以"史官之作,肇自黄帝,备于周室,名目既多,职务咸异。至于诸侯列国,亦各有史官,求其位号,一同王者"。^③此外,"寻自古太史之职,虽以著述为宗,而兼掌历象、日月、阴阳、管数"。^④不但司人间载笔之事,而且还具有很强的宗教性格。

---

① 岛田虔次:《六经皆史说》,载刘俊文主编:《日本学者研究中国史论著选译》第7卷,北京:中华书局1993年版,第186—190页。
② 关于"史官"的讨论,还有一个不容忽视的部分,即国民政府成立以来对"国史馆"这一机构的各种建制以及人员选拔与任用的讨论。然此一内容,牵涉到许多具体的行政与人事问题,而本文主要着眼于梳理近代学人对古代"史官"这一概念的阐释,所以关于近代"国史馆"的相关内容,因与主题关联不大,且牵涉其他问题过广,故而从略。
③ 刘知幾著,浦起龙通释:《史通通释》,上海:上海古籍出版社2009年版,第280—281页。
④ 刘知幾著,浦起龙通释:《史通通释》,第284页。

值得注意的是，对于史书的作用，刘知幾指出："史之为务，申以劝诫，树之风声。其有贼臣逆子，淫君乱主，苟直书其事，不掩其瑕，则秽迹彰于一朝，恶名被于千载。"[①]但是在他生活的年代，众人官修国史这一古代史官的衍生行为却是弊病甚多。在《史通》的《忤时》篇中他痛言：史书成于众人，各自为政，协调困难；在史书编撰过程中，尚未成书，其中梗概已被人知晓，难当客观；总领其事者如同挂名，于修史方针少有指授，参与其事者多因循苟且。凡此种种，使得当时官修之史，质量难以保证。[②]刘知幾因亲历其事，故而言之凿凿，对当时的史官制度大加抨击，其所指诸弊病，对近代学人阐释史官颇有影响。

到了清代，史官在上古文化中的地位与重要性开始被人详细讨论。章学诚的"六经皆史"说，早已为人所熟知，尽管这一观点并非他最先提出，[③]但他却对此进行了许多具体讨论，其中也包括对史官角色的论述。他指出上古之时，"有官斯有法，故法具于官；有法斯有书，故官守其书；有书斯有学，故师传其学；有学斯有业，故弟子习其业。官守学业皆出于一，而天下以同文为治，故私门无著述文字"。[④]所以图书载籍，具备于官守。基于此，他详论史官的角色：

> 或问《周官》府史之史，与内史、外史、太史、小史、御史之史，有异义乎？曰：无异义也。府史之史，庶人在官供书役者，今之所谓书吏是也。五史则卿、大夫、士为之，所掌图书、纪载、

---

① 刘知幾著，浦起龙通释：《史通通释》，第179页。
② 刘知幾著，浦起龙通释：《史通通释》，第553—559页。
③ 汪荣祖：《史学九章》，台北：麦田出版公司2002年版，第311—312页。
④ 章学诚著，王重民通解：《校雠通义通解》，上海：上海古籍出版社2009年版，第1页。

命令、法式之事,今之所谓内阁六科、翰林中书之属是也。官役之分,高下之隔,流别之判,如霄壤矣。然而无异义者,则皆守掌故而以法存先王之道也。①

依其言,虽然上古史官的具体地位有高下之别,但是作用并无歧异,其所执掌与整理者,乃王官图籍与典章,这皆为"先王之道"之所借以保存者。而在章氏眼中,六经皆为先王之政典,上古之时,学者所学,不出官司典守、国家政教之外,故而能道器合一,不以虚言应世务。由此史官的地位愈显重要。②

此外在史书编撰方面,章学诚指出:"即如六典之文,繁委如是,太宰掌之,小宰副之,司会、司书、太史又为各掌其贰,则六典之文,盖五倍其副贰,而存之于掌故焉。其他篇籍,亦当称是。是则一官失其守,一典出于水火之不虞,他司皆得借征于副策,斯非记注之成法详于后世欤!"③"官礼制密而后记注有成法,记注有成法而后撰述可以无定名。以谓纤悉委备,有司具有成书,而吾特举其重且大者笔而著之,以示帝王经世之大略。而典、谟、训、诰、贡、范、官、刑之属,详略去取,惟意所命,不必著为一定之例焉。斯《尚书》之所以经世也。"④章学诚对史官的论述,主要是突出其作为王官之一员,掌握了丰富的官书典籍,因而能够达到著史的理想境界。后世官师分离,著

---

① 章学诚著,仓修良编注:《文史通义新编新注》,杭州:浙江古籍出版社2005年版,第270页。
② 有论者言,在章学诚的"六经皆史"说里,"六经皆周官掌故"为"最基本也是很重要的见解"。参见刘巍:《章学诚"六经皆史"说的本源与义蕴》,《历史研究》2007年第4期,第74页。此论甚有见地。而在此基础上,"史官"的作用便愈发重要,可以说,史官是否具有完善的职能,乃上古黄金时代与后世学术每况愈下的重要区别之一。
③ 章学诚著,仓修良编注:《文史通义新编新注》,第20页。
④ 章学诚著,仓修良编注:《文史通义新编新注》,第21页。

史成为私家之事，撰述有成法而记注无定名，所以"伪乱真而文胜质，史学不亡而亡矣"。[①]在章学诚看来，官师是否合一，为学术兴衰一大关键，是故两相对比，史官的重要性也于焉凸显。而在清代朴学大为盛行的学术氛围里，章学诚虽然不满当时学人竞相趋于考证上古典章名物，但他的对抗之法，依然也是回到对上古制度职官的阐释，借此提倡自己的治学之道，在这一点上可以说他并未游离于所处的时代。

　　在龚自珍看来，史官的地位与作用被进一步抬高。他指出："周之世官大者史。史之外无有语言焉；史之外无有文字焉；史之外无人伦品目焉。史存而周存，史亡而周亡。"[②]视史官为一切文化之所出，同时其地位与国之兴亡休戚相关。他继承章学诚的"六经皆史"论，认为"六经者，周史之宗子也。《易》也者，卜筮之史也；《书》也者，记言之史也；《春秋》也者，记动之史也；《风》也者，史所采于民，而编之竹帛，付之司乐者也。《雅》《颂》也者，史所采于士大夫也。《礼》也者，一代之律令，史职藏之故府，而时以诏王者也。小学也者，外史达之四方，瞽史谕之宾客之所为也"。[③]此外，在他看来，"诸子也者，周史之小宗也"，具体言之，道家祖为"任照之史"，农家祖为"任天之史"，法家祖为"任约剂之史"，名家祖为"任名之史"，杂家祖为"任文之史"，阴阳家祖为"史之任讳恶者"，墨家祖为"任本之史"，小说家祖为"任教之史"。[④]他将《汉志》所言的"道家出于史官"论进一步扩大，强调诸子各派，皆源于上古史官，这无疑使得史

---

① 章学诚著，仓修良编注：《文史通义新编新注》，第20页。
② 龚自珍：《古史钩沉论二》，载《龚自珍全集》，上海：上海古籍出版社1999年版，第21页。
③ 龚自珍：《古史钩沉论二》，载《龚自珍全集》，第21页。
④ 龚自珍：《古史钩沉论二》，载《龚自珍全集》，第21—22页。

官在学术传承上的重要性更为凸显。至于龚氏何以认同章学诚之言，或许正如钱穆所论，二人学说大体上皆为乾嘉朴学之反动，是故有相通之处。①

　　然龚自珍对史官的论述，不只是单从学术渊源角度着眼。他指出："王者，正朔用三代，乐备六代，礼备四代，书体载籍备百代，夫是以宾宾。宾也者，三代共尊之而不遗也。夫五行不再当令，一姓不再产圣。兴王圣智矣，其开国同姓魁杰寿考，易尽也。宾也者，异姓之圣智魁杰寿考也。……王者于是芳香其情以下之。玲珑其诰令以求之，虚位以位之。"②"故夫宾也者，生乎本朝，仕乎本朝，上天有不专为其本朝而生是人者在也。是故人主不敢骄。"③在龚自珍看来，上古的政治结构，"宾"的地位可以与"王者"相匹敌，虽然身为臣子，但是受到"王者"的极度礼遇，以此显示后者对文化传承的重视与尊重。而"史之材，识其大掌故，主其记载，不吝其情，上不欺其所委贽，下不鄙夷其贵游，不自卑所闻，不自易所守，不自反所学，以荣其国家，以华其祖宗，以教训其王公大人，下亦以崇高其身，真宾之所处矣"。④史官因具备各种华美之质，所以在王朝政治结构中也应为"宾"。

　　可见，依龚自珍之见，史官地位绝非仅为载笔之士或文化的传承者，而是具有极高的政治地位，使得"人主不敢骄"。这一论述，实则与龚自珍对当时清廷政治文化的批判息息相关，他认为当时朝中"左无才相，右无才史，阃无才将"。⑤而清朝君王对有识之士尽力束

① 钱穆：《中国近三百年学术史》下册，台北：台湾商务印书馆2009年版，第595页。
② 龚自珍：《古史钩沉论四》，载《龚自珍全集》，第27页。
③ 龚自珍：《古史钩沉论四》，载《龚自珍全集》，第28页。
④ 龚自珍：《古史钩沉论四》，载《龚自珍全集》，第28页。
⑤ 龚自珍：《乙丙之际箸议第九》，载《龚自珍全集》，第6页。

缚，百般屈辱，使大臣长期处于战战兢兢的状态下，同时制造各种牵制之术，让各级臣工难有作为，稍不慎即触犯律例，如此这般，令朝政弊病丛生，士大夫廉耻丧尽。[①]龚氏对古代史官的阐扬与表彰，其意即通过道古事以讽谏当下，希图让统治者有所警醒。

　　史官及其相关问题受人重视的另一面，即持相反观点者视此问题颇具"危害性"，故需展开批评。章学诚之学自晚清以来逐渐受人重视，欲为章氏"身后桓谭"者也不乏人。[②]康有为在治学之初，本着学以经世的立场，也曾对章学诚学说颇有援引与承袭，这在《教学通义》一书中有明显的体现。[③]不过后来康氏学术转向，强调上古史事茫昧无稽，六经皆为孔子所作，因而对章学诚所阐释的上古学术图景甚为不满。章氏强调六经皆先王政典，由史官执掌。由于政教不二，官师合一，因此集古圣大成者为有德兼有位的周公。在康有为看来，"章实斋谓集大成者周公也，非孔子也，其说可谓背谬极矣"。他进而强调："学者知六经为孔子所作，然后孔子之为大圣，为教主，范围万世而独尊称者，乃可明也。"[④]循此思路，则孔子以布衣之身，行天子之事，古代经典，由此而生，那么史官的地位与重要性遂变得无关紧要。康有为之所以汲汲于此，正如张荣华教授的分析，康氏在戊戌变法前后俨然视章学诚为论敌，通过批判后者来强调自己"德高于位"的素王改制变法之论，以此为政治行动创造理论体系。[⑤]

① 龚自珍：《明良论四》，载《龚自珍全集》，第34页。
② 张荣华：《章太炎与章学诚》，《复旦学报》2005年第3期，第67页。
③ 刘巍：《康有为、章太炎与晚清经今古文之争》，载桑兵、关晓红主编：《先因后创与不破不立：近代中国学术流派研究》，北京：生活·读书·新知三联书店2007年版，第212—216页。
④ 康有为：《孔子改制考》，北京：中华书局2012年版，第243—244页。
⑤ 张荣华：《康有为〈孔子改制考〉进呈本的思想宗旨》，《复旦学报》2013年第1期。

康有为之学在当时掀起波澜,无论赞成或反对,皆必须直面其巨大影响。陈三立在为其父陈宝箴作传时,强调后者当"康有为之初召对也,即疏言其短长所在,推其疵弊,请毁其所著书曰《孔子改制考》"。[①]极力表明其父的改革主张不同于康有为的改制变法论。这一点其实在陈三立自己的文章中也有体现。他认为:

> 古者圣智不虚生,上之行其道,为君为相;次之修其道,而为史官,垂宪法。皆以治世致纯太平而已。孔子之时,周道陵夷,官司之守,渐以散堕。孔子既不得位而从大夫之后,犹得退而私其业,举废阙绍明世,凡以明旧典也。故曰:述而不作,信而好古,窃比于我老彭。老,老聃,彭,彭祖也,为殷周史官。孔子窃比之,以成《春秋》,以序《易》,以定《诗》《书》《礼》《乐》,皆述也,史之所有事也。或曰:孟子称孔子作《春秋》,非与?曰:文成数万,其指数千,义近于作也。然而孔子谓之曰"述",以据鲁史、据百二国之宝书事与文,同于述也。故曰:其义则某窃取之矣。笔削之例,亦当循老彭相传之旧法,而博采通人,损益文质,以集群史之大成焉尔。曰:盖有不知而作之者,我无是也。于乎! 尚得以素王称天纷纭之说而疑孔子哉? [②]

陈三立指出史官在上古政教体系中有非常重要的位置,后世王官陵夷,史官之法遂为孔子借用,因之以作《春秋》,所以书中体例仍循史官旧法,素王之说并非确论。他很可能是对康有为抨击章学

---

①　陈三立:《皇授光禄大夫头品顶戴赏戴花翎原任兵部侍郎都察院右副都御史湖南巡抚先府君行状》,载《散原精舍诗文集》下册,上海:上海古籍出版社2003年版,第855页。

②　陈三立:《读论语四首》,载《散原精舍诗文集》下册,第779页。

诚的思路心有会意,故借彰显史官的重要性来对抗康氏之学,由此
更可见如何阐释史官在当时的学术论争中愈显重要。

二、史官与上古学术

时至1920年代,康有为回顾世变与学变,颇为愤慨地说:"近世
学术之谬,圣教之衰,大抵自章学诚为最甚矣。"因为"至章学诚乃
谓诸经为史,则孔子改制之义皆灭矣。夫惟教主之作乃尊为经,其
弟子后学所述,则谓为传、记、义。故虽《系辞》《论语》之尊,亦只
称为传。佛道之尊教主亦曰经,其他则曰论,义亦固也。佛道之经,
未闻降级。若以六经为史,则孔子非教,中国无教主,宜其若明若
昧,人心败坏,风俗陷溺,一至于此也"。[①]正如他所抨击的那样,章
学诚之学并未因《孔子改制考》的问世而受人轻视,反倒是越来越
多立场各异的学人受章氏启发,重述上古学术图景。这表明随着亘
古未有的世变,中国传统学术遭遇极大危机,长期以来居于官学地
位的经学体系开始动摇,面对庞大的经学遗产,如何在新的时代妥
善安置,如何改造经学义理中与现代性诉求相背离之处,吸引着许
多学人参与讨论。其中,重新梳理上古学术谱系乃极为重要的议
题,这里面也包含着对史官的阐释。

晚清国粹学派对中国传统思想与学术多有阐扬。邓实、黄节等
人借鉴明治时代日本学者的"国粹论",极力鼓吹中国的"国粹"。
他们区分"国学"与"君学",认为中国学术自晚周诸子以降,多遭

---

① 康有为:《与支伟成》(1926年),载张荣华编校:《康有为往来书信集》,北京:中
国人民大学出版社2012年版,第24页。

"君学"笼罩,学术思想成为帝王统治的工具,堪称真"国学"者寥寥无几。[1]在这一诠释思路下,他们极力宣扬的"国粹",名为复古,实则暗含许多古所未闻的思想种子。[2]关于史官,邓实说:"史官者,神州学术之微也。"[3]"夫史为古今天下学术一大总归,文书之库,而知识之府,故史之权于通国为独重,而史之识,亦于通国为独高。"[4]不但六艺皆为史,诸子九流亦同出于史,上古学术兴盛,皆因史官传统。在这里,邓实对史官这般阐扬,是为了突出后世专制政治下中国已无史。他痛陈:"悲夫! 中国之无史也,非无史,无史材也。非无史材,无史志也。非无史志,无史器也。非无史器,无史情也。非无史情,无史名也。非无史名,无史祖也。呜呼! 无史祖、史名、史情、史器、史志、史材,则无史矣。无史则无学矣,无学则何以有国也? 诸夏黝黝,神州莽莽,中区鱼烂,道术将裂。"[5]可见在邓实眼中,史官为"国粹"的体现,有史或无史,关乎文化兴衰。邓实表彰史官,视史官为中国古代学术的权舆,借此为"君学"之外的真国学寻找源头。

钱基博梳理近代史学流派,认为"言史例史意者一派,绍明章学诚之绪论,如张尔田、何炳松是也"。[6]张尔田自己也承认:"余之服膺实斋者也。"[7]其继承实斋之学的意愿甚为明显。《史微》一书为张氏学术代表作。他自言:"《史微》之为书也,盖为考镜六艺诸子学术流别而作也。"并且认为:"尝见挽世解经之书,是丹而非素,入主而

---

① 邓实:《国学真论》,载桑兵等编:《国学的历史》,北京:国家图书馆出版社2010年版,第91—93页。
② 王汎森:《从传统到反传统——两个思想脉络的分析》,《中国近代思想与学术的系谱》,台北:联经出版事业股份有限公司2003年版,第123页。
③ 邓实:《国学微论》,载桑兵等编:《国学的历史》,第27页。
④ 邓实:《国学微论》,载桑兵等编:《国学的历史》,第28页。
⑤ 邓实:《国学微论》,载桑兵等编:《国学的历史》,第32页。
⑥ 钱基博:《古籍举要》,上海:上海古籍出版社2011年版,第77页。
⑦ 张尔田:《汉书艺文志举例序》,《亚洲学术杂志》第2期。

出奴，专以一己爱憎为取舍，甚至一简之内，借口择善而从，予夺互施，竟不知古人命谊之所在。"①因此他在书中对上古学术流别提出自己的看法，关于史官的阐释，便是其中的一个重点。

在张尔田看来，正如章学诚所言，六艺皆史，百家道术乃是六艺之支与流裔。因而太史一职，在上古地位非常重要：

> 太史者，天子之史也。其道君人南面之术也，内掌八柄以诏王治，外执六典以逆官政，前言往行无不识，天文地理无不察，人事之纪无不达，必求博闻强识、疏通知远之士，使居其位，百官听之以出治焉。故自孔子以上，诸子未分以前，学术政教皆聚于官守，一言以蔽之，曰史而已矣。②

张尔田基本上继承了龚自珍的观点，认为史官的地位非常重要，是王朝政治与文化的中枢。后世"道统既异，官亦无足重轻矣"，致使"虽有良史，不过致谨于书法体例之间，难以语乎观微者已"。③

值得注意的是，张尔田阐释史官，绝非绍述前人观点。在言及自己著书目的时，他自诩《史微》的价值："盖六艺诸子自向歆校书后，今日始一理董也。"④这透露出他对向、歆之学的认同。在以《七略》为本节略而成的《汉书·艺文志》中，史官乃是道家之学所从出，因此在对史官的阐释过程中，张尔田非常强调后者与道家的关系。他指出，东周以降，天子蒙尘，王官四散，百家之学开始勃兴，诸子各派各得王官学之一端，而"史官之大宗独降为道家"，因此"六

---

① 　张尔田：《史微·凡例》，上海：上海书店出版社2010年版，第1页。
② 　张尔田：《史微·原史》，第1页。
③ 　张尔田：《史微·史官沿革考》，第7—8页。
④ 　张尔田：《史微·题辞》，第1页。

艺皆王者之史,根据于道家"。①如此一来,依张氏之见,甚至章学诚的"六经皆史"说亦存缺憾,他认为:"实斋阐史,有宗周祧孔之论,皆可谓知二五而不知十一也。"②总之,道家的地位与重要性,在张尔田的论述中便随着史官地位与重要性的彰显而水涨船高。

张尔田指出:"百家者,六艺之支与流裔也。六艺本古史,史之大宗属道家,故百家莫不祖史,而以道为之原。昔者黄帝正名百物,得君人南面之术,百官以察,万民以治,首立史官,于是乎有六艺,道家守之以进退百家,百家禀道家以修其职,如众星之拱北辰也。……道家实已兼百家之所长矣,故百家皆上承道家,以为出治之本,此三代政教所由备哉灿烂欤?"③诸子各派,其思想皆与道家相通,因而道家就是百家之首。"闲尝论之,道家为君人南面之术。君道也,百家皆出于官守,臣道也,臣道不能独治,必上禀君道而统之,此古帝王设官分职之遗意也。故诸子立言虽歧,合其要归,未有不原于道家者,即其闲异户同门,互相诋謷,此乃辩生于末学,岂九师之道本然哉?"④而后世六艺尽属儒家,使史官之正宗降为九流之一,导致学术日渐衰微,百家之言归于泯灭。张尔田论史官,对《汉志》之说广为引申,表彰史官在上古学术的重要性的同时,让道家的地位也水涨船高,这恐怕绝非刘向、刘歆、章学诚等人所能想象。

虽然如此,张尔田依然以儒者自居,视孔子为教主,力陈孔教应为国教。⑤他认为:"我孔子之制六艺也,盖示后王以明治天下之道而已。"⑥那么他主张源于史官的道家为百家之首时,如何安置儒家,就

---

① 张尔田:《史微·原史》,第2页。
② 张尔田:《史微·史学》,第6页。
③ 张尔田:《史微·祖道》,第115页。
④ 张尔田:《史微·祖道》,第118页。
⑤ 张尔田:《为定孔教为国教事敬告两院议员》,《庸言》第1卷第20号。
⑥ 张尔田:《论六经为经世之学》,《亚洲学术杂志》第1期。

成为一个颇费心思的问题。他指出"孔子之道，君人南面之术也"，是故"孔子实兼道家也"。[①]这并非降低孔子地位，因为道家宗旨为明天，儒家宗旨为明人，"孔子之道则不然，道家先法天道，孔子则修人道以希天；儒家先尽人道，孔子则本天道以律人"。[②]所以"惟其兼道家之统，故高出乎儒家；惟其兼儒家之统，故又不纯乎道家"。[③]在张尔田看来，孔子兼儒道两家之长，已非一派所能涵盖，单视孔子为儒家，并非突出道统，实乃卑视先圣，故而他感慨后世儒者"致使夫子由司徒一官上承君人南面之统，以为万世帝王师表者，屈在臣邻之列，而无一人智足知圣焉"。[④]言下之意，他的这番诠释，堪称发古人未发之覆。

　　张尔田对史官的阐释，实话说来已非完全根据传世典籍立论，而是有不少流于主观之处，这一点他早有体认。他不满古文经学"言必有据"的治学路数，认为"自章枚叔（案：即章太炎）辈出而古文又弊矣"。相较于今文经学，"古文之弊难见"，是故"难见其患深"，进而"患深且将灭种"。[⑤]在他看来，学问之道"有一种不能及时示人证据，必待事变之来而吾言方验"，他名之曰"纵的考据"。[⑥]因此他在《史微》中对史官的阐释，便是此治学方法的体现。对此许多强调治学应实事求是者颇不以为然。王国维虽与张尔田熟识，但认为《史微》"中多无根之谈"。[⑦]据金毓黻回忆，黄侃对《史微》评价为

①　张尔田：《史微·原儒》，第42页。
②　张尔田：《史微·征孔》，第62页。
③　张尔田：《史微·征孔》，第65页。
④　张尔田：《史微·征孔》，第65—66页。
⑤　张尔田：《屠守斋日记》，《史学年报》第2卷第5期，第366页。
⑥　张尔田：《致王国维》，载马奔腾辑注：《王国维未刊来往书信集》，北京：清华大学出版社2010年版，第259页。
⑦　王国维：《致罗振玉》(1916年)，载《王国维全集》第15卷，杭州：浙江教育出版社、广州：广东教育出版社2010年版，第205页。

"不佳"。① 此外,虽然张尔田自认为这一解释并未降低儒家地位,反而愈发彰显孔子的伟大,但是因表彰史官而将道家的地位抬得如此高,承认所谓"异端之学"的巨大价值,此举已然喧宾夺主,使孔子的独尊地位受到极大冲击,开启后来反传统之人借诸子以批孔的"洪水闸门"。因此张氏的挚友孙德谦后来在《诸子通考》中回应道:"儒家以仲尼为祖,仲尼在庶,虽未得天子之位,而其删修六经,固有王者起,必来取法者也。……若是孔子者,万世帝王之师表也。儒家一流,远承其统,则道家虽为君道,其不能与儒家争长也,亦可悟矣。"② 极力强调儒家地位远在百家之上,以此防微杜渐,免得世人小看孔子。

　　与张尔田相似,江瑔也颇受章学诚、龚自珍等人的影响。关于六经的定义,江氏指出:"六经者,古代之史也。《尚书》记言,为唐虞三代之史。《春秋》记事,为春秋列国之史。《易》为上古羲农之史。《诗》为商、周、十五国之史。《礼》《乐》尤为一代制度之史。古代声名文物,咸萃于此。"同时他特别强调:"六经皆史,李卓吾、章实斋、龚定庵诸人力持其说,颠扑不磨,殆成定论。"③ 但是章学诚的"六经皆史"说,是为了彰显上古时官师合一,政教不二,因而突出周公的地位,然江瑔却把老子也置诸有功于上古经典形成的圣人谱系中。在他看来,"大氐古代之六经,昌明于周公,世掌于老聃,而集大成于孔子"。④ 江瑔认同司马迁在《史记》里对老师生平的记载,即其人为"周守藏室之史",而"孔子适周,将问礼于老子"。⑤ 这与《汉志》

① 金毓黻:《静晤室日记》第6册,沈阳:辽沈书社1993年版,第4116页。
② 孙德谦:《诸子通考》,长沙:岳麓书社2013年版,第104页。
③ 江瑔:《新体经学讲义》,上海:华东师范大学出版社2014年版,第10页。
④ 江瑔:《新体经学讲义》,第15页。
⑤ 司马迁:《史记》卷六三《老子韩非列传》,北京:中华书局1959年版,第2139、2140页。

所言的道家出于史官说在内容上相辅相成，因此江瑔在重构上古学术图景时遂着眼于此。

江瑔认为上古巫、史并重，各自掌管天下学术。之后史盛而巫衰，史官的职权与作用日益扩大，最终夺巫之席。"百官庶职皆史掌之，巫之所司不逮万一。惟政事日繁，而设官亦因以日多，虽名目纷歧，实皆由史氏递变而来。然则谓诸子百家之学尽出于史官非诬语也。"①可见他也非常强调史官的重要性。基于此，江瑔认为，《汉志》中对道家出于史官的论述可做如是引申：

> 《六经》之书为古人之史，世为道家之所守，在古代以之教人，谓之"六艺"。既入于道家，则以己之著书专号以名之，故称曰《六经》。及孔子从老子传其业，更从而删订修纂以行于世。孔门之徒溯源寻委，故复起《六经》之名，以符其渊源之所自，木本水源，固可按而寻也。是可见《六经》之名实源于道家，非出于孔氏。②

江瑔不但强调道家因出于史官故传六经，甚至认为后者皆为道家所著。在对史官进行阐释时，他抬高道家的重要性，较之张尔田更胜一筹。

循此思路，江瑔认为不但六经传自道家，诸子各派也是各得道家之一端：

> 道家之学，无所不赅，彻上彻下，亦实亦虚，学之者不得其全，遂分为数派。其得道家之玄虚一派者，为名家，为阴阳家，

① 江瑔：《读子卮言》，上海：华东师范大学出版社2012年版，第28页。
② 江瑔：《读子卮言》，第46页。

及后世之清谈家,神仙符箓家。得道家之践实一派者,为儒家。
得道家之刻忍一派者,为法家。得道家之阴谋一派者,为兵家,
为纵横家。得道家之慈俭一派者,为墨家。得道家之齐万物、平
贵贱一派者,为农家。得道家之寓言一派者,为小说家。传道家
之学而不纯,更杂以诸家之说者,为杂家。是春秋、战国之世,百
家争鸣,虽各张一帜,势若水火,而其授受之渊源,实一一出于
道家。①

总之,江瑔认为:"道家之学,秉要执本,以为即治天下之要术,后世当
共遵循之而不可易。"②

　　值得注意的是,虽然江瑔引申《汉志》之言,极力表彰道家的重
要性,但是他绝非借此以贬低长期处于官学地位的儒家,而是依旧对
孔子甚为尊崇。他对"经"的解释,视其与"简""册"同意,为古代
书籍的通称。③这一点可能受到章太炎《国故论衡》关于"经"的定
义之影响。④不过章氏反对从经书中发掘所谓"微言大义",视"通
经致用"为诬妄之谈。而江瑔出于尊孔的目的,却强调:"六经虽为
往古之陈迹,而实为后来所取资;虽为事实之记载,而实为学理所隐
寓。自孔子删订修纂以后,一字一句,莫不有深意存乎其间。有大义
焉,有微言焉。"所以"六经之为学,大之可以求典章制度之宏,小之
可以为广见博闻之助,显之可以致家国天下之用,微之可以获身心性
命之益。其道至广博而无涯,为万世学术所从出焉"。⑤只是与张尔

①　江瑔:《读子卮言》,第64页。
②　江瑔:《读子卮言》,第47页。
③　江瑔:《新体经学讲义》,第5页。
④　章太炎:《国故论衡·文学总略》,上海:上海古籍出版社2001年版,第53—54页。
⑤　江瑔:《新体经学讲义》,第1、2页。

田一样，江瑔将道家的地位抬得如此之高，使孔子"万世师表"的地位遭受极大动摇，既然儒家也与诸子各派一样皆出于道家，且各得道家学说之一端，那么诸子各派的地位实与儒家旗鼓相当，与其尊孔，何如尊老。凡此种种，皆显现出对正统学术极强的冲击力。或许正是认识到了这点，胡适在《中国哲学史大纲》里特意将江瑔的《读子卮言》列为参考书之一。

　　总之，张尔田与江瑔，皆秉承章学诚等人的观点，对史官在上古学术体系中的位置进行阐释，认为其执掌王官之学，乃各类学术所从出，因此重要性非比寻常。然他二人在阐释史官的同时，顺带将《汉志》所言出于古之史官的道家地位抬高，认为后者因得史官余绪，故为诸子百家之首。虽然二人本意并非借此来扬道抑儒，批判儒学，但事实上难免冲击了儒家的地位。晚清以来，诸子之言广受提倡，"异端学说"喧宾夺主，张尔田与江瑔虽极力表明自己的尊儒立场，但面对滔滔而来的学变，在表达其学说时亦不免受到影响。[①]

三、史官与"史权"

　　近代中国由于深陷危机，传统的政治体制日渐遭受质疑。旧日体制缺陷何在？应该采取哪些补救之道？移植域外制度时，应如何与本土制度接榫？中国传统政教体制中有无可充当今世创新制之资源？这些都是近代政治论争中的重要内容。作为传统政教

[①] 一个相似的例子，张尔田虽然对胡适等推崇西学之人深为不满，但在论述中国历史发展趋势时，依然使用肇自远西的"历史公例"概念来申说己意。这表明张氏不自觉地将西方历史演变视为寰宇通则，所有国家概莫能外。参见王汎森：《中国近代思想中的"未来"》，《探索与争鸣》2015年第9期。

体制中重要一环的"史官",也由此被人关注。前文谈到,依龚自珍之见,史官之地位,已绝非仅仅是载笔之士或文化的传承者,而是在整个政教体系中具有极高的政治作用,使"人主不敢骄"。这一认识到近代被不少学人进一步阐释,从政治文化的角度阐释史官的重要性。

在《释史》一文里,王国维通过详细考证"史"字的本意,指出:"史为掌书之官,自古为要职。殷商以前,其官之尊卑虽不可知,然大小官名及职事之名多由史出,则史之位尊地要可知矣。"后世史官的职能有所缩减,是因为"'史'之本意为持书之人,引申而为大官及庶官之称,又引申而为职事之称。其后三者,各需专字,于是'史''吏''事'三字于小篆中截然有别:持书者谓之'史',治人者谓之'吏',职事谓之'事'。此盖出于秦汉之际,而《诗》《书》之文尚不甚区别,由上文所征引者知之矣"。在上古时期,"官以大史为长,秩以内史为尊。内史之官虽在卿下,然其职之机要,除冢宰外,实为他卿所不及。自《诗》《书》、彝器观之,内史实执政之一人。其职与后汉以后之尚书令,唐、宋之中书舍人、翰林学士,明之大学士相当,盖枢要之任也"。总之,"前古官名多从史出,可以觇古时史之地位矣"。①

王国维考论古代史官在整个政治体系中的位置,虽然强调后者地位崇高,职责关键,但还主要是考证史事,以此呈现古代政治文化本相。然他的这一观点,在近代绝非空谷足音,许多学人对古代史官之地位颇为重视。目睹当时政治窳败、国势陵夷,他们遥想古昔,通过论述史官在国史进程中的升降,揭露时代弊病,并呼吁借重新提倡史官之精神,展示他们理想中国学术的面向,并借之来对抗统治者的政治权力。

---

① 王国维:《释史》,载《王国维全集》第8卷,第171—179页。

邓实在晚清时指出："尝闻之旧史氏矣，古者天子诸侯，必有国史，皆世其官。官存而史存，史存而国存；官亡而史亡，史亡而国亡。左史记言，史之外无有言焉；右史记事，史之外无有事焉。是故六经者，史之大宗，经亦史也。诸子者，史之小宗，子亦史也。周之世官，其大者皆史官也，其异性之闻人，皆史材也，史岂不若是邪？"而降及后世，中国"无一精神史也，其所有则朝史耳，而非国史；君史耳，而非民史；贵族史耳，而非社会史。统而言之，则一历朝之专制政治史耳"。所以他疾呼："中国无史矣！非无史，无史家也，非无史家，无史职也。"① 随后他列举见于传世典籍的古代史官名字，认为这些人之后，再无掌史职者，因而中国步入"无史"的阶段。

在邓实看来，古代史官之职为编撰史籍的关键，可以与君权抗衡，后世史官没落，历史书写遂被君主控制，故导致中国很长一段时间内只有"专制政治史"，而无代表全体国民精神的历史。邓实明显受到梁启超等人提倡的新史学影响，强调"国民"在今世的重要意义，由此将"君史"与"民史"对立，认为历代所流传者，皆为专制君主一家之"史"，而与全体国家社会无关。② 史官的意义，不但可以保证历史的书写权不被君主攘夺，更能借史书流传，使后者有所戒惧，成为对专制政治的制衡。史官已不仅是学问传承中的重要一环，更成为体现今人政治诉求——抨击君主政治，向往民主政治——的一项古昔之标识。

在《黄帝纪年说》里，刘师培强调历史纪年应注意民族、政体与文化。他列举许多在他看来值得专门标出的历史事件。其中与"政体"有关者，他说："夏禹即位，曷为记？为君主世袭记也。商汤即

---

① 邓实：《史学通论一》，《政艺通报》第12期第23张。
② 王汎森：《晚清的政治概念与"新史学"》，载《近代中国的史家与史学》，上海：复旦大学出版社2010年版，第16页。

位,曷为记? 为诸侯革命记也。周民逐厉王,曷为记? 为平民革命记也。秦始皇、陈涉曷为记? 为君权、民权之消长记也。是为中国政界之活动。"① 可见他所重视的,是君主制的沿革和可与之抗衡的史事。循乎此,史官遂成为他眼中与君主权力对抗的主要力量。

在为陈去病的《清秘史》作序时,刘师培指出:

> 予思书契以降,君权、史权互为消长。周室初兴,诗篇陈于太史,然吾即三百篇之词观之,外陈刑政之苛,内陈宫闱之隐,事涉君亲,词无回匿,殆所谓"言者无罪,闻者足戒"者耶! 及迹熄《诗》亡,《春秋》继作,而南史、董狐仗义直书,不避强御,遗芳余烈,彪炳古今。秦汉以降,史职多亏,然马迁著史,力述武帝之非;班固修书,不讳元后之恶。吾意当此之时,史官之权犹足与君权相埒,视后世献媚工谀者固有间矣。魏晋以还,五胡宅夏,又虑史臣之议其后也,于是假君权之焰以摧抑史权。观师或修史于前赵,而刘聪焚其书;赵渊秉笔于前秦,而苻坚去其籍。降及胡魏,文网益严,崔浩诸公至以史臣受戮,而魏收秽史遂以流传,史臣曲笔自此始矣。呜呼! 魏晋以上,史臣操监督政府之权;魏晋以下,政府操监督史臣之权。然史权消灭之原因,悉由于胡羌之肇乱,则甚矣夷祸之可惕也。②

刘师培将古代史官的作用称为"史权",借由历史的记录与书写来抗衡君权。这一传统,对司马迁与班固仍有影响,因此《史记》与《汉书》中有对君主的讥刺。刘师培将古代史官刻画成君主专制的对抗

---

① 刘师培:《黄帝纪年说》,载邬国义、吴修义编校:《刘师培史学论著选集》,上海:上海古籍出版社2006年版,第3—4页。

② 刘师培:《陈去病〈清秘史〉序》,载《刘师培史学论著选集》,第7页。

力量，很明显已越出历史本相。如《汉书》固然有对君权的微辞，但书中视汉为正统之意至为明显，并且在班固看来，司马迁著《史记》"退处士而进奸雄"，已然有悖名教。因此刘师培阐扬史官所具备的"史权"，是借古事以浇心中块垒，出于忧患意识，希望找出中国古代反对君主专制的历史遗产，以之作为真正的"国粹"。

此外，依刘师培之见，"史权"衰微，由于异族占有中夏，荼毒学术。这一论调与他当时政治上的反清立场息息相关。在激烈鼓吹反清革命的《攘书》中，他强调《春秋》"内中国外夷狄"的传统，认为"马、班以降，四裔之传，附于史册之末，使蛮夷大长，不复与中土抗列。《春秋》贬绝之义，赖此不堕"。到了西晋末期，北方少数民族入主中原，致使"史臣无识，南北并书，则是齐宗周于荆越，而等蜀汉于魏吴"。犹有进者，在异族政权统治下，史臣不复有夷夏之辨，因此在史书撰写上，"等夷于华，隐恶扬善，甚至效颦索虏，以斥南土为岛夷，《春秋》之义，荡然泯矣！"[1]视异族政权为摧残"史权"的罪魁祸首。由此可见，刘师培的"史权"论，固然是在批判中国古代政治，但更不可忽视的，是他强调"史权"中区分华夷的意义。在革命党的历史话语里，构建一条历代绵延不绝的华夷之辨谱系，乃下笔立言时的重中之重。在刘师培看来，身处夷夏交争时期的历史书写，无疑深刻体现了汉族士人的种族之思，故应进行表彰。这与章太炎视本国历史为先人遗泽，观之可让人心生抵御外族的民族主义论极为相似，都是将本国历史作为激励民气、鼓吹革命的利器。

当然，对"史权"的论述，并非持反清革命立场者所独擅。谈及近代中国新史学的兴起，不能忽视清末任教于各类新式学堂的陈黻

---

① 刘师培：《攘书·胡史篇》，载《刘师培辛亥前文选》，北京：生活·读书·新知三联书店1998年版，第21页。

宸。陈氏一方面继承南宋以来浙东史学之风气,一方面对各类新知广为汲取,对史学的意义与效用多有论述,其中就包含了阐释史官及"史权"。

陈黻宸认为中国史学自《汉书》以来,便充满了"君臣尊卑"观念,因此对专制君主的杀伐攘夺记之甚详。较之近代新史学,中国古代史籍却对人民生计极为忽略。循其原因,乃由于中国古代史家在历史撰写中丧失"独权"久矣。依他之见:"古者史权特重,司过之职,载于传记甚详矣。夫执简侍坐,岂徒书之而已。我知必有谏诤之言,纠绳之事,君举或误,理无缄默。"[①]强调古代史家对君权的制衡。而之所以如此,是因为"史之贵于古久矣。自夏以降,代有专职。是故终古奔商,向挚归周,载其图法与之俱亡,以是知史权之特重也。汉制,太史爵位在丞相上,而天下计书又必先上太史,而后以其副上丞相,此必前古之遗教矣"。[②]可见在陈氏看来,正是因为古代有史官制度,才能够保证"史权"的存在,让史家得以秉笔直书,不必屈从于君主权威。后代"史权"衰微,乃君权日盛所致。陈黻宸指出中国古代史学有三大厄,一为汉宣帝,一为汉明帝,一为南北朝。汉宣帝将杨恽诛而族之,显示君主对良史的憎恶。汉明帝下诏命班固等人撰写前朝史事,使后世难有私撰的国史。南北朝时期,由于南北政权对峙,导致史无定评,褒贬混乱,史书沦为政权之间争夺正统的工具。[③]

或许是认识到"史权"的存在,不能仅凭在君主淫威下秉笔者的道德品质,陈黻宸强调欲恢复"史权",必须在制度上有所作为,即

---

① 陈黻宸:《独史》,载陈德溥编:《陈黻宸集》上册,北京:中华书局1995年版,第564页。
② 陈黻宸:《独史》,载陈德溥编:《陈黻宸集》上册,第565页。
③ 陈黻宸:《独史》,载陈德溥编:《陈黻宸集》上册,第565—566页。

"首复汉制太史公之职，而兼采章氏实斋之说"，将古代史官之制"创造性转化"。具体言之：

> 今拟位太史公于诸王公上，于京师辟一太史馆，以太史公主之。太史公有参政之责，议政之任，如东西邻之司法大臣然。国有大事，则议而决之，且书而垂之。忤上意者，勿得罪。如是，斯可以言史之独权矣。而各直省府州厅县，遍设分史馆，以乡大夫主之，弗孚民望者黜不庸，重其责，多其员，以察民之好恶性情与其风俗事业之不同，如欧美各强国之调查然，上其事于太史公。太史公不称职分，以各史官卿大夫议之。太史公之去就，视乎各史馆卿大夫。各史馆卿大夫之进退，视乎民。如是，斯可以言史之独权矣。[1]

在《明夷待访录》中，黄宗羲曾将学校制度设计为既是讨论学术之所，又为议论政治之地。与之相似，陈黻宸主张在中央与地方设立"史馆"，不但负责史籍编撰，而且负有参政之责，史官任免以民主投票方式决议，注重民众的呼声，这样方能保证"史权"长存不衰。在此规划下，史官之职与其说参照汉代"太史公"，不如说与近代民主政治中的议员更相似。可以说在陈黻宸眼中，相较于史籍之良莠，他更为看重史官在政治中的作用，这与他在当时热心于立宪政治息息相关。[2]在清末的政治论争中，革命党与立宪派，大体而言，除了是否反清之外，对未来制度的思考相似处极多，除去像章太炎这样主张要充分吸收本国制度特色者，时人多认为未来中国应践行源于近代西

---

[1] 陈黻宸:《独史》，载陈德溥编:《陈黻宸集》上册，第568页。
[2] 1909年浙江省谘议局成立时，陈黻宸担任正议长一职。

方的民主政治，因此，关于"史权"的诠释，陈黻宸与邓实、刘师培等
人在思路上大体一致。

新文化运动以来，随着新思潮的涌入，在史学领域，开始强调史
学为社会科学之一支，史学研究应以追求客观为职志，中国古代史学
所强调的经世与训诫功能，不再被新派学人奉为治学目标。在这样
的时代风气下，当时南京高等师范学校的师生强调传统史学的意义
与价值，形成与北方新文化运动的中心北京大学极为不同的学风。
在南高学派中，柳诒徵为代表人物。他在当时批评新文化运动，反对
疑古学风，治学思想根植于中国传统史学。[①]柳氏对比新旧学风，认
为："从前的旧式教育，和今日的学校比起来，有一种最大的区别，就
是旧式的教育，有若干人熟读古史，今日的学校却没有人熟读古史。"[②]
所以1940年代，他出版了《国史要义》一书，系统阐扬中国传统史学之
精神。其中史官与"史权"为他所着重论述的部分。

柳诒徵通过征引典籍，追溯古代史官制度，强调春秋时期"各国
史官职权之尊，实具有特殊地位，非后世史官仅掌撰述之比"。具体
言之，"国法国令之贰，咸在史官，以考政事，以逆会计。……举凡爵
禄废置、杀生予夺，或王所未察及其未当者，均得导之佐之。是史虽
仅仅文官幕僚之长，而一切政令，皆其职权所司。由是可知周之设
官，惟史权高于一切"。[③]正因为中国有因史官制度而衍生的"史
权"，所以中国的史籍也自具特色。在柳诒徵看来，此绝非"帝王家
谱"四字可以概括。他指出："后世史籍所以广志礼乐、兵刑、职官、

① 关于南高学派与柳诒徵本人在新文化运动时期的活动与思想，参见彭明辉：《历
史地理学与现代中国史学》，台北：东大图书公司1995年版，第51—117页。
② 柳诒徵：《讲国学宜先讲史学》，载《柳诒徵史学论文集》，上海：上海古籍出版社
1991年版，第499—500页。
③ 柳诒徵：《国史要义·史权》，北京：商务印书馆2011年版，第32页。

选举、食货、艺文、河渠、地理，以及诸侯世家、列国载记、四裔藩封，非好为浩博无涯涘也。自古史职所统，不备不足以明吾史之体系也。"[①]

与陈黻宸相似，柳诒徵也表彰"史权"在古代政治中的作用。他说道："古史之职，以书谏王，其源甚古，不必始于周代。其原则实在天子不得为非一语。使一人肆于民上，以从其淫，其祸至烈。"尤有进者，"夫自天子失度，史可据法以相绳，则冢宰以降，孰敢纵恣。史权之高于一切，关键在此"。[②]正因为有此监督作用，所以"两千年中之政治，史之政治也；两千年中之史，亦即政治之史也。子母相生，最可玩味。苟欲经世保邦，必倚史以成文治，此其利与得也"。[③]在柳诒徵看来，"史权"的监督对象不仅是君主，还包括一切政府官员。其地位实属维系政府正常运作之关键。近代学人对史官与"史权"的阐释，自此臻于极致。而正如论者所言，近代中国，在经学日趋没落的情形下，时人常主张"通史致用"，史学成为有识之士从中国传统思想中寻找救世资源的重要凭借。[④]"史权"说的出现，便是这一大的思想背景下具体的表现。

四、史官与史学

近代以来，许多中国知识分子面对西学的涌入，将其作为参照，反思传统学术体系，许多传之已久的学问的合理性开始受到严重质

---

① 柳诒徵：《国史要义·史权》，第33页。
② 柳诒徵：《国史要义·史权》，第35页。
③ 柳诒徵：《国史要义·史权》，第45页。
④ 罗志田：《通史致用：简析近代史学地位的一度上升》，《社会科学战线》2010年第2期。

疑,史学便是其一。王国维在清季明言:"自近世历史为一科学,故事实之间不可无系统。抑无论何学,苟无系统之智识者,不可谓之科学。中国之所谓历史,殆无有系统者,不过集合社会中散见之事实,单可称史料而已,不得云历史。"①所以当时许多学者开始大力引进西说,建构"新史学",以期能回应世变与学变。②虽然梁启超认为:"于今日泰西通行诸学科中,为中国所固有者,惟史学。"③但在构建新史学体系时,必然要对中国古代的史学传统进行反思,其中包括如何看待古代史官。

1922年梁启超出版《中国历史研究法》,在当时被不少人视为谈史学方法著作中的佳作。对于中国传统史学,梁氏说:"中国于各种学问中,惟史学为最发达,史学在世界各国中,惟中国为最发达。其原因何在,吾未能断言,然史官建置之早与职责之崇,或亦其一因也。"④尽管以近代新史学眼光视之,"当时之史,只能谓之簿录,不能谓之著述。虽然,世界上正式的年代史,恐不能不推我国史官所记为最古"。⑤论及后世史官地位下降,梁氏不像前文所例举诸人那样,归结于君主淫威肆虐,而是从学术发展本身着眼。他认为汉代以后,先前史官所掌握的知识,已渐渐传布民间,加之文化工具日新,收藏传抄更为方便,史料因此易于蒐集,所以史官不再是撰史之唯一人选。⑥基于此,他讨论史官之弊,指出:"若隋唐宋元明诸史,则如聚群匠共画一壁,非复艺术,不过一绝无生命之粉本而已。坐此之故,并

① 王国维:《东洋史要序》,载《王国维全集》第14卷,第2页。
② 关于近代"新史学"与西学的关系,参见桑兵:《近代中国的新史学及其流变》,《史学月刊》2007年第11期。
③ 梁启超:《新史学》,载《饮冰室合集·文集之九》,北京:中华书局1989年版,第1页。
④ 梁启超:《中国历史研究法》,载《饮冰室合集·专集之七十三》,第9—10页。
⑤ 梁启超:《中国历史研究法》,载《饮冰室合集·专集之七十三》,第11—12页。
⑥ 梁启超:《中国历史研究法》,载《饮冰室合集·专集之七十三》,第17页。

史家之技术，亦无所得施。史料之别裁，史笔之运用，虽有名手，亦往往被牵制而不能行其志。故愈晚出之史，卷帙愈增，而芜累亦愈甚也。"因此"我国古代史学，因置史官而极发达，其近代史学，亦因置史官而渐衰敝。则史官之性质，今有以异于古所云也"。①正如汪荣祖先生所言，在《中国历史研究法》里，梁启超主要是以他所知的西方近代史学之烛，照中国传统史学之幽，在书中以西方史学理论与史学考订方法为准，提出研究中国历史之法。②梁氏对史官的论述与评价，可以说就是这一思路的具体体现。

梁启超1920年代任教于清华大学国学研究院，成为研究院导师。门下弟子中，姚名达颇有志于继承梁氏史学，在他的不少学术论著中，都能看到梁启超观点的影子。在生前并未付梓的《中国史学史讲义》中，他用大量篇幅叙述古代史官沿革，以此展示中国古代史学的特点。与梁启超相似，姚名达也认为："中国史学现在虽然不如西方，但就其发展的过程上看，则中国史学的发达，较之世界各国均早，其中最重大原因，就是史官的建置，中国有了'历史'的记述，就有了史官制度了。这不能不说是一种奇迹。考察历史的历史，差不多中西都是一样，其所演进的过程亦是相同，但其所产生的结果，却是大异。中国的史官制度，就是一种特殊现象。"③强调史官制度对中国史学传统的巨大影响。

依姚名达之见，史官制度在古代中国如此发达，主要由于史官与文字联系紧密，上古神道盛行，巫风极盛，祈祷祭祀之事，需要用文字

---

① 梁启超：《中国历史研究法》，载《饮冰室合集·专集之七十三》，第19页。
② 汪荣祖：《论梁启超史学的前后期》，载《学人丛说》，北京：中华书局2008年版，第180页。
③ 姚名达：《中国史学史讲义（遗稿）》，载《姚名达文存》，南京：江苏人民出版社2012年版，第244—245页。

来记录,史之职能于是生焉。后来巫地位日渐没落,史官因掌握文字与图籍,遂成为社会上唯一的知识中枢。加上古代政教合一,史官与政治关系密切,甚至"吾人可以说,离开了'史'就没有政治,也不见得荒谬。中国史官制度之所以发生,这亦是一个重要原因"。[1]但在姚名达看来,也正因如此,古代史官难以从政治中独立,虽能保持秉笔直书,但基本上仍属御用之士,只是由于官位世袭,地位重要,故未受到政治权威的过度侵扰。然后世史官衰微与中国史学之"不发达",也由此埋下远因。[2]

　　许多人表彰史官,多以汉代职官中太史令位在丞相之上一语为据。然姚名达认为,这句话的意思"并不一定说其职位在丞相上或其秩爵在丞相上之谓,只是说在朝会上坐位在丞相之上而已!"[3]其地位着实不高。因此在帝制时代,史官撰写史书,掣肘与流弊甚夥。到了东汉末期,因战乱频仍,更使斯文扫地。"史官之地位逐渐低落,其所纪余的不仅不敢不为君主讳,就是对于大臣亦不得不故为谀辞。"[4]所以他总结两晋南北朝时期的史官制度,痛言:"在这种处境下的史官,只是帝王的一种侍臣,其所表现于书本上的,必定很多忌讳,一方面既为自身的利益所束缚,一方面又被天子、大臣所桎梏;因此,使'史'官修史书,其所记载与史料的本身,有相差甚远之处。吾人后世研究古代史实者,对于正纪载,每多发现矛盾扞格以及与事实不同等等原因,使在研究过程中,发生许多问题。"[5]正如前文所引,姚名达认为中国史学在晚近落后于西方,既存此先入为主之念,在梳理

① 姚名达:《中国史学史讲义(遗稿)》,载《姚名达文存》,第250页。
② 姚名达:《中国史学史讲义(遗稿)》,载《姚名达文存》,第260页。
③ 姚名达:《中国史学史讲义(遗稿)》,载《姚名达文存》,第269页。
④ 姚名达:《中国史学史讲义(遗稿)》,载《姚名达文存》,第281页。
⑤ 姚名达:《中国史学史讲义(遗稿)》,载《姚名达文存》,第283页。

史官制度时，他便着眼于寻找"落后"的原因。姚氏将史官视为中国史学不发达的祸首之一：由于史官受到政治干涉，历史书写极不自由，致使史籍质量不尽人意。只是用近代以来方形成的学术理念与知识想象诠释古代学术体制，是否存方凿圆枘之失，这在追寻史学"现代化"的姚名达那里，就未有过多虑及了。

　　谈及近代新史学的发展，朱希祖的地位也非常重要。他长期担任北京大学历史系主任，在学科建制与课程规划上极力引进西方的历史研究理念。朱氏自言："研究历史，应以社会科学为基本科学。我那时就把北京大学历史系的课程，大加更改。本科第一、二年级，先把社会科学学习，做一种基础，如政治学、经济学、法律学、社会学等，再辅之以生物学、人类学及人种学、古物学等。特别注重的，就推社会心理学。"[1]在学术论著中，他也以近代的史学观念为基础，检讨中国传统史学。

　　《中国史学通论》一书，最先为朱希祖在北京大学的授课讲稿，后来经过修改，于1943年付梓刊行。在书中他对史官的论述，重点在区分"书记官"与"历史官"之别。他自言："区分书记官之史与历史官之史，性质不同，破数千年历史官起于黄帝之旧说，为前人所未发见。"[2]对自己的诠释颇为自负。在他看来，《说文解字》中对"史"字的解释，即"右手持册之记事者"，乃是"记事之书记官"。[3]而"历史之作，必起于图书荟萃之地"。古代聚集图籍之所，首推太史一职，是故"历史之记载，必萌芽于太史"。[4]但与许多人不同，朱希祖并不

---

① 　朱希祖：《〈新史学〉序》，载周文玖选编：《朱希祖文存》，上海：上海古籍出版社2006年版，第375页。
② 　朱希祖：《中国史学通论·自序》，北京：中华书局2012年版，第3页。
③ 　朱希祖：《中国史学通论》，第6页。
④ 　朱希祖：《中国史学通论》，第9页。

认为太史所记录者为"历史"。他指出:"其初之所作,仅记述一时一代之政典礼仪,与夫辨世系及昭穆而已。如《尚书》《仪礼》《周官》、谱牒等皆是。凡此记载,正名定分,仅足称为史料,未足僭名历史;盖因果之关系,时间之观念,为历史最粗浅之条件,尚且未明也。"①朱希祖在新文化运动时期积极学习西方史学观念,他认同胡适的观点,视章学诚的"六经皆史"为"六经皆史料",并以此审视中国古代典籍。②总之,他对古代史官与史籍的阐释,具体而微地显现了当时新学风下对待中国传统学术的态度。

与朱希祖、姚名达等人不同,出身于南京高师的郑鹤声认为古代史官实有值得表彰之处。他认为:"古代学术,重实际,贵实验,其思想贯通天人之间,而祝与史实为枢纽。祝本于天以推于人,史鉴于祖以措于今,皆言吉凶之道,故祝史杂糅几不可别。惟其然也,故古代史官,好言祸福,而致力于天人之际,非若后世史官,徒托空言,肆力于著述而已。"这一点在司马迁身上犹有体现,他"盖欲借事实而发明哲理,实传古代史官之精神"。③郑氏对传统史学极力回护,显示出南京高师一派治学之路数,即强调传统的价值,反对过分厚今薄古。但是他所指出的古代学术之优点,如"重实际""贵实验",基本上还是以当时流行的科学主义为标准,以此来评价古人。由此可见,面对新文化运动以来的新学风,即便对其保持距离之人,亦难免受其影响。

有感于西方史学思潮的巨大影响,长期致力于中国史学史研究的金毓黻希望能既采西学之长,又表彰中国传统学术的潜德幽光,以平复扰攘纷繁的新旧之争。他在《中国史学史》一书里尝试阐述自

---

① 朱希祖:《中国史学通论》,第9页。
② 王锐:《章太炎晚年学术思想研究》,北京:商务印书馆2014年版,第164—166页。
③ 郑鹤声:《古史官考略》,《史学杂志》第2卷第1期。

己对中国传统史学的认识。[①] 在他看来，"史学寓乎史籍，史籍撰自史家。语其发生之序，则史家最先，史籍次之，史学居末"。[②] 所以他在书中对史官有颇多论述。

金毓黻认为："史之初职，专掌官文书及起文书草，略如后世官署之掾吏。"地位并非十分崇高。因此"史官之始，不过掌书起草，品秩最微，同于胥吏，只称为史，如汉人所称令史是也"。至于其名称流变，"凡官之以史名者，既掌文书，复典秘籍，渐以闻见笔之于书，遂以掌书起草之史，而当载笔修史之任。初本以史名官，继则以史名书，而史官之名，乃为载笔修史者所独擅"。[③] 这一论述，与当时许多学者大不相同。而关于史官制度，他指出：

> 史为官名，其初如吏，后乃进当记言记事之任，一也。周代之左史右史，即为《周礼》之内史大史，而《周礼》五史，又为经制，不得轻疑，二也。汉世去古未远，史官之制未废，故司马迁以世为史官而修《史记》，三也。史为书名，起于汉后，古代无之，只以名官，四也。古代学在王官，典籍为史官所专掌，故私家无由修史，欲考古代之史学，舍史官外，别无可征，五也。兹叙吾国史学，上溯其源，必首史官，义不外此。[④]

金毓黻不将史官制度视为中国史学发达的原因，而是力求探寻其本来面目，言下之意，讨论中国史学得失，不必胶着于评价史官的优劣。

---

① 张凯：《改造旧史与编纂新史：金毓黻〈中国史学史〉之学术旨趣》，《河南大学学报（社会科学版）》2012年第1期。
② 金毓黻：《中国史学史》，北京：商务印书馆2003年版，第5页。
③ 金毓黻：《中国史学史》，第6、7页。
④ 金毓黻：《中国史学史》，第27页。

在论及自己对史学史的理解时,金毓黻说道:"愚谓能自撰一史者,乃得谓之通史学,否则高语撰合,鄙视记注,则成家之作必少。"[①]可见他所重视的,乃是历史著作本身,这才是讨论史学得失的根本。因此对史官的评价,必须置诸史籍,若以各种立场空言得失,则失之远矣。

近代中国史学的一个明显趋势就是 "以史代经",将古代经书以历史著作视之。[②]这一点以章太炎为主要代表。他在晚清认为历史为国粹的最主要载体,可以借之宣传民族主义、激励民气,所以他说:"孔氏之教,本以历史为宗,宗孔氏者,当沙汰其干禄致用之术,惟取前王成迹可以感怀者,流连弗替。《春秋》而上,则有六经,固孔氏历史之学也。《春秋》而下,则有《史记》《汉书》以至历代书志、纪传,亦孔氏历史之学也。"[③]及至晚年,章太炎目睹国势衰微,在许多场合提倡历史的重要性,主张读史应识大体,熟知历代政治社会之变迁,通过对历代史事稔熟于胸,能够从中吸取足以为当下借鉴与取法之处。[④]成书于当时的《春秋左氏疑义答问》为其一生研究《左传》的总结之作,书中主要从史籍编撰的角度谈《左传》的成书与性质,其中也包括了对史官的论述。

关于《左传》"书法" 中的讳恶问题,章太炎指出:"列国史官,皆出周太史陪属,于其国不为纯臣,故董狐、齐史书曰 '赵盾弑其君' '崔杼弑其君',明非史官之君也。独鲁、太宰周公之后,祝宗卜史素皆周公僚属,其后常为鲁臣,故宣公数史克以违君命,史克亦自言臣违君命不可不杀。既为之臣矣,书弑其君则不可,易之则又无

---

① 金毓黻:《静晤室日记》第6册,第4591页。
② 关于这一点,参见刘巍:《经典的没落与章学诚 "六经皆史" 说的提升》,《近代史研究》2008年第2期,第4—25页。
③ 章太炎:《答铁铮》,载《章太炎全集》第4册,上海:上海人民出版社2014年版,第388页。
④ 王锐:《章太炎晚年学术思想研究》,第222—230页。

辞，故书'公薨不地'以示微旨。孔子为鲁司寇，同为臣下，又不得不尊焉。"①他认为根据春秋史官制度，各国史官皆为周天子之臣，所以能够直书诸侯国之事。可鲁国为周公封地，王朝史官皆为周公下属，所以对鲁国史事，必须有所隐晦，以示臣道。正因为章太炎视《左传》为史书，所以对其中的"书法"便从史官制度的角度进行讨论。

此外，关于"《春秋》从赴，孔子不改，安用修为"之问，章太炎指出："鲁之为国，不过藩侯，非能使邦国之治皆萃于鲁。其作《春秋》者，日月相次，临时取办，而又不见他国所记，虽有行人觇国之所得，盖亦仅矣，自非依于赴告，当何所隐据以书外事？是其法守不得不然也。及孔子观周，具见百国与诸官府之所记载，甚翔实矣，然犹弗敢窜易者，鲁非周室，身非天王左右之史，不得取鲁史而剟定之，使同于王室之史也。是故存其旧文于《经》，而付其实事于丘明以为《传》，错行代明，使官法与事状不相害，所谓《经》《传》表里者此也。"②此亦从周天子与诸侯国之史官的区别立论，认为鲁国史官难以看到其他诸侯国的史书，记载上遂有隐饰。孔子虽看到王室典藏之图籍，但身非王室史官，因此也不能擅改史文，故让左丘明在《左传》中记录其事。

这些关于春秋史官的叙述，所涉及者虽小，但却体现了章太炎"以史视经"的一贯主张，并在立论上更加深入细致，这对传统经学的冲击不言而喻。或许是有见于此，曾经受教于廖平的近代蜀学后劲李源澄致信章太炎，强调《春秋》是经而非史，所重者在微言，而"《左氏》所记则档案，足资稽考而已"。③对此章太炎答曰："旷观海

① 章太炎：《春秋左氏疑义答问》，载《章太炎全集》第5册，第280页。
② 章太炎：《春秋左氏疑义答问》，载《章太炎全集》第5册，第282页。
③ 李源澄：《上章太炎先生书二》，载林庆彰等编：《李源澄著作集》第2册，台北："中研院"中国文哲研究所2009年版，第994页。

外通达之国,国无经而兴者有矣,国无史,未有不沦胥以尽者也。夫
中国之缕绝复续者,亦国史持之耳。经云、史云,果孰重孰轻耶?档
案者,儒生之所轻,而国家之所重。"他特别奉劝李源澄,"此不须苦
辩者,读书阅世久,自知之也"。[①]可见他对《左传》的阐释,着眼点
是强调历史对民族与国家的重要性。置诸1930年代内忧外患加剧
的背景,章太炎的这番认识,反映了他对时局的焦虑。

五、结　语

关于思想史的研究,李弘祺先生谈道:"如果能善用'观念史'的
方法,我们一样能抽绎出与历史文化背景有密切关联的观念,以纵的
发展为经,以它在当代各文化面的表现或意义为纬,而探讨其时间上
所形成的增减转化,以描绘出一个活生生动态的思想史。"[②]本文即通
过梳理论述近代学人对"史官"及其相关概念的认识与诠释,借此窥
见在近代中国遭遇时代危机时,中国思想与学术的些许特征。随着
清代章学诚、龚自珍等人学说在近代的盛行,史官遂被有心摆脱经学
纷争、重新探讨上古学术源流、思索近代变局下如何光大传统学术的
学人重视。他们视史官为上古学术的枢纽,各种典籍赖其保存,诸子
百家皆源于斯。他们阐扬史官的同时,对《汉书·艺文志》中道家出
于史官说亦援引申论,强调道家深得史官真传,使其地位水涨船高,
虽不存异端之心,却光大异端之学,对儒学的正统地位产生极大冲

---

① 章太炎:《答李源澄书二》,载林庆彰等编:《李源澄著作集》第2册,第1002—
　1003页。
② 李弘祺:《试论思想史的研究》,载韦政通编:《中国思想史方法论文选集》,台
　北:水牛出版社2006年版,第255—256页。

击。古史官地位既然这般重要，目睹近代变局的学人遂遥想由史官而生的"史权"，认为其能有力制约君权，是中国古代对抗专制权力的利器。他们或是抚今追昔，盛赞往昔"史权"之效，感叹后世"史权"零落，致使时代昏暗；或是多方参照，设想在这个时代构建新的"史权"。

　　总之，史官一职，成为他们批判、改造近代政教的重要思想资源。最后，随着近代新史学的流行，如何评价史官成为学人梳理、检讨中国传统史学时颇为关注的问题。强调其位置重要者，同时也反思史官对史学的消极影响；阐扬其意义者，乃是借此力言中国传统史学的价值。每一种对史官的评价，展示了各人的史学思想，甚至是对时代变局的感观。由此可见，近代中国的思想与学术流变，一方面固然是大量西说的纷纷涌入；另一方面，中国自身的学术传统同样不容忽视，近代中国思想与学术呈现出的面貌，是在中国传统学术的固有基础上展开的。分析各种传统学说在近代的面貌，同样是考察此一时段中国思想与学术时不容忽视的问题。而经历百余年中西之间的纷繁纠缠，中国文化的重建，窃以为需根植于此。同时不容忽视的是，与本文相关的其他问题，如近代学人对中国古代学术图景的论述，"史权"在近代政治观念中更为深入且具体的影响，中国近代史学史的研究，如何从简单的"点鬼簿"变为关注具体概念在史学领域的流变及影响，这些都是值得进一步探讨的问题。姑且揭出，以俟他日详论。

论章太炎的政治生涯
——侧重从他与士绅阶层的关系展开分析

一、前　言

　　章太炎一生不能忘情政治。他不但喜欢谈论政治，而且深度参与从戊戌变法至"九一八事变"之后一系列影响了中国历史进程的政治事件。仅以"学者"身份来描述章太炎，很难得其全貌。仅从他的学术论著来评价其一生，也很难做到"知人论世"。沈瓞民回忆青年章太炎："言吏治，至三时许，滔滔不绝，真雄才大略也。"①曾与章氏有过往来的刘禺生则说："章太炎与人讲音韵、训诂，不甚轩昂。与人谈政治，则眉飞色舞。"②章太炎之子章导回忆，其母汤国梨曾言章太炎极为热衷国事，以至于"心里只有国，没有家"。③章太炎一直强调历史的重要性。而在章门弟子姜亮夫看来，其师"学术之中心思想，

---

① 沈瓞民：《记凤凰山馆论学——纪念亡友太炎先生》，载陈平原、杜玲玲编：《追忆章太炎》，北京：生活·读书·新知三联书店2009年版，第146页。
② 刘禺生：《世载堂杂忆（选录）》，载陈平原、杜玲玲编：《追忆章太炎》，第445页。
③ 章导：《忆辛亥革命前后先父章太炎若干事》，载中国人民政治协商会议上海市委员会文史资料工作委员会编：《辛亥革命七十年——文史资料纪念专辑》，上海：上海人民出版社1981年版，第64页。

在求'救世之急'"，而"其方法在教人不忘其本，不忘本故尊史"，以此"求'用'于救民"。基于此，大凡"变更旧常，不轨于典籍，或有危于宗邦者，皆为心所甚忧"。①当然，在另一位涉世极深，身跨政、学、商三界的张謇看来，章太炎虽然热衷政治，但他终究只是"文章之士"，而"政治家非文章之士所得充"。②

在晚近的文化氛围里，讨论近代士人（或曰"知识分子"）与政治的关系，或是以某种"后见之明"来"惋惜"某位著名士人不应与政治发生如此这般深的关系，以至于深陷其中，耽误其名山事业；或是扼腕于士人秉持理想主义来经世致用的苦衷在现实政治面前不断碰壁，致使"士人精神"在具体的历史情境里被迫隐而不彰；或是悲愤随着社会结构的变迁与新的政治力量的兴起，尤显精英色彩的"士人政治"在此变局下逐渐退出历史舞台，于是将带有社会科学色彩的历史分析降格为鸣呼哀哉式的个人情绪输出。这样看历史，自然有一定的审美价值与文化意义，但恐怕很难对包括章太炎在内的介于传统士人与现代知识分子之间的过渡型文化精英的活动方式、思维特征、社会基础有更为深入且冷静的分析。

进一步而言，既然是讨论政治问题，就需要对作为一种社会活动形式的"政治"有较为清晰的定义。纵观人类文明史，政治活动可以说始终是人类所有活动里最为重要的内容。没有"政治"，没有依据一定的政治原理组织起来的公共生活，人类很难形成团体，繁衍生息，保护个人，传承文化。而"政治"的核心要素则为政权。其内涵，大体可分为建立政权、维系政权、完善政权、改革政权、推翻政权。与政权相关的，则是其社会经济基础、政治主导力量、政治参与程度、政

---

① 一士：《章太炎弟子论述师说》，载陈平原、杜玲玲编：《追忆章太炎》，第342、344、335页。
② 李明勋、尤世玮主编：《张謇日记》，上海：上海辞书出版社2017年版，第737页。

治意识形态等。而一个政治团体，无论其组织形式、人员构成、政治纲领、行动策略是什么，总是希望在其活动的时空范围内与政权发生关系。总之，撇开政权谈政治，宛如沙上筑塔。就此而言，政治活动确实是复杂而残酷的，但具有政治公共性的美德，或许才是最为人们所称颂与怀念的美德。中外先贤对理想政治秩序的思考与探索，更是人类文明史上弥足珍贵的思想遗产。

且从抽象回到具体。章太炎所面临的是第一次鸦片战争以来由中国的内外形势所造成的政治环境。它既包含了传统社会内生的政治特征与政治矛盾，又包含了由于近代资本主义列强的侵略扩张而导致的新的政治危机。与这种新旧政治形态杂糅并存的，就是梁启超所说的具有"过渡时代"特征的社会经济结构。作为政治活动的参与者，章太炎及其同时代人需要对这样的政治与社会现状有自己的理解与认识，进而剖析其特点与症结，然后对症下药，提出解决之道，并在既定的时空环境下探索实践路径。与此同时，他们很大程度上又受制于这样的政治社会环境，其思考与实践经常带有极强的时代印记。这样的时代印记固然让他们能够较为深刻地揭示中国社会的各种弊病，唤起国人的政治意识，又往往限制了他们能否在变动异常激烈、各类冲突不断的近代中国准确把握时代的走向，并在此基础上不断调整自己的政治主张，最终让中国名副其实地走出困境。

这样的时代特点，让身处其中的人往往感到世变过于急促，兴废过于频繁。1922年，章太炎自己就感慨道："自有书契以迄于兹，其为五十年者，不知其几也。其变之亟，略无有过于今者。以今之五十年中解之，后之变者又转亟于前，持论之士无虑数十人，非徒随之，且有造之者矣。当其造也，不知其奚以造也。变既成矣，已处于变之中，而又惘然不知所如往。坐而议之，若执符契，然少选必有啬焉不自得者，此其故何也？以其变不胜推也。"①而从这样的"变动不居感"出发，或可择相关史事一述，讨论作为近代中国许多重要政治活动参与者的章太炎，他的行事风格、他对政治形势的判断、他所寄希望的政治力量都有哪些特点，其深层次的逻辑是什么。并在此基础上，探讨一些在近代中国具有一定普遍性的政治文化问题。②

二、起点：晚清士绅阶层中的青年翘楚

章太炎出生在浙江省余杭县的一个中下层士绅家庭。晚清的中下层士绅家庭虽然未必能对朝廷大政方针产生什么影响，但在地方依然有着举足轻重的地位。作为地方上掌握政治资源、经济资源与文化资源的精英阶层，他们时常出入官府，与地方官有着密切往来。而后者的主要成员也多出身于士绅家庭。他们在本地承担许多社会与文化职责，经常作为官府与百姓之间的中介。他们一面替官府治理地方出谋划策，并以维持礼教秩序为己任，另一方面也常在与官府打交道时尽量维护地方上的利益。在一般情况下，士绅与官府之间的主要利益是比较一致的。为了保证当地的秩序稳定、钱粮赋税按时缴纳、伦常秩序得以维系，官府与士绅互相离不开对方。③章太炎的父亲章濬之所以被卷入著名的杨乃武与小白菜案，就是因为他与

① 章太炎：《最近之五十年序》，载《章太炎全集》第9册，上海：上海人民出版社2018年版，第140—141页。
② 本文意在分析章太炎的政治实践及其特点，而非着眼于讨论他的政治思想。关于后者，笔者在别的文章中曾进行过一番概述。参见王锐：《"恢廓民权"与"抑官吏伸齐民"——略论章太炎对近代中国时势的思考》，《中国社会科学院大学学报》2023年第12期。
③ 张仲礼著，李荣昌译：《中国绅士——关于其在19世纪中国社会中的作用的研究》，上海：上海社会科学院出版社1991年版，第67—68页。

余杭县令刘锡彤关系较好,替后者制造伪证。当然,也正是由于出身于地方精英家庭,章太炎能够在少年时代就比较广泛地接触到经史典籍,打下扎实的传统学术根底,同时深受经史典籍中所凸显的价值观影响。而他之后的政治主张,经常会涉及如何看待支配中国基层社会数千年之久的士绅阶层,以及作为其主要经济基础的土地占有模式。

　　章太炎的政治生涯,应始于1897年在汪康年与梁启超邀请下加入时务报馆。梁启超在当时直言"欲兴民权,宜先兴绅权";"欲用绅士,必先教绅士"。①作为近代早期由中国人创办的新式媒体的代表,《时务报》在当时主要的读者还是具有一定阅读能力、书写能力、在地方上处于精英地位的士绅阶层。而章太炎之所以能够被《时务报》的负责人看上,一是由于他肄业于晚清大儒俞樾主持的诂经精舍,受到清代以来江浙地区考据学学风的熏陶,并且在书院里成绩优秀,《膏兰室札记》与《春秋左传读》这两部内容丰富、考据缜密的读书札记就是他扎实旧学根底的具体表现;二是章太炎在诂经精舍时就十分关注时局与新学,曾三次参加以重视新学为特点的上海格致书院举办的课艺征文,并名列一等。尤其值得一提的是,他参加的这三次课艺征文,主题涉及中外条约、万国公法、西书翻译、修筑东三省铁路、数学、物理学、海关税则等领域。章太炎能够应试,说明他一直很关心这些新知识与新热点。②

　　这样的知识结构与求学经历,为章太炎在政治活动中声名渐起奠定了重要基础。首先,士绅阶层之所以能成为社会精英,除了在地方上大量掌握着土地这一农业社会里的主要生产资料,他们大多数

① 梁启超:《论湖南应办之事》,载李华兴、吴嘉勋编:《梁启超选集》,上海:上海人民出版社1984年版,第75、76页。
② 熊月之:《章太炎早年参加书院课艺活动钩沉》,《史林》2017年第4期。

人都比较了解作为官方意识形态的儒学，至少对朱注四书这一科举考试敲门砖相对熟悉，因此形成大体一致的生活方式与价值观念。与此同时，他们能较为顺畅地阅读与撰写文言文，这让他们与粗通文墨尚且困难的普通百姓之间产生了一定的差距。而具有阅读与书写能力是参与政治活动的重要资格。在此基础上，如果熟悉清代以来的主流学风，并在此学风下具备一定的学术能力，这样更容易获得士绅阶层的正面评价，进而成为该阶层中的知名之士。而这一切，恰恰是建立在参与政治仍属于士绅阶层的特权，平民百姓难以涉足其中的前提下。身为江南大儒俞樾的高足，这让章太炎很容易符合士绅阶层内部的评价标准。他一度被以重视提拔人才自诩的晚清名臣张之洞看重，就是典型例子。

　　其次，洋务运动以降，目睹中国被列强侵略，清廷内部的一些具有新眼光与改革思维的人开始大力提倡西学，引进西方的各类新知。尽管在对待西学的态度上人们不无分歧，但总体而言，心忧国事的人一般来说比较强调西学的重要性，希望借宣传西学来实现中国的富强。随着人们对西学与西政有了越来越多的了解，他们开始以此为尺度来检讨中国传统政治与学术，希望变革其中的不合理之处。由于当时全国范围内的新知传播还比较有限，许多地方对西学的了解主要来自沿海地区的报刊与出版品。正如时人的观察："夫海上主笔之人，大抵新党言变法者也。"[1]因此，在地方掌握西学，并且能够较为流畅地介绍西学的人，就比较容易被士林瞩目。[2]所以，在拥有了《时务报》这个发表平台后，已经具备一定西学知识的章太炎，很快

---

[1]　中华书局编辑部编，童杨校订：《孙宝瑄日记》上册，北京：中华书局2015年版，第453页。

[2]　潘光哲：《"西学"的"新文化"：〈时务报〉与它的读者》，载《晚清士人的西学阅读史（一八三三——一八九八）》，台北："中研院"近代史研究所2014年版，第163—240页。

就成为受人关注的对象。以至于他离开时务报馆后，继续被其他报刊聘用。在这个意义上，章太炎既是士绅阶层的一分子，又是一位依赖新式传播媒介的报人。

戊戌变法失败后，支持变法的章太炎被迫流亡。他先是避难于台湾，不久之后又东渡日本。在日本期间，他开始反思变法的政治路线，开始质疑清政府能否让中国走出内外困境。当然，这种质疑并不表示他主张立即推翻清政府的统治。1899年夏，他在与日本人的谈话中曾说："今满虏虽可恶也，光绪帝者，聪明英主。苟得其相，则亦足以辅而为善者也。"①可见，他之所以对清廷抱有期望，是出于对光绪帝有着些许幻想，认为如果他能亲政，将对时局有所改观。很有可能的是，章太炎此时对时局的判断，还受到维新派的影响，相信光绪帝是勤政爱民、立志改革的。

因此，在初刻本《訄书》里，章太炎收录了《客帝》与《分镇》两篇文章。《客帝》的最初版本是1899年3月发表于《台湾日日新报》上的《客帝论》，收入初刻本《訄书》时章太炎有所修改。章太炎认为如果清帝能励精图治，就应该让其继续统治下去，成为类似于"客卿"的"客帝"，对内"使吏精廉强力"，对外"以御白人之侮"。当中国走出内忧外患时，清帝应该主动让出帝位，退居诸侯之位，让孔子的后代成为新的统治者。②

在《分镇》一文里，章太炎认为自从咸丰年间以降，地方督抚的势力不断做大，内轻外重之局已成。如此倒不如让地方督抚具有独立的行政权与用人权，使之成为一方藩镇，让他们来对抗列强的侵略。在章太炎看来，这样可以避免中央政府一被列强威胁，就急忙签订卖国

---

① 章太炎：《与日人藻洲子的谈话》，载《章太炎全集》第10册，第163页。
② 章太炎：《訄书（初刻本）·客帝》，载《章太炎全集》第3册，第68页。

条约的情形出现。至于这样是否有可能会形成地方割据局面，章太炎说："瓜分而授之外人，孰与瓜分而授之方镇？"①从渊源上看，章太炎的这个想法很可能是对老师俞樾观点的改造。俞樾写过一篇《封建郡县说》，认为应该在施行郡县制的背景下恢复一些封建制的遗意，即"内地郡县而边地封建"，这样就能较好地抵御外患，避免强干弱枝之局势。②正如俞樾此论有向清廷当政者建言的意味，章太炎的"分镇"论，也是在保留清帝位置的前提下所设想的政治方案。

这里就带来了一个疑问，为何章太炎已经透露出对清政府不满，但仍然不直接主张革命，却希望清政府能自我改变？除了幻想光绪帝有成为明君的潜质，另一个不容忽视的原因就是他当时对以孙中山为代表的革命力量缺乏足够的了解与认可。在时务报馆时，章太炎看到报载孙中山在伦敦遭清政府驻英使馆逮捕，遂向梁启超询问其详情，后者对他说："孙氏主张革命，陈胜、吴广流也。"③1899年2月，刚抵台湾不久的章太炎写信给汪康年，提道："东人（日本人）言及公名，肃然起敬，而谬者或以逸仙（孙中山）并称，则妄矣。"④认为孙中山不能和戊戌年间办报纸、开民智的汪康年相比。他的这个想法其实某种程度上也代表着当时大多数江浙士绅阶层对孙中山的看法。孙中山一非世家子弟，二无科举功名，三无肄业著名书院的经

① 章太炎：《訄书（初刻本）·分镇》，载《章太炎全集》第3册，第73—75页。
② 俞樾：《封建郡县说》，载《宾萌集·宾萌外集》，南京：凤凰出版社2021年版，第47页。
③ 章太炎：《民国光复》，载章念驰编订：《章太炎演讲集》，上海：上海人民出版社2011年版，第389页。值得注意的是，同一时期，关于孙中山，梁启超却对汪康年说："孙某非哥（哥老会）中人，度略通西学，愤嫉时变之流，其徒皆粤人之商于南洋、亚美，及前之出洋学生。"参见《梁启超致汪康年》，载上海图书馆编：《汪康年师友书札》第2册，上海：上海书店出版社2016年版，第1662页。
④ 章太炎：《与汪康年》（1899年），载马勇编：《章太炎书信集》，石家庄：河北教育出版社2003年版，第8页。

历,这在当时社会背景下,本来就很难入长期作为社会精英阶层的士绅群体法眼。孙中山1895年策划的广州起义,主要参与者为会党、民团、营勇、绿林等基本属于社会底层的边缘群体。[1]这也让孙中山在不少对他缺乏足够了解的士绅阶层眼里,不外乎是一位江湖游侠式的人物,而这种不由士绅阶层领导的政治运动,在当时更是很难获得他们认可的。这种情况,直到1900年以后他与留日中国学生广泛接触才有明显改变。[2]

1899年6月,章太炎离开台湾赴日本。到日本后不久,在梁启超引荐下,章太炎在横滨与孙中山会面。不过这次会晤,显然没有让章太炎对孙中山产生太多好感,他在给汪康年的信中说:

> 兴公(孙中山)亦在横滨,自署中山樵,尝一见之。聆其议论,谓不瓜分不足以恢复,斯言即流血之意,可谓卓识。惜其人闪烁不恒,非有实际,盖不能为张角、王仙芝者也。[3]

在章太炎看来,孙中山虽不乏卓识,但言论略有夸大浮泛之嫌,不太讲求实际,所以稍显"不靠谱"。当然,章太炎拿孙中山和张角、王仙芝这样的古代农民起义领袖相提并论,说到底就是此刻仍不认为孙中山也和自己一样是一位具有现代知识的文化人,因而不足以承担救亡图存的大业。

章开沅先生曾说:"像章太炎、邓实、陈去病这种类型的知识分

---

[1] 金冲及、胡绳武:《辛亥革命史稿》第1卷,上海:上海辞书出版社2011年版,第62页。

[2] 桑兵:《孙中山与留日学界》,载《清末新知识界的社团与活动》,北京:北京师范大学出版社2014年版,第279—307页。

[3] 章太炎:《与汪康年》(1899年),载马勇编:《章太炎书信集》,第10页。

子，大多经历过从封建士大夫向资产阶级改良派转变，接着又从资产
阶级改良派向资产阶级革命派转变的思想发展过程。值得注意的
是，他们的反满思想和反满宣传是随着自己革命倾向的加强而不断
升级的。我们在研究这些人的阶级属性的时候，必须把反满问题放
在他们政治活动的总体中来考察，才可以获得比较确切的了解。"[1]正
如其言，真正促使章太炎走上革命之路的还是中国政治形势的变化。
1900年义和团起义，随后八国联军攻入北京，慈禧带着光绪帝仓皇出
逃，这一系列的事件让当时关心国家大事的人们备受冲击，使他们开
始认真思考中国未来的发展道路。

　　章太炎在《自定年谱》中说，1900年"清自诛窜康梁以后，与外
人尤相忌，刚毅用事，遂有义和团之变。其夏，宛平不守，清太后、清
主西窜长安"。[2]通过目睹这样一连串的事件，章太炎彻底抛弃依
托清政府来"革政"的念头。该年6月，章太炎致信时任两广总督
的李鸿章，劝说他"明绝伪诏，更建政府，养贤致民，以全半壁"。[3]所
谓"更建政府"，显示章太炎已经不再承认清政府的政治合法性，而
是思考如何用新的政治力量来取代它。1900年7月，唐才常等人在
上海召开"中国议会"。作为参与者，章太炎写信给夏曾佑谈及其
中的状况：

　　　　海上党锢，欲建国会。然所执不同，与日本尊攘异矣。或欲
　　迎跸，或欲□□，斯固水火。就迎跸言，信国（文廷式）欲借力东
　　西，铸万（唐才常）欲翁（翁同龢）、陈（陈宝箴）坐镇，梁公（狄楚

① 章开沅：《论同盟会的性质及其内部分歧》，载《辛亥前后史论丛》，武汉：华中
　　师范大学出版社1990年版，第343页。
② 章太炎：《自定年谱》，载《章太炎全集》第11册，第756页。
③ 章太炎：《与李鸿章》（1900年），载马勇编：《章太炎书信集》，第22页。

青）欲密召昆仑（康有为），文言（汪康年）欲借资鄂帅（张之洞）。志士既少，离心复甚，事可知也。[1]

章太炎描述的中国议会内部情形，一方面固然体现了士绅群体在组织具有现代特征的政治团体时还缺乏经验，特别是不谙团结大多数成员与形成政治共识的方法；但另一方面也说明参加中国议会的人们在如何对待清政府问题上并不一致，传统的"忠君"思想在山河破碎之际已经开始受到质疑与反思，所以才会有各种各样的救亡方案。被推举为副会长的严复就颇为悲观地指出："中国今日情事，与俄、日本皆不同，与雍、乾间之法兰西却有相似。"[2]这番话的潜台词就是认为清政府的统治合法性在不断丧失，人心已散，类似于大革命前夕的法国。被推选为会长的容闳在用英文撰写的中国议会对外宣言中更是直言："大清朝势必覆亡"，"大清癫狂始终，愚不可及"，因此需要另立新政府，施行君主立宪制。[3]时任东亚同文会上海支部干事的井上雅二也在日记里记载，中国议会的真实主旨外界其实并不知晓，包括"废除旧政府，建立新政府，保全中外利益，使人民进步"。[4]根据今天的研究，此时不但唐才常策划利用会党发动起义，与张之洞关系紧密的汪康年也打算在南方另立政权，新政权采用民主制度，实行总统制，总统将由当时的名人担任，人选包括光绪帝，同时派人联络会党土匪武装作为军事力量。[5]由此可见，在"保国"与"忠君"面前，

---

① 章太炎：《与夏曾佑》（1900年），载马勇编：《章太炎书信集》，第51页。
② 严复：《〈沈瑶庆奏稿〉批语》，载孙应祥、皮后锋编：《〈严复集〉补编》，福州：福建人民出版社2004年版，第319页。
③ 唐越：《容闳中国国会〈宣言〉足本全译并注》，《徐州师范大学学报（哲学社会科学版）》2012年第4期，第8页。
④ 《井上雅二日记》，载汤志钧：《乘桴新获：从戊戌到辛亥》，北京：北京师范大学出版社2018年版，第316页。
⑤ 桑兵：《论庚子中国议会》，《近代史研究》1997年第2期，第15—16页。

处在历史变局中的传统士绅阶层是要进行一番抉择的。这也是继太平天国起义以来地方督抚势力崛起之后，晚清皇权逐渐丧失统治基础的又一重要体现。

　　而章太炎则走得更为彻底。通过对甲午之战以来参与政治活动的反思，以及对清政府的长期观察，章太炎坚信这个政权不但不能让中国走出困境，它的存在反而会让中国遭遇更多的困境，甚至有被列强瓜分的危险。只有推翻清朝统治，才能让中国摆脱内外危机，实现国富民强。因此，在中国国会第二次开会时，章太炎提出应拒绝让满蒙官绅入会，以此表明自己决定走上革命之路的态度。[①]稍后，他在由革命团体兴中会创办的《中国旬报》上发表了《请严拒满蒙人入国会状》与《解辫发说》两篇文章，公开向世人宣传自己的政治主张。在对《訄书》进行重订时，章太炎专门加入了《客帝匡谬》与《分镇匡谬》两篇文章，检讨自己曾经对清政府抱有期望的幻想，强调今后将矢志不渝地致力于革命运动。就这样，作为江浙士绅阶层中的青年翘楚，章太炎毅然与自己过去的社会圈子诀别，开始成为一名具有近代色彩的革命者。他的政治生涯开始了崭新的一页。

三、高光时刻：革命阵营里的要角

　　作为江浙士绅阶层的青年翘楚，章太炎走上革命之路，有助于改变人们对革命党的感观，即觉得后者主要由社会边缘群体组成。有了章太炎这样身份的人加入革命队伍，更容易让革命主张在青年士

① 汤志钧：《章太炎年谱长编（增订本）》下册，北京：中华书局2013年版，第606—607页。

人身上得到响应,并吸引更多的出身社会精英阶层、拥有一定政治与
文化资源的人成为革命的同路人。在这之后,不少出身士绅家庭,具
有较为良好文化背景的人加入革命党,使革命党逐渐成为一个明显
带有精英色彩的政治组织。当然,对于章太炎所投身的反清革命事
业,不少昔日支持维新变法、与他关系不错的士人颇不以为然。1901
年孙宝瑄在日记里说:

> 今日海内,党派有四:曰变法党,曰革命党,曰保皇党,曰逐
> 满党。变法党者,专与阻变法者为仇,无帝后满汉之见也。保皇
> 党者,爱其能变法之君,舍君而外,皆其仇敌也。革命党者,恶其
> 不能变法之政府,欲破坏之,别立政府也。三党所持,皆有理,惟
> 逐满党专与满人为仇,虽以变法为名,宗旨不在变法也,故极无
> 理,而品最下。①

细品其言,可以看到,孙宝瑄所谓的"革命",与章太炎向往的"革命"
并不一样。章太炎的政治立场,被孙氏归类于"逐满党"。他认为这
一派别"极无理""品最下"。相似的,夏曾佑在给曾邀请章太炎赴时
务报馆任职的汪康年的信中说:

> 年来此派议论亦实有可憎者。如逐满之说,民权之说,流血
> 之说是也。《公羊》《天演》不过学术,尚与行事无涉,可略辨之。
> 夫逐满之说,谓满不同种乎?则满亦黄种也。日本可联,安在满
> 洲不可联?谓满愚民之政乎?则愚民者我之旧制,不创自满人
> 也。谓满为曾暴吾民乎?则革命之际何人不暴?既不能因朱元

---

① 中华书局编辑部编,童杨校订:《孙宝瑄日记》上册,第455页。

璋而逐淮北人，因洪秀全而逐广东人，而独逐满，亦非持平之道
矣。民权之说，众以为民权立而民智开，我以为民智开，而后民权
立耳。支那而言民权，大约三百年内所绝不必提及之事也。[1]

很明显，孙宝瑄和夏曾佑都观察到，当时的革命党人为了增强政
治主张的宣传效果，经常强调革命的重心在于"逐满"。其实从后见
之明来看，随着1900年以后越来越多的青年学生东渡日本求学，日
渐熟悉流行于明治时代的日本的各类近代社会科学知识，清末的革
命党人鼓吹革命的主要理论工具其实是由当时日本学者译介的政治
学、社会学、法学理论，特别是近代民族主义理论与民族国家理论。
这些理论让那些鼓吹革命的士人能够较为清楚地向国人介绍近代政
治思潮的梗概、19世纪以降世界政治的变迁，尤其是作为基本政治单
位的民族国家的内涵与特征。[2]在这个意义上，革命党人的宣传具有
政治启蒙之功。[3]

但在宣传策略上，对于内地大量并不怎么熟悉近代西学的士人
而言，直接用那些新的理论和名词向其进行思想输出，效果可能并不
会太理想。而儒家学说中的"夷夏之辨"与明清之际的史事或许更
容易影响、打动国内的读书人，让他们借助中国历史上的相关史迹来
理解反清革命的主旨与意义。比如当时身在湖北的朱峙三，便主要
通过阅读《扬州十日记》《嘉定屠城记》，以及革命党人编撰的记载明

---

[1]　《夏曾佑致汪康年》，载上海图书馆编：《汪康年师友书札》第2册，第1255页。

[2]　章太炎自己就说，青年时代"读郑所南、王船山两先生的书，全是那些保卫汉种
　　的话，民族思想渐渐发达。但两先生的话，却没有甚么学理。自从甲午以后，
　　略看东西各国的书籍，才有学理收拾进来"。参见章太炎：《东京留学生欢迎
　　会演说辞》，载汤志钧编：《章太炎政论选集》上册，北京：中华书局1977年版，
　　第269页。

[3]　章开沅：《"排满"与民族运动》，载《辛亥革命与近代社会》，天津：天津人民出
　　版社1985年版，第43—67页。

清之际历史的读物，心生反清之念，日渐同情革命。[①]身处山西的景梅九，也是通过阅读《明末遗史》与《扬州十日记》，深切感到清朝权贵"欺负汉人太甚"，开始萌生"种族革命"之念。[②]

章太炎对此也看得很清楚。冯自由回忆："壬寅（1902年）三月初旬，太炎提议谓欲鼓吹种族革命，非先振起世人之历史观念不可。今距是年三月十九日明崇祯帝殉国忌日未远，应于是日举行大规模之纪念会，使留学界有所观感。"[③]此议获得众人赞同，遂定名为"支那亡国纪念会"。在"宣言书"中，章太炎呼吁："愿吾滇人，无忘李定国；愿吾闽人，无忘郑成功；愿吾越人，无忘张煌言；愿吾桂人，无忘瞿式耜；愿吾楚人，无忘何腾蛟；愿吾辽人，无忘李成梁。"通过明清之际抗清将领的名字，来唤起人们的反清之志，"庶几陆沈之痛，不远而复，王道清夷，威及无外"。[④]他希望借助这些明清之际历史人物的事迹，激发人们对清朝统治的不满。这份宣言书得到不少赞同革命的中国士人的署名。到了会期，由于日本警察的阻挠，纪念会并未成功举行，本来打算到场参会的留日中国学生均被日本警察劝返。孙中山闻讯，"是日归抵横滨，即邀集同志多人在永乐楼开会补行纪念式"。此外，"香港《中国日报》得宣言书，即载诸报端，大事宣传。及期，陈少白、郑贯公等举行纪念式于永乐街报社，同志莅会者极形踊跃。香港、澳门、广州各地人士闻之，颇为感奋"。[⑤]可以说，虽然纪念会未能按照原计划举行，但也已形成影响广泛的宣传

---

① 严昌洪编：《朱峙三日记（1893—1919）》，武汉：华中师范大学出版社2011年版，第127、129、158、207页。

② 景梅九：《景梅九自传二种》，太原：三晋出版社2017年版，第10页。

③ 冯自由：《章太炎与支那亡国纪念会》，载《革命逸史》上册，北京：新星出版社2016年版，第52—53页。

④ 章太炎：《中夏亡国二百四十二年纪念会书》，载《章太炎全集》第8册，第193—194页。

⑤ 冯自由：《章太炎与支那亡国纪念会》，载《革命逸史》上册，第54页。

效应，达到了章太炎所设想的借历史观念来宣扬反清革命的目的。而之后章太炎许多关于中国历史与文化的论述，其实都体现出比较明显的政治意涵。忽视其鲜明的政治立场，将很难把握"章氏国学"的完整面貌。

让章太炎坚定的革命者形象更被世人所知晓的事件乃"苏报案"。因在上海的《苏报》上刊登《驳康有为论革命书》与邹容《革命军》的序言，章太炎遭清政府逮捕。清廷方面已经意识到，涉案诸人里，"以章（案：即章太炎）为最要"，须"速设法加以除之"。[1]不过在列强干预下，章太炎与邹容被租界当局审讯，清政府特意委托律师提出控诉，控辩双方及其律师在庭上展开辩论。关于这一政治事件的来龙去脉，已有不少当事人的回忆文章以及后世内容丰富的研究著作。[2]这里需要强调的是，在苏报案审判期间，不少报刊对其进行了详尽报道，特别是倾向革命的报刊，极力宣传章太炎与邹容的事迹，同时揭露清政府的腐败、专制与无能。在媒体的大力传播下，苏报案从上海一隅的司法案件变成具有全国影响力的政治事件，章太炎与邹容的名字也被越来越多的人熟悉。不少关心国事的人，遂顺藤摸瓜，主动寻找章太炎等人的著作阅读，这样也就进一步扩大了革命阵营的声势。

此外，在近代革命团体中，是否有过为了革命而遭受艰难困苦，甚至生死考验的经历，是革命者在本阵营内部是否拥有一定地位与话语权的关键。而那些彰显奋不顾身、置死生于度外的时刻，往往为革命增添了正义性与神圣性。较之学理输出，这更能让人们同情革

---

① 《苏报鼓吹革命清方档案》，载中国史学会主编：《辛亥革命》第1册，上海：上海人民出版社1981年版，第409页。

② 参见王敏：《苏报案研究》，上海：上海人民出版社2010年版。蔡斐：《1903：上海苏报案与清末司法转型》，桂林：广西师范大学出版社2022年版。

命、认同革命，甚至加入革命阵营。这便是"烈士"的道德感召力对于革命的巨大意义。随着章太炎被判入狱监禁三年，他瞬时便成为鼓吹革命的大文豪、大英雄，具有了不小的政治资历，这无疑为他后来主持革命党机关报《民报》笔政奠定了基础。

关于清末革命党的主要构成，张玉法教授曾言：

> 投入立宪运动或革命运动的人，不全是理想的追求者，如果有机会，他们有些也想挤进政府，但没有机会。晚清的知识分子没有出路，是清政府动摇的重大原因。……清季革命运动，以新知识分子为领导核心。他们初从运动会党着手，继运动学界，继又打入新军。国人有尊重知识分子的传统，知识分子的领导，往往能够获得各地区、各阶层人士的响应。故参加革命的，包括士、农、工、商各阶层人士，包括军人和文官，也包括华侨和会党，此即新知识分子领导之功。①

正如其言，清末革命党带有极强的知识分子色彩。而所谓的"新知识分子"，也大多出身于大小士绅家庭。正是基于家庭出身所赋予的经济与文化条件，他们才有机会或是进入国内的新式学堂就读，或是东渡日本留学，接受新知，成为革命党人。就此而言，那些立志于革命的青年知识分子虽然在表面上对清政府持批评与否定态度，但他们的生活方式和价值取向其实还是与士绅阶层有千丝万缕的联系，士绅阶层内部所流行的价值规范与人物品鉴标准，具体而微地影响着大多数青年革命知识分子。

在这个意义上，章太炎虽无科举功名，但肆业于诂经精舍，深受

---

① 张玉法：《清季的革命团体》，北京：北京大学出版社2011年版，第40—41页。

清代江浙学术传统熏染，得到过不少江浙知名士人的认可。加之有过筹办"支那亡国纪念会"与因苏报案入狱的革命经历，他很快获得了革命党人，尤其是其中的青年知识分子的仰慕。1906年章太炎出狱后东渡日本，同盟会在东京为他召开欢迎会，到会者两千余人。[①]不久后，《民报》也由章太炎主编。据汪东回忆，章太炎出任《民报》主编后，"其文虽非尽人能解，但大家觉得学问这样高深的人也讲革命，再配合着他在东京讲学，收了不少门人，影响是很大的"。这种影响的表现之一，"在当时留学界确实形成了这样一种气氛，在人前谈革命是理直气壮的，只要你不怕麻烦；若在人前谈立宪，就觉得有些口怯了"。[②]内藤湖南也观察到：

> 章太炎大力鼓吹《左传》。此人是非常特别的人，在东京的留学生中非常有人望、有势力。他执笔的《民报》杂志在中国留学生中大受欢迎。这给最近的思想界以很大的影响，使得对孔子为中心的崇拜意识渐渐淡薄起来。[③]

而关于《民报》的政治影响力，当时在安徽念学堂的高一涵这样回忆：

> 一九○五年在日本东京出版的《民报》，更使革命思想弥漫全国，自有杂志以来没有像《民报》这样脍炙人口、激动人心

---

① 冯自由：《中华民国开国前革命史》，桂林：广西师范大学出版社2011年版，第142页。
② 汪东：《同盟会和〈民报〉片断回忆》，载《辛亥革命回忆录》第6集，北京：中国文史出版社2012年版，第22页。关于清末留日学生的政治意识与政治活动，参见黄福庆：《清末留日学生》，台北："中研院"近代史研究所2010年版，第145—217页。
③ 内藤湖南著，夏应元、钱婉约等译：《中国史通论》，北京：九州出版社2018年版，第764页。

的……我在先是喜欢读梁启超主办的《新民丛报》好《中国魂》之类刊物的，看到《民报》后，才认识到国家不强是"政府恶劣"，而不是"国民恶劣"，应该建立共和，不应该维持专制，种族革命与政治革命必须同时进行，种族革命绝不会妨害政治革命。①

朱镜宙则回忆得更具体：

> 革命之说，当时士大夫阶级颇少依附，康、梁拥戴清室，主张君主立宪，而声势正张。其机关报如《新民丛报》、《中国新报》等，日与《民报》相诘难。革命党为新进之士，其学不足与康、梁抗。自先生抵东，彼辈大恐。梁启超乃遣蒋观云说先生曰，胡、汪、康、梁之争，乃广东人地域之见。君与我皆浙人，可置身事外也。先生应曰，如真为意气，吾可不问。如为革命事业，则吾不能默然。《民报》自先生主笔政后，销数日广，日二万份，后至者犹不能得。②

另一方面，尽管革命党人多成长于中国传统社会，但清末革命仍对中国传统政治与社会结构产生极大冲击。清末革命党主要由新式知识分子组成，而这批人虽然与士绅阶层有着千丝万缕的联系，但由于受到新思潮的影响，且通过新式学堂教育而拥有了一定的组织与动员能力，因此有着旧式士绅所不具备的政治行动力。他们高度关注中国的内外情势，并对学堂内部的规章制度极为敏感，一旦出现影响广泛的政治、军事和外交事件，或是学堂内部的矛盾被激化，他们

---

① 高一涵：《辛亥革命前后安徽青年学生思想转变的概况》，载《辛亥革命回忆录》第4集，第383页。
② 朱镜宙：《章太炎先生轶事》，载陈平原、杜玲玲编：《追忆章太炎》，第135页。

就会掀起风潮，批判清政府、抨击中国社会的各种弊病与乱象，尤其是因皇权与绅权支配而形成的等级制度与价值观念。[①]就此而言，晚清新式知识分子既是传统士绅阶层的后裔，又是传统士绅阶层的第一代掘墓人。

章太炎也是这样的。他之所以能在革命党中获得如此重要的地位，固然与他身上明显的士绅色彩有密不可分的关系。但他基于对中国政治与社会矛盾的认识，意识到要想革命成功，要想中国彻底摆脱晚近以来的衰颓之势，就不能仅将批判的矛头指向清王朝的统治阶级，而应思考如何在革命成功后形成能使大多数人获益、能让大多数人参与其中的政治制度与社会结构。早在1899年7月，章太炎与孙中山在日本会晤，讨论到中国的土地问题。孙中山主张未来应施行土地国有政策，他说："今之耕者，率贡其所获之于租主而未有已，农之所以困也。土地国有后，必能耕者而后授田，直纳若干之租于国，而无复有一层地主从中朘削之，则农民可以大苏。"[②]章太炎对此深表认同："田不均，虽衰定赋税，民不乐其生，终之发难。"[③]可见，他们已经意识到未来的中国应变革作为士绅阶层重要经济基础的土地制度。惟有处理好土地分配问题，才能保证民生。

1906年主持《民报》笔政后，章太炎除了撰文宣传反清革命，还关注到中国传统社会结构的不合理处，批判在地方上鱼肉平民的权贵土豪，揭露大小官绅的德行低劣、醉心利禄、依傍权势、朋党比周。[④]而他之所以批判孔子与儒学，除了是在暗指借孔子改制来兜售其政见的论敌康有为，更是意在剖析历代儒者与皇权之间的互相利用关

---

① 参见桑兵：《晚清学堂学生与社会变迁》，上海：学林出版社1995年版。

② 桑兵主编：《孙中山史事编年》第1卷，北京：中华书局2017年版，第216—217页。

③ 章太炎：《訄书（重订本）·定版籍》，载《章太炎全集》第3册，第278页。

④ 参见章太炎的《与马良书》《革命道德说》《箴新党论》等文。

系,揭示帝王统治背后的意识形态工具。[①]较之抨击清朝皇帝如何昏聩寡德,这些言说或许更能撼动皇权统治的基础,也更能促使名副其实的民主政治在中国大地生根发芽。他还认为,未来新政权应采取以下四项经济政策:首先,"均配土田,使耕者不为佃奴";其次,"官立工场,使佣人得分赢利";复次,"限制相续,使富厚不传子孙";最后,"公散议员,使政党不敢纳贿"。这些政策的最终目的是实现"豪民庶几日微,而编户齐人得以平等"。[②]在这个意义上,章太炎所理解的革命,绝非仅基于民族主义立场来反清,而是具有社会革命的意涵。它不仅要推翻清王朝,还要改造中国社会经济结构,消灭存在于中国大地上的旧式与新式剥削。

一旦取消士绅阶层的精英地位,中国政治将由哪个群体来主导? 虽然在《革命道德说》里章太炎认为农民与工人的道德水准最高,但在具体的制度设计里,他似乎并未给这两个群体相应的位置。在《代议然否论》中,章太炎设计了一套他理想中未来中国或可施行的制度框架,其中关于司法权,他这样说:

> 凡制法律不自政府定之,不自豪右定之,令明习法律者与通达历史周知民间利病之士,参伍定之,所以塞附上附下之渐也。法律既定,总统无得改,百官有司毋得违越。有不守者,人人得诉于法吏,法吏逮而治之,所以戒奸纪也。[③]

章太炎认为法律应由"周知民间利病之士"参与制定,排除"政府"与"豪右"对立法的干扰。从学理上看,这固然借鉴了西方近代

---

① 参见章太炎的《东京留学生欢迎会演说辞》《论诸子学》《释戴》等文。
② 章太炎:《五无论》,载《章太炎全集》第8册,第454页。
③ 章太炎:《代议然否论》,载《章太炎全集》第8册,第318页。

政治思想史中的立法权与行政权分离的学说，但在实际操作层面，则需辨明何谓"周知民间利病"。正是在这一点上，章太炎似乎并未有详细的分析，他在辛亥革命后的不少政治判断，或多或少肇因于此。此外，这里提到的"法吏"，章太炎在考证中国古代政治制度流变的《官制索隐》中有更为详尽的描述。他说法吏"身历其壤，手写其图，持筹以计之，著籍以定之，上之长官，以知地域广轮、户口多少之数"，其风格很符合法家强调的循名责实、任法而治。[①]依章太炎之见，这样的为政之道在古代社会结构里更有利于保障平民的利益，使之免遭豪强权贵的压迫：

> 铺观载籍，以法律为《诗》《书》者，其治必盛；而反是者，其治必衰。且民所望于国家者，不在经国远猷，为民兴利，特欲综核名实，略得其平耳。是故韩、范、三杨为世名臣，民无德而称焉。而宋之包拯、明之况钟、近代之施闰章，稍能慎守法律，为民理冤，则传之歌谣，著之戏剧，名声吟口，逾于日月，虽妇孺皆知敬礼者，岂非人心所尚，历五千岁而不变耶？[②]

这样的为政者确实难能可贵。但关键在于，在近代社会结构里，如何能产生这样的群体？为民兴利与为民理冤的古代法吏，就算出身于士绅阶层，但在政治实践中，一定程度上超越了士绅阶层本身的利益。[③]在

---

① 章太炎：《官制索隐》，载《章太炎全集》第8册，第92页。案：在清末，刘师培也从相似的角度阐释"法吏"的职能。参见刘师培：《儒学法学分歧论》，载《仪征刘申叔遗书》第11卷，扬州：广陵书社2014年版，第4593—4611页。

② 章太炎：《官制索隐》，载《章太炎全集》第8册，第92—93页。

③ 这里其实涉及如何评价中国古代的"清官"，包括"清官"是否推动了历史的进步，"清官"与平民利益之间究竟有怎样的关系等议题。这个问题在20世纪60年代引起了极为热烈的讨论。今天人们多从学科发展史的角度来看待这场讨论，但其背后的政治思想史意义，恐怕并未被充分认识到。

没有公开选举与民意监督的时代里，这需要极强的道德感与政治胆识。可是在晚清以降由于社会秩序动荡、新旧价值观对撞而一定程度上出现的"道德真空"环境里，怎样能确保为政之人具备为民兴利与为民理冤的意识，恐怕答案并不能很轻易地寻找到。章太炎在《箴新党论》里对新式学生热衷于向统治阶级兜售所学之丑态的描述，其实就已经很生动地揭示了这一时代症结。时人则指出："海禁既开，社风骤变，曩时之旧道德，已不足范冶人心，又无新道德以承其后。适物竞争存之学说，乘时输入。吾人外怵于国势之不振，内迫于生计之穷蹙，遂误认为救弱济贫之良药，不数年而海内风行，深入肺腑。夫优胜劣败之说，未尝不可励顽懦，然其弊则自利可以昌言。而肉弱强食，且目为天演之所不能避，而吾国数千年仁民爱物之美德，遂渐灭以无存。"[1]因此，在如此这般的政治与社会氛围下，如何形成一批既有政治见识，又具道德理想的群体，包括章太炎在内的近代有识之士，还要进行一段颇为不易、甚至让自己跌跌撞撞的理论与实践探索。

四、艰难世事：有志难酬的"国士"

1911年10月武昌起义，各省纷纷响应，清王朝统治在很短的时间内就分崩离析。这场革命之所以能够避免大规模的战乱与死亡，清政府也能接受退位的条件，除了革命党的作用，还离不开清末立宪派与地方士绅在当时的活动。首先，地方立宪派对清政府的逐渐失望是武昌起义后各省宣布独立，与清政府划清界限的重要原因；其

---

[1]　高劳：《二次革命之经过及其失败》，载杜亚泉等：《辛亥前十年中国政治通览》，北京：中华书局2012年版，第204页。

次，不少立宪派人士在各省独立后成为新政权中的各级官吏，新政权的底色与特征很大程度上是由这批人所塑造的；最后，南北之间的议和活动、清帝之所以愿意接受退位条件，也与张謇、赵凤昌等人居中联络调停颇有关系。① 正因为如此，在亲历辛亥革命前后中国政治变局的冯友兰看来：

> 我现在觉得辛亥革命的一部分动力，是绅权打倒官权，就是地主阶级不当权派打倒地主阶级当权派。三民主义中的民权主义和民生主义，不但当时的一般人不懂，当时革命队伍中的人也不是都很懂的。我也主张辛亥革命是资产阶级民主革命。但我也认为，当时的资产阶级力量是很软弱的。所谓官权与绅权的斗争，正是表现了地主阶级内部的矛盾，辛亥革命一起来，绅权便自然成为革命的一个同盟军，一起反对当权的地主阶级，即以清朝皇帝为代表的地主阶级当权派的统治。②

也有当代论者指出，士绅阶层是辛亥革命前后不容忽视的一股势力，在辛亥革命前夕的不同政治派别里，士绅阶层皆为其主要构成群体。他们的政治抉择不但影响着革命的进程，而且在清王朝被推翻后，他们迅速占据了各级政府的要职。总之，辛亥革命"是在士绅领导下取得胜利的"。"士绅成为革命领导者这一事实，对于决定这场革命的性质具有重要意义。"③

---

① 相关史事，参见张朋园：《立宪派与辛亥革命》，上海：上海三联书店2013年版。
② 冯友兰：《三松堂自序》，上海：东方出版中心2016年版，第37页。
③ 市古宙三：《士绅在辛亥革命中的作用：一个假说》，载华中师范大学历史研究所、中南地区辛亥革命史研究会编：《国外辛亥革命史研究动态》第6辑，武汉：华中师范大学出版社1986年版，第64页。

但另一方面,辛亥革命后的士绅阶层介入政治的方式,与帝制时代已有所不同。之所以如此,是因为晚清以降,形成了另一支活跃于政坛的力量——掌握一定数量军队与拥有新式武器的军阀。清政府垮台前,拥兵自重的地方大员对于中央政府而言,既是重要的倚靠力量,又是百般防范的对象。清政府垮台后,政治秩序面临重组,在此颇显混乱的局面下,掌握军队就能控制地盘,进而染指中央政权。在皇权消亡后,中国大地上暂时缺少能够完全垄断暴力机器的政权,这就为军阀借由局部占有暴力机器来影响政治提供了机会。就像皇权统治难以离开绅权的合作一样,军阀同样需要地方士绅阶层,以及脱胎于士绅阶层的各级官僚为其服务,担任"摇扇子"或处理庶务之人。[1]而后者或是希望实力较大的军阀能够保障基本的政治秩序,进而保障其已有的社会地位与资源,或是希望借助军阀的力量来让自己成为更为高阶的官僚。因此,辛亥革命后的很长一段时间里,"军绅政权"是主要的政治形态。[2]

尤有近者,甲午战争后,为了挽救统治危机,清廷决定组建新军。袁世凯奉命在小站练兵,借机培植了一批与自己关系紧密的军人。出身于此者,到了辛亥革命后,多变成在政坛上举足轻重的军阀。虽然军阀的武装具有一定现代外观,掌军之人多少也受过一些现代军事训练,但维系其上下级关系的规则,却是较为陈旧,甚至带有极强的私人色彩,缺少制度性的规范。[3]武昌起义爆发后,罗惇曧向梁启超报告京中政坛动态,便说:"北军将领多袁(袁世凯)旧人,甚为结

---

① 张静如、刘志强、卞杏英主编:《中国现代社会史》上册,长沙:湖南人民出版社2004年版,第231页。

② 参见陈志让:《军绅政权——近代中国的军阀时期》,北京:生活·读书·新知三联书店1980年版。

③ 张玉法:《中国现代政治史论》,台北:东华书局2002年版,第133页。

固，只知听袁号令，不知满洲，更不知革命，袁足以自固。"[①]时人也指出，在以袁世凯为核心的北洋军阀内部，"服从、报恩、不党，三个基本意识，可以为北洋军人思想之结晶"，以至于"北洋军人结合之胶质，既在一私字，故甫有团体雏形，便生裂痕"。[②]在政治强人袁世凯大权在握时，北洋系内部大体处于一种较为安分的状态，一旦袁世凯撒手人寰，北洋系的各实力派便开始你争我夺，各地小军阀也随之跃跃欲试，使中国政局长期处于混乱动荡之中。

这就是辛亥革命后章太炎在参与政治活动时所面对的基本态势。由于之前革命党内部的分裂，致使光复会与同盟会一度产生激烈矛盾，章太炎对革命党人能否秉持公心承担建设新政权的重任颇为质疑。加之对新政权建设应大量任用"周知民间利病之士"持之甚坚，他希望摒除党见，撇开私利，团结国内各派政治力量，共同保卫新生的共和政权。至少在对革命党自身存在的一些缺陷的认识上，章太炎的观察并非毫无道理。赵凤昌之子赵尊岳记其父之言："党人赤诚革命，躬冒百险，不折不挠，毅勇信非恒流所及。然蹈厉有余，治术不足。"[③]张奚若则回忆，武昌起义后"在上海住了半年多，曾到南京去看过临时政府的情形，也感觉很失望"。"当时我颇感觉革命党人固然是富于热情、勇气和牺牲精神，但革命成功后对于治理国家、建设国家，在计划及实行方面，就一筹莫展。因此除了赶走满人，把君主政体换成所谓共和政体之外，革命是徒有其表的。皇帝换了总统，巡抚改称都督，而中国并没有更现代化一点。'破坏容易建设难'

---

① 丁文江、赵丰田编：《梁任公先生年谱长编（初稿）》，北京：中华书局2010年版，第300页。

② 吴虬：《北洋派之起源及其崩溃》，载荣孟源、章伯锋主编：《近代稗海》第6辑，成都：四川人民出版社1987年版，第223页。

③ 赵尊岳：《惜阴堂辛亥革命记》，载庄建平主编：《近代史资料文库》第7卷，上海：上海书店出版社2009年版，第286页。

一句格言,不幸完全证实。"①更有甚者,革命党人潘康时坦言,南北停战议和后:"同志中志得意满、行为浪漫者颇不乏人,'逢人称首义,无兵不元勋',舍本偏于逐末,革命止于革官。"②

在《自定年谱》中,章太炎这样叙述他在辛亥革命后分析中国政治的基本思路:

> 中国共和,造端与法、美有异。始志专欲驱除满洲,又念时无雄略之士,则未有能削平宇内者。如是犹不亟废帝制,则争攘不已,祸流生民,国土破碎,必为二三十处,故逆定共和政体以调剂之,使有功者得更迭处位,非曰共和为政治极轨也。调剂敷衍,所谓以相忍为国,起因既尔,终后即当顺其途径,庶免败绩覆驾之祸。用人行政,亦有去泰、去甚耳。急欲求治,其计已愚,况挟其私图以党相竞乎?③

可见,章太炎认为当时的中国还比较衰弱,面临险恶的外部环境,特别需要"调剂敷衍",妥善处理好各派政治力量之间的关系,让他们能够放下党见,相忍为国,以求徐徐改进,让中国逐渐摆脱衰颓之势。在此局面下,如果政策过于激进,很可能会造成内部的动荡,使新政权还比较脆弱的政治根基坍塌。基于这样的认识,章太炎通过参与建立中华民国联合会,希望与江浙地区的原立宪派人士与清廷大员建立合作关系,成为政坛上一股稳健的、以"巩固国权"为职

---

① 张奚若:《辛亥革命回忆录》,载《张奚若文集》,北京:清华大学出版社1989年版,第463—464页。
② 潘康时:《潘怡如自传》,载中国人民政治协商会议湖北省委员会编:《辛亥首义回忆录》第3辑,武汉:湖北人民出版社1958年版,第39页。
③ 章太炎:《自定年谱》,载《章太炎全集》第11册,第769页。

志的力量。[①]在人员铨选上，章太炎主张广泛接纳清廷的旧官吏，因为他们有一定的行政经验，比较熟悉中国社会的基本情况。更为重要的是，章太炎对北洋军阀的领袖袁世凯也颇寄予厚望，希望他能"厉精法治，酬报有功，慎固边疆，抚宁南服"。[②]而他之所以长期支持黎元洪，一个很重要的原因就是他觉得后者是一位宽厚长者，能够调和各方利益，像西汉初年的汉文帝那样，将无为而治与循名责实结合起来，使中国政治走上正轨。

正因为有这些考虑，章太炎在中华民国建立之初的很多想法与实践，和他在清末宣传的政治主张相比，有比较明显的差异。他在清末曾经剖析作为皇权统治重要佐助的绅权，批判活跃于清末政坛上的"新党"其实高度仰赖帝制时代的权力格局与特权结构，强调未来的中国欲行名副其实的民主政治，需变革不合理的土地制度，遏制地方豪强的势力。这背后凸显的，就是作为士绅阶层一分子的章太炎，在思考革命方案时，已将视野扩展至反思士绅阶层在未来中国的地位与作用。而在辛亥革命后，或许是为了团结原立宪派与清廷大员，培植新政权的政治根基，他的政治主张明显趋于"和缓"。他不再像先前那样"箴新党"，也不再认为"知识愈进，权位愈申，则离于道德也愈远"，[③]而是声称"社会主义在欧美尚难实行，奚论中土？"[④]

虽然章太炎在清末极力批评代议制，但在辛亥革命后，他先是参与成立中华民国联合会，之后又成为统一党的领袖之一。可以说，他的政治活动高度依托民国初年的政党政治。但在"军绅政权"的局

---

① 关于章太炎对"巩固国权"的思考，参见王锐：《从巩固国权到联省自治——章太炎政治主张的转变及其内在逻辑》，《杭州师范大学学报（社会科学版）》2022年第4期。
② 章太炎：《与袁世凯》（1912年），载马勇编：《章太炎书信集》，第441页。
③ 章太炎：《革命道德说》，载《章太炎全集》第8册，第292页。
④ 章太炎：《与张謇》（1912年），载马勇编：《章太炎书信集》，第411页。

面下,政党政治不但显得左支右绌,而且成为政治进一步败坏的根由。而他自己也处处碰壁,极不得志,最终被袁世凯软禁于北京。①之所以这样,亲历民初政局的史家李剑农有颇为精当的分析:

> 中国的民众几千年来站在积极的政治活动范围以外,除了到最困苦的时候,对于某一方面表示消极的反对意味外,绝没有积极主动的意思表示;又因经济落后的原故,不曾产生出明显的阶级差别利益来,因此亦不能形成明显的阶级差别利益的团体。所以自有政团以来,都是没有民众作基础的政团,政团不过是读书绅士阶级的专用品。在辛亥革命以前,革命党和立宪党虽然都没有民众作他们的后盾,但因为满清的恶政与满汉民族的反感,在民众心理上发生了一种消极反对清廷的意味,所以革命党倚仗这种民众的消极反满意味成功。满清颠覆后,所有的政党都与民众不生关系,都成了水上无根的浮萍,在势都没有成功的希望。②

正如其言,民初的政党仅是"读书绅士阶级的专用品",严重缺少近代政党本应具备的代表性,更与中国绝大多数民众缺少实质的关联。相似的,作为晚近历史亲历者的陈恭禄,在其近代史论著里这样评价民初的选举政治:

> 国中人口尚无正确之调查与统计,人民之有选举资格者,限于时间,更无从考察。各县长官类多凭空报告选举人数,各区由

---

① 姜义华:《章炳麟评传》,上海:上海人民出版社2020年版,第108—146页。
② 李剑农:《中国近百年政治史》,北京:商务印书馆2013年版,第350页。

绅士或乡董包办，雇用人员填写选票，当事人反不之知，甚者捏造选举人名，此固不限于一地。据吾人访问之乡村，几莫不然，农民固占绝对多数也。城市弃选者多，劣绅亦能包办。初选于十二月举行，其被选者于明年一月至选举区复选，一票售价自百元至千余元不等，所谓代表民意者，直梦呓耳！其造成之原因，选举争求胜利，原易舞弊，参议院定议员岁费五千元，另给旅费，政客视为名利双收，莫不争求得之。国人先无政治经验，土豪劣绅之势力强大，易于利用农民之弱点，操纵选举也。[①]

在如此这般的局面下，章太炎想在这样的政治结构里有所作为，实现他在清末所希冀的"人人自竞，尽尔股肱之力，以与同族相维系"，[②]几乎毫无可能性。

在民初，所谓"军绅政权"，占主导地位的其实还是军阀，大小士绅以及大多脱胎于士绅阶层的官僚与文人，大抵得依托军阀，方能巩固其地位。在没有新的政治力量崛起以前，要想影响政局走向，要么能被占据中央政府的军阀势力认可，要么与希图攫取中央政府的军阀势力建立合作关系。时人直言："由今之道，无变今之俗，以后中国，更无所谓国民党、进步派，亦无所谓研究系、政学系。乃若有之，止有军阀党甲、军阀党乙。然此可谓之队，不可谓之党。乃若有之，又止有军阀附属品甲、军阀附属品乙。然此可谓之徒，不可谓之党。"[③] 1919年，杜亚泉撰文分析中国社会形态，认为中国社会既有贵族阶级，也有游民阶级。辛亥革命与西方近代史上的革命运动并不

---

① 陈恭禄：《中国近代史》下册，上海：上海古籍出版社2017年版，第616页。
② 章太炎：《〈社会通诠〉商兑》，载《章太炎全集》第8册，第348页。
③ 杨荫杭：《我之党见》，载杨绛整理：《杨荫杭集》上册，北京：中华书局2014年版，第161页。

相像，是由过剩的智识阶级游民提倡，一部分兵士加入而促成的革命，这导致革命之后，"实际上握政权之官僚或武人，大率为游民首领之贵族化者"。而智识阶级"不置身于产业阶级、劳动阶级中以与之结合，而惟与贵族化之游民为伍"，使自身也沾染了极强的游民色彩，沦为与官僚类似的"贵族化之游民"。①他甚至感慨：

> 自民国成立以来，连年纷扰，损失之生命，消耗之财产，不能数计。论者咸归咎于军人武夫。实则挑发之者谁乎？教唆之者谁乎？谁为之画策？谁为之标榜？此八九年中，吾国内一切罪恶，皆当由知识阶级负其责任。②

他的这些分析虽然略显粗糙，但基于对清末民初变局的体认，还是指出了一个关键问题，即知识阶级如果不和平民相结合，而是继续依附于军阀政客，那么身上的"贵族化之游民"色彩将会愈发明显。

章太炎在袁世凯亡故后的政治活动，很大程度上就有着"贵族化之游民"的样貌。1917年，孙中山在广州出任中华民国军政府大元帅，举起护法的大旗，并任命章太炎为大元帅府秘书长。为了联络西南军阀，章太炎主动提出去云南等地与唐继尧等人面商护法事宜。可唐继尧等人虽然表面上十分尊重章太炎，任命他为滇黔靖国联军总参议，但实际上却依然打着自己的算盘。章太炎屡次催促唐继尧出兵护法，夺取湖北，控制南北交通枢纽，可后者的目的却是借机占据四川与贵州，实现其"大云南主义"。在唐继尧眼里，孙中山属于

---

① 杜亚泉：《中国政治革命不成就及社会革命不发生之原因》，载田建业等选编：《杜亚泉文选》，上海：华东师范大学出版社1993年版，第400、401页。
② 杜亚泉：《智识阶级之团结（谈屑）》，载田建业等选编：《杜亚泉文选》，第416页。

"激烈分子"。[①]因此章太炎的西南之行除了与当地文人学士颇多往来，并未达到其主要的政治目标。这其实也显现出，与西南军阀希望通过游走于孙中山与北洋系之间来割据地方、保存实力相比，章太炎其实根本发挥不了太大的作用。他的革命资历与精深学识，并不能影响唐继尧等人的决策，他也没有任何实际的力量来制约唐继尧等人。在后者眼里，给予章太炎一定的礼遇就足够了。

　　1919年南北议和，出于对徐世昌、段祺瑞等北洋系官僚的极度不信任，章太炎反对南方护法政府与之会谈。不久后，章太炎开始积极宣传"联省自治"，并以极大的热情投身到联省自治运动中。他之所以持此主张，主要出发点是针对长期以来被北洋系把持的中央政府为了巩固权势而不断与列强签订条约或协议，不断打压国内其他政治派别，使国家利益遭受严重损害。对此，各省难有制衡之力。为了避免北洋系继续祸国殃民，需要用各省的力量来与之抗衡，赋予各省极大的自治权力，国家大政方针也应由各省与中央政府共同商议。他此举绝非为了分裂中国，而是相信只有削减以卖国求荣、制造纷争为职志的中央政府的权力，才有可能为中国保住元气，徐图将来。[②]但问题同样在于，盘踞中央的北洋军阀固然绝非善类，而割据地方的军阀又岂是公忠体国之人？在缺乏民意基础，难以动员民众力量的前提下，章太炎等人靠什么去实现其联省自治主张？章太炎坦陈："现在既行自治，那一班武人，实在无法裁制他。"而他给出的解决方案则是："鄙意一面削小武人兵权，一面还须武人自身有觉悟。"[③]且不说他并未详细探讨在当时的政治局面下如何"削小武人

---

①　李新、李宗一主编：《中华民国史》第3卷，北京：中华书局2011年版，第100页。
②　王锐：《革命儒生：章太炎传》，桂林：广西师范大学出版社2022年版，第242—260页。
③　章太炎：《谈联邦自治》，载《章太炎全集》第11册，第576、577页。

兵权"，将实现自己主张的希望寄托在"武人自身有觉悟"，这本身就显得苍白无力。

　　不特此也，只要观察章太炎在20世纪20年代参与政治活动的方式，就不难发现，他既不像清末那样是具有一定政治动能的革命组织中的一分子，也不像民初那样参与组织希图在国会中一展身手的政党，而是常以个人身份，或是纠合一批与自己政见相似的人，临时组成一个松散的小团体，以刊登公开信、接受媒体采访、发表政治宣言的方式来陈述自己的政见。而各方政治力量，尤其是不同派别的军阀，也常利用章太炎的这一特点，让他在新式报刊上为自己的利益发声。章太炎之所以被彼辈看重，固然是由于他的革命资历与文化地位，但此资历与地位却很难转化为能真正决定政治走向的能力。他经常就时局变化发声，固然显示他还有一定的社会影响力，但他多数时候也只能凭此方式来刷一下政治存在感。如此这般，表明身为革命元勋的章太炎，此刻仍难逃"贵族化之游民"的境遇。大体而言，不少晚清以降与传统士绅在经济基础与上升渠道方面迥然不同的介乎新旧之间的士人，在民初的政治空间里要么转化为手握新式资源的地方名流（如张謇、黄炎培），要么成为大小军阀庇护下的文人谋士（如替不通文墨的军阀起草骈四俪六的文告者）。①若既非名流，又非

――――――――――

①　对于在近代中国左右逢源的黄炎培及其同好，邓中夏在1924年这样描述："北京有一个姓吴的老友，问了我上海的许多情形，他们问及黄炎培一派。我告诉他说'这一派是新兴的实力派'，他们的中坚人物，大概是前清末年江苏谘议局的议员，所以亦有称之为'谘议派的'。他们在民国初元程德全为江苏都督的时候，是很得势的。那时黄炎培为教育司长，沈信卿为内务司长，史量才为沪海关官产清理处处长。他们的眼光颇不低，野心颇不小。他们知道要造成实力，非拉拢有势力的人不可。于是大官僚如张謇，大资本家如聂云台、穆藕初。美国派教育家如郭秉文、陶行知都给他们联成一气。他们有报纸，便是《申报》；有银行，便是中南银行（其余投资的银行还不少）；有教育机关，便是江苏省教育会、东南大学、南京高等师范（其余职业及中小学校还不少）和全国的中华教育改进社。上海商会银行公会，亦几乎完全在他们支配之中。他们有三条秘诀：（转下页）

谋臣，大概只能沦为"游士"了。[①]从政治见识与政治道德来看，章太炎固然属于出类拔萃的"国士"，但在残酷的现实面前，他的活动方式，则更像是一位有志难酬的"游士"。

五、余　论

在20世纪20年代，章太炎其实很清楚那些活跃于政坛上的军阀与政客的本质。他曾写信告知弟子：

（接上页）（一）'是实力，即承认'；（二）'弃虚名，居实权'；（三）'对各方，不开罪'。所以军阀有势力，他们便向军阀献殷勤，如史量才和齐燮元换帖，黄炎培拍唐继尧的马屁，都是证据。所以名流有声望，他们便和名流吊膀子，如一切会社的什么长都推到蔡元培等的身上去，他们自己只做有实权的什么干事，即是证据。他们处世极其奸滑，对于政局态度，有时亦随社会趋向附合赞成，但决'不为物先'；而且一待情势变迁，他们便托故改变面目。如曹锟贿选之前，他们亦曾通电否认曹锟有候补总统资格，及既成功，他们却托辞各地小商会主张不必过问政治，而且拍电时，居然干脆的称呼曹大总统了。他们现在是眼光四射的利用各方势力以自培植成，一俟羽毛丰满，他们不仅止称霸江苏为已足，还要问鼎北京呢。"参见邓中夏：《北游杂记》，载《邓中夏全集》上册，北京：人民出版社2014年版，第358—359页。与这一描述相比，更能看出既缺手腕，又无势力的章太炎为何在当时的时局下难有作为。

① 此外，就地方士绅而言，他们大概也越来越离不开军阀的庇护。以章太炎的故乡浙江为例，在北伐期间，面对蒋介石率领的北伐军一路猛进，当地士绅愈发希望统治该地的军阀孙传芳能保护自己的利益。时人回忆："蒋介石那时还是一个羽毛不丰的暴发户，既要扩充军队，筹措装备；又要建立机构，发展组织；可以说是处处需钱，事事需钱。各种苛捐杂税，自然要加多、加重，自然就比孙传芳联军驻江、浙较久，经济上较有基础的情况迥然不同。因此，江浙人士没有得到蒋介石军队的好处，反而先尝到许多捐派之苦。无形中社会士绅就会很自然地想及孙联军时代，社会安定、捐派也轻的好处。于是逐步发展成反蒋迎孙的运动。但这些情况，只限于社会上层人士。他们过去与孙或多或少有些往来，最主要的还是互相利用，大家浑水摸鱼。"参见马葆珩：《孙传芳五省联军的形成与消灭》，载中国人民政治协商会议全国委员会文史资料研究委员会编：《文史资料选辑》第18辑，北京：中华书局1961年版，第184页。

　　果有匡时之志者，当思刘晔有言，昏世之君不可赎近，就有佳者，能听至言，十不过三四，量而后入，不可甚亲，乃得免于常挂。昔人与汉高、句践处，功成便退。若遇中材，一事得就，便可退矣，毋冀功成也。入吾门者，宜视此。①

可见，虽然章太炎一度受到各种反对广东革命阵营的人吹捧拉拢，自己在政治主张上也受其影响，但在关乎出处进退的基本原则上，他还是十分冷静的。他认为在当下，投身政治活动点到为止即可，不必与各派政治力量过度捆绑在一起，以免陷入太深，身受其累。他毕竟与北洋系斗争了十余年，对大小军阀的本质其实是有清醒认识的，并不想让自己完全被后者利用，或者成为彼辈的同路人。章太炎青年时代提倡"大独必群"，他的政治生涯虽然遭遇过不少困境，但"大独"的操守，一直持之甚坚。所以当以蒋介石为首的南京国民政府独揽大权，国民党政权借"训政"来清除异己，"党化教育"甚嚣其上之际，章太炎坚持采取批判态度，拒绝向其妥协。

　　此外，当章太炎在护法运动中赴西南地区联络当地军阀时，曾在四川进行了一系列演讲。其中有一次的演讲题目是《说今日青年之弱点》。他指出：

　　现在青年第二个弱点，就是妄想凭借已成势力，就将自己原有之材能，皆一并牺牲，不能发展。譬如辛亥革命，大家皆利用袁世凯推翻清廷，后来大家都上了袁世凯的当。历次革命之利用陆荣廷、岑春煊皆未得良好结果。若使革命诸人，听由自己的力量，一步一步的做去，旗帜鲜明，宗旨确定，未有不

① 章太炎：《通告及门弟子》（1926年），载马勇编：《章太炎书信集》，第871页。

成功的。①

他还说：

> 现在中国是煦煦为仁的时代，既无所谓坚忍，亦无所谓残
> 忍，当道者对于凶横蛮悍之督军，卖国殃民之官吏，无不包容之
> 奖励之，决不妄杀一个，是即所谓人道主义。今后之青年做事皆
> 宜彻底，不要虚慕那人道主义。②

章太炎提醒青年不要想着"凭借已成势力"来实现政治抱负，说明他
对当时中国政坛上"已成势力"的成色是看得比较清楚的。他希望
青年人能"旗帜鲜明，宗旨确定"，也许亦是在反思之前为了迎合"已
成势力"而不断妥协退让的教训。他提醒青年人不要因信奉"人道
主义"而纵容恶人，可以说也体现了他异常痛恨民初政坛上的祸国
殃民之辈。只是问题在于，他劝青年人不要如此这般，可他自己在辛
亥革命后的政治活动中，却总是离不开自己本来也不太欣赏的各种
"已成势力"，希望通过劝说的方式让这些人接受自己的政治主张。
从实际的历史进程来看，此举无疑很难起作用。当然，另一方面来
看，章太炎此刻仍不忘强调"旗帜鲜明，宗旨确定""做事皆宜彻底"，
体现了他作为革命家的底色。他之所以在近代中国有着崇高的地
位，很大程度上离不开这样的底色。

因此，本文并非就章太炎的政治见识与政治操守数短论长，而是

---

① 章太炎：《在四川演讲之一——说今日青年之弱点》，载章念驰编订：《章太炎演
讲集》，第180页。
② 章太炎：《在四川演讲之一——说今日青年之弱点》，载章念驰编订：《章太炎演
讲集》，第181页。

从近代中国的政治与社会结构出发,探讨章太炎政治生涯的特征。关于近代中国的政治与社会结构,有论者言:"在王朝体制衰败的过程中,它的内部确实会有一部分人结构性地认识并把握这一'大变局',然后孕育出结构性的应对措施。""当我们将其放在更为广域的历史、社会的层面去观察的时候,就会发现在那个时代,给这个国家准备并提供这种类型的人才的,除了基本上在'地方经营'或者拥有这种经验以及历史传统的乡绅阶层之外别无其他。……一般而言,在一个政治体制动摇与解体期,什么样的阶层才有可能为改革乃至变革准备能够担任策划者作用的旗手,与旧体制下社会资源的分配状况有很大关系。在旧体制下,地位、价值、权力等的分配或者占有状况起主要作用。同时,拥有调动这些资源权力的集团往往会成为产生改革乃至变革旗手的母体。"①这一观察,对于理解包括章太炎在内的那批介乎新旧之间的士人在近代中国的思想与活动颇有助益。因此,本文主要从章太炎与士绅阶层的关系展开分析。

章太炎青年时代起便由于卓越的学识被江浙士绅阶层认可,加入时务报馆后,更是获得了不少来自士绅阶层的声誉。他走上革命之路,也极大改变了革命党的草莽形象,并让革命党的宣传与动员能力有了质的提高。在思考中国未来的发展道路时,章太炎剖析中国传统社会结构的弊病,他所构思的政治与社会方案,某种程度上动摇了士绅阶层的政治与社会基础,形成了新的平等政治之契机。在这个意义上,章太炎在清末的思考是极具批判性的。而在辛亥革命后,

---

① 野村浩一著,文婧译:《近代中国的政治文化》,北京:生活·读书·新知三联书店2023年版,第68—69页。在西方汉学界,士绅阶层的地位与作用也是一个重要的话题。参见黄克武:《从"士大夫""士绅"到"地方精英":二十世纪西方汉学界对清末民初中国社会领导阶层之研究》,载《反思现代:近代中国历史书写的重构》,成都:四川人民出版社2021年版,第70—84页。

出于"巩固国权"的意识，章太炎主动寻求与原立宪派及清廷大员展开合作，很大程度上又重新成为近代士绅阶层中的一分子。当然，在民初"军绅政权"的结构里，军阀对于政治的影响更大，也更具决定性意义。因此，在缺少社会基础，特别是与中国大多数民众没有建立起联系的情形下，章太炎难逃沦为"贵族化之游民"的境遇。这是他在辛亥革命后的政治活动里时常碰壁、难遂其愿的根本原因之一。而要想更为完整地认识章太炎这代人的生平与思想，尤其是他们与近代政治之间的关系，恐怕不能忽视对近代中国的社会经济变迁，尤其是先前的支配阶级如何分化、没落、解体、蜕变进行详尽的探讨。就此而言，昔日陈寅恪论崔浩、王导、魏晋玄学、牛李党争，唐长孺论士人荫族特权与南朝寒人的兴起，郑克晟论明代南北政争背后江南地主集团的经济基础与利益诉求，无疑极具参考价值与方法论意义。

论章太炎的"革命儒学"

　　中国是一个历史悠久的政治与文化共同体。在历史变迁过程中,形成了一套颇为稳固且具有明显连续性的政治模式、社会结构、价值体系、伦理准则。因此,在近代以来急剧变革的时代里,怎样认识、剖析、改造、阐释内容丰富的中国传统,成为思考中国前途与命运的人们必须直面的问题。如何认识中国的过去,关乎如何认识中国的当下、探索中国的未来。因此,对于解释中国传统的话语权的争夺,也成为近代中国不同时期政治与文化斗争的重要组成部分。在这个意义上,在中国近代史上,分析传统与现代的关系,就很难仅是一个"纯学术"的话题。

　　自汉代以来,儒学被奉为官学。这既让儒家学说有着其他各派学说难以匹敌的重要地位,又使儒家学说中的不同内容以不同的形式影响着中国的政治、社会、经济与文化。离开对儒学的认识与思考,将难以全面而完整地把握中国历史与文化的基本特征。尤其值得注意的是,汉代以降,儒学与政治关系紧密,因此随着王朝的更替,不同朝代的儒学往往呈现出各自的特点,形成独特的面貌。对此,梁启超的这段描述颇为精到:

　　　自汉以来,号称行孔子教二千余年于兹矣。而皆持所谓表章

> 某某、罢黜某某者，以为一贯之精神，故正学异端有争，今学古学有争。言考据则争师法，言性理则争道统，各自以为孔教，而排斥他人以为非孔教。……浸假而孔子变为董江都、何邵公矣；浸假而孔子变为马季长、郑康成矣；浸假而孔子变为韩昌黎、欧阳永叔矣；浸假而孔子变为程伊川、朱晦庵矣；浸假而孔子变为陆象山、王阳明矣；浸假而孔子变为纪晓岚、阮芸台矣。[①]

诚如其说，不能脱离具体的历史背景来讨论儒学流变。陈寅恪亦言："儒者在古代本为典章学术所寄托之专家。""法典为儒家学说具体之实现。""二千年来华夏民族所受儒家学说之影响，最深最巨者，实在制度、法律、公私生活之方面。"[②]因此，一旦帝制在近代中国遭受普遍质疑，那么长期作为其意识形态支撑的儒学势必难逃被批判的命运。如此一来，儒学的价值何以显现？儒学自身应怎样改变，才能适应近代中国救亡图存与现代国家建设的时代主题？如果说在20世纪上半叶，革命异常重要且影响深远，[③]那么儒学与革命之间有着怎样的关系，儒学能否成为革命的思想资源？这是近代关心儒学命运的人士需要严肃且深入思考的问题。

要想认识儒学在近代中国的命运，分析儒学与革命的关系，不能忽视章太炎的重要地位。作为一位"有学问的革命家"，他所理解的革命，除了推翻清廷，终结帝制，建立符合中国实际情况的民主共和制，还包括对各类思想与学术问题，以及对人的本质属性、人与

---

① 梁启超：《保教非所以尊孔论》，载吴松等点校：《饮冰室文集点校》第3集，昆明：云南教育出版社2001年版，第1346页。
② 陈寅恪：《冯友兰中国哲学史下册审查报告》，载《金明馆丛稿二编》，上海：上海古籍出版社2019年版，第249页。
③ 关于对革命重要性的总体分析，参见王奇生：《高山滚石：20世纪中国革命的连续与递进》，《华中师范大学学报（人文社会科学版）》2013年第5期。

社会关系的一系列具有极强变革色彩与批判意识的新思考。谈及思想与学术问题，章太炎既是近代以来第一代对儒学进行深刻剖析与严厉批评的人，又是对儒学有着新的解读与阐释，力图使其焕发新的生命力的人。他批判儒学，并非为了加速后者退出历史舞台，而是希望对之进行改造与重塑，使之实现更生。[①]因此，在中国近代学术史上，章太炎既被视为反传统的先驱，又被冠以所谓"国学大师"的称号。如何理解这一表面上看起来截然相反的评价？章太炎审视与评估儒学的标准和尺度是什么？他关于儒学的思考与他对近代中国命运的探索之间有怎样的关系？[②]本文认为，作为一位革命者，章太炎在清末民初的相关言说，体现出他在努力构建"革命儒学"。[③]这既凸显了章太炎思想中犀利的批判性格，又表现

[①]　关于"更生"一词的含义，参见王锐：《自国自心：章太炎与中国传统思想的更生》，北京：商务印书馆2019年版，第13页。

[②]　关于对章太炎儒学思想较为全面的叙述与分析，参见张昭军：《儒学近代之境：章太炎儒学思想研究》，北京：社会科学文献出版社2002年版。近年来较有代表性的对章太炎与中国传统关系进行较为全面的研究，参见林少阳：《鼎革以文：清季革命与章太炎"复古"的新文化运动》，上海：上海人民出版社2018年版。周展安：《事的哲学：章太炎思想的基调——以〈国故论衡〉诸子学九篇为中心》，《中国现代文学研究丛刊》2021年第12期。笔者自己也曾对此问题有过研究，兹不赘述。

[③]　对于"革命儒学"，笔者受到刘小枫教授的启发。刘小枫教授通过梳理近代今文经学与心学的转型，认为这些学说与后来的革命精神——比如强调人民主权、重视集体主义、凸显主观能动性等要素息息相关。参见刘小枫：《儒家革命精神源流考》，载《儒教与民族国家》，北京：华夏出版社2015年版，第85—194页。不过笔者认为，相较于晚清今文经学，本来就属于革命党中重要成员的章太炎，对儒学的阐释，恐怕更具有革命性。而这样的革命性有着哪些具体内容，则属于本文打算深入分析的内容。此外，坂元弘子认为章太炎在《五无论》中提出的"无生"之论，拆解了儒学强调的"天地生生之仁"，显示出极强的思想冲击力。另一方面，章太炎不是在抽象地谈论个体意识，而是主张个体应向一种新的"共同性"意识转变，进而参与政治变革活动中。这些分析，对笔者颇有启发。参见坂元弘子：《章太炎的个体思想和唯识佛教——中国近代的万物一体论的走向》，载坂元弘子著，郭驰洋译：《中国近代思想的"连锁"——以章太炎为中心》，上海：上海人民出版社2019年版，第31—66页。

出他作为民族文化担纲者的强烈责任感。

一、"儒家之病，在以富贵利禄为心"

章太炎的"革命儒学"，建立在为了挽救中国颓势而对儒学进行深刻剖析与检讨的基础上。没有这番工作，其"革命"性格也很难表现出来。晚清以降，面对变局与危局，时人开始反思中国传统政教体系的诸多弊病，思考如何通过政治与文化的变革实现救亡图存。其中，支配中国社会两千余年的儒学开始受到人们的检讨与质疑。无论是谭嗣同呼吁冲决三纲五常之网罗，还是宋恕对程朱理学压抑人性、助长暴政的批判，抑或是梁启超在提倡国民思想时对深受儒学影响的中国传统道德论与公私论的检讨，都开启了近代批判儒学、抨击礼教之先河。自从1900年庚子事变后，章太炎走上了革命之路。在为邹容的《革命军》作序时，他说革命之目的，"不仅驱除异族而已，虽政教学术、礼俗材性，犹有当革者焉"。[①]而一旦涉及这些内容，就自然而然地要关注儒学。

谈及章太炎与儒学，晚近以来最被人瞩目的，莫过于他在清末对孔子的一系列批评。这导致一些以弘扬儒学自命的学者，如张尔田、柳诒徵、钱穆，都把章太炎看作是近代反传统思潮泛滥的"祸首"之一。联系到当时的政治斗争环境，章太炎的言说自然是别有所指。早在20世纪40年代，李平心就指出："章太炎之辟孔，亦所以辟康、梁。惟其辟康、梁，而知中国革命，非将狐假虎威的孔子之徒予以肃

---

① 章太炎：《革命军序》，载汤志钧编：《章太炎政论选集》上册，北京：中华书局1977年版，第193页。

清不可,故能知孔子之流毒之真实所在。"①这一观点不断被后人沿用与阐发,认为章太炎之"订孔",实为"订康"。与之相关,章太炎长期认同古文经学,反对今文经学,很大程度上也是因为他在政治上批判康有为借改造今文经学来宣扬变法改制理论。

进一步而言,自然不能否认章太炎在清末对儒学的评论带有极强的现实指向。不过他的这些评论终究还是建立在他十分熟悉儒家学说的基础上,并且康有为等人也确实经常利用被他们重新包装后的儒学宣扬其政治理念。在这个意义上,认识现实有助于理解历史。身处现实政治斗争环境里,对政治对手的思想与行事风格进行深入观察,其实也赋予章太炎考察历代儒学史的新视角,让他能够注意到过去人们易于忽视的内容,并由此深入剖析儒学与中国古代政治之间的复杂关系,揭示中国传统政治文化的一些本质特征。

在重订本《訄书》的《订孔》篇里,章太炎认为孔子在当时用来构建学说、教授学生的典籍,同样也被先秦诸子其他派别重视,因此没必要过分表彰孔子学问的渊博。孔子才学不及孟子与荀子,特别是在思想深度上,荀子远超孔子。章太炎指出,孔子之所以声名远播,主要是"虚誉夺实"。②换言之,孔子很善于经营自己的名声,博取世人好感。此论一出,立即引起不小波澜。时人观察到:"余杭章氏《訄书》,至以孔子下比刘歆,而孔子遂大失其价值,一时群言多攻孔子矣。"③

孔子苦心经营,究竟是为了博取哪个群体的好感? 1906年,章太炎东渡日本,主革命党机关报《民报》笔政,同时进行了一系列关

---

① 李平心:《也谈关于章太炎——读书偶笔》,载胡逢祥主编:《李平心全集》第6卷,上海:上海人民出版社2022年版,第188页。
② 章太炎:《訄书(重订本)·订孔》,载《章太炎全集》第3册,上海:上海人民出版社2018年版,第133页。
③ 许之衡:《读〈国粹学报〉感言》,载桑兵等编:《国学的历史》,北京:国家图书馆出版社2010年版,第53页。

于中国传统学术的演讲。在这些演讲中，他详细回答了这个问题。

章太炎说："孔子当时，原是贵族用事的时代，一班平民是没有官做的。孔子心里，要与贵族竞争，就教化起三千弟子，使他成就做官的材料。从此以后，果然平民有官做了。"可是"孔子最是胆小，虽要与贵族竞争，却不敢去联合平民，推翻贵族政体"。所以，"他（孔子）教弟子，总是依人作嫁，最上是帝师王佐的资格，总不敢觊觎帝位。及到最下一级，便是委吏乘田，也将就去做了"。基于此，章太炎指出："孔教最大的污点，是使人不脱富贵利禄的思想。自汉武帝专尊孔教以后，这热衷于富贵利禄的人，总是日多一日。"章太炎特别强调："我们今日想要实行革命，提倡民权，若夹杂一点富贵利禄的心，就像微虫霉菌，可以残害全身，所以孔教是断不可用的。"[①]在《论诸子学》里，章太炎进一步申说此意。他援引先秦典籍，认为："儒家之病，在以富贵利禄为心。"[②]孔子深谙纵横之术，游说各国有权势者，向后者兜售所学。此外，为了获取利益，孔子貌似恭谨，实则诈伪，根据现实所需不断调整自己的立场。所谓"中庸"，在实践层面即是摆出一副无可无不可，让各方都能接受的姿态。对此，章太炎称之为比"乡愿"更为恶劣的"国愿"。他说：

> 孔子讥乡愿，而不讥国愿，其湛心利禄又可知也。君子"时中"，时伸时绌，故道德不必求其是，理想亦不必求其是，惟期便于行事则可矣。用儒家之道德，故艰苦卓厉者绝无，而冒没奔竞者皆是。[③]

---

① 章太炎：《在东京留学生欢迎会上之演讲》，载《章太炎全集》第14册，第4、5页。
② 章太炎：《论诸子学》，载《章太炎全集》第14册，第52页。
③ 章太炎：《论诸子学》，载《章太炎全集》第14册，第53页。

　　可见,基于旨在推翻帝制、改造中国社会的革命立场,章太炎剖析了以孔子为代表的儒生一方面渴望介入权力,成为统治阶级的一分子,另一方面又不敢与既得利益集团做激烈斗争的特点。他认为儒学的这一特征固然有助于打破世袭贵族对政治资源的垄断,但是由于政治上明显的妥协性,儒生在渴望进入或正在努力挤进统治阶级的过程中,逐渐形成颇为强烈的"富贵利禄"思想。出仕做官,与其说是为了推翻贵族统治,不如说是为了借权力来换取利益。在这个意义上,只要出现了稳固的统治秩序,自然就会有儒生趋之若鹜,使用统治阶级所喜好的语言与观点来为他们服务。就此而言,正像康熙帝评价理学名臣李光地那样,"知光地者莫若朕,知朕者亦莫光地若也"。①儒学固然离不开君权,君权其实也离不开儒学。那些在权力结构里风光无两的"大儒",大多擅长"因时转移"自己的治学重心与立场,在不同时期说不同的话,与时俱进,左右逢源,只要居上位者喜欢听就行。认识二者之间相互利用、彼此依存的关系,是理解中国古代政治文化的重要切入点。因为不能指望强调循名责实,旨在激浊扬清的"魁垒而骨髓"之士承担替君主当吹鼓手的任务。

　　人们常注意到康有为在甲午战争后为鼓吹变法而撰写的《新学伪经考》与《孔子改制考》。其实,若从考察康有为如何构建其公羊改制说的思想体系着眼,与这两本书诞生于同一时期的《春秋董氏学》或许更为重要。在这本书里,康有为强调董仲舒独得孔子的微言大义,其地位胜过孟、荀,在儒学史上有不可替代的作用。由于曾与康门弟子在时务报馆共事,章太炎自然很清楚康有为的公羊改制论。康有为把董仲舒的地位抬得极高,而在章太炎看来:

————————

① 章太炎:《訄书(重订本)·别录乙》,载《章太炎全集》第3册,第349—350页。

> 董仲舒以阴阳定法令，垂则博士，教皇也。使学者人人碎义
> 逃难，苟得利禄，而不识远略。[1]

董仲舒喜谈天人感应、阴阳灾异，这在章太炎眼里，与其说是儒生，不如说像"教皇"。当然，康有为的门生也确将其师比作"孔教之马丁·路德"。[2]关键在于，董仲舒开启的西汉儒学传统，并非如康有为所说的那样追求创法改制，而是以利禄为旨归。一如康有为明知清廷弊病丛生，却依然为了富贵功名去宣扬君主立宪。[3]

　　或许是为了进一步剖析"儒"的总体特征以及儒学与政治的关系，在辛亥革命前夕的学术代表作《国故论衡》里，章太炎在《原儒》篇里运用类似于谱系学式的研究，详细考证"儒"的起源与分化。他指出，通常所言的"儒"，包含"达儒""类儒""私儒"三种类型。"达儒"乃上古"术士"的别称，其人喜谈六合之外的神仙之事，迎合统治者妄求长生不老的念想。秦始皇焚书坑儒，主要就是针对这一群体。"类儒"则为古时通晓六艺——礼、乐、射、御、书、数的经师。这一群体的主要贡献在于征文考献，传承经典。论其流裔，西汉宗尚古文经学者庶几近之。"私儒"指的是诸子各派之中的"儒家"。这一群体对六艺的掌握程度不及"类儒"，却热衷于向统治阶级兜售其学，常自比于三公，末流则愈发哗众取宠，德行甚至不及刀笔吏。到了汉代，"私儒"往往与宗尚今文经学者合流，借谈天人感应与风角占候来积极介入现实政治。通过这番梳理，章太炎认为将这三类群体笼统地称为"儒"，容易造成概念混乱。尤其是"传经者复称儒，即与私名之儒淆乱"。为了正名实，需要区分这三类群体。而别其良

---

① 章太炎：《訄书（重订本）·学变》，载《章太炎全集》第3册，第142页。
② 梁启超：《南海康先生传》，载吴松等点校：《饮冰室文集点校》第3集，第1948页。
③ 章太炎：《驳康有为论革命书》，载《章太炎全集》第8册，第188页。

莠,自然要以通晓六艺、勤于治经的"类儒"为优。①

　　很明显,章太炎区分不同类型的"儒",说到底是为了强调治经恪守实事求是原则的经生与热衷于借学术干利禄的"私儒"的本质区别。②后者虽有儒之名,实为哗世取宠之辈,缺少经生不求闻达的治学态度。联系到章太炎在《论诸子学》等文章里对儒家弊病的剖析,他的这些观点同样指向以董仲舒为代表的汉代今文经学家,以及通过鼓吹董仲舒来彰显自己重要性的康有为。在章太炎看来,中国历史上的君权之所以常流于肆虐蛮横,离不开这些人的曲意逢迎,推波助澜。而批判君权的方式也不在于像康有为那样刻意将儒学从中剥离,显得是君权干扰、妨碍了儒家思想的实践,而应从儒家与君权的合流过程入手,详尽剖析君权如何借助儒学的意识形态话语来进行统治,儒者如何利用君权的力量来维系自己政教精英的地位。③

　　辛亥革命后,章太炎着手将自己的代表作《訄书》进行修订。1914年前后,他将《訄书》改订为《检论》。④其中既有辛亥革命之后新写的内容,也有对旧作进行的增补与改写。⑤具体到涉及与"儒"

---

① 章太炎:《国故论衡·原儒》,第104—107页。

② 《原儒》篇里,章太炎将汉代治儒学的群体分为"五经家"与"古文家"。在他看来,"五经家"善于"以其术取宠",导致"本末难损",而"古文家独异是"。他还说:"古文家务求是,儒家务致用。""有古文家出,实事求是,征于文不征于献。诸在口说,虽游、夏犹黜之。斯盖史官支流,与儒家益绝也。"参见章太炎:《国故论衡·原儒》,第106页。综合这些观点,可以看到,章太炎基本上是把汉代的"五经家"视为儒家门类之一的"私儒"之流裔。在这个意义上,"古文家"就不属于"儒家"(虽然章太炎对"古文家"也不无过度美化之处)。

③ 这样的立场与思路,也体现在章太炎对清儒的评价中。他认为清代宗尚汉学者治学强调实事求是,通过研究古代经典,使古史真相得以为人所知。这与热衷于依附政治权力的"理学名臣"与治今文经学者形成鲜明对比。参见章太炎:《訄书(重订本)·清儒》,载《章太炎全集》第3册,第152—160页。

④ 关于《检论》的定稿时间,笔者参考了朱维铮教授的研究。参见朱维铮:《本卷前言》,载《章太炎全集》第3册,第18页。

⑤ 关于重订本《訄书》与《检论》内容上的差别,朱维铮教授在收录于《章太炎全集》里的重订本《訄书》每一篇的篇末做了详细说明。本文除特别提及处,余皆不再详细叙述。如有兴趣,可自行参看。

相关内容的，《检论》里的内容较之重订本《訄书》有了不小的改动。
联系到重订本《訄书》集结于1901年2月至1902年1月间，[①]章太炎
之所以对相关内容进行修改，一是他对儒学流变史与儒法关系史的
理解越来越成体系；二是在与立宪派的笔战过程中，他对后者也有
了更为深入的观察，尤其是立宪派与清政府之间的互相利用关系。

在《检论》的《原法》篇里，章太炎分析战国以后"儒法合流"的
本质。汉武帝以降，儒家独尊，定刑律之事多属儒生为之。董仲舒强
调"《春秋》决狱"，以儒家经籍比附汉代法典，这既不同于之前的儒
家学说，也和汉文帝时奉行黄老之道的做法有本质区别。章太炎指
出，法律条文详细繁多并不能称为扰民，真正扰民的是"亿察无征之
事"。因为"法之棼者，好舍事状，而占察人之心术"，[②]即不重视具有
客观性的证据，却根据某些主观色彩极强的因素作为给人定罪的理
由。董仲舒尝言："为人主者，居至德之位，操生杀之势，以变化民。"[③]
而受到《春秋》公羊学影响，汉儒认为"《春秋》之义，原心定罪"。[④]
在此情形下，表面上看所谓"原心定罪"强调要重视人们的犯罪动
机，根据不同的动机来议定不同的惩治标准，此乃儒家视德化高于刑
罚的体现。但实际上，君主可假借洞察他人的内心想法为名，肆意实
施刑罚。因为相比于具有客观性的外在证据，所谓内心想法实难验
证，全凭掌握生杀大权之人随意裁定。

章太炎认为，正是如此这般的"儒法合流"，使西汉酷吏如张汤、
赵禹者可援引儒家经传之辞增饰其严刑峻法，"为人主一己便，而教
天下谄谀"。让君权看上去更加恩威难测，使人战战兢兢，也给那些

① 朱维铮：《本卷前言》，载《章太炎全集》第3册，第13页。
② 章太炎：《检论·原法》，载《章太炎全集》第3册，第443页。
③ 董仲舒：《春秋繁露·威德所生》，济南：山东人民出版社2018年版，第164页。
④ 班固：《汉书》卷八三《薛宣朱博传》，北京：中华书局2012年版，第2924页。

善于揣测人君之意的钻营之士更多逢君之恶的机会。这与强调"以法令明符为质"的法家之道截然相反。推其本始,皆源于"汉世儒者,往往喜舍法律明文,而援经诛心以为断"。因此,"自仲舒以来,儒者皆为蠹尤矣"。①由此可见,分析秦汉以降的君权演变史,由汉儒主导的"儒法合流"实为重要环节。它不但抛弃了先秦法家的优点,而且未能实现儒家主张的"德化",反而开启了后世帝王置法律明文于不顾,凭借主观好恶来统治臣民的恶习。

总之,章太炎对儒学的这些批评,揭示了儒学的政治形态,也借由批评儒学,深入批判了中国古代君主制,揭示古代社会的政治权力及其意识形态话语的特征。在近代语境里,此尤具政治启蒙的意义。章太炎革命者的形象、他对中国历史的深刻理解,于此可见一斑。进一步而言,贺麟曾说,"五四"时代的反传统思潮,表面上是在批判儒学,实则是促使儒家思想新发展的一大转机,因为它让提倡儒学之人再也不能秉持曾国藩、张之洞那样的立场来思考问题了。②借用这一观点,同样可以认为,章太炎在清末对儒学的批判,恰恰也为儒学重焕生命力打开了思想空间,创造了实践条件。因为在他看来,儒学不应再依附于皇权,儒生也不应再以得到统治者赏识作为成功标志。

二、"以百姓心为心"

虽然章太炎对儒学与孔子有着颇为严厉的批评,但他绝非全盘反传统之人。他向来以弘扬中国传统自任,认为较之一时的政治成

---

① 章太炎:《检论·原法》,载《章太炎全集》第3册,第443、444页。
② 贺麟:《儒家思想的新展开》,载《文化与人生》,北京:商务印书馆1988年版,第5页。

败，让中国传统重新焕发生命力，让身处内忧外患变局里的中国人能通过熟悉本国的历史与文化来热爱国家与民族，是更为重要的事情。在从事革命活动的年代里，章太炎主张要"用国粹激动种性，增进爱国的热肠"。[1]认为"国所以立，在民族之自觉心，有是心，所以异于动物"。[2]到了晚年，目睹新文化运动以来汹涌澎湃的全盘性反传统思潮，章太炎担忧方兴未艾的西化教育会致使青年一代"国性沦亡，志趣堕落"，批评"革命以来，学校林立，究其实际，则所谓教者，每多不能保存国性，发扬志趣"。[3]可见，自从参与近代中国的政治与文化事业，章太炎就从未忽视中国传统的重要性。他的主要学术工作，就是从各个角度对中国传统进行大量极具原创性的阐释，形成独具特色的"章氏国学"。在这个意义上，章太炎的"革命儒学"，并非是要革儒学之命，而是希望通过对儒学进行新的诠释，使之具备革命性格，成为清末革命运动的重要思想助力。

从学术传承上看，章太炎固然深受清代以来江浙地区学风的影响，同时对汉代的古文经学情有独钟，但他对儒学所做的研究与阐释，绝非仅是中国古代学术流变的延续，而是与他在近代变局下对中国前途与命运的一系列思考息息相关。在这个意义上，历代儒学流派与儒者思想，都能成为章太炎重新思考儒学之意义与价值时的思想资源。他的学术思想，并不像先前的不少论者所言，囿于汉代的古文经学传统或清代朴学传统。

在清末，章太炎虽对孔子颇有微词，但对其他儒者，还是时有表彰。在初刻本《訄书》中，章太炎以《尊荀》为开篇。他认为不但荀

---

[1] 章太炎：《在东京留学生欢迎会上之演讲》，载《章太炎全集》第14册，第4页。
[2] 章太炎：《印度人之论国粹》，载《章太炎全集》第8册，第383页。
[3] 章太炎：《在金陵教育改进社演讲劝治史学并论史学利弊》，载《章太炎全集》第14册，第395、394页。

子的"合群名分"思想值得发扬,并用近代社会科学对之进行新的诠释,荀子的"法后王"思想同样值得重视,因为这暗含着强调变革重要性,不能恪守旧章的思想因素。这些内容,有助于向人们宣传救亡图存观念。当然,章太炎在诠释这一思想时借用了今文经学的观念,如《春秋》为新王制法,而非为汉代制法等,这显示出他并未像后来那样对今文经学抱以强烈的批判态度。①在重订本《訄书》里,章太炎收录了更多讨论中国传统学术的文章。在先秦儒家中,民本思想是其重要内容。后世儒者也常秉持这一理念检讨时代弊病,思考如何能养民安民。虽然民本思想并未否定皇权的统治,但至少对统治阶级的虐民之政,还是有比较深刻的批判。

明代中期以后,随着社会结构与生产关系的变化,不少儒者开始思考如何能在基层社会化民成俗,使匹夫匹妇具有优入圣域之机,这让民本思想有了新的发展契机。明清之际的儒者,目睹时代巨变,对民本思想展开更为深刻的探讨。颜元便是其中的代表。在《颜学》里,章太炎指出,明代后期程朱理学流于颓萎,宗尚王学者趋于空洞。无论是程朱理学的格物静坐,还是王学提倡的致良知,都难以化民成俗。颜元目睹斯景,提倡恢复古之"六艺",不但坐而言,更要起而行,以求躯体强健,一改儒者文弱形象。他身体力行,钻研兵、农、钱、古、工等经世之学,留心与国计民生紧密相关的事务,主张学问应关注民生休戚与天下兴亡,反对寻章摘句、静坐空谈。此外,颜元谨守礼教,视听言动无逾矩之举,对修身十分重视,强调维系社会伦常与民间道德的重要性。章太炎对颜元称赞有加,甚至认为他是荀子以后的又一大儒。章太炎之所以对颜元有如此高的评价,除了受到谭献等人的影响,还和他在清末表彰"儒侠"之道有关。他认为需要用

---

① 章太炎:《訄书(初刻本)·尊荀》,载《章太炎全集》第3册,第6页。

古代侠士不畏权贵、为民请命的作风来医治儒家柔弱畏葸的弊病，使儒者勇于担负起拯救生民的重担，让儒生与民众建立起切实的关系，而非汲汲于如何向统治阶级靠拢。[①]颜元的学说与事迹恰好十分符合"儒侠"的理想形象。

在清末从事革命活动时，章太炎认为革命的目的除了推翻清王朝的统治，更在于"抑官吏，伸齐民""抑富强，振贫弱""伸民权，宣民志"。[②]他在清末的政治论争中非常强调重视平民的利益，主张通过变革政治制度与社会结构来保障平民利益，防止在旧的政治制度与社会结构中拥有各种特权的群体，借助表面上的政治变革来进一步巩固自己的地位，使自己的特权具备新的合法外观。[③]基于此，在审视历代儒学思想时，章太炎充分挖掘为平民利益呼喊的声音。

在《释戴》一文里，章太炎认为明清两代统治阶级将程朱理学奉为官学，皇帝斥责大臣时不再常拿朝廷律令说事，而多以理学思想为利器，动辄斥责臣僚不依天理行事，使自己成为高高在上的道德判官，将后者置于道德审判台前。由于理学话语多涉及性与天道，具有高度主观性，这就让皇帝能够随时依据自己的好恶控制大臣，使后者处于战战兢兢、动辄得咎的状态。流风所及，清朝雍正帝很少以法律条文责人，而喜用理学话语呵斥臣民，将被呵斥者贬为违背圣人之道的名教败类，使之备受精神压力，也让帝王的权威看上去更加难以撼动。[④]

章太炎指出，戴震生于民间，"知民生隐曲"，有感于此，撰写《原

---

① 章太炎：《訄书（重订本）·儒侠》，载《章太炎全集》第3册，第138—139页。
② 章太炎：《代议然否论》，载《章太炎全集》第8册，第319、320、322页。
③ 关于这一点，参见王锐：《"恢廓民权"与"抑官吏伸齐民"——略论章太炎对近代中国时势的思考》，《中国社会科学院大学学报》2023年第12期。
④ 章太炎：《释戴》，载《章太炎全集》第8册，第121—122页。

善》与《孟子字义疏证》,其主旨就是"专务平恕""明死于法可救,死于理即不可救",将皇帝运用理学话语进行政治与社会控制的手段揭示出来,拆穿清帝表彰程朱理学的真实意图。戴震同情那些匍匐于理学话语下的普通民众,为那些深受压迫的人声张道义,强调要重视民众合理的欲求,批判极端化的理学话语体现出的禁绝人欲之倾向,这在清代压抑沉闷的政治氛围里堪称空谷足音。当然,章太炎对戴震的思想也不是没有反思。他指出戴震以欲为理之论,"固隶政之言,非饬身之典",即在政治生活中固然要承认人的合理欲求,可是从修身的角度看,此论却容易流于极端,使人在追求欲望的名义下忽视道德修养。①

在表彰戴震的同时,章太炎批评深受同时代人称颂的明清之际大儒黄宗羲。作为浙江人,章太炎在青年时代其实也颇为欣赏这位乡先贤。但随着对中国历史与现实的认识愈发深刻,加上身处与立宪派进行政治论争的环境里,章太炎逐渐发觉黄宗羲之学的弊病。在《非黄》一文里,章太炎指出黄宗羲一方面反驳荀子的"有治人无治法"之论,另一方面却把聚集着大量出身士绅阶层的生员的学校作为讨论政治的重要场所,这本身就是很矛盾的事情。章太炎认为生员并不代表真实民意,尤其是大多数平民的意见,而是基于政治与文化精英的地位自成一个具有特殊利益诉求的群体。他们"不与齐民同志"。他们的声音很大程度上也仅体现这一特殊利益群体的诉求,是否具有普遍意义实未可知。因此,在政治活动中,人为的让某一特殊利益群体不断发声,反而会扰乱正常的政治秩序,使其利益合法化。毕竟,理想的政治秩序是要让所有人能各得其所,而非仅让某些有着特殊利益诉求的群体从中获利。在这个意义上,这一群体的

---

① 章太炎:《释戴》,载《章太炎全集》第8册,第124—125页。

声音很难做到周知社会利病、切中民生疾苦，很多时候只属"私言"，而非"公论"。在章太炎看来，以"私言"定是非，甚至造成"自植其魁，私门之务，挠滑黑白"的现象，本就是政治活动中的巨大隐患，与循名责实的政治理想相差甚远。[①]

　　章太炎的这些思考，一个潜台词就是揭示古代社会结构里作为儒学主要代言人的士绅阶层，他们本身具有极强的特权属性。他们能否真正实践儒家所主张的民本思想，其实并非不证自明之事。士绅阶层因掌握了话语权，很自然地会为自己谋取利益，并将此举赋予名实相悖的正面评价。在重订本《訄书》中，章太炎以晚清苏州士绅追念冯桂芬为例申说此意：

　　　　昔者余在苏州，过冯桂芬祠堂。人言同治时，桂芬为郡人减赋，功德甚盛。余尝闻苏州围田，皆在世族，大者连阡陌。农夫占田寡，而为佣耕。其收租税，亩钱三千以上。有阙乏，即束缚诣吏，榜笞与逋赋等。桂芬特为世族减赋，顾勿为农人减租，其泽格矣。荀悦言：汉世田制，"官收百一之税，而民输豪强大半之赋"；"官家之惠优于三代，豪强之暴酷于亡秦；是以惠不下通，而威福分于豪民"。今不正其本，务言复除，适足以资富强也。桂芬于苏州，仕宦为达，诸世族皆姻娅，通门籍；编户百万，号呼之声，未彻于耳，将厚薄殊邪？其阛立祠堂，宦学者为请之。农夫入其庭庑，而后知报功也。[②]

根据这番描述，冯桂芬是在要求清廷减赋，但这一建议落到实处，获

---

① 章太炎：《非黄》，载《章太炎全集》第8册，第124—125页。
② 章太炎：《訄书（重订本）·定版籍》，载《章太炎全集》第3册，第278—279页。

益者往往仅为占有大量土地的"世族"。那些胼手胝足的农民并未从中得到什么好处,因为他们上交给"世族"的租税并未因此减少。在这个意义上,要想完整认识中国历史与现实中存在的政治与社会矛盾,进而在中国实现名副其实的民主,不能忽视剖析绅权,揭示其权力特征、经济基础、话语逻辑,并从历史上寻找有助于对抗绅权的政治传统,探索其是否有转化为现代政治要素的可能性。[①]而在近代变局下,儒家学说与士绅阶层应做适当的切割,应该寻找新的真正能践行儒家道德追求与政治理想的群体。

此外,在清末的政治论争中,以梁启超为代表的立宪派经常从道德的角度抨击革命党,声称后者多为私德败坏、好乱成性、能破而不能立之辈。为了回击立宪派的这些攻击,同时也为了在革命力量还处于弱势的情形下让更多的人同情革命、支持革命,章太炎反复思考革命道德问题。在日本期间与章太炎过从甚密的许寿裳回忆,相比其他革命党理论家热衷于介绍域外学说、借用当时流行于日本的法政之学来谈政治,章太炎"注意于道德节义,和同志们互相切励;松柏后凋于岁寒,鸡鸣不已于风雨"。[②]

章太炎认为,既接地气,又能影响他人的革命道德需要与儒家传统一脉相承。他以顾炎武在明亡后倡导行己有耻、经世致用,自觉担负起天下兴亡之责为榜样,强调革命者的革命道德应具备知耻、重厚、耿介、必信四种品质。只有做到了这四点,才称得上合格的革命

---

① 侯外庐就认为:"太炎的民主思想,见于其著作者,并不高谈什么大同世界,民主乐土,而仅在切于人事的法制上反复究明民主生活的起码条件。"参见侯外庐:《近代中国思想学说史》(四),北京:生活·读书·新知三联书店2014年版,第1255页。
② 许寿裳:《章炳麟》,转引自汤志钧编:《章太炎年谱长编(增订本)》上册,北京:中华书局2013年版,第130页。

道德，也能比立宪派更显道德意识。①毋庸多言，他列举的这四种品质都和儒家传统息息相关。可见在章太炎看来，革命道德离不开继承儒家传统，这是因为中国革命面对的是中国社会，而儒家传统长期以来形塑了中国社会的道德规范与伦常准则，所以只有做到儒家传统提倡的那些优良品质，革命者才能获得更多的支持，革命思想才能更深入人心。革命道德是社会道德与民间道德的提炼与升华，而非与之相违背。②

　　章太炎进一步指出，从当时的中国社会结构来看，真正能实践中国文化里强调的基本道德准则的群体往往是身居社会中下层的农民与工人，前者"于道德为最高"，后者虽略显诈伪，但"强毅不屈，亦与农人无异"。除此之外，社会身份越高、掌握的政治与经济利益越多，道德水准却越差劲。特别是士绅阶层，从附庸风雅的"艺士"开始，直至手握大权的"京朝官"与"方面官"，基本上是"知识愈进，权位愈申，则离于道德也愈远"。③由此可见，章太炎某种程度上将发扬光大儒家义理寄托在民间，认为劳动者身上的质朴刚毅之气能够让儒学重新焕发生命力。④另一方面，儒学能否与广大民众发生切实关系，能否以广大民众利益为旨归，也是关乎儒学生死存亡之所在。与之相关，章太炎所理解的革命是一场"平民革命"，其要义之一便是涤荡旧秩序，让那些昔日处于支配地位的群体不再继续拥有特权。

---

① 章太炎：《革命道德说》，载《章太炎全集》第8册，第294—297页。
② 章太炎之所以在清末"思乡原"，也可从这个角度来理解。参见王锐：《风俗良莠与政治兴衰——〈思乡原〉的思想史解析》，载《探索"良政"：章太炎思想论集》，上海：上海人民出版社2020年版，第127—151页。
③ 章太炎：《革命道德说》，载《章太炎全集》第8册，第289—292页。
④ 与之相似，章太炎在当时认为，学术研究也得依靠民间，不能指望清廷能够光大中国学术。他说："中国学术，自下倡之则益善，自上建之则日衰。凡朝廷所阘置，足以干禄，学之则皮傅而止。"章太炎：《与王鹤鸣书》，载《章太炎全集》第8册，第154页。

在他看来,这是新政权能否具有名副其实新气象的关键。①

在阐释道家思想时,章太炎对《老子》中的"圣人无常心,以百姓心为心"多有表彰,认为此论意在体察民隐,破除是非成见,使万物各得其所。②同时,他系统阐发庄子的齐物思想,构建旨在破除名相,拆解借着普遍主义之名而形成的支配与剥削关系,将万事万物从既定的权力与文化关系中解放出来,尊重万物自身所蕴含的个性,实现不齐而齐的普遍平等状态的齐物哲学。③辛亥革命后,章太炎将旧作《訄书》进行修订,更名为《检论》。前文提到,在重订本《訄书》的《订孔》中,章太炎虽然承认孔子是古之良史,但总体上对他评价并不高。在《检论》里,章太炎保留了该篇,不过增加了不少内容。在新增的内容里,章太炎自言在经历一系列世变后,开始意识到孔子学说的价值所在。他认为孔子学说的核心是忠恕之道。但是不同于历代注家多从道德修养的角度解释忠恕,章太炎指出:"心能推度曰恕,周以察物曰忠。"④很明显,这是在从认识论与方法论的角度解释忠恕。在他看来,忠恕是一种观察事物与理解事物的态度,能意识到万物理应各得其所,因此平等地看待世间万象,不将一己之立场或某种单一标准简单地强加于不同事物之上,不去强求芸芸众生在行为和思想上处处符合某一人为制定的尺绳。基于此,他认为最能领会忠恕之道的是庄子的齐物思想。反之,墨子的"尚同"思想就比较违背忠恕之道。虽然

---

① 关于章太炎的这些思考,参见王锐:《"恢廓民权"与"抑官吏伸齐民"——略论章太炎对近代中国时势的思考》,《中国社会科学院大学学报》2023年第12期。

② 章太炎:《佛学演讲》,载《章太炎全集》第14册,第157页。

③ 关于章太炎齐物哲学的全貌,参见姜义华:《章太炎思想研究》,上海:上海人民出版社1985年版,第316—422页。关于对齐物哲学的思想分析,参见汪晖:《代表性的断裂——再问"什么的平等"?》,载《短二十世纪:中国革命与政治的逻辑》,香港:牛津大学出版社2015年版,第419—432页。

④ 章太炎:《检论·订孔下》,载《章太炎全集》第3册,第433页。

他救世之心强烈，但"天志、尚同之末，以众暴寡"。[1]很明显，与其说章太炎是在表彰孔子，不如说他是在用经由自己阐释过的齐物哲学来评价古人学说。

"以百姓心为心"虽出自《老子》，但章太炎却用来评析儒学。这体现他依托老庄，结合佛学，构建"齐物哲学"体系后，"操齐物以解纷，明天倪以为量"的思想特色。[2]在《检论》的《通程》中，章太炎认为汉代以降，能体会"以百姓心为心"之要义者莫过于北宋的程颢：

> 伯子之言定性，可谓旨远而用近矣。……其言盖任自然，远于释氏，而偏迩老聃。何者？志不欲为长往绝俗，将师保万民，而以道莅天下，故不得果于除外。顺斯术也，固将无为而治，其尚杜塞情欲，备诃责于贤者邪？持论虽高，其情更迩。及其审示径隧，独以忘怒观理为尚，弥复岂易。缀学之士，深宫之主，可为也。故老子曰："为道日损，损之又损，以至于无为。无为而无不为也。""圣人无常心，以百姓心为心。"伯子所论，其展伸此也，号曰"定性"，而更宛臧南面之术。[3]

在章太炎看来，程颢的《定性书》主张天地普万物而无心，圣人顺万物而无情。这在实践层面即为摒弃主观、祛除偏见，不因一心存天理而决然灭人欲，不将自己的主观好恶施于普通民众身上，不用严苛的道德眼光裁量世间万事万物，而是以通达、平等的眼光看待人间事物的发展与变迁，从普通民众的角度出发思考政治与社会问题，尊重一

---

[1]　章太炎：《检论·订孔下》，载《章太炎全集》第3册，第434页。
[2]　章太炎：《菿汉微言》，载虞云国整理：《菿汉三言》，上海：上海书店出版社2011年版，第72页。
[3]　章太炎：《检论·通程》，载《章太炎全集》第3册，第463—464页。

个社会行之已久的伦常规范。这一点与老子的"无为而治"甚为相似,体现出"以百姓心为心"。这也是一位成熟的政治人物应该具备的心态。章太炎的这些思考,是在用齐物哲学审视儒学,希望构建"以百姓心为心"的新的儒学话语。

三、"依自不依他"

要想使儒学具有革命性,一个必不可少的前提就是让儒学从古代社会身份等级制的政治意识形态,转变为能与近代国民思想中独立意识与自主意识不相悖的学说。宋代以来,随着儒家学说进一步在基层社会"下沉",社会伦理与个人行为准则越来越受到儒学的影响,得到官方背书的士绅阶层多利用自身的政治与经济地位,主动承担起维系地方风教的责任。明清两代,随着社会经济结构的演变,儒家礼教的重要性日益凸显。它有助于维系作为小农经济重要社会基础的家族伦理与乡里秩序,尽可能保证基层社会的守望相助,老有所养,幼有所安。家族为族内成员提供生存与发展的基本保障,并逐渐形成一套长幼有序、尊卑有别的等级分明的伦常规范。随着土地所有制与经济生产方式的变化,由此产生了士绅支配的格局。地方上的精英进一步以礼教为准则,维持当地的社会安定与经济生产。在当时的历史条件下,礼教的存在有一定的必然性。但在另一方面,为了维持社会稳定,保证小农经济的正常运作,一些弱者、贫者就成为礼教秩序的牺牲品,长期处于被压迫、被剥削的境地。更为重要的是,这样的礼教秩序是皇权统治得以存续与巩固的重要根基,它使得"求忠臣必于孝子之门"这样的观点具备了制度层面与社会结构层面的支撑。

到了近代，当人们开始检讨中国古代政治制度为何难以有效抵御东西列强的侵略，为何难以让中国摆脱内外危机时，必然会将批判的目光聚焦到作为帝制时代社会根基的礼教秩序上，反思这样的秩序如何压抑人的主体意识与能动意识，如何使人们难以形成独立自尊、不畏权贵、勇于任事、奋发有为的人格。在辛亥革命前十年间，随着中国读书人广泛接触各类域外学说，人们逐渐意识到，要想实现政治上的变革、达到救亡图存的目标，必须让广大国民具备独立意识与自主意识，摆脱在心理上对于权力结构与等级秩序的依赖。梁启超的新民之旨即在于此，章太炎所为人乐道的"疯子精神"之内涵也在于此，鲁迅所希冀的"人各有己，而群之大觉近矣"亦不外乎此。[①]

具体到章太炎，他在清末呼吁："今外有强敌以乘吾隙，思同德协力以格拒之，推其本原，则曰以四百兆人为一族，而无问其氏姓世系。为察其操术，则曰人人自竞，尽尔股肱之力，以与同族相系维。"[②] 所谓"四百兆人为一族"，所谓"人人自竞"，其表现就是具有独立人格与自立精神的近代国民。基于此，他一方面批判历代儒者热衷于依附权力，导致形成"以富贵利禄为心"的不良风气，另一方面其实也在重新审视、阐发儒家思想中有助于形成独立自尊人格，凸显人的主体性的内容，使儒家学说能成为在近代"万国竞争"之世里，培养中国人健全的国民意识与民族意识的重要思想资源。这样的工作，贯穿其一生。

章太炎的这些思考同样是在政治论争的背景下展开的。说起晚清以降对于独立人格的论述，人们多会谈及谭嗣同的《仁学》。在这本书里，谭嗣同运用"以太"这一概念，构建起从个人之"心力"出

---

① 鲁迅：《破恶声论》，载《鲁迅全集》第8卷，北京：人民文学出版社1998年版，第24页。

② 章太炎：《〈社会通诠〉商兑》，载《章太炎全集》第8册，第348页。

发，终至彰显"仁"的普遍性的理想社会图景。在谭嗣同笔下，"以太"可以脱离具体的物质实体而存在，能够超越时间和空间，有灵魂、有意识。① 在同一时期，康有为为了宣传变法思想，借鉴西方宗教史，特别是新教传教史的内容，将孔子诠释为开创孔教的教主，并将儒家思想神秘主义化，希望借此来凸显儒学高于世俗权力。

章太炎并不认同这种将人的主体意识寄托在某种神秘化、神圣化、超自然的存在之上的做法，认为这其实降低了人本身的价值，使人的地位与作用受到贬损。对此，他在《儒术真论》一文里，通过从《墨子》中钩沉与墨家进行辩论的战国儒者之言说，认为在战国时期儒者的特征恰恰不是宗教化、神秘化，而是拒绝言鬼神之事，强调要从社会实践出发思考问题。章太炎强调孔子之所以能被称为圣人，正是因为他"以天为不明"与"无鬼神"。所谓天道，原本就是人们因为不了解自然现象而产生的一种主观想象，随着自然科学的进步，人们会更为深入地认识天体运动规律，而人的生老病死也属于自然现象之一，并无鬼神之道掺乎其中。此外，人的性格和资质主要由后天熏染而成。正是有这样的认识，为了实现理想的社会状态，孔子才致力于"明于庶物""察于人伦"，从社会生活与社会实践中总结归纳人伦之道，使"万物之情状大著"，而非依靠宗教来惑世诬民。这种以人为主体，重视对历史经验与社会关系进行总结升华的极强的实践性格，实为儒家思想的光辉之处。②

与之相关，在戊戌变法失败后，章太炎大量阅读经由日本学者译介的社会科学著作，使他对社会秩序的形成与发展，包括人在其中的

---

① 谭嗣同：《仁学》，载《谭嗣同集》整理组整理：《谭嗣同集》下册，杭州：浙江古籍出版社2018年版，第312—319页。

② 章太炎：《儒术真论》，载汤志钧编：《章太炎政论选集》上册，北京：中华书局1977年版，第120—121页。

作用有了更为现代的认识。他认为："物苟有志，强力以与天地竞，此古今万物之所以变。"而最能适应竞争之世的状态莫过于"合群明分"，即建立起一套完整的、健全的政治与社会秩序。反之，一旦"物不知群"，则会逐渐退化，终至淘汰甚至灭绝的命运。①具体到投身革命，更需"勇猛无畏，众志成城，方可干得事来"。②以此为标准，他深入思考如何能让儒学与这样的个人观和社会观相匹配。

在章太炎看来，要想凸显人的独立性与主体意识，需要让人不再将命运寄托于宗教教主的赐福，摆脱宗教迷信对个人的束缚与压制。他虽主张"建立宗教"，但他所设想的绝非迷信外在神灵的宗教，而是突出人的主体性，彰显无畏精神，破除名利心与依傍强者之念，誓愿牺牲自我以普度众生，让众生脱离劫难的宗教。③以此为标准，章太炎虽对儒家热衷于向权力靠拢颇为不满，但通过与古代世界其他地区的宗教和文化的比较，他认为："若说孔教，原有好到极处的。就是各种宗教，都有神秘难知的话杂在里头，惟有孔教还算干净。"④孔子的功绩之一，就是"变機祥神怪之说而务人事"。⑤在与革命党人雷铁崖的信中，章太炎进一步申说此意：

> 孔氏而后，儒、道、名、法，变易万端，原其根极，惟依自不依他一语。汉世儒术盛行，人多自好，本无待他方宗教为之补苴。魏、晋以后，风俗渐衰，不得不有资于佛说。然即莲社所谓净土者，亦多兼涉他宗，未尝专以念佛为事。三论继兴，禅宗、法相接

---

① 章太炎：《訄书（初刻本）·原变》，载《章太炎全集》第3册，第25、27页。
② 章太炎：《在东京留学生欢迎会上之演讲》，载《章太炎全集》第14册，第6页。
③ 王锐：《革命儒生：章太炎传》，桂林：广西师范大学出版社2022年版，第151—152页。
④ 章太炎：《在东京留学生欢迎会上之演讲》，载《章太炎全集》第14册，第4页。
⑤ 章太炎：《论诸子学》，载《章太炎全集》第14册，第53页。

踵而至，宗派虽异，要其依自则同。而沙门应机者，或取福田利
益之说，以化颛愚，流而不返，遂为儒者所嗤。韩退之虽至短浅，
犹且笑悼不已，况如程、朱之高材乎？退之喜大颠之能外形骸，
伊川说《中庸》之前后际断，晦庵于十二缘生、三细六粗、十八界
等，叹其精细，以为儒者弗及。然则其人其教，苟无涉乎依他之
说者，虽支持门面之儒，犹不得不帖然诚服。盖好尚相同故也。
昔无神之说，发于公孟；排天之论，起于刘、柳。以此知汉族心
理，不好依他……仆尝以时绌时申、哗众取宠为孔子咎；至于破
坏鬼神之说，则景仰孔子，当如岱宗北斗。[①]

　　章太炎总结儒家传统，强调不依傍鬼神、不执着于迷信是历代儒
者多能具备的特点。这样的特点肇始于孔子。[②]这一思想传统如能
加以阐扬，则易使中国人养成"依自不依他"的习惯。在章太炎看
来，"维持道德者，纯在依自，不在依他"，若以神鬼之事诱人向善，则
"勇猛无畏之气，必自此衰"。[③]因为这并非出于自觉，而是为了避祸
求福，属于利害算计的结果。如以利害算计之心从事革命活动，那么
遇到艰难困苦，很难坚持下来。其参加革命的目的，也不全是为了救
民于水火，而是为了从中获利。就此而言，对于革命者来说，能"依

————————

① 章太炎：《答铁铮》，载《章太炎全集》第8册，第389—390页。
② 章太炎清末在日本主编《民报》时，一些革命党人曾质疑他为何刊登多篇讨论佛
　 学的文章。章太炎回应："民德衰颓，于今为甚，姬、孔遗言，无复挽回之力"，"自
　 非法相之理，华严之行，必不能制恶见而清污俗"，"使无大乘以为维纲，则《春
　 秋》亦《摩挐法典》，颜、戴亦顺世外道也"。参见章太炎：《人无我论》，载《章太
　 炎全集》第8册，第452—453页。这番话固然可以理解为章太炎认为儒学不足
　 以维系社会道德，应以佛学济其困；另一方面也可以认为，既然儒学对社会依然有
　 极大影响力，那么需要对其进行学理上的改造，这就需要借鉴佛学概念来重新挖
　 掘、阐释儒学义理。
③ 章太炎：《答铁铮》，载《章太炎全集》第8册，第392页。

自不依他"，方可"排除生死，旁若无人，布衣麻鞋，径行独往，上无政党猥贱之操，下作懦夫奋矜之气"。[①]对于王学，章太炎总体上并无太多好感，但他承认王学的特点是"自尊无畏"，宗尚王学能让人有"悍然独往"之性格，锤炼出极强的意志力。[②]在章太炎看来，这样的性格是能不惧艰险，承担起救国救民之责的。

及至晚年，虽然已很少在公开场合谈论建立宗教，但章太炎依然从相似的角度阐扬儒学。他认为，要想在"九一八事变"后民族危机进一步加剧时唤起人们的爱国之志，需要提倡阅读《大学》《儒行》《孝经》《丧服》四种经典。自清末起，章太炎就表彰儒侠之道。因此，他基本是在儒侠的脉络里来阐发《儒行》要义。他指出："《儒行》所说十五儒，大抵艰苦卓绝，奋厉慷慨。""《儒行》讲解明白，养成惯习，六国任侠之风，两汉高尚之行，不难见之于今，转弱为强，当可立致。"可见，在他看来，《儒行》中对于儒者的描述，包含着刚毅英勇、独立不屈的可贵精神。而这种精神是彼时不少政学精英颇为缺乏的，故应大力提倡。往远了说，辛亥革命后的中国政坛混乱不堪，在不良风气影响下，参与政治活动的人多半寡廉鲜耻，常因私欲而罔顾公义，彼此争权夺利，无所不用其极，导致是非不明，毁誉无常。在此情形下，更需要"人人敦任侠之行，庶几朋友团体，均可保全"。因此，"吾人鉴于今日之情况，更觉《儒行》之言为有味矣"。[③]

章太炎向来认为，中国近世以来之所以呈现衰微之象，祸首不在文化与民间，而在庙堂之上。他在晚年反复申说《儒行》要义，就是向肉食者流与有心从政的知识阶层喊话，希望他们能够养成超脱流

---

① 章太炎：《答铁铮》，载《章太炎全集》第8册，第393页。

② 关于章太炎对待王学的态度，笔者另有详细研究，故于此处不再赘述。参见王锐：《清末民初章太炎对王学之评价再检视》，《天津社会科学》2020年第1期。

③ 章太炎：《儒行要旨》，载《章太炎全集》第14册，第474—477页。

俗、一介不取、勇于任事之风,承担起救亡图存的重任。所以他强调:"欲求国势之强,民气之尊,非提倡《儒行》不可。"①可以说,终其一生,章太炎都在从树立人的独立自尊意识的角度阐扬儒学。在他看来,这是在近代以来中国面临严峻内外危机背景下,让中国人摆脱腐朽的政治文化束缚、自觉担负起救亡图存之念的关键。从内容上看,这既是传统的,又是革命的。

值得一提的是,在重订本《訄书》的《订孔》中,章太炎说:"孔氏,古良史也。"②在评价清代学术的《清儒》中,他借用章学诚的观点,认为:"六艺,史也。"同时表彰清代朴学的功绩之一便是使"六艺复返于史",能借之"论其社会以观世"。③历来人们多从经史关系与现代史学发展的角度来分析这些话,这固然很有意义。④而从他在清末反复阐扬儒学"依自不依他"的特征出发,他对于经史关系,特别是历史意义的思考,同样可视为他所构建"革命儒学"的重要环节。

在清末,章太炎认为历史是激发人们爱国热情,巩固政治与文化认同的重要载体。"民族主义,如稼穑然,要以史籍所载人物制度、地理风俗之类,为之灌溉,则蔚然以兴矣。"⑤在章太炎所处的时代,救国已非一二人的事业,需大多数国民投身其中。在此背景下,所谓政治启蒙,即强调国民是国家的一分子,具有基本的权利与义务,个人荣辱与国家兴亡休戚相关。而历史能让人自觉意识到自己是本国文化的继承者,爱国之念油然而生。章太炎即从这个角度论述孔子与历史的关系。他说:"以前民间没有历史,历史都藏在政府所管的图书

① 章太炎:《国学之统宗》,载《章太炎全集》第15册,第485页。
② 章太炎:《訄书(重订本)·订孔》,载《章太炎全集》第3册,第133页。
③ 章太炎:《訄书(重订本)·清儒》,载《章太炎全集》第3册,第152、154页。
④ 相关研究成果已有不少。最新的研究,参见陕庆:《从"六经皆史"到"古史皆经"——章太炎经史互释的思想史内涵》,《中国哲学史》2022年第5期。
⑤ 章太炎:《答铁铮》,载《章太炎全集》第8册,第388页。

馆，政府倒了，历史也就失去。自从孔子宣布到民间来，政府虽倒，历史却不会亡失，所以今日还晓得二三千年以前的事。"更为重要的是，"孔子是史学的宗师，并不是什么教主。史学讲人话，教主讲鬼话。鬼话是要人愚，人话是要人智，心思是迥然不同的"。①

可见，章太炎认为孔子的功绩不仅是开创了中国的历史编撰传统，还破除了贵族阶层对历史的垄断，让历史能够被民间所熟知。这无疑是在以建立民主共和制为主要目标的时代里，章太炎对中国学术史的重新叙述。此外，他所说的"史学讲人话，教主讲鬼话。鬼话是要人愚，人话是要人智"，很明显也是借此来彰显孔子学说里蕴含"依自不依他"的内容。因为只有惯于"讲人话"，注重人的真实生活与真实想法，尊重人的社会实践经验，才能认识到人本身的重要性，而不被"教主"炮制的"鬼话"所迷惑。

辛亥革命后，目睹奉康有为为精神领袖的孔教会在国内频繁活动，章太炎撰文予以批判。他指出：

> 国民常性，所察在政事日用，所务在工商耕稼。志尽于有生，语绝于无验。人思自尊，而不欲守死事神，以为真宰，此华夏之民，所以为达。视彼佞谀上帝，拜谒法皇，举全国而宗事一尊，且著之典常者，其智愚相去远矣。②

在章太炎看来，中国文化主张从社会实践中认识个人与社会，注重现世的生活，强调人在社会活动中的中心位置，故而"人思自尊，而不欲守死事神，以为真宰"。这与西方宗教文化形成鲜明对比。而

---

① 章太炎：《中国文化的根源和近代学问的发达》，载《章太炎全集》第14册，第80、81页。
② 章太炎：《驳建立孔教议》，载《章太炎全集》第8册，第200页。

中国文化之所以有这样的特质,自然离不开孔子的影响。章太炎认为孔子是值得尊敬的,但不应将其教主化,而是需从中国历史自身的脉络里来理解孔子对于中国文化的巨大贡献。他说:"孔子所以为中国斗杓者,在制历史,布文籍,振学术,平阶级而已。"①受其影响,中国人具有重视历史,重视总结社会经验,重视人的实践的思维特征,使中国形成了尊文重教的传统,把劝学兴学、传播文教视为非常重要的社会活动,致力于实现"人知典常,家识图史",让更多的人获得知识。在此基础上,除了少数历史时期,中国社会呈现出相对明显的流动性,"民苟怀术,皆有卿相之资"。②把儒家宗教化、孔子教主化,非但不能弘扬中国文化,反而让这些优良品质黯而不彰。

四、余　论

关于章太炎的学术思想,侯外庐曾这样评价:"他(章太炎)的思想解析力,独立而无援附,故能把一个中国古代的学库,第一步打开了被中古传袭所封闭着的神秘壁垒;第二步拆散了被中古偶像所崇拜着的奥堂;第三步根据他自己的判断力,重建了一个近代人眼光之下所看见的古代思维世界。"③姜义华老师也指出:"晚清以来,批判性为众多学者所共有。"而"批判性品格,在章太炎这里,则以全面性、尖锐性、深刻性为其特色。这是因为章太炎一方面对中国思想、学术、文化非常熟悉,有着极为深厚的知识基础;另一方面,则因为

① 章太炎:《驳建立孔教议》,载《章太炎全集》第8册,第202页。
② 章太炎:《驳建立孔教议》,载《章太炎全集》第8册,第202、203页。
③ 侯外庐:《近代中国思想学说史》(四),北京:生活·读书·新知三联书店2012年版,第1287页。

他如饥似渴地了解国外思想学术，有着广阔的世界视野"。[①]顺着这样的思路，笔者认为章太炎在清末民初构建了独具特色且内容深刻的"革命儒学"。它既体现出强烈的批判性格，又致力于让儒学传统重焕新生，在近代中国的变革过程中发挥积极且正面的作用。

正如前文所论，章太炎构建的"革命儒学"主要包括三个方面：首先，章太炎并未忽视汉代以来儒学与帝制之间的紧密联系，深入剖析在中国古代的政治结构里，儒者为何形成"以富贵利禄为心"的弊病，作为帝制时代的主导意识形态，儒学又是如何发挥其政教功能。只有揭示清楚了这一点，才有可能使儒学实现更生。其次，章太炎希望挖掘儒学传统中能体现"以百姓心为心"的内容。他一方面认为在近代变局下，儒学应适当与士绅阶层切割，使作为现代政治主要参与者的普通民众成为儒家义理的担纲者和实践者；另一方面将儒学置于"齐物哲学"的视域下予以审视，阐发儒学史上那些能够与旨在追求普遍平等的"齐物哲学"相吻合的内容。最后，通过和世界其他地区的宗教文明做比较，章太炎认为儒学具有"依自不依他"的性格。它不将人的命运寄托于全知全能、无所不知的宗教主宰者，而是重视人的社会实践经验，凸显人在社会关系中的首要地位，这有助于使人们形成独立意识与主体意识，进而在革命活动中能做到不惧艰难、勇猛无畏。章太炎对儒学的这些思考，与他对革命形势的分析、对中国未来政治与文化建设的探讨息息相关。[②]革命需要推翻帝制、

---

① 姜义华：《章太炎思想学术的现代品格》，载《中华文明的经脉》，北京：商务印书馆2019年版，第292页。

② 章太炎在甲午战争后提出"大独必群"的观点（关于这一观点的渊源与旨趣，参见王锐：《"大独必群"何以必要？》，《福建论坛·人文社会科学版》2020年第3期）。而在他的"革命儒学"论说里，"依自不依他"与"大独"一脉相承，"以百姓心为心"则属"必群"的具体表现。换言之，在混浊之世做到"依自不依他"，方能体察生民之苦，"以百姓心为心"。这是他对"群独"关系的更为深入的探索。章太炎思想的一以贯之处，于此可见一斑。

改变不合理的社会结构,让那些过去匍匐于各种压迫下的民众得到解放。①而儒学在此历史进程中的意义之一,是为这样的变革提供思想资源与精神支撑。

进一步而言,章太炎的这些思考,彰显"革命儒学"是儒学在近代的新形态。它不再是帝制时代的官方意识形态,而是与近代中国的政治与社会变革相伴而行的思想学说。革命儒学的主要实践者,也不再是传统社会里掌握文教话语权的士绅阶层,而是投身于近代革命运动,在变革时代里勇担重任、具有平等政治身份的国民。而革命的目标,除了推翻妨碍着让中国走出时代困局的君主制,还包括那些束缚人、压制人、异化人的社会与经济结构。从另一方面也可以说,是革命运动重新激活了儒学的生命力,使儒学具备了崭新的内涵,革命儒学承认近代革命的正当性。而在学理层面,章太炎充分挖掘儒学史上具有实践性格、心系民间疾苦、凸显道德意识的内容,同时运用道家学说中的"以百姓心为心"来解释宋代理学,强调相较于其他古代文明中的宗教传统,儒学重视现世生活、重视人的主体意识、重视社会实践的不容磨灭的意义,并以此为尺度来评价肇始于孔子的中国古代史学传统。凡此种种,体现出章太炎在熟悉古代学术流变基础上,打破固有的门户与派分,将中国传统学术进行新的整合与诠释的雄心。

总之,章太炎的"革命儒学"在性质上与大众民主、平等政治等现代性要素若合符契,并体现出鲜明的中国风格,对儒学传统进行极具原创性地提炼与升华,直指中国历史与现实中的各种矛盾与症结,契合近代中国政治与文化变革的主要目标。在中国近代儒学史上,

---

① 王锐:《"恢廓民权"与"抑官吏伸齐民"——略论章太炎对近代中国时势的思考》,《中国社会科学院大学学报》2023年第12期。

章太炎有着他人难以替代的地位。在这之后，无论是钱穆反复表彰来自民间社会的下层儒者勇于承担政治责任的历史事迹，还是蒙文通对汉儒政治与经济主张的抉隐发微，抑或是嵇文甫著名的"左派王学"之论，甚至包括侯外庐的明清思想启蒙说，都能或多或少、或显或隐地看到章太炎相关观点的思想痕迹。在这个意义上，以章太炎为起点，勾勒一条现代中国的"革命儒学"谱系，似乎不是一件不可能的事情。

读子以致用

——孙德谦对于诸子学的阐释

梁启超尝言:"自清初提倡读书好古之风,学者始以诵习经史相淬厉。其结果惹起许多古书之复活,内中最重要者为秦汉以前子书之研究。此种工作,颇间接影响于近年思想之变化。"[①]诚如其论,清儒多本实事求是的态度,遍校群籍,使晚周诸子借此得以重新为人重视。流风所及,子学研究成为近代学术研究中的一大热门,不少学界名流皆曾涉足其中。他们或是依循清人门径,踵事增华,董理子书;或是别出心裁,援引域外之学诠释禹域旧章,从子书中抽绎出古所未闻的"义理"。特别是后者,时贤或是基于强烈的民族自尊心,或是为了让眼界初开的中国人更易接受西方新说,多借助各种泰西学说来重新解读诸子著作,将诸子遗言视为各类西学在中国古代的遥远知音。"古学复兴"的背后,实质上是西学以另一种方式在中国传播,如被捧为整理国故运动钜子的胡适,就曾颇热衷于用进化论解释《庄子》。其影响所及,使不少未曾有条件接受较为系统旧学训练的年轻学子,在阅读诸子著作时,往往不自觉地将各种西学概念加于其

---

① 梁启超:《中国近三百年学术史》,载朱维铮校注:《梁启超论清学史二种》,上海:复旦大学出版社1985年版,第352页。

中，以助理解。而这一局面下的诸子学诠释与研究，也就成为很长一段时间内学者梳理近代诸子学史的主要关注点。

最近有学者强调，在中国近代思想史的研究中，应关注近百年来被新思潮压制的声音，拨开因各种现代性话语传播而造成的史实遮蔽，重访许多被忽略的面向与问题，重视彼时的"潜流"与"低音"，以此更为多元地展示近代历史的纷繁图景。[①]这一观点对重新审视近代诸子学，着实深具启示意义。

本文讨论的对象，就是长期以来在当代学术研究中较被忽视的一位学者——孙德谦（1869—1935），对晚周诸子的认识与诠释。孙氏籍贯为江苏元和，治学之初，用力于《说文》，继之遍读群经，宗尚考据之学。后与张尔田结为良友，彼此论学甚相契，都对章学诚之学甚为信奉。在孙德谦的许多论学著作中，都能看到实斋学的影响。据他自己回忆，清季民初名盛一时的沈增植，时常在许多场合称孙氏为"今之章实斋"。[②]辛亥以后，孙德谦因政治立场而避居沪上，与王国维、张尔田并称"海上三君"，不少老辈学人与东瀛汉学家皆对之推崇有加。孙氏30岁以后开始专注于子学研究，用力甚勤，"尝欲遍注诸子，精思冥索，往往摇撼肾胃而出之"，[③]写出了《诸子通考》等大量已刊或未刊的子学论著。[④]在学术思想上，他对汉、宋两家皆示

---

① 参见王汎森：《执拗的低音——一些历史思考方式的反思》，北京：生活·读书·新知三联书店2014年版，第1—66页。

② 孙德谦：《跋陈柱尊所藏沈子培先生与康长素手札》，《学术世界》第1卷第8期。

③ 王蘧常：《清故贞士元和孙益堪先生行状》，载卞孝萱、唐文权编：《民国人物碑传集》，南京：凤凰出版社2011年版，第544页。

④ 关于孙德谦诸子学著作的情况，参见陈志平、胡立新校点的《诸子通考》（长沙：岳麓书社2013年版）一书的前言。《诸子通考》一书虽然并未完成，但仍堪称孙德谦关于诸子学研究的最主要著作。此书初版于1910年，孙氏后来复有增改，于1927年大体完成，然并未出版。最近陈、胡二位先生依据现存于上海图书馆的孙氏此书手稿进行整理校点，使得读者可以一窥孙氏补充修改后的本子。本文所引用的《诸子通考》版本，即采用陈、胡二位先生的校点本。

不满，认为"汉学则求之训诂，其弊则博而寡要。宋学则求之义理，其弊则不免迂疏"。①而面对自晚清以来滚滚而至的新思潮，他更是大加抨击，感慨"今天下之乱至矣，彼非圣无法者，日出其奇谬之学说，以隳弃纲常，铲灭轨物，世风之愈趋而愈下，正不知伊于何底"。②凡此种种，他对诸子的阐释颇具特色。本文即拟将孙氏置诸近代学术脉络，通过分析其文章著作，并佐以同时代学人相关言论，对他的论诸子之言略做探讨。③

一、明家数与辨宗旨

《庄子·天下》云："天下大乱，贤圣不明，道德不一。天下多得一察焉以自好。譬如耳目鼻口，皆有所明，不能相通。犹百家众技也，皆有所长，时有所用。……是故内圣外王之道，暗而不明，郁而不发，天下之人各为其所欲焉以自为方。悲夫！百家往而不反，必不合矣！"晚周以降，百家争鸣，诸子各派，"推迹古初，承受师法，峇为独立，无援引攀附之事，虽同在一家者，尤且矜己自贵，不相通融"。④西汉武帝以降，定儒术为一尊，黜百家为异端，遂使先前各家并行于世的局面不复存在。虽然汉魏之际，因时局板荡，一二学者或重拾名法之学以图重振朝纲，或视老庄之说为乱世里的心灵慰藉，但是总体

---

① 孙德谦：《孙益庵论学三书》，《国学丛刊》第1卷第3期。
② 孙德谦：《评今之治国学者》，《学衡》第23期。
③ 关于对孙德谦子学思想的研究，除去前条注释所提到的陈志平、胡立新校点的《诸子通考》一书之前言，就笔者所见，唯有张京华先生的《孙德谦及其诸子学》（《湖南农业大学学报（社会科学版）》2012年第5期）一篇论文。孙氏生前不乏名望，然身后却少被关注，显晦之间，落差颇大。
④ 章太炎：《论诸子学》，载章念驰编校：《章太炎演讲集》，上海：上海人民出版社2011年版，第36页。

说来，汉代以后，诸子学流于黯淡。即便拾其遗言者，多半也是遮遮掩掩，强调某家学说与孔孟之道不悖，否则难免会被卫道之士视作提倡异端，因言获罪。

所以，在孙德谦看来，在晚周诸子久为绝学的情形下，欲重新对之进行表彰，首要工作便是辨明家数，恢复诸家旧貌。他未完成的著作《诸子要略》，现仅存《家数》与《宗旨》两篇文字。在《家数》篇里，他指出："诸子之学，所首贵辨者，岂不在家数哉？家数者何？孟荀为儒，老庄为道是也。夫诸子为专家之业，读其书者，家数之不知，而唯任我以出入，奚可哉？虽然，吾见后之治诸子者矣，尊之则附于儒术，卑之则摈之异端，语以家数，则茫乎昧乎，未有闻也。"①章学诚之论校雠，认为"家法不明，著作之所以日下也；部次不精，学术之所以日散也"。因而强调梳理学术流别的重要性，以此显现各派学说之本来面目。②孙德谦看重辨明诸子家数，或是受此启发。

孙德谦认为，辨明诸子家数，有四个方面尤须注意。首先，《晏子》一书，《汉书·艺文志》将其归于儒家，然柳宗元因其中些许言论近乎墨家所言，遂认定此书出于齐地墨者。此论一出，马端临之《文献通考》、焦竑之《经籍志》，皆步武柳氏，将此书归类于墨家。对此，孙德谦指出："在柳氏之言，据其书有'明鬼'诸说，并称'墨子闻其道'，似其以《晏子》为墨，不同乡壁虚造者也。岂知墨子立言，凡所谓'尚贤''尚同'者，固为其一家之学，晏子则随事进谏而已。此犹齐王好货好色，孟子即述公刘太王，迎其机而顺导之，其意则不主于是矣。夫晏子身为齐相，进思尽忠，退思补过，匡君之失，而以利民为务，此真儒家之所以助人君明教化也。"③所以该书虽援引墨子之言，

① 孙德谦：《诸子要略·家数》，《亚洲学术杂志》第1期。
② 章学诚著，王重民通解：《校雠通义通解》，上海：上海古籍出版社2009年版，第7页。
③ 孙德谦：《诸子要略·家数》，《亚洲学术杂志》第1期。

但诸子并非自著其书，不可因其引用某家言论遂认定其属于某家，况且其中对儒家之言亦时常征引。

其次，道家之学，首推老、庄。然自道教肇兴，奉老子为教主，以神仙视庄、列，后世遂误将道家与神仙混为一谈。在孙德谦看来，这也是必须辨明的。他强调："神仙者，医家之类。道家则知古今成败兴亡祸福，为君人南面之术。后世概以道为神仙，于是庄、列诸家，既误以神仙视之，而于《鹖子》《管子》转以载之道家，而妄疑其非。其意盖谓道者神仙也，《鹖子》之书，专论治术，管子则佐齐兴霸，而所言皆经国之法，实与神仙相反，不当名为道家。不知道家本君道也，唯其如是，故古之道家，非独任清虚，曰可以为治者也。有鹖与管之措施政事，而道家之真始见。虽养生之说，道家有之，若近于神仙者。然其意指，则迥乎不同。何也？道家以天下之本在身，为人君者，当少私寡欲，不可自贼其身，以亡身者亡国。老子故曰：'爱以身为天下，若可寄天下。'又岂如后之神仙，别有不死之术，以求长生者哉！"[1]

复次，司马谈《论六家要旨》云："采儒墨之善，撮名法之要。"名家与法家，因立论较为相似，世人往往视之为一。孙德谦对此不以为然。他认为："名法者，其理相通，其学则判然相异。吾尝考名家之旨，固有兼言赏罚，然扼其要，不过循名责实已耳。若法家者，于参验刑名之后，即以定人之功罪，从而黜陟之，是所重在明法也。此其所由各自成家乎？乃读韩非诸书者，不详其用法之意，而以惨酷深斥之，已慎矣，然犹不失其为法家也。于邓析、尹文，则浑然无别，谓是皆名法家矣。夫邓析、尹文，名家也，所论刑赏之处，止以核其名义之所在，岂可与法家等量而齐观哉？其甚者，并以邓子无厚之论，强合于任刑，而谓其存心刻薄，全失忠厚，亦可云似是而非矣。抑知名者

---

① 孙德谦：《诸子要略·家数》，《亚洲学术杂志》第1期。

正名也,析盖于有无厚薄之间,审其名理耳,非谓立法当在无厚也。"①

最后,《吕氏春秋》与《淮南子》,采撮众家之说,集为一编,后人不察,遂认为此乃类书之祖,视之与《群书治要》为同类。孙德谦认为这一观点实属谬误。依他之见:"杂家者,兼儒墨,合名法,博综诸家者也。《吕览》《淮南》,是诚集众修书矣。然此二子者,无不约之于道,诚以异家并进,既使各著所闻,苟不秉道以裁成之,将何以明其宗旨之所归,而见王治之无不贯乎?无识者不达其义,曰此特杂录古人言行耳。夫后之杂家,确有驳杂不纯,入于杂考、杂纂者。周秦之际,若《尸佼》《尉缭》与夫不韦《春秋》,是岂杂驳不纯之谓哉!……惑者至以类书比之,则更非矣。"②

犹可注意者,对于诸子家数,孙德谦并非师心自用,任凭己意裁定,而是一以《汉书·艺文志》为准的。在他去世后,生前挚友张尔田与陈柱去信,追忆故人,其中谈到他与孙氏"研治诸子,以为诸子之学,绝千余年,国朝儒者,非无治之者,然大抵皆校勘家,非子学也。两人本笃信章实斋,习于流略,遂于《汉艺文志》发悟创通。自唐以后,言诸子而能本于《汉志》者,实自吾两人始。尝自诩其功,不在戴东原发明《孟子字义》之下"。③这一点,从孙德谦辨诸子家数来看,确是如此。《汉书·艺文志》论诸子,认为百家"皆起于王道既微,诸侯力政",因此"各引一端,崇其所善,以此驰说,取合诸侯"。而孙德谦对于诸子家数的分梳,也是着眼于各派的致用之旨,如儒家的助人君以明教化,道家的君人南面之术,法家的明法任刑,名家的循名责实,进而视此为读子书之门径。

时至1920年代,孙德谦有感于"夫人而笃志劬学,载籍极博,不

①　孙德谦:《诸子要略·家数》,《亚洲学术杂志》第1期。
②　孙德谦:《诸子要略·家数》,《亚洲学术杂志》第1期。
③　张尔田:《与陈柱尊教授悼孙益庵教授书》,《学术世界》第1卷第8期。

得门径而昧从所入，则冥行擿埴，庸有济乎？"遂撰《古书读法略例》，向晚进后学略示读书门径，以求"彼博览典坟者，倘率是而行，或又能触类而引申，庶几其用力既省，见理易明，而收效较捷"。[①]在书中，他专门列出《读书宜辨宗旨例》一节，指出："自集部既兴，能文之士往往诗赋传记，体无不备，及探其宗旨所在，则偶然而无所归宿者，比比然也。……夫古人立言，必有一二字为其全书之宗旨，而无如辨别之者则不多得，于是读经则空谈义理者有之，专研训诂者有之，孔子删经之宗旨，不复辨也。读史则订其文字之异同与事实之详略，而史家撰述之宗旨，又不知辨也。诸子之书，有宋以降，黜之为异端也久矣，或有好读其书者，则又强取而附之于儒。试问其宗旨何在，懵然而无能辨也。甚哉读古书而莫辨其宗旨，古书何由而明哉？"[②]到了1930年代，孙德谦目睹社会上趋新之风日炽，致使旧学衰微、礼教荡然、伦常扫地，遂向上海大夏大学学生讲授"国学研究法"，其中首先标举者便是"定宗旨"，强调研究国学应将"尊孔圣""阐经义""崇礼教"视为治学宗旨。[③]可见，重视辨明宗旨，实为孙氏治学一以贯之的特色。

因此，孙德谦治诸子，对辨明诸家立言宗旨甚为在意。在《诸子要略·宗旨》篇中，他指出："读古人书，必能识其宗旨所在，斯诚非易事矣，然而有不可不知者焉。昔《汉志》之论诸子也，曰各推所长，以明其旨。是言诸子各自为家，而其学则自其宗旨以为之统，非偶然无所归宿者也。虽然，宗旨维何？曰：名家辨名，法家崇法，盖必有

① 孙德谦：《古书读法略例》，桂林：广西师范大学出版社2006年版，《孙德谦先生自序》第1、2页。
② 孙德谦：《古书读法略例》，第91页。
③ 孙德谦：《国学研究法》，载桑兵等编：《国学的历史》，北京：国家图书馆出版社2010年版，第458—461页。

一二字为全书之纲领是已。"[1] 在他看来，诸子各派，皆以成一家之言自期，所以著作中必有宗旨在，此为理解诸子思想的关键。对此他具体说道：

> 夫祖述尧舜，宪章文武，宗师仲尼，游文六经之中，留意仁义之际，此儒家之宗旨也。孟荀诸书，有不本诸古帝王，阐发经义，以孔子之言为法者乎？清虚自守，卑弱自持，为君人南面之术，此道家之宗旨也。今观老庄关列，有不以清净无为为南面听治者立之准乎？必也正名，名不正则言不顺，此名家之宗旨也。其已佚者不可见，今所传者若《邓析》若《尹文》若《公孙龙》，无不综核名实者，固其宗旨若是也。信赏必罚，以辅礼教，此法家之宗旨也。今虽《慎子》五篇，不足以窥其全，商君、韩非，未必能合于礼，然其以刑赏二者为治国之大柄，则宗旨未尝或乖也。[2]

在孙氏看来，以此类推，其余诸家，莫不如此。像墨家之学，近代以来，因受西学影响，治其书者多借用新说对墨子别出新解，特别是《墨经》有一二遗言与近代科学仿佛神似，因而备受学者青睐。然孙氏认为，《墨子·鲁问》篇云："凡入国，必择务而从事焉。国家昏乱，则语之尚贤尚同。国家贫，则语之节用节葬。国家喜音湛湎，则语之非乐非命。国家淫僻无礼，则语之尊天事鬼。国家务夺侵凌，则语之兼爱。"此数语，方为墨子宗旨所在，不此之务，失之远矣。

由此可见，与明家数一样，在归纳诸子立言宗旨时，孙德谦依然着眼于诸子各派的致用之效。司马谈云：诸子之学，皆务为治者也。

---

[1] 孙德谦：《诸子要略·宗旨》，《亚洲学术杂志》第2期。
[2] 孙德谦：《诸子要略·宗旨》，《亚洲学术杂志》第2期。

在古人看来，诸子之言，乃经世之术，非空谈哲理、巧为思辨。孙氏亦本此见解。而这一认识，也是近代真正熟悉中国传统学术者之共识。如治学同样深受章学诚影响的刘咸炘认为，中国古人对人生社会原理论之甚详，特别是周秦诸子，其所讨论者多为社会问题，而所谓"形而上"的方面，则鲜有论及。因此诸子之学，不可轻易用肇自远西的"哲学"二字套用。或可借用《庄子》中的说法，称百家之学为"道术"。①陈寅恪亦言："儒者在古代本为典章学术所寄托之专家。李斯受荀卿之学，佐成秦治。秦之法制实儒家一派学说之所附系。……夫政治社会一切公私行动，莫不与法典相关，而法典为儒家学说具体之实现。故两千年来华夏民族所受儒家学说之影响，最深最钜者，实在制度、法律、公私生活之方面。"②刘、陈二家，虽然论述重点各有侧重，但对于诸子立言宗旨的把握，可以说与孙德谦所论甚为契合。

　　章学诚尝言："战国之文，其源皆出于六艺。何谓也？曰：道体无所不该，六艺足以尽之。诸子之为书，其持之有故而言之成理者，必有得于道体之一端，而后乃能恣肆其说，以成一家之言也。所谓一端者，无非六艺之所该，故推之而皆得其所本，非谓诸子果能服六艺之教而出辞必衷于是也。老子说本阴阳，庄、列寓言假象，《易》教也；邹衍侈言天地，关尹推衍五行，《书》教也；管、商法制，义存政典，《礼》教也；申、韩刑名，旨归赏罚，《春秋》教也。其他杨、墨、尹文之言，苏、张、孙、吴之术，辨其源委，挹其旨趣，九流之所分部，《七录》之所叙论，皆于物曲人官得其一致，而不自知为六典之遗也。"③

① 刘咸炘：《子疏定本》，载黄曙辉编校：《刘咸炘学术论集·子学编（上）》，桂林：广西师范大学出版社2007年版，第15—16页。
② 陈寅恪：《冯友兰中国哲学史下册审查报告》，载《金明馆丛稿二编》，北京：生活·读书·新知三联书店2001年版，第283页。
③ 章学诚著，仓修良编注：《文史通义新编新注》，杭州：浙江古籍出版社2005年版，第45页。

孙德谦治学，多承实斋余绪，因此对于这一观点亦有吸收。他虽然辨明诸子各派之立言宗旨，指出诸家皆有各自特色，但却依然强调诸子之言与古代经书不悖。在《诸子通考》的序言中，他说："无诸子而圣人之经尊，有诸子而圣人之道大。"具体言之，"道家合于《易》之嗛嗛，《易》以道阴阳，子韦、邹衍研深阴阳之理，盖又通于《易》者也。墨家为清庙之守，其尊天事鬼，出于祝宗，非礼官之支与乎？法家之明罚敕法，固以佐礼义之不及，然《春秋》以道名分，则申、韩之尊君卑臣，崇上抑下，其得《春秋》之学可知矣。纵横、小说，一则具专对之才，一则本采风之意，虽不无末流之弊，皆由诗教推而衍之者也"。[①]

　　孙德谦之所以强调诸子之言本于六经，除了受章学诚的影响，还与他自己的思想立场有关。他虽然一反不少"醇儒"之所为，重视诸子，对其极力表彰，但对孔子之道，依然奉之甚坚。晚清之时，康有为、梁启超等人借新学来宣传变法改制，孙氏与张尔田合著《新学商兑》一书以辟之，坚持传统学术的正统性。在其他论著中，孙德谦指出："六经者，圣人固以治天下之法，遗之万世者也。"因为"经者，常也，为万世常行之道"，所以"六经者，治术所从出"。基于此，他认为："世之为儒学者，诚能用吾之说，而知六经为炎汉以降治法之所由来，不以文字通假而支离破碎，时势变迁而牵合附会，如是则经教庶复显白于天下万世乎。"[②]此外，民国初年陈汉章等人建立"孔教会"，孙德谦亦撰文响应。他说："孔子之教，备在六经"，因而"凡我中国之人，二千余年，其孰不尊孔子为共主，奉孔教之正朔也哉？"甚至展望着："今之列强，购备经典，征诸往事，异日潜移默运，深中其心，必有如郅治之隆，尽隶版图者。吾故谓孔教之兼综并包，此真中外一统

---

① 　孙德谦：《诸子通考》，长沙：岳麓书社2013年版，《自序》第1—2页。
② 　孙德谦：《六经为万世治法其实行自汉始论》，《亚洲学术杂志》第3期。

之机也。"①据传此文一出,美国传教士李佳白亦为之倾倒。②所以从
思想理路上看,孙德谦主张诸子之言不悖六经,与他的尊孔主张,实
是一体之两面。

因此,孙德谦的子学著作在彼时新旧思想缠斗不清的时代里,所
得到的回应也就颇有不同。张尔田在其学术代表作《史微》中,有
《宗经》一章,申论百家之言与六艺之教殊途同归,并且是六艺之支
派与流裔。③据张氏自言,这一部分乃根据孙德谦的观点再做阐衍,
以示对后者所论深表认同。④而在以提倡新思潮为己任的胡适看来,
尽管《诸子通考》的许多观点颇有见地,可为己说之助,但是同时指
出:"他(孙德谦)说'其言则无悖于经教',似仍未脱儒家的窠臼。他
的书受此一个观念的恶影响真不少!"⑤见微知著,由此可以显示出
近代诸子学研究背后所蕴含的新旧之争。

不过有一点值得注意,在章学诚看来,"诸子百家之言,起于徒思
而不学也,是以其旨皆有所承禀而不能无敝耳"。⑥上古学术,治教
无二,官师合一,是以纯而无暇。而诸子之学,虽各得上古王官遗教
之一面,但是"其支离而不合道者,师失官守,末流之学,各以私意恣
其说尔"。⑦因此百家争鸣之景,实乃学术衰微之兆,较之前代,已落
入第二流。然孙德谦却不这样认为。他强调:"有诸子而圣人之道益
大。"诸子之学,虽各具宗旨,但究其实都是在发扬光大六经所蕴含
的义理,因而其价值不容贬低。职是之故,他在《诸子通考》中说:

① 孙德谦:《孔教大一统论》,《孔教会杂志》第1卷第1号。
② 王蘧常:《清故贞士孙益堪先生行状》,载卞孝萱、唐文权编:《民国人物碑传集》,第544页。
③ 张尔田:《史微》,上海:上海书店出版社2010年版,第123—125页。
④ 张尔田:《史微》,第3页。
⑤ 曹伯言整理:《胡适日记全编》第3册,合肥:安徽教育出版社2001年版,第429页。
⑥ 章学诚著,仓修良编注:《文史通义新编新注》,第110页。
⑦ 章学诚著,仓修良编注:《文史通义新编新注》,第17页。

"诸子各自为家，亦究其立言之旨可耳，何有正邪之分？……盖后人之于诸子，儒家而外，尽斥为异端，于是以其术为邪术矣。夫诸子何尝为邪术哉？"①正是本着这样的主张，孙德谦根据自己对于所处时代的体认，将诸子遗言进行表彰与发微。

二、从致用角度表彰诸子

在《中国四部书阐原》一文里，孙德谦感慨自有四部之名以来，"诸子专家之学，方且屏为异端，无有究其源流得失者。故两汉以降，一切名墨纵横，皆成绝响。即间有治其书者，亦仅疏释字句，玩索辞章，试问其意指所在，则慨乎未之得也"。②在他看来，诸子各派，"当七国时，天下相务于战争。彼诸子者，皆思用其所学救世之急，虽道家之弊，在乎独任清虚，墨家之弊，在乎不别亲疏，法家则伤恩薄厚，名家则钩鈲析乱，各有所偏。然其志将以持急扶倾，则未可妄訾也。其间若申不害之相韩，国富兵强，诸侯不敢侵；张仪苏秦，约纵连横，天下因而不交兵者十五年，其功效岂不卓然著哉"。③基于此，孙氏在阐释诸子时，遂多从致用角度着手。这在《诸子通考》中有非常明显的体现。

在该书的序言中，孙德谦说他之所以撰写此书，乃是"为古人洗冤辩诬，来学析疑而作也"。详言之，"夫诸子为专家之业，其人则皆思以救世，其言则无悖于经教。读其书者要在尚论其世，又贵审乎所处之时，而求其有用。苟不知此数者，徒疏释其章句，诠品其文辞；

---

① 孙德谦：《诸子通考》，第90页。
② 孙德谦：《中国四部书阐原》，《亚洲学术杂志》第2期。
③ 孙德谦：《中国四部书阐原》，《亚洲学术杂志》第2期。

甚或爱之则附于儒术,憎之则摈为异端,此丙部之学所以受污于千载,无有为之表章者也"。①

孙德谦力言治子要"求其有用",并认为时人对待诸子的偏见之一为"憎之则摈为异端"。置诸晚清以降的学术思想界,此语绝非无中生有、空穴来风。晚清重臣张之洞于戊戌变法后刊行《劝学篇》,希望以此正人视听,该书被清廷称许,并在当时士人圈中影响极大。关于如何看待诸子,张之洞说:"诸子之驳杂,固不待言。兹举其最为害政、害事而施于今日必有实祸者:如老子尚无事,则以礼为乱首;主守雌,则以强为死徒;任自然,则以有忠臣为乱国。庄子齐尧桀,黜聪明,谓凡之亡不足以为亡,楚之存不足以为存。《列子·杨朱篇》惟纵嗜欲,不顾毁誉。管子谓惠者民之仇雠,法者民之父母。其书属杂,伪托最多,故兼有道、法、名、农、阴阳、纵横之说。墨子除《兼爱》已见斥于孟子外,其《非儒》《公孟》两篇,至为狂悍,《经上、下》《经说上、下》四篇,乃是名家清言,虽略有算学、重学、光学之理,残不可读,无裨致用。荀子虽名为儒家,而非十二子、倡性恶、法后王、杀诗书,一传之后,即为世道经籍之祸。申不害专用术,论卑行鄙,教人主以不诚。韩非用申之术,兼商之法,惨刻无理,教人主以不任人、不务德。商鞅暴横,尽废孝弟仁义,无足论矣。"②质言之,诸子百家,可称道处寥寥无几。所以可见,孙德谦对于诸子的表彰,某种程度上可视为对晚清官方正统之说的一种挑战。虽然他自己对清廷甚为认同,鼎革之后,依然以遗民自居。换言之,孙氏并未因自己的政治立场而影响在学术主张上坚持己见。

另一方面,晚清以降,面对西学东渐的大潮,一些有识之士遂将

① 孙德谦:《诸子通考》,《自序》第1页。
② 张之洞:《劝学篇·宗经》,载吴剑杰编:《中国近代思想家文库·张之洞卷》,北京:中国人民大学出版社2014年版,第293页。

诸子遗言从具体的历史语境中抽离，无限发微，以此作为接受西学的津梁。如唐才常曾撰《治新学先读古子书说》，力言诸子学说与近世西学多有相契，所以值得广为提倡。他声称："欲救今日民穷财尽、公私窳败之病，则必治之以管学；欲救今日士农工商各怀私心之病，则必治之以墨学；欲救今日吏治废弛、弄文舞法之病，则必治之以申韩之学；欲画五洲大同之轨，进一千五百仁寿之民，则必治以孟子、公羊之学。"① 唐才常虽然也从致用的角度对诸子学说多有称赞，貌似与孙德谦之论相仿。但是进一步考察，便可发现唐氏之论诸子，背后的预设是诸子学说与远西学术暗合，千载之下东圣西圣心同理同，因此具有表彰价值。这一做法，恰恰是既未"尚论其世"，也不曾"审乎所处之时"，所以其诠释诸子，实与孙氏貌合神离。而这种路数，也正是后者时常反复批评的。

所以孙德谦对诸子的定位，就很注意他们所处的具体时代。他指出："六经论其常，诸子论其变。六经为治世学术，诸子为乱世学术。使时至衰乱，不取诸子救时之略，先为之扶济倾危，铿铿焉以经说行之，非但不见信从，甚将为人讪笑矣。故当战国时，儒术独绌，孟、荀不得志于世，而纵横家反能显荣于天下，此非六经之无用，可束高阁焉，亦以生逢乱世，别有匡济之学术耳。试譬之，六经为日用饮食，人不能一日离；诸子则如有疾病，必当用药，非复平时，则宜对症而发耳。此学术之分治乱，其道若是。闻之公羊家有'张三世'之说，一据乱世，一升平世，一太平世。以吾言之，诸子者，乱世之所贵；而六经者，其为太平世矣。"② 诸子蜂起之时，正逢晚周天崩地解、社会动荡，所以各派纷纷著书立言，提出自己的经世济民之术。孙德

---

① 唐才常：《治新学先读古子书说》，载《唐才常集》，北京：中华书局1980年版，第31页。

② 孙德谦：《诸子通考》，第57页。

谦论诸子,正是从这一时代背景出发,因而对诸子学说有"了解之同情",称其为"乱世学术",甚至认为生逢其时,儒家经说反倒显得无济于事。

　　而在孙德谦所处的近代中国,其种种乱象,在人们眼中,仿佛诸子所处时代的重演。俞樾在为孙诒让的《墨子间诂》作序时,便感慨道:"嗟呼!今天下一大战国也。"① 顾实也说:"盖周季列国者,一今世万国之雏形也;今世万国者,一周季列国之放大也。"② 孙德谦对于诸子为乱世之学言之凿凿,或许是出于与俞樾等人相似的时代感观。③他说:"儒家如荀、孟,道家如庄、列,兵家如孙武,法家如韩非,皆思用其学术有裨于治。非徒发明其理,终其身竭力以殉者也。"因此"诸子之书,使得善读者神而明之,则正治理所资也"。④

　　在《劝学篇》中,张之洞说道:"老子见道颇深,功用较博,而开后世君臣苟安误国之风,致陋儒空疏废学之弊,启猾吏巧士挟诈营私、软媚无耻之习,其害亦为最巨。功在西汉之初,而病发于两千年之后。是养成顽钝积弱,不能自振之中华者,老氏之学为之也。"⑤ 言下之意,老子学说堪称导致近代中国国势衰微的祸首。而在孙德谦看来,道家之学,正如《汉书·艺文志》所言,乃是君人南面之术,如善用之,致用之效非常明显。他具体解释道:"君者,心也;百官者,耳目手足也。百官俱有执守,人君则南面出治,以庶事任之百官,而不必躬亲也。此犹人之一身,耳目手足各尽其劳,心焉者非处之甚逸,

---

①　孙诒让:《墨子间诂》,北京:中华书局1986年版,《俞序》第2页。
②　顾实:《国学研究会演讲录第一集·序》,载桑兵等编:《国学的历史》,第274页。
③　到了1940年代,身处抗战大后方的"战国策派"更是极力鼓吹今之世为战国时代重演,只是那时孙德谦早已谢世多年,无由得见。
④　孙德谦:《诸子通考》,第89页。
⑤　张之洞:《劝学篇·宗经》,载吴剑杰编:《中国近代思想家文库·张之洞卷》,第294页。

无所动作而以思虑为之主乎？老子曰：'圣人云我无为而民自化，我好静而民自正，我无事而民自富，我无欲而民自朴。'若是道家言无为，专就君道言之，盖可见也。"①所以道家清静无为，并非引导世人不图进取、因循苟安，而是向统治者说明如何不耗费精力却能收经国治民之效。而从另一角度看，道家者流，有感于晚周之世，君臣上下，纷扰不堪，故而更要提倡无为。且道家典籍中关于养生之语，"盖欲使为人君者尽其年寿，无夺于声色货利，以自贼其身而已。今曰：'不先定其神，治天下何由然？'则君临万国，治乱所关，岂可蔽精劳神，而不崇道家之学哉？"②

　　此外，《汉书·艺文志》论诸子起源，皆言某家出于古之某官。其论道家，认为乃上古史官流裔。对此，孙德谦进一步引申，指出道家治史，能言成败存亡、古今祸福之缘由，非仅载笔记事而已。只是降及后世，"史书论其当然，不能识其所以然，致使一代兴衰之故，茫然莫辨"。③所以道家身上的史官性格，正是能够让居上位者了然于古今兴亡，进而从中得到教训，其致用之效，应做如是观。值得一提的是，与孙德谦相似，对子学甚有心得的章太炎同样恪守《汉书·艺文志》中关于诸子起源的论述。然依他之见，道家之为史官，"将以掸前王之隐慝，取之玉版，布之短书，使人人户知其术则术败"。④正因为道家深识历代兴亡之由，所以将其一一写出，让众人知晓，这样政治野心家就无从师法前人，行大盗窃国之举。两相比较，章太炎从民众立场立言，孙德谦从肉食者角度阐释，后者希望诸子学能成资治之助的愿望，就显得更为明显。

①　孙德谦：《诸子通考》，第115页。
②　孙德谦：《诸子通考》，第26页。
③　孙德谦：《诸子通考》，第117页。
④　章太炎：《国故论衡·原道上》，上海：上海古籍出版社2011年版，第108页。

　　前文谈到,孙德谦反复申说诸子学说不悖于六艺,且对光大圣人之言助益良多。因此他虽然认为儒术于乱世或有技穷之时,但依然对先秦儒家广为赞誉。与孙氏论学甚为契合的张尔田,在其《史微》一书中,认为道家乃是君道,儒家本属臣道,孔子之言,具有佐治之效,因此"孔子实兼道家也"。^①在孙德谦看来,此论实为喧宾夺主。他在《诸子通考》中回应道:"儒家以仲尼为祖,仲尼在庶,虽未得天子之位,而其删修六经,固有王者起,必来取法者也。……若是孔子者,万世帝王之师表也。儒家一流,远承其统,则道家虽为君道,其不能与儒家争长也,亦可悟矣。"^②极力强调儒家地位远在百家之上,其经世致用之术,理应被人重视。或有讥儒家博而寡要,劳而无功,面对时局,往往迂远而阔于事情。孙德谦则论曰:"六经之道,知为百王所法,治世之用。是儒者宗师孔子,当依据经谊以措之治理,非可支离破碎转受迂阔无用之消焉。"^③真正服膺儒学者,应将其经世之道发扬光大,如此圣人之言,方可长存天壤。

　　然则先秦儒家,支派甚多,韩非云:"儒分为八。"荀子之非十二子,亦常诋毁其他儒者为某某氏之贱儒。那么,孙德谦表彰儒学,是照单全收,还是别有抉择?虽然他说:"诚以崇奉圣人,必如思、孟诸家,乃能行之无弊,否则失其本真,罔知大体。"^④仿佛对亚圣学说深表认同。但是在笔者看来,孙氏于先秦儒家,应该是对荀子更心有戚戚焉。在其他文章中,孙德谦说:"吾治诸子书矣,名法诸家,固各有其旨要之所在,独至重学而明礼,唯儒家则然,儒家以外,慨无闻也。"^⑤

①　张尔田:《史微》,第42页。
②　孙德谦:《诸子通考》,第104页。
③　孙德谦:《诸子通考》,第110页。
④　孙德谦:《诸子通考》,第109页。
⑤　孙德谦:《儒家道术明于四时属夏故其教重学而明礼说》,《亚洲学术杂志》第4期。

可见他视"重学"与"明礼"为儒家所独具的特色。特别是"明礼"，在孙氏看来，更是那个时代的救世良方。他目睹当时旧道德的规范力日益衰颓，各类新学说广被宣扬，如此演进，不知将伊于胡底。所以他认为"今日之乱，惟礼可以救之"。①并且不但应将圣人制礼精义发扬光大，礼之形式亦不可轻率怠慢。反观先秦儒家，对于"重学"与"明礼"有较为详细发挥者，当推荀子，因此在《诸子通考》中，孙德谦对兰陵学说多加阐扬。②

在孙氏看来，"昔《荀子》之书，以《劝学》为首，以《尧问》为终，宋王伯厚氏称其上法《论语》，是固然矣。岂知儒家以教民为务，不但荀子若此，扬子《法言》则始于《学行》矣，徐幹《中论》则始于《赞学》矣，王符《潜夫论》则始于《治学》矣，是儒家立言无不详于为学"。③他将《荀子》看作是首先继承《论语》体例者，后世儒者，多步武《荀子》，以言学之篇置诸卷首，由此可见荀学之地位与影响。尤有进者，荀子最遭世人诟病者，莫过于其道性恶与刺思孟，这被后儒看成是不明仁义本旨。为荀学辩护者，也多声称言性恶乃荀子激于时势，故作愤世之言。而依孙德谦之见，荀子之所以强调性恶，与他对礼的推崇息息相关。他说："荀子之学，一本于礼，《劝学篇》所谓'始乎诵经，终乎读礼'是也。后儒不知，以其性恶之说，与此篇（按：指《非十二子》）之非及思、孟，往往交口讥之。岂知性恶者，所以原制礼之意。今之非斥诸家，而并数思、孟者，亦悬礼以为定。何以明其然哉？《礼》曰：'先王恶其乱也，故制礼义以分之。'是礼之兴也，由于据乱而作矣。于《性恶篇》曰：'诚以人之性，固正理平治。

---

① 孙德谦：《复某君辨礼教经说》，《经世报》第2卷第6号。
② 还有一点似可为佐证，孙德谦反复强调后世性理之学迂腐空疏，而理学家向来奉孟子为儒家道统的传承者，或许因为这个原因，孙氏对孟子学说颇显冷落。
③ 孙德谦：《诸子通考》，第106页。

则有恶用圣王,恶用礼义矣.'非谓性不皆善,而礼教不可不立乎。
盖荀子长于礼。礼者,事为之制,曲为之防,故其论性也归于恶,欲使
人循于礼法,不复率性而行耳。"①正是因为荀子认为人生而性恶,所
以才需要提倡礼治,以此来化性起伪。孙德谦因为自己对礼甚为重
视,故而视荀子为异代知己,对其学说之曲折处详细辨明。荀学在近
代,命运颇为坎坷。夏曾佑、谭嗣同等人视荀子为帝王专制的帮凶,
称其学近乎"乡愿",后来随着新思潮的传播,荀子又被装扮成唯物
主义在古代的先驱,或赞其"合群名分"之道与近世西方社会学暗
合,真正能对荀学进行不带异域色彩的分析反倒不多。因此孙德谦
对于荀学的讨论,实应为人所重视。

　　孙德谦自言:"夫天下有治世之学术,有乱世之学术。余之表章
诸子也,盖以百家学术皆以救时为主,世之乱也,则当取而用之耳。"②
这一态度,在他对法家的诠释上体现得尤为明显。

　　由于先秦法家主张严刑峻法,以吏为师,视儒者为"五蠹"之一,
故而长期受到历代儒者的严厉抨击。古代帝王虽然阴取其术,但往
往也是"只做不说"。然在孙德谦看来,"余故谓治诸子者当尚论其
世,又贵审乎所处之时,善为用之。必以法家蔽失而诋排之,是真所
云因噎废食矣。有志图治者,尚其鉴诸"。③基于此,他对先秦法家
集大成者韩非赞誉有加。他说:"至韩非子者,其著书立说,固见韩之
卑弱,不务修明其法制,有为而作,曷尝以讪谤圣贤为事哉?即其中
有诋及儒家者,诚以法家之道,综核名实,儒者末流之弊,往往空言无
补,遂为韩非所屏耳。"④不特此也,孙氏复探究韩非立言动机,认为:

―――――――――

① 孙德谦:《诸子通考》,第18页。
② 孙德谦:《诸子通考》,第36页。
③ 孙德谦:《诸子通考》,第133页。
④ 孙德谦:《诸子通考》,第22页。

"尝观其《存韩篇》，以为入秦而后，犹思有以保卫之。斯真爱国者之
所为。然则如非者，非韩之忠臣与？故读其书者，苟知为韩而作，则
不敢轻肆讥评矣。"①近代中国，动乱频仍，韩非存韩之苦衷，反倒能引
起人们的同情。并非孙德谦一人如此，后来熊十力虽然在《韩非子
评论》中对韩非思想大加抨击，但是称赞他"爱国情思深厚，其风节
孤峻"，因而"使韩子生今日，余为之执鞭，所欣羡焉"。②这一番话，
或可视作孙德谦表彰韩非之注脚。

法家之学，视《诗》《书》如粪土，强调道一风同，严禁聚众讲学，这
被看作严重有悖于儒家教化之道。但是在章学诚看来，既然上古时代
官师合一，《六经》之言即为先王政典。那么后世秦朝用法家治国，以
吏为师，实则深契上古圣王本意："东周以还，君师政教不合于一，于是
人之学术，不尽出于官司之典守。秦人以吏为师，始复古制，而人乃狃
于所习，转以秦人为非耳。秦之悖于古者多矣，犹有合于古者，'以吏
为师' 也。"③对于这一点，孙德谦似乎颇为认同，视之为治国要道：

> 迨至战国，诸子蜂作，其道则因势利导，皆思见之实行，然以
> 私授受，至是而学术之不统于官也久矣。夫学术之不统于官，朝
> 廷建一事，设一令，为人民者窃窃焉，从而诽訾之，则处士横议，
> 岂非天下之大患哉？故秦之刮语燔书，重诈力而弃仁义，其不足
> 长治久安者，亦固其宜。然学法令而师事官吏，则犹《周官》之
> 制也。④

---

① 孙德谦：《诸子通考》，第22页。
② 熊十力：《韩非子评论》，载《熊十力全集》第5卷，武汉：湖北教育出版社2001
　年版，第314页。
③ 章学诚著，仓修良编注：《文史通义新编新注》，第271页。
④ 孙德谦：《诸子通考》，第134页。

近代以来，章学诚学说备受各派学人关注，种种解释层出不穷，许多观点溢出历史本相，把章氏塑造成近代史学思潮的先驱。[1]反倒是能对实斋之"官师合一"理想加以正面阐发者实不多见。因此孙德谦对法家"以吏为师"的解说，堪称真正发扬了实斋学的"精义"。而这番议论，在近代中国，也绝非仅仅是流于口说而已。

孟子论纵横家，认为彼等"以顺为正者，妾妇之道也"（《孟子·滕文公章句下》）。后世儒者因此遂多鄙视持苏张之术者。然孙德谦认为，纵横家在今世列国林立之日，实应为人们所重视。他指出："周之末季，力征相尚，仪、秦以弭兵为务，卒使天下民生稍抒其战争之患，此其勋烈何可没哉？考之《隋书·经籍志》，纵横一家，原于古之掌交。吾谓今之肤使臣者，果具专对之才，以与列国缔欢而隐消其祸乱，则仪、秦之口舌立功，洵持急扶倾之道也，而又可鄙夷之乎？"[2]更有甚者，外交之道，"虽择术或出以诡谲，其功又何可轻议哉？是故诸子之书，即有诡术，亦在人善用之耳"。[3]据王蘧常所述，孙德谦"晚年为弟子讲从衡家言，常叹中国无外交，以从衡家学言之，道在弭兵，而不能不通兵法，长于舆地。凡列国之风俗物产，及其君臣贤否，人民众寡，邻邦之亲疏，士卒之强弱，无不明察。及有事起，则肆其辩议，知彼知己，乘间抵隙，观其微而揣其隐，庶足制人，而不见制于人"。[4]由此可见，孙德谦对诸子学的表彰，以致用为旨归，虽尊孔，但并不执着于正统。儒家论世，本有"经""权"二义，认为面对特殊情形，可持变通态度，以图济事。[5]若孙德谦之论诸子，深得此中三昧欤？

---

① 汪荣祖：《史学九章》，台北：麦田出版社2002年版，第314—322页。

② 孙德谦：《诸子通考》，第32页。

③ 孙德谦：《诸子通考》，第74页。

④ 王蘧常：《清故贞士元和孙益堪先生行状》，载卞孝萱、唐文权编：《民国人物碑传集》，第546页。

⑤ 韦政通主编：《中国哲学辞典大全》，台北：水牛出版社1997年版，第849—850页。

三、对近代子学研究的批评

　　1923年9月1日，正在殚精竭虑为《学衡》杂志而奔走的吴宓，在日记中写道："《学衡》稿件缺乏，固须竭力筹备。惟国学一部，尤形欠缺，直无办法。日昨函上孙德谦先生，请其以《亚洲学术杂志》停办后所留遗之稿见赐，并恳其全力扶助。顷得复书，全行允诺，甚为热心，且允撰《评今之治国学者》一文。"①不久后，这篇文章遂在《学衡》杂志中刊出。孙德谦在文中认为，今之治国学者，有好古、风雅、游戏三类人，此辈治学，实不足以登国学之堂奥。另有一类，即宣称继承清代朴学传统、以考据相尚之人，对此孙氏亦展开批评。他说："言乎考据，何得即称为国学乎？夫考据亦綦难矣，非通乎小学，识其字方形声，而尤洞悉乎六书假借之义，则释解有时而穷。余往者亦尝治此学，久之而病其繁琐，故决然去之，但考据之弊，则知之实深。其弊若何？求之形声，而用假借之法，已不免穿凿而附会，乃又专辄臆断，不曰衍文，则曰脱文，无可如何，则归之传写者之误。审如是，读古人书一任我之所为，殆无难矣。"②考据之学，本身弊病甚多。所以"凡有志于学者，当探索其义理，而寻章摘句，繁称博引，要为不贤识小，所贵乎考据者，岂詹詹在此哉？……今夫学亦求其有用耳，宣圣赞述六经，为万世治术之本。即周秦道墨诸家，亦何尝空言无用，不足见之行事哉！"③

　　正当孙德谦对考据学进行批评，并提倡治学应探究义理以求有用之际，因新文化运动而骤得大名的胡适，与章太炎就墨学问题展开了

---

① 吴宓：《吴宓日记》第2册，北京：生活·读书·新知三联书店1998年版，第228页。
② 孙德谦：《评今之治国学者》，《学衡》第23期。
③ 孙德谦：《评今之治国学者》，《学衡》第23期。

一场颇有影响的论争。《墨子·经上》云："辩,争彼也。辩胜,当也。"
胡适在其成名作《中国哲学史大纲(卷上)》中对这段话的解释为:
"'争彼'的'彼'字,当是'佊'字之误(其上有'攸,不可两不可也',
攸亦是佊字之误)。佊字《广雅·释诂》二云:'衺也。'王念孙《疏证》
云:'《广韵》引《埤苍》云'佊,邪也';又引《论语》'子西佊哉'。今
《论语》作'彼'。据此可见佊误为彼的例。……现在的'辩驳',就是
古文的'争佊'。先有一个是非意见不同,一个说是,一个说非,便'争
佊'起来了。怎样分别是非的方法,便叫作'辩'。"①对此,章士钊在
《墨学谈》一文里指出:"争彼一义,墨学之骨干,而亦吾名学全部之骨
干也。"进而认为胡适的解释不正确。②章士钊此文登出不久,即为章
太炎注意。他致信前者,认为:"适之以争彼为争佊,徒成辞费,此未知
说诸子之法与说经有异(《说文》诐字本训辩论。假令以训诂说经,则
云辩争诐也,自可成义。然《墨经》非《尔雅》之流专明训诂者比。以
此为说,乃成骇语尔),盖所失非独武断而已。"③

　　章太炎此信,言及胡适不明治子与治经的区别。对此,胡适的反
应颇为激烈。他致信章士钊说:"太炎先生说我'未知说诸子之法与
说经有异',我是浅学的人,实在不知说诸子之法与说经有何异点。
我只晓得经与子同为古书,治之法只有一途,即是用校勘学与训诂学
的方法,以求本子的订正与古义的考定,此意在高邮、王氏父子及俞
曲园、孙仲容诸老辈的书中,都很明白。"④针对胡适的这番话,章太炎

① 胡适:《中国哲学史大纲》,北京:中华书局2013年版,第150页。
② 章士钊:《墨学谈》,载《章士钊全集》第4册,上海:文汇出版社2000年版,第273—274页。
③ 章太炎:《与章士钊》(1923年),载马勇编:《章太炎书信集》,石家庄:河北人民出版社2003年版,第786页。
④ 胡适:《论墨学》,载欧阳哲生编:《胡适文集》第3册,北京:北京大学出版社1998年版,第138页。

回应道："校勘训诂，以治经治诸子，特最初门径然也。经多陈事实；诸子多明义理（此就大略言之，经中《周易》亦明义理，诸子中管、荀亦陈事实，然诸子专言事实，不及义理者绝少）。治此二部书者，自校勘训诂而后，即不得不各有所主，此其术有不得同者。"基于此，他进一步指出："诸子多明义理，有时下义简贵，或不可增损一字；而《墨辩》尤精审，则不得更有重赘之语。假令毛郑说经云'辩，争彼也'，则可；墨家为辩云'辩，争彼也'，则不可。今本文实未重赘，而解者乃改为重赘之语，安乎不安乎？"①

章太炎的回复，显然不能让胡适信服。他又致信章士钊："至于治古书之法，无论治经治子，要皆当以校勘训诂之法为初步。校勘已审，然后本子可读；本子可读，然后训诂可明；训诂明，然后义理可定。"本此见解，他批评"今之谈墨学者，大抵皆菲薄初步而不为"。②至此，胡适已经越出对一个具体问题的讨论，而把这场论争上升到治学方法孰优孰劣的高度了。胡适自提倡整理国故运动以来，时常以科学方法云云作为口头禅，因此对于这场与章太炎的墨学之争，实则有为自己治学路数辩护的意味。

前文谈到，孙德谦对考据学多有批评，认为其末流有对古书任意改动之弊。基于这样的认识，他对章、胡的墨学之争，做出了自己的评价。他自言对《墨经》中的内容"可无待轻易更其字句，未尝不能通也"。因此，胡适轻易改动原文文字，以求通顺，"如此强书就我，即使怡然涣然，未足令人信从。人既不足信从，于是遂起而驳击之矣。然为之驳击者，亦徒见其彼亦一是非，此亦一是非，所谓齐则失矣，楚亦未得也"。③对于章、胡二人，各打五十大板。

①　章太炎：《与章士钊》（1923年），载马勇编：《章太炎书信集》，第787页。
②　胡适：《论墨学》，载欧阳哲生编：《胡适文集》第3册，第140—141页。
③　孙德谦：《释墨经说辩议》，《学衡》第25期。

孙德谦强调，由于诸子著作距离今日已逾千载，故而其中必定有许多今人不易明了的语义，且古时文字数量少，因此书中多用通假，加之屡经传写，其中难免不会出现错误。凡此种种，使得今人读子书确实困难重重。所以他说："吾于诸子字句之间，谨守多闻阙疑之义，不欲曲为之解，以失其真。"①然宗尚考据者则不然，"凡吾之所谓阙疑者，以考据家之治诸子，往往求之训诂而其道几穷。不曰衍文，则曰脱文，再不然则曰传钞之误。语云'君子于其不知，盖阙如也'，则无有为此者矣。其所以不能阙疑者，乃将以便其轻改古书耳。夫古书而可以任我轻改，则读古人书，亦太易矣"。有鉴于此，他现身说法："盖吾苟为《墨经》作释，必使文义自明而于一字无损，则吾心始安。"②

孙德谦治诸子特别重视辨明诸家宗旨，于是他依然用此法对《墨经》进行考辨。墨家的宗旨与其余诸家一样，都是为了立言以救世，而《墨经》中所载者，多为对于各类名理的辩论，故而其书绝非墨家主流。征诸《庄子·天下篇》，南方墨者俱颂《墨经》，以坚白同异相訾，故谓之"别墨"，所以这类人宗旨乃近于专擅此道的名家。因此，孙氏指出："《墨子》全书，尚贤诸说，实为其宗旨所在。使非然者，如《经上、下》《经说上、下》《大、小取》二篇，专言名理，非以推阐其宗旨，则为名家之术，墨学之别派，复何疑。"③明乎此，依孙德谦之见，章太炎、胡适，包括在其中传话的章士钊，他们反复争辩的问题便可以涣然而解。他强调，名家在进行辩论时，往往举两个意思正好相反的字作为例证，此谓之"对举"。这是先秦名家所独有之处。既然《墨经》中名家色彩极浓，那么同样可借助此义来解之。章太炎与胡

① 孙德谦:《释墨经说辩议》,《学衡》第25期。
② 孙德谦:《释墨经说辩议》,《学衡》第25期。
③ 孙德谦:《释墨经说辩议》,《学衡》第25期。

适所争论的那段经文，原是为了说明"说"与"辩"二字意思的不同。所谓的"说"，指人之说明事理，主要为了表意明晰清楚，与辩论时彼此互有争辩者不同。所谓的"攸，不可两不可也"，正是为了要表明这层意思，所以原来文字不必如胡适所言，需改为"彼"字。而所谓的"辩，争彼也"，其意既为辩论，则必定有彼此之争，"彼"乃对"此"字而言，而依照《墨经》中的用词习惯，"此"字的定义已包含于"彼"字之中。如此解释，便可符合"辩"的本意。无须向胡适那样，擅自改动古人用字，反倒使得原文大义难以知晓。[①]孙德谦的这番解释，俨然在向人们说明，胡适所引以为傲的"科学方法"，与自己的治学路数相较，高下之别，至为明显。

　　然则孙德谦对于当时的墨学研究，并非仅是关注"学术热点"，对某一古字提出自己的看法，而是借机进一步检讨此等研究之意义。近代以来，墨学研究，蔚为显学，一二"青年导师"登高一呼，不少不明底里的年轻学子纷纷景从。然在学有根柢者看来，参与斯事者，实为凑热闹而乏真知，因此刻意与之保持距离，甚至在态度上多持否定。叶德辉自言，平生有三种学问从不问津，其一即为《墨子》书，因为治斯学者"其与向壁虚造，相去几何"。[②]柳诒徵也认为："予意今人全不读书但知耳食，闻人说墨子之学如何胜于孔子，便认定墨子之学如何胜于孔子。而其所为研究墨学者亦不过取今之时髦人物颂扬墨子之书，略加涉猎，即奋笔以评骘孔墨。其于原书，盖未睹也。"[③]陈寅恪后来也指出周遭治中国哲学史者"其言论愈有条理统系，则去

①　孙德谦：《释墨经说辩议》，《学衡》第25期。
②　叶德辉：《墨子正义序》，载《叶德辉文集》，上海：华东师范大学出版社2010年版，第124页。
③　柳诒徵：《读墨微言》，载《柳诒徵史学论文续集》，上海：上海古籍出版社1991年版，第40页。

古人学说之真相愈远。此弊至今日之谈墨学而极矣。今日之墨学者，任何古书古字，绝无依据，亦可随其一时偶然兴会，而为之改移，几若善博者能呼卢成卢，喝雉成雉之比"。①

与三人相似，孙德谦批评当时的墨学研究："夫人而不欲表章墨子则已，如欲表章墨子，吾谓当取墨子之兼爱阐明其意。所以见拒于孟子者，揭其为末流之失，如是则墨子之学庶可复显。不然《经》非其宗旨所在，《经》之所言，辞意即皆通晓，于墨子有何裨乎？"②与对诸子其他各派的态度一样，依然是主张应对墨子思想中足以致用者多加阐扬，而非买椟还珠，过分关注《墨经》。关于这一点，章太炎后来也表达了相似的意见："墨子的精华仅在《尚贤》《尚同》《兼爱》《非攻》诸篇。至《经上、下》《经说上、下》《大、小取》诸篇，实墨子的枝叶。而考墨辩者却矜矜然说某段合乎今日科学界中的电学，某段合于今日科学界之力学，某段合于今日科学界之飞艇飞机，某段系今日物理学中之定律，某段又是今日化学之先声。似墨的神通，活像今日科学界的开山老祖一样。即使以上诸说能够成立，也不过是繁琐哲学之一流。庄子有一句话：'窅句游心于坚白同异之间，杨墨是已。'这样说来，非独墨子是科学专家，杨朱又何尝不然呢？《大戴礼》哀公问孔子有小辨之说，则墨子亦小辨之流也。总之其语虽然有是的地方，用起来时却不能致用。"③由此可见，在高明者眼中，一哄而上的学术研究，其流弊往往远多于成就。

不过孙德谦虽认为墨家宗旨有值得表彰之处，但面对新文化运动以来举世滔滔的趋新之风，他对当时学界提倡研究墨学的动机深

---

① 陈寅恪：《冯友兰中国哲学史上册审查报告》，载《金明馆丛稿二编》，北京：生活·读书·新知三联书店2001年版，第280页。
② 孙德谦：《释墨经说辩议》，《学衡》第25期。
③ 章太炎：《论今日切要之学》，载章念驰编校：《章太炎演讲集》，第301页。

表质疑。在他看来："近今国体改革，莫不以孔子之道不宜于今，于是毁经谤圣，心无忌惮。又知古之非儒者，《墨子》书有此专篇，遂相率而为墨学。为墨学而于兼爱、尚贤一切学说皆所不讲，乃曰墨子民治，有社会主义。其实墨子颇尊君者也，盖亦取其说而附会之耳。读古人书，当求其宗旨所在，不求宗旨所在，则其真意无以见。故今之为墨学者，是虽用心研究，竭力提倡，无他故也，趋一时之风尚出于附会而已。"[1] 孙德谦对诸子学的表彰，其中一个重要前提就是认为诸子之言非但不悖于六经，且能将后者之道发扬光大。他尊奉儒学，对趋新者的非圣无法之举深表反感。近代墨学热的背后，多为提倡者欲打倒孔家店而建立墨家店。[2] 孙德谦或是有鉴于此，所以感慨："中国自汉而后，固是以儒教立国。然未能实行孔子之教，汉学家之考据失于琐屑，宋学家之性理失于迂疏，孔子之教人以为人，则不甚推求。实则欲知为人之道，微孔教其谁与归耶？"墨家精义，孔子早已言之，且无前者之流弊，故而孙氏坚信："将来全国人民，于墨子决无影响，苟知尊崇墨子，必仍尊崇孔子，且将有逾于今昔也。"[3] 说到底，孙德谦虽然重视诸子学，但在价值立场上，依然是一位恪守圣人之道的儒生。

四、余　论

孙德谦对诸子治之甚勤，既不以清人饾饤之学为然，又不存俗儒正统异端之见，于诸子遗言，多有表彰。他强调子学研究中明家数与

---

[1]　孙德谦：《答福田问墨学》，《学衡》第39期。
[2]　王尔敏：《近代中国思想研究及其问题之发掘》，载韦政通编：《中国思想史方法论文选集》，台北：水牛出版社1987年版，第292页。
[3]　孙德谦：《答福田问墨学》，《学衡》第39期。

辨宗旨的重要性，以此来梳理诸子流派，祛除似是而非之论，进而凸显出诸家特色。他身处近代变局，对诸子立言以救世之心深有体会，认为彼等乃乱世之学术，于今日实应表彰。道家的君人南面之术，荀学的重学明礼，法家的严刑峻法、以吏为师，纵横家的专对之才、审时度势之功，在孙氏看来都值得被世人重视，苟师其法，于救衰起微，或有助焉。他虽然服膺儒学，但并非偏私狭隘之见，认为诸子学说与六经不悖，且能将后者之道发扬光大。同时他还关注近代诸子学研究，认为当时的墨学热弊病甚多：斤斤于考据，实乃支离破碎；孜孜于《墨经》，犹显买椟还珠。并且时人提倡墨子，多不顾其本来面目，将许多近代域外思想套入其中，以此来冲击儒学传统。张荫麟在当时曾言："以现代自觉的系统，比附古代断片的思想，此乃近日治中国思想史者之通病。"[①]因此孙德谦的这些批评，对今人重新审视近代诸子学研究，总结其中利弊得失，值得引为参考。[②]

犹有进者，近代以来，实斋之学广受青睐。胡适等人视章学诚为近代史学思潮的先知，对于他的"六经皆史"论进行了不少新的解读，甚至将"史"诠释为"史料"，其言早已越出历史本相。由于新派学人在当时具有广泛影响力，后人对于近代实斋学的关注，往往也多注意于胡适、何炳松、姚名达等人。其实章学诚虽然主张"六经皆史"，但这背后显现的是他对上古官师合一的深深向往，其经世之旨，于焉可见。对此，孙德谦及其挚友张尔田深有体会，在二人的著作中时常进行阐释。孙氏之论诸子，就深受实斋学之影响，既发扬光大，

---

① 张荫麟：《评冯友兰〈儒家对于婚丧祭礼之理论〉》，载陈润成、李欣荣编：《张荫麟全集》中卷，北京：清华大学出版社2013年版，第997页。
② 当然，孙德谦在梳理诸子家数与宗旨时，将不少已为学界所公认的伪书仍视作先秦旧籍。或许是他对考据之学比较不满，所以不太理会前人的辨伪成绩，这一点实乃瑕疵。

又苦作谏臣。因此，张、孙二人对于章学诚的接受与诠释，同样值得进一步研究。

最后，孙德谦反复强调诸子学的本质在于致用。这在民国学界也并非绝响。在那个政治动荡不安，经济国穷民敝，外交国耻连连的年代里，不少研究诸子学的学者，多试图提倡一种可以用来经世济民的诸子精神，而非空谈哲理，探讨抽象概念。例如同样致力于墨学研究的方授楚在《墨学源流》一书中感慨道："夫自乾嘉以迄今日，关于墨学之著作多矣。吾今别为一目录，以附于左。然则此即墨学之复活耶？曰否，否。此抱残守缺之功夫，非墨家所重也，若墨子生于今日，见此蟫编蠹简中讨生活之情形，其必嗤之以鼻，而谓吾辈不可教矣。但非墨学有复活之机，何为《墨子》之书，又独显于此时耶？故此可谓墨学之声影，而非所谓墨学之精神也。惟自清季以来，至于今日，彼抱一信仰，努力实行；'将求之不得也，虽枯槁不舍也'，'赴汤蹈火，死不旋踵'；此有名无名为革命而牺牲之志士，斯真墨子之精神复活哉！斯真墨子之精神复活哉！"[1] 与之相似，著有《周秦哲学史》的陆懋德亦指出："近人治墨学者颇不乏人，然所治者皆书本的墨学，并非实行的墨学。"[2] 当时以治诸子学扬名学界的陈柱认为："吾以谓今日欲复兴中国，莫急于复兴儒家之立诚主义，道家之知足主义，法家之法治主义，墨家之节用主义。"[3] 以此来医治当时政治上的贪污腐败、内斗不断，并培养遵纪守法、勤俭耐劳的新风气。而在为陈柱的《子二十六论》作序时，冯振也感慨："太史公列举文王周易以递韩非

① 方授楚：《墨学源流》，台北：中华书局1957年版，第223页。
② 陆懋德：《周秦哲学史》，转引自柳诒徵：《评陆懋德〈周秦哲学史〉》，载柳曾符、柳定生选编：《柳诒徵史学论文续集》，第253页。
③ 陈柱尊：《中国复兴与诸子学说》，载宋洪兵编：《国学与近代诸子学的兴起》，桂林：广西师范大学出版社2010年版，第21页。

孤愤诗三百篇,概而蔽之曰圣贤发愤之所为作,此人皆意有所郁结,不得通其道,故论书策以舒其愤,思垂空文以自见。然则无行事可见者乃不得不发愤而著书。故吾意若老庄孟荀韩非之徒,其书大抵皆其所自著。由此观之,诸子之不自著书,其书可以不著也,已见诸行事也。诸子之自著书,诸子之不幸也,诸子之不得已也。"言下之意,晚周诸子,本意皆在致用,垂诸空言,已属无奈。故而把握诸子学之特点,即应从这一点上来考察,方能得其大体。① 萧公权则提倡为管子、老子、墨子三人设位文庙,配享孔子,表彰他们救世的苦心与对后世华夏制度与思想的贡献。② 后来张舜徽先生对于先秦道论的研究,也是从诸子皆为救世这一角度出发,分析诸子各派在政治思想上的共性,认为诸子之所谓"道","实为临民驭下之方,初无涉乎心性"。③因此,以孙德谦等人为代表的从玄谈的诸子学变为致用的诸子学的学术理路,也应予以重视。

---

① 　陈柱:《子二十六论》,桂林:广西师范大学出版社2008年版,冯序。
② 　萧公权:《诸子配孔议》,载《迹园文录》,台北:联经出版事业公司1983年版,第242—246页。
③ 　张舜徽:《周秦道论发微》,武汉:华中师范大学出版社2005年版,第30页。

"对世界而知有国家"

——清末梁启超"国民"论述再思

梁启超在中国近代史上有着举足轻重的地位。要想更为全面地理解这种地位，或许可从世界近代史与中国近代史的演进过程来审视。宏观来看，近代中国的历史转型要处理两种时代任务（或曰面对两类"时代困境"）：一是当法国大革命以降的近代世界政治体制及其运作逻辑开始在世界范围内流行之际，越来越多的人意识到中国内部的政治与社会结构需要进行相应的调整，以适应作为时代潮流的近代政治体制；二是中国内部的政治与社会变革，虽然有明末以来的历史内因，但更多的是近代西方资本主义国家冲击下的产物。这样的冲击固然为中国带来了一些现代性的要素，可是其直接后果却是使中国沦为19世纪以降世界体系里处于被支配与被殖民位置的国家。换言之，如果作为政治与文化共同体的中国遭遇被拆解与被支配的命运，那么内部的政治与社会变革，也就成了无源之水。在这个意义上，思考近代中国内部的政治、社会与文化变革，不能脱离剖析当时中国所面临的愈发严峻的外部危机。

此外，古人说民为邦本。无论是传统的王朝体制，还是近代的民族国家，其实都离不开民众的支持。只是在传统王朝体制下，民众的支持大体处于一种被动的地位。只要帝王、官僚、士绅不行过分的虐民之政，民众就不会对王朝统治的正当性产生怀疑，甚至会主动服膺这样的统治。这背后凸显的与其说是古代民众的政治主体意识隐而不彰，或者文化层面的某种"陋习"，不如说是传统王朝低成本治理的具体表现，即不需要充分组织与动员民间的力量来参与政治活动，而是主要依靠作为政治与文化精英的士绅阶层辅助统治者代为管理和教化芸芸众生。

但在近代民族国家兴起后，两相比较，这种传统政治治理模式及其背后的社会关系与经济生产方式就显得颇为落后。首先，近代民族国家的普及与第一次工业革命的展开大体处于同一历史阶段，工业革命带来的生产力大幅度提升让建立在小农经济基础上的传统王朝体制相形见绌；其次，近代民族国家具有极强的组织、动员与汲取能力，能够在较短时间内聚集财富、整军经武，这是长期践行低成本与低效率治理的传统王朝体制所望尘莫及的；最后，近代民族国家为了进一步增强本国的政治与经济实力，开始进行对外扩张，将基本还停留在农业社会的国家与地区变为自己的殖民地或保护国，使之成为自己的原料与廉价劳动力获取地、商品倾销地。

在此情形下，那些有沦为西方列强殖民地或保护国之险的国家，一方面需要汲取、借鉴前者成为近代民族国家过程中具有进步意义与正面效果的要素，另一方面更需将抵御外侮作为自身国家建设的重中之重。而无论是为了实现哪一方面，都离不开让本国民众具备近代国民意识，使其能主动参与国家的政治、经济与文教活动，为实现近代国家建设与救亡图存贡献自己的力量。换言之，近代国民不再是古代王朝体制下处于被动地位，甚至失语地位之辈，而是主动担负起国家兴亡之任、具有现代政治意识的群体。

　　欲收此效，自然离不开那些饱读近代新书，洞察时势变迁，能熟练运用新式报刊的近代知识分子著书立说、反复宣传。而在近代中国，梁启超就是其中的佼佼者。他在清末既撰写了大量介绍19世纪以来世界变局及其内在逻辑的文章，让国人能更为深入地"开眼看世界"，又在不少论著里反复强调近代国家建设离不开培育近代国民思想。虽然他的文章多写于日本，但流传甚广、影响深远，甚至在国内出现许多效仿其文风与思想的作品。基本上近代中国不少政学精英都有青年时代阅读梁启超论著的体验。①尤其是梁启超关于近代"国民"问题的论述，不但在当时产生极大的回响，成为上至清廷官绅，下至青年学子关注的热门话题，而且在后世也成为中国知识分子有意识赓续与传承的事业，甚至成为当代梁启超研究中的重要议题。②在今天，基于新的世变，再次回望梁启超当年的言说，尤为需要探究他关于国民思想的论述，与他在清末大量撰写的另一主题——分析中国所面临的外部形势的文章之间是否具有一定的关联，二者的逻辑关系是怎样的，梁启超对于世界形势的认知是否影响着他关于国民的思考，这样的思考在近代中国的历史演进脉络里具有怎样的特征与意义。

① 关于梁启超清末发表的文章的深远影响，参见张朋园：《梁启超与清季革命》，台北："中研院"近代史所1999年版，第183—233页。

② 从思想史的角度进行分析的论著，参见张灏著，崔志海、葛夫平译：《梁启超与中国思想的过渡（1890—1907）》，北京：新星出版社2006年版，第101—149、163—186页。黄克武：《一个被放弃的选择：梁启超调适思想之研究》，北京：新星出版社2006年版，第61—89页。高瑞泉主编：《中国近代社会思潮》，上海：上海人民出版社2007年版，第328—342页。高力克：《启蒙先知：严复、梁启超的思想革命》，北京：东方出版社2019年版，第186—238页。赖骏楠：《梁启超政治思想中的"个人"与"国家"——以"1903年转型"为核心考察对象》，《清华法学》2016年第3期。赖骏楠：《清末〈新民丛报〉与〈民报〉论战中的"国民"议题》，《法学研究》2018年第4期。从概念史的角度进行分析的论著，参见董炳月：《同文的现代转换：日语借词中的思想与文学》，北京：昆仑出版社2012年版，第117—131页。

一、近代中国的内外危机与
国民论述的产生

　　一般来说,法国大革命是形成近代国民思想的重要起点。面对王权统治造成的巨大财政危机,正如西耶斯所呼吁的:"国民存在于一切之前,它是一切之本源。它的意志永远合法,它本身便是法律。"①法国大革命秉持卢梭的社会契约思想与人民主权思想,对内旨在推翻国王、贵族与教士的特权,使具有普遍意义的国民成为国家主权的所有者;对外则动员广大国民参加军队,形成国民军,抵御欧洲其他君主国对法国大革命的武装干涉。在参军抗敌的过程中,进一步使民众体会到国家主权与国民思想的丰富内容。②而近代国民思想的诸内涵,例如独立、自主、平等、自由等,也正是在这样的内外变局之下产生的。并且这些内涵之所以被人们反复宣扬,很大程度上是因为时人相信具备了这些内涵的国民,方能够真正成为国家的主人。换句话说,这样的"主人"意识,并非建立在高度原子化的个体想象或抽象化的空间里,而是与国家兴亡休戚相关。

　　法国大革命不仅深刻改变了法国的面貌,而且具有世界范围内的影响力。普鲁士虽然受到拿破仑政权的威胁,但拿破仑背后体现的法国大革命的政治主张却深刻影响着18世纪末至19世纪初的普

---

① 西耶斯著,冯棠译:《论特权 第三等级是什么?》,北京:商务印书馆2011年版,第60页。
② 霍布斯鲍姆著,王章辉等译:《革命的年代》,台北:麦田出版公司1997年版,第82—95页。史密斯著,刘树才、王清彦译:《克劳塞维茨论现代战争》,北京:华夏出版社2022年版,第30—31页。

鲁士思想家。他们认为个人自由能否完全实现端赖个人能否融入整体。在整体中，个人具有了实在性。具体到国家与国民关系，只有与国家融为一体，国民的个体意识才能最大程度发挥出来，个体权利才能得到真正的保障，个人自由才能得到完整的体现。[①]而纵观19世纪世界史，民族主义风行一时，它既是列强借以对内集权、对外扩张的意识形态话语，又是新兴民族国家构建政治认同、鼓舞民气、抵御外侮的思想利器。尤其是对于因资本主义发展而登上历史舞台的欧洲各国中产阶级而言，民族主义是最能有助于确立自己与国家的关系、彰显自己在政治活动中的重要性、表达自己的政治与经济权利、将自己的政治与经济利益上升为国家层面的政策主张的学说。[②]在这个意义上，民族国家固然需要动员本国民众时常为国家做贡献，甚至付出牺牲，但新兴的政治与经济主导阶级同样也离不开民族国家，彼此之间一荣俱荣，一辱俱辱。也正因为这样，欧洲各国的不少知识阶层都积极参与构建本国的民族主义论述。[③]这是理解19世纪西方国家国民思想的重要维度。

从世界近代史的角度看，晚清中国与大革命前夕的法国或遭受外敌威胁的普鲁士颇有相似之处，即都面临着严峻的内外危机。在此背景下，洋务运动以来各种关于救亡图存的方案，虽然在内容上有所差异，但其起点都是为了探讨如何才能让中国摆脱越来越严峻的内外危机。时人之所以认为19世纪西方列强（包括明治维新后的日本）的政治、经济、军事与文化实践值得被中国借鉴或效仿，虽然在传

[①]　凯杜里著，张明明译：《民族主义》，北京：中央编译出版社2002年版，第30—31页。

[②]　布林顿著，王德昭译：《西方近代思想史》，上海：华东师范大学出版社2005年版，第186页。

[③]　霍布斯鲍姆著，李金梅译：《民族与民族主义》，上海：上海人民出版社2006年版。

播层面确实受到来华传教士或外交官基于文明等级论而进行的各种宣传，但归根结底还是相信惟有师法那些国家进行如此这般的实践，才能扭转中国的颓势，实现国富民强。这也是时人冲破各种阻力汲取新知的主要动力之一。

比如洋务运动期间由地方大员兴办的各种新式企业，其本意并非在于人为地制造出近代资产阶级这一群体，而是希望通过兴办企业来提升中国的军事实力，夺回被西方列强占据的利权，创造更多的财富来缓解因列强侵略而造成的普遍贫困化。又比如时人对于近代民主政治的理解，也并非基于因资本主义生产方式而兴起的资产阶级借此制度来表达自己的政治与经济诉求、巩固自己的权益或特权，而是相信这样的制度能够更好地"广开言路""通上下之情"，使君主能够更为全面地周知民隐，让士绅阶层更为便利地陈述自己的政治见解，这样有助于改变政治效率低下、官僚机构臃肿、官吏人浮于事、人材难被提拔的弊病。①

晚清士人对民众与国家关系的新思考也是在这样的氛围下展开的。1894年，开始关注中国政局的章太炎撰写了《独居记》一文。这篇文章后来经过些许修改，以《明独》为题收入初刻本《訄书》。其中，他提出了"大独必群，不群非独也""小群，大群之贼也；大独，大群之母也"等命题。②他之所以强调"大独"，其最终目的是为了重建"大群"。而对"大群"产生威胁的，是那些基于私利与特权而形成的"小群"。章太炎主张"大独"，主要就是针对"小群"而言的。所以他说："小群，大群之贼也；大独，大群之母也。"③只有毅然从"小

① 当然，如此这般设想的历史限度也是非常明显的。
② 章太炎：《独居记》（1894年），载《章太炎全集》第10册，上海：上海人民出版社2018年版，第1—2页。
③ 章太炎：《独居记》（1894年），载《章太炎全集》第10册，第2页。

群"中独立出来，具有坚定的意志与高尚的品格，不与之同流合污，才能投入拯救"大群"的事业中。可见，在他的思想中，"大独"并非自外于自己所生活的时代，并非与斯土斯民形同陌路，更非把原子化的个体作为自己的理想生存状态，而是要直面真实的社会矛盾，体现出极强的实践性格。正是因为意识到自己与斯土斯民有十分紧密的休戚相关感，所以才需培养起"大独"的性格。①在这样的论述框架下，国民意识呼之欲出。

在同一时期，对 19 世纪西方政治思想颇为熟悉的严复更为系统地阐述了培养近代国民思想与实现救亡图存之间的关系。他认为当时的中国之所以屡败于列强之手，从表面上看是军事实力的差距使然，但根本原因则在于中国民众的政治能力与组织能力完全不能与经历过资产阶级革命的西方国家民众相比。因此他向国人介绍斯宾塞的社会学，强调国民对于国家的重要性，即"一国之立，亦德力相备而后存"。要想实现富强，需从"民智、民力、民德三者加之意"。具体言之，要建立在国民有独立意识、权利意识与自治能力之上。所以他说："是故富强者，不外利民之政也，而必自民之能自利始，能自利自能自由始，能自由自能自治始。能自治者，必其能恕，能用絜矩之道者也。"②而中国传统政治制度之所以被批判，就是由于它压制了国民思想中的这些内容，使中国民众缺乏自治能力，意识不到自己才是"天下之真主"，不能成为国家建设过程中的主动参与者。③这样的结果就是当中国面对近代西方列强时，完全难以抵御后者集多数

① 关于章太炎群独思想的详细讨论，参见王锐：《"大独必群"何以必要？》，《福建论坛·人文社会科学版》2020 年第 3 期。
② 严复：《原强》(1895 年)，载王栻主编：《严复集》第 1 册，北京：中华书局 1986 年版，第 7、14 页。
③ 严复：《辟韩》(1895 年)，载王栻主编：《严复集》第 1 册，第 35、36 页。

国民之力而形成的冲击。[1]

梁启超在当时也是从相似的起点出发思考这一问题的。在撰于1896年的《变法通义》中,他先是向国人介绍了印度、奥斯曼帝国、非洲、波兰的近况,强调这些国家与地区正是由于不知变法的重要性,所以惨遭被殖民或瓜分的命运。中国的现状与这些国家和地区相似,如果不探索变革之道,将难逃同样悲惨的境遇。对外部危机的高度警觉,是梁启超思考变革之道的重要前提。

在梁启超看来,所谓"变法",除了在制度设计层面展开,还需重新思考民众与国家的关系,这是变法能否成功的关键。他说:

> 道莫善于群,莫不善于独。独故塞,塞故愚,愚故弱;群故通,通故智,智故强。……无群焉,曰鳏寡孤独,是谓无告之民。……群之道,群形质为下,群心智为上。[2]

与章太炎相似,梁启超也用中国传统思想中的"独"与"群"的概念来描述民众与作为政治和文化共同体的国家的关系。当然,梁启超认为,"独"指的是因闭塞而不与"群"发生关系的状态。只有实现"群"——将孤立的个体集合起来,使之建立起紧密联系,增进每一个个体的资质,让他们具有自觉的政治意识,这样才能实现"强"。也只有在"群"的形式下,个体的资质才能得到实质的提升,改变过去愚弱的状态。而实现"群"的具体实践,就是在全国范围内普遍设

---

[1] 史华慈说,严复在甲午战争后发表的文章里介绍新知,是建立在相信后者可以让中国实现富强的基础上的。"在严复的关注中,占突出地位的,就是极其忧虑国家的存亡。"参见史华慈著,叶凤美译:《寻求富强:严复与西方》,北京:中信出版社2016年版,第64页。

[2] 梁启超:《变法通议(续前)》(1896年),载吴松等点校:《饮冰室文集点校》第1集,昆明:云南教育出版社2001年版,第38页。

立各种"学会"。通过学会，士阶层能彼此互通声气，交流知识，商讨国事。虽然在梁启超当时的视域里，应以"兴绅权"作为实现具有普遍意义的"民权"的先导，但他所主张的"兴绅权"，①已非继续延续传统政治与社会结构下的皇权与绅权博弈关系，而是将"绅权"作为宣传近代国民思想的中介。

与之相关，梁启超认为中国传统政治制度过于强调"防弊"，导致公私之义不明，臣民视国事与己无关，无人愿意主动承担政治义务。梁启超说：

> 地者积人而成，国者积权而立。故全权之国强，缺权之国殃，无权之国亡。何谓全权？国人各行其固有之权。何谓缺权？国人有有权者，有不能自有其权者。何谓无权，不知权之所在也。②

在这样的逻辑里，"国人有权"是"国强"的重要前提，"国强"是"国人有权"的直接结果。二者之间既非对立关系，也非毫不相干，而是有着紧密的关联。之所以会出现"国殃"与"国亡"，是因为该国之民"缺权"或"无权"。因此，思考民之"权"，不能脱离对国之兴亡的高度关注。而国之兴亡之所以在当时成为重要议题，说到底就是由于中国面临着西方列强的猛烈冲击。

总之，晚清中国所面临的一系列内外危机，催生时人开始思考如何通过借鉴域外经验来解决中国问题。而引入近代国民思想，

---

① 梁启超：《论湖南应办之事》（1898年），载吴江等点校：《饮冰室文集点校》第1集，第95页。
② 梁启超：《论中国积弱由于防弊》（1896年），载吴江等点校：《饮冰室文集点校》第1集，第83页。

也是在这样的时代背景下展开的。梁启超当时身居国内,能够阅读到的新书其实颇为有限,这导致他对相关问题的思考还停留在比较简单的阶段。促使他更为深入思考国民问题的,除了戊戌变法失败对他的强烈刺激,还需有一个使他能更为广泛汲取新知的契机。

二、世界大势与国民竞争

国民,顾名思义,就是一国之内的广大民众意识到自己是国家的一分子,将对国家的认同置于家族、乡里、籍贯、行业、身份等级认同之上,建立对于国家事务的高度关心与高度参与,意识到国家的兴衰成败与个人的荣辱得失有着密切联系。[①]而这些观念的产生是基于个人拥有自主意识前提下的,因此,国民意识的养成离不开个人独立意识与权利思想。进一步而言,在近代民族国家,虽然内部因社会阶级或地域区隔而造成的人与人之间的差别依然存在,但在国民论述里,全体国民是具有高度同质性的。也正是因为在国民论述里,全体国民理应具有同质且平等的面貌,所以近代大众民主与国民论述之间同样关联紧密。而大众民主的内容,也从政治层面逐渐拓展至经济与社会层面。

具体到晚清中国,戊戌变法失败后,梁启超东渡日本。在日本期间,他广泛阅读经由日本学者译介的近代西方社会科学与历史学著作,不但使自己的视野顿时开阔许多,也能更为全面且深入地探讨与

[①]　霍布斯鲍姆著,贾士蘅译:《帝国的年代》,台北:麦田出版公司1996年版,第214页。

中国命运相关的近代政治、经济、社会与文化问题。①

　　1899年，梁启超发表《爱国论》。他认为中国之所以沦为有可能被列强瓜分的惨境，主要原因之一就是中国人"不知爱国"。②之所以如此，是因为在传统天下观的影响下，中国人未意识到中国与列国并立于世的现状。③而欧洲人之所以有爱国思想，缘于"彼其自希腊以来，即已诸国并立，此后虽小有变迁，而诸国之体无大殊。互相杂居，互相往来，互比较而不肯相下，互争竞而各求自存，故其爱国之性，随处发现，不教而自能，不约而自同"。④换言之，爱国思想并非凭空而生。它之所以会出现，是因为意识到在本国外部同样存在着其他国家。在长期注视后者对待本国的态度，警惕后者是否有侵犯本国的意图的过程中，逐渐形成对本国处境的深切关注，由此促生爱国之念。质言之，离开对于本国外部环境的高度关注，爱国思想将难以形成。而爱国思想则是国民意识的重要组成部分。

　　在同一年，梁启超复发表《论近世国民竞争之大势及中国前途》一文。在文章开端，他便对"国民"做了一番定义：

　　　　国民者，以国为人民公产之称也。国者积民而成，舍民之外，则无有国。以一国之民，治一国之事，定一国之法，谋一国之利，捍一国之患，其民不可得而侮，其国不可得而亡，是之谓国民。⑤

① 梁启超：《论学日本文之益》（1899年），载吴松等点校：《饮冰室文集点校》第3集，第1372—1373页。
② 梁启超：《爱国论》（1899年），载吴松等点校：《饮冰室文集点校》第2集，第661页。
③ 当然，梁启超此论涉及如何理解中国传统的天下观，关于这个问题，笔者在其他文章里有详细分析，此处不再重复。参见王锐：《"天下"的近代歧说——对近代以来几种相关解读的辨析》，《思想战线》2023年第5期。
④ 梁启超：《爱国论》（1899年），载吴松等点校：《饮冰室文集点校》第2集，第661页。
⑤ 梁启超：《论近世国民竞争之大势及中国前途》（1899年），载吴松等点校：《饮冰室文集点校》第2集，第810页。

梁启超认为国家的成立离不开民众的高度参与。在这样的国家形态里，一方面民众能称之为名副其实的"国民"，另一方面则"其国不可得而亡"。因此，这一定义的引申义就是，具有充分国民意识的国家，在现实的国际政治格局下，能更好地保卫国家主权。假如国家主权受到损害，那么国民意识也就无从谈起，因为"国"本身已不完整了。换言之，"以一国之民，治一国之事"不是为了让国家受到外部力量的侵略，或是通过掌握政权将本国主权拱手献于他人之手，而是只有如此这般，才能让本国在险恶的世局下自立。

正是在这个意义上，梁启超说："有国家之竞争，有国民之竞争。国家竞争者，国君糜烂其民以与他国争者也；国民竞争者，一国之人各自为其性命财产之关系而与他国争者也。"[1]在他看来，古代王朝之间的战争属于"国家之竞争"，近代资本主义国家的对外扩张与彼此竞逐则属于"国民之竞争"。他为国人描述了一幅后者在全球范围内展开殖民扩张的图景：先是在哥伦布到达美洲后开始殖民该地区，之后是占据印度，同时为了寻找更多的原料获取地与商品倾销地，开始大规模瓜分非洲。当非洲被大体上瓜分完毕后，"欧人益大窘，于是皇皇四顾，茫茫大地，不得不瞵其鹰目，涎其虎口，以暗吸明噬我四千年文明祖国、二万万里膏腴天府之支那"。[2]而如此这般的活动，是得到彼国大多数国民支持的。其活动范围不仅局限在政治领域，而且还包含了经济领域。因为殖民扩张的结果，可以增进该国

① 梁启超：《论近世国民竞争之大势及中国前途》(1899年)，载吴松等点校：《饮冰室文集点校》第2集，第810页。
② 梁启超：《论近世国民竞争之大势及中国前途》(1899年)，载吴松等点校：《饮冰室文集点校》第2集，第811页。

的经济实力，使该国国民从中获益。①

在此背景下，梁启超认为，日趋白热化的"国民之竞争"实为中国民众必须直面之事。但现实却是，"吾中国之不知有国民也"。而"民不知有国，国不知有民，以之与前此国家竞争之世界相遇，或犹可以图存，今也在国民竞争最烈之时，其将何以堪之"。②因此，为了让中国走出危局，须唤起民众的国民意识，使中国人能够做到"以国家来侵者，则可以国家之力抵之；以国民来侵者，则必以国民之力抵之"。③所以说，国民意识之所以需要提倡，是因为它决定着中国在"国民之竞争"的时代里能否自立。脱离了这样的时代背景，将难以认识到具有自主意识与政治能力的国民对于中国前途与命运的重要性。

更为关键的是，在梁启超看来，一旦作为主权国家的中国遭受侵略，那么国民意识非但不会高涨，反而会受到更大的打压。他说：

> 欧人知其病源也，故常以猛力威我国家，而常以暗力侵我国民。……今之铁路、矿务、关税、租界、传教之事，非皆以暗力行之者乎？充其利用暗力之极量，必至尽寄其力于今日之政府与各省官吏，挟之以钤压我国民，于是我国民永无觉悟之时，国民之力永无发达之时。然后彼之所谓生产过度、皇皇然争自存者，

---

① 梁启超此论，其实颇为准确地观察到了当时欧洲资本主义国家的内部状况，即统治阶级为了转移国内矛盾，宣称通过对外扩张可以改善本国大多数民众的生活状况。同时运用各种宣传工具，让本国民众相信该国对外扩张的成功，自己也与有荣焉。而不少该国中产阶级，更是期待在这样的殖民扩张活动中大展身手，使自己跻身政治与经济精英之列。
② 梁启超：《论近世国民竞争之大势及中国前途》（1899年），载吴松等点校：《饮冰室文集点校》第2集，第812页。
③ 梁启超：《论近世国民竞争之大势及中国前途》（1899年），载吴松等点校：《饮冰室文集点校》第2集，第812页。

乃得长以我国为外府,而无复忧矣,此欧洲人之志也。①

梁启超这番话的引申义即是,虽然近代国民思想肇始自欧洲国家,但中国人却不应为了宣传国民思想而无视后者对于中国的野心。对于欧洲列强而言,中国人没有国民思想其实更方便他们支配中国。为了达到此目的,彼辈非但不会拆解清政府长期以来对于民众的压制,反而会利用这样的压制,即借助清廷的力量来消解民众国民意识的产生,造成"国民永无觉悟"与"国民之力永无发达"的后果。就此而言,从表面上看,妨碍中国民众形成国民思想的势力是清政府,②但在当时的国际政治背景下,其受益者则是西方列强。通过分析这样的支配形式,梁启超进一步论证了培养国民意识与反抗列强侵略之间的逻辑关系。因此,他强调:"国民何以能有力? 力也者,非他人所能与我,我自有之而自伸之,自求之而自得之者也。"③这既是针对清政府而言,也是针对利用清政府来支配中国民众的西方列强而言的。

前文谈到,甲午战争后,梁启超曾用"群"与"独"的概念来分析民众与国家的关系,并将"独"视为负面之物。而在东渡日本,汲取更多新知之后,梁启超对"群"与"独"关系有了更为深刻的思考。在发表于1899年的《国民十大元气论》中的《独立论》里,梁启超一反先前的观点,认为:"独立性者,孕育世界之原料也。"④有了独立性

①　梁启超:《论近世国民竞争之大势及中国前途》(1899年),载吴松等点校:《饮冰室文集点校》第2集,第812—813页。
②　1899年,梁启超与韩文举、欧榘甲等其他康门弟子一度颇为倾心于革命,并致力于和革命阵营展开合作。在此背景下,梁启超自然对清廷抱以批判的态度。参见桑兵:《庚子勤王与晚清政局》,北京:北京大学出版社2015年版,第440—447页。
③　梁启超:《论近世国民竞争之大势及中国前途》(1899年),载吴松等点校:《饮冰室文集点校》第2集,第813页。
④　梁启超:《国民十大元气论》(1899年),载吴松等点校:《饮冰室文集点校》第2集,第659页。

的人，不会轻易产生类似于慕强心态的奴隶性。否则习惯于求人庇护，在列强威胁中国之际，便会出现"求入英籍、日本籍者，接踵而立"，"入耶稣教、天主教者遍于行省"的怪象。所以，"此根性不破，虽有国不得谓之有人，虽有人不得谓之有国"。①换言之，具备独立性的人，不会畏惧列强的坚船利炮，而是努力探寻救亡图存之道。

在发表于1901年的《十种德性相反相成义》里，梁启超进一步探讨此话题。他认为"群"与"独"的旨趣看似相反，实则相成。他说："独立者何？不倚赖他力，而常昂然独往独来于世界者也。""吾中国所以不成为独立国者，以国民乏独立之德而已。"②梁启超道出了近代国民意识的一个重要内容，即虽然国民要有自觉的国家认同与爱国思想，但这样的观念要想确立，离不开每一位国民基于独立意识来思考自己与国家的关系。正是由于认识到自己是国家的主人，与国家有密不可分的关系，国民才会主动参与到国家的政治与经济活动中。③基于这样的逻辑，国家在制度设计上就应以近代民主理念为旨归，确保具有独立意识的国民的政治权利。④在这样的制度设计下产生的政治能量，是"一君万民"格局下的传统王朝所不能相比的。

与此同时，梁启超说："今日欲言独立，当先言个人之独立，乃能

---

① 梁启超：《国民十大元气论》（1899年），载吴松等点校：《饮冰室文集点校》第2集，第660页。

② 梁启超：《十种德性相反相成义》（1901年），载吴松等点校：《饮冰室文集点校》第2集，第691页。

③ 据郑匡民教授考证，梁启超的这一认识极有可能是受到近代日本著名思想家福泽谕吉的影响。参见郑匡民：《梁启超启蒙思想的东学背景》，成都：四川人民出版社2020年版，第94—106页。

④ 梁启超在当时关于地方自治的观点就是在这样的逻辑下展开的。他说："就天下万国比较之，大抵其地方自治之力愈厚者，则其国基愈巩固，而国民愈文明。""欲国之强，必自全国之民各合其力以办其所当办之事始。"参见梁启超：《商会议》，载吴松等点校：《饮冰室文集点校》第3集，第1321页。

言全体之独立。"①所谓"全体",自然就涉及"群"的问题。在梁启超看来:"合群云者,合多数之独而成群也。""合群"的对立面不是独立,而是"营私"。"合群"的理想状态是:

> 以一身对于一群,常肯绌身而就群;以小群对于大群,常肯绌小群而就大群,夫然后能合内部固有之群,以敌外部来侵之群。②

很明显,梁启超之所以认为"合群"与"独立"并不矛盾,关键在于他并非在一种抽象的或去历史的状态里讨论"群"与"独",而是在中国所面临严峻外部危机的背景下来展开立论。惟有将具有独立意识的国民凝聚成群,方能"敌外部来侵之群"。认识到中国再不进行内部的变革,将难以抵御外侮,体现了国民的政治意识。在梁启超撰写此文之际,社会进化论正风行一时,梁氏自己亦深受其影响。③他在文中直言:"以物竞天择之公理衡之,则其合群之力愈坚而大者,愈能占优胜权于世界上,此稍学哲理者所能知也。"④要想在此世局下让中国成为名副其实的"独立国",就更离不开有"独立之德"的国民明于"合群"之道。总之,梁启超心目中的理想状态或许是:将"独"与"群"有机结合起来,在外部让中国于列强环

---

① 梁启超:《十种德性相反相成义》(1901年),载吴松等点校:《饮冰室文集点校》第2集,第692页。
② 梁启超:《十种德性相反相成义》(1901年),载吴松等点校:《饮冰室文集点校》第2集,第692页。
③ 张灏先生认为:"梁服膺民族国家的理想得到了以社会达尔文主义为核心的新的世界秩序观的支持。"参见张灏著,崔志海、葛夫平译:《梁启超与中国思想的过渡(1890—1907)》,第107页。
④ 梁启超:《十种德性相反相成义》(1901年),载吴松等点校:《饮冰室文集点校》第2集,第692页。

伺局面下能保持独立，在内部让中国国民借由一系列政治变革以实现独立。

三、民族帝国主义威胁下的"新民"论

梁启超旅日期间，较之先前，在知识积累与分析问题的视野方面最为明显的变化大概就是他对近代以来的世界大势有了更为完整且深入的认识，尤其是逐渐洞察到19世纪以降列强在全球范围内展开殖民扩张的行动特征与意识形态话语，关注到了那些与晚清中国面临相似困境的国家与地区的状况。

1901年，梁启超在《清议报》上发表了《灭国新法论》。他在文中借由叙述埃及、印度、波兰、菲律宾等地的亡国史来提醒国人，近代西方列强的对外扩张早已不再局限于传统的攻城略地、抢占地盘，而是充分运用经济、金融、教育等方式来控制非西方国家。列强可以允许后者保持表面上的政治独立，甚至可以允许它拥有一套从外观上看起来颇为现代化的政府架构，但同时却经常建议该国聘请本国政治顾问来"帮助"它实现政治现代化，让本国大企业在当地投资进而控制该国经济命脉，让本国金融集团向该国发放贷款，并以监督贷款使用为名派遣经济顾问进入该国政府财经与关税部门，使该国财政受本国遥控，最终使该国逐渐沦为半殖民地或殖民地。[1]这篇文章在当时有两层意义：首先，他对近代西方列强通过金融、教育、派遣顾问等非武力方式来控制非西方国家的剖析，可以说是在较为系统地

---

[1]　梁启超：《灭国新法论》（1901年），载吴松等点校：《饮冰室文集点校》第2集，第723—732页。

反思从甲午到戊戌中国士人因信息不对称而产生的对于列强的幻想。其次,梁启超此文在描述列强的"灭国新法"时,其实已经触及了影响近代世界历史走向的重要概念——帝国主义。[①]

与此同时,梁启超基于对19世纪以降世界史的认识,认为近代民族国家已然成为人类历史大势所趋。而其意识形态支撑自然就是与国民意识同样肇始于法国大革命的民族主义。他在《国家思想变迁异同论》里说:

> 民族主义者,世界最光明正大公平之主义也。不使他族侵我之自由,我亦毋侵他族之自由。其在于本国也,人之独立;其在于世界也,国之独立。[②]

正如许多研究指出的,近代民族主义背后的世界观是社会达尔文主义。[③]它用自然界的优胜劣汰来描述人类的政治活动,认为位于劣势的国家与地区被位于优势的国家吞并或支配实属天经地义,这也是让前者有机会成为"文明"社会之一员的最优路径。而一旦某一国家跻身"优胜"之域,必然会将国力施展于外部,进行对外扩张。对此梁启超亦深有体会。他认为:"民族主义发达之既极,其所以求增进本族之幸福者,无有厌足。内力既充,而不得不思伸之于外。"[④]在

---

① 关于对《灭国新法论》的详细分析,参见王锐:《"灭国新法":清末梁启超对世界大势的剖析》,《人文杂志》2023年第1期。
② 梁启超:《国家思想变迁异同论》(1901年),载吴松等点校:《饮冰室文集点校》第2集,第767页。
③ 关于运用社会达尔文主义为殖民扩张做辩护的详情,参见霍夫施塔特著,汪堂峰译:《社会达尔文主义:美国思想的潜流》,上海:上海人民出版社2022年版,第211—248页。
④ 梁启超:《国家思想变迁异同论》(1901年),载吴松等点校:《饮冰室文集点校》第2集,第767页。

此情形下，民族主义就演变为民族帝国主义。① 所谓 "民族帝国"，其主要特点在于 "以全国民为主体"，即国家厉行对外扩张并非出于一二统治者的私心自用，而是得到 "全国民" 的支持。在后者眼中，"优等国民以强力而开化劣等国民，为当尽之义务，苟不尔则为放弃责任也"。② 在此分析框架下，"优等国" 的国民是有自觉的政治意识，是在积极参与彼国政治活动，但这样的意识与这样的参与之结果却是热衷于侵略与支配弱国。③ 基于这一判断，梁启超越发对中国面临的国际政治环境感到担忧。

梁启超著名的《新民说》就是诞生于这样的思想脉络中。在书中的《论新民为今日中国第一急务》一节里，梁启超指出，之所以要在此时讲求新民之道，是因为列强已进入民族帝国主义阶段，中国国运危如累卵：

> 自十六世纪以来，欧洲所以发达，世界所以进步，皆由民族主义所磅礴冲击而成。民族主义者何？各地同种族、同言

---

① 在发表于1902年的《论民族竞争之大势》里，梁启超参考浮田和民等人的论著，详细分析了民族帝国主义的特征。参见梁启超：《论民族竞争之大势》(1902年)，载吴松等点校：《饮冰室文集点校》第2集，第787—802页。

② 梁启超：《国家思想变迁异同论》(1901年)，载吴松等点校：《饮冰室文集点校》第2集，第767页。

③ 或许可以借用马克斯·韦伯在同一时期的政治主张来佐证梁启超的观察。韦伯自然是欧洲思想界的巨匠，但他也认为："我们正在以令人惊恐的速度抵近一个节点，那里将是半开化亚洲各民族的市场边界。然后，只有权力，赤裸裸的权力，将在国际市场上说一不二。只有小资产阶级才会怀疑这一点。德国工人阶级现在还能选择在国内或者到国外寻找工作。但这种时光很快就将一去不返，无论他们愿不愿意。那时，工人们将会仅限于在他们祖国的资本与权力所能到达的地方求生存。这个过程何时完成尚未可知，但毫无疑问将会发生；同样毫无疑问的是，更艰苦的斗争将会取代表面上的和平进程。在这场浩大的斗争中，唯有最强者才是胜利者。"参见蒙森著，阎克文译：《马克斯·韦伯与德国政治(1890—1920)》，北京：中信出版社2016年版，第79页。

语、同宗教、同习俗之人，相视如同胞，务独立自治，组织完备
之政府，以谋公益而御他族是也。此主义发达既极，驯至十九
世纪之末（近二、三十年），乃更进而为民族帝国主义。民族帝
国主义者何？其国民之实力，充于内而不得不溢于外，于是汲
汲焉求扩张权力于他地，以为我尾闾。其下手也，或以兵力，
或以商务，或以工业，或以教会，而一用政策以指挥调获之是
也。……今日欲抵挡列强之民族帝国主义，以挽浩劫而拯生
灵，惟有我行我民族主义之一策。而欲实行民族主义于中国，
舍新民末由。[1]

在对世界大势进行深入考察的过程中，梁启超认为："在民族主
义立国之今日，民弱者国弱，民强者国强。"[2]"夫国家本非有体也，借
人民以成体。故欲求国之自尊，必先自国民人人自尊始。"[3]"有国家
思想，能自布政治者，谓之国民。天下未有无国民而可以成国者
也。"[4]本乎此，"新民"有着明确的目标，就是要培养国人的国民思
想，意识到正是由于自己是国家的主人，所以要担负起国家兴亡的
重任，积极投身于救亡图存运动中。国民自尊自强，对外自会不满
列强想方设法侵略、支配、奴役中国，不会因眩于列强所宣扬的意识
形态话语而放弃抵抗帝国主义的意识；对内更会不满难以抵御列
强侵略的不良政治。相似的，既然国家"借人民以成体"，那么对内
自然是要建立保障国民权利、体现国民意志的政治制度，对外则寻
求抵御外侮之道，让中国能在险恶的国际环境里立足。

<hr>

[1] 梁启超:《新民说》,台北:文景出版社2011年版,第4—5、6页。
[2] 梁启超:《新民说》,第9页。
[3] 梁启超:《新民说》,第93页。
[4] 梁启超:《新民说》,第21页。

进一步而言，从近代中国所面临的内外危机思考，国权与民权也许并非对立或矛盾之物，而是相辅相成、相互促进。[①]如果说培养独立自主的国民意识是近代中国启蒙思想的要义之一，那么对第一次鸦片战争以来中国的外患有深切认识，进而秉持自尊自立之志去挽救中国命运，就是在实践启蒙的目标。脱离了这样的历史语境去审视包括梁启超在内的知识分子的言说，恐怕很难对当时的思想氛围有完整而全面的把握，也难以明晰各种现代性要素在晚清中国次第展开的内在逻辑。

此外，在西方近代史上，国民思想中所蕴含的内容，除了与民族国家的形成颇有关联，更体现了工业革命后日渐成社会中心势力的资产阶级的政治、经济与文化利益，并将这样的利益用带有普遍性特征的概念与学说表达出来。因此，国民意识同样不是凭空而生，很大程度上是资本主义生产方式普及的结果。要想理解这一历史过程，与其考究国民思想里那些抽象的观念，不如剖析产生这些观念的政治与经济结构，尤其是经济活动中的支配与被支配关系。[②] 19世纪欧洲资本主义国家将民族主义作为一种意识形态话语，为自己的对外扩张进行辩护，说到底也是由于彼国资本主义力量膨胀，需要向海外输出商品与资本，同时占据更多的原料获取地。

而在晚清中国却不一样。当时中国的资本主义力量十分薄弱，社会上也基本没有类似于18、19世纪欧洲国家里作为政治主导者

[①] 在发表于1899—1900年间的《自由书》里，梁启超就对民权与国权的关系进行了论述。他认为："苟我民不放弃其自由权，民贼孰得而侵之？苟我国不放弃其自由权，则虎狼国孰得而侵之？"其意思就是没有民权，国权将难以巩固。参见梁启超：《自由书·国权与民权》，载吴松等点校：《饮冰室文集点校》第4集，第2265页。

[②] 拉斯基著，林冈、郑忠义译：《欧洲自由主义的兴起》，北京：中国人民大学出版社2012年版，第143—160页。

的资产阶级。^①因此,国民思想在晚清的普及,也就比较缺少近代西方国家那样体现某一特殊政治主导阶级利益的特点。因此,宣传国民思想、认同国民思想,主要还是基于对中国内外危机的认识。在认识这些现状时,思考如何能更好地让全体中国人担负起救国救民的重任。个体的政治觉醒,是意识到救亡图存刻不容缓后的觉醒,而非希图将自己的政治与经济利益在国家层面以法权的形式固定下来。

理解了这一点,或许能有助于分析梁启超在《新民说》里对"权利""自由"这两个重要概念的论述。梁氏认为权利绝非仅限于对物质与利益的争夺,而是一种具有独立意识的品格。"一部分之权利,合之即为全体之权利。一私人之权利思想,积之即为一国家之权利思想。"^②置诸当时中国的处境,权利思想的表现形式自然就是面对外寇入侵而思保卫国家主权。因为一旦中国被列强支配,国民将长期处于奴隶地位,权利云云将无从谈起。正是在这个意义上,宣传权利意识,才离不开对自古以来压制人们权利意识的制度与学说展开批判。因为后者导致中国人权利意识黯而不彰,对外力奴役自己毫无警觉。所以梁启超说:"欲使吾国之国权与他国之国权平等,必先使吾国中人人固有之权皆平等,必先使吾国民在我国所享之权利与他国民在彼国所享之权利相平等。"^③

梁启超对"自由"的分析亦然。他坚信"自由者,天下之公理,人生之要具,无往而不适用者也"。^④世界近代史很大程度上可视为

---

① 许涤新、吴承明主编:《中国资本主义发展史》第2卷,北京:人民出版社2003年版,第1060—1074页。
② 梁启超:《新民说》,第48页。
③ 梁启超:《新民说》,第51页。
④ 梁启超:《新民说》,第53页。

一部自由精神普及史。而自由的内涵在不同时期有不同的侧重。法国大革命的狂风怒潮让人们意识到"争政治自由"的重要性，19世纪殖民主义与帝国主义扩张则让被殖民与被支配国家意识到"争民族自由"的重要性。既然在《新民说》中，梁启超用不少篇幅分析清政府的专制与腐败致使中国屡遭外患，那么对于中国而言，"争政治自由"实与"争民族自由"相辅相成。无"政治自由"则"民族自由"难以实现，无"民族自由"则"政治自由"宛如沙上筑塔。所以他说，若就中国当时的状况具体地谈自由问题，则一为"参政问题"，一为"民族建国问题"。前者涉及中国政治制度的变革，后者关乎中国能否抵抗列强的侵略。正是基于对时势如此这般的把握，梁启超认为当务之急是"争团体之自由"，而非假借自由之名来满足一己私利，使团体涣散。[①]在此分析逻辑里，个人自由的价值其实并未被质疑或降低，只是这样的价值要在具体的时空环境里实践，需顾及此时此刻亟须直面的政治矛盾。就此而言，认为梁启超"以个人为出发点，以国家之优位为归结"固然没有问题。[②]但在梁启超看来，"国家之优位"本身就蕴含着诸如基于个人自由来对抗恶势力的内容，毕竟外部危机往往通过内部矛盾起作用，抵御外侮的过程自然也将清除内部症结涵盖其中。在这个意义上，"新民"刻不容缓。

四、余　论

陈寅恪尝言："夫圣人之言，必有为而发，若不取事实以证之，则

---

① 梁启超：《新民说》，第55—60页。
② 狭间直树：《〈新民说〉略论》，载狭间直树编：《梁启超·明治日本·西方（修订版）》，北京：社会科学文献出版社2012年版，第78页。

成无的之矢矣。"①研究辛亥革命前十年间的中国政治思想史,固然要注意时人在发表政治问题评论时都使用或借鉴了哪些概念与学说,但更需将这些言说置于他们所面对的内外环境中来审视。他们提出各种观点,并非是在一种静态的空间里畅想或思辨,而是亟须探讨如何让中国摆脱危机,扭转危局。就此而言,分析这些言说的起点,或许并不在于将它们与研究者心目中些许去历史的、本质主义的概念或学说进行对比,进而判断近代中国知识分子缺少某某主义的基因,而应在当时具体的政治、经济与文化矛盾中把握这些言说的要点与意义。

考察对时代变局极为敏感的梁启超的思想更应如此。梁启超在1900年前后反复向国人宣传国民思想,唤起人们的国民意识,强调具有独立性、善于合群、知晓自由之大用、洞晓中国的内外状况、积极投身政治救亡运动等内容实为当时中国人所应形成的国民意识中的重要组成部分。梁启超的这些主张与他对晚近以来世界大势的分析息息相关。他越是深入了解列强步入民族帝国主义、善用"灭国新法"对待中国,越是感到在中国宣传国民思想的重要性与迫切性。如果说从传统王朝体制下的臣民变为近代民族国家里的国民是近代政治启蒙的要义之一,那么梁启超剖析世界大势、介绍国民思想,都属于他在晚清所进行的启蒙事业。前者直接促生了后者,后者的时代意义在于力图解决前者所昭示的时代症结。

当然,自从1903年下旬赴美游历归来后,梁启超开始怀疑中国民众是否能在短时间内形成良好的国民意识,进而在此基础上构筑起民主政治的根基。于是他开始转向宣扬"开明专制",视国家主义

①　陈寅恪:《杨树达论语疏证序》,载《金明馆丛稿二编》,上海:上海古籍出版社2018年版,第232页。

为救时良方。虽然他此时仍未放弃"新民"之念，但在其政治视野里，此类思想的内涵与先前已有些许差异。①这与其说是由于他对诸如"自由""权利"等概念缺乏真切的认同，不如说在他的政治视野里，比较欠缺对19世纪以降殖民体系与帝国主义体系的反思，更难以设想一条突破帝国主义体系，建立国与国之间更为平等的关系的道路，所以他才会觉得"民族帝国主义"将会是20世纪国际政治的主流，国家主义成为列强集聚国力的指导方针，大国之间的争霸实为难以避免之事。就此而言，梁启超大概怎么也没料到20世纪世界历史进程的主流并非民族帝国主义国家之间为瓜分全世界而进行的"大国对抗"，而是轰轰烈烈的殖民地与半殖民地的民族解放运动，以及社会主义运动在世界范围内产生的巨大影响。

此外，张灏教授认为："梁启超的国民理想看来对过去半个世纪以来各个思想流派中的绝大部分中国知识分子都有着持久的吸引力，甚至在今天，它仍然是共产主义中国价值观体系的一个重要组成部分。"②客观来讲，此论能注意到20世纪上半叶中国思想流变的一脉相承之处，洞察力自是不同寻常。毕竟毛泽东等不少早期中国共产党人都曾深受梁启超文章的影响。不过在梁启超的国民论述里，虽然他对理应蕴含于其中的各种现代性要素进行了热情洋溢的介绍，但他的论著其实仍然较为缺乏一种鲜明的、具有行动指向的底层视角。他对那些长期因政治与经济压迫而处于失语状态的、占中国

---

① 关于梁启超思想的转变对其国民论述的影响，参见黄宗智著，王圣译：《梁启超与近代中国自由主义》，西安：西北大学出版社2023年版，第112—116页。而这种转变的一个明显表现，就是梁启超将中国传统圣贤形象纳入其"新民"思想中。关于这一点，参见黄克武：《魂归何处？梁启超与儒教中国及其现代命运的再思考》，载《近代中国的思潮与人物》，北京：九州出版社2013年版，第206、208—209页。

② 张灏著，崔志海、葛夫平译：《梁启超与中国思想的过渡（1890—1907）》，第211页。

人口绝大多数的底层民众的生活状况缺乏深刻的描述，也难以真正找到与他们建立起政治联系、唤起他们抵抗意识的途径。而惟有让这些人的命运得到彻底改变，使他们成为国家真正的主人，"新民"才显得更名副其实，"国民"才具有更为完整而生动的内涵。就此而言，如果说梁启超在清末的一系列论著是近代中国启蒙思想的1.0版的话，《阿Q正传》与《寻乌调查》则是近代中国启蒙思想的2.0版。两个阶段之间有连续性，但后者对于前者的扬弃也不容忽视。

以传统释革命

——论20世纪20年代梁启超与戴季陶的传统新诠

在近代中国,古今中西之争往往与探索中国出路何在相伴而行。如何认识中国的过去,关系到如何把握中国的现在、思考中国的未来。就此而言,对于中国传统思想与学术的认识与诠释,在近代中国的绝大多数时间里,并不是一个与现实无涉的"纯学术"话题。即便一些人士主张表面上"去价值判断"地"动手动脚找材料",但这样的声音之所以出现,同样有着很明显的意识形态背景与现实政治文化诉求。也正因如此,中国传统思想与学术,尤其是儒家学说,在近代中国,虽然不再像帝制时代有着如此崇高且独尊的地位,但在思想流变与政治变迁过程中,依然起着不容忽视的作用,时常成为时代论争的重要组成部分。在这个意义上,陈寅恪所言的"华夏民族所受儒家学说之影响,最深最钜者,实在制度、法律、公私生活之方面",[①]不独古代如此,在近代亦如此。

"五四"新文化运动以来,在激烈的反传统思潮冲击下,包括儒家学说在内的中国传统思想与学术遭遇各种各样的批判,同时各类

---

① 陈寅恪:《冯友兰中国哲学史下册审查报告》,载《金明馆丛稿二编》,北京:生活·读书·新知三联书店2009年版,第283页。

新思潮开始进入中国，中国一度成为众多新的政治与社会学说的试验场，积极探索救亡图存之道的青年知识分子尝试将各种方案予以实践。而随着俄国十月革命胜利的消息在中国传播开来，马克思列宁主义开始在中国产生越来越大的影响。特别是面对第一次世界大战后欧洲资本主义国家满目疮痍，巴黎和会上中国遭遇由列强联手操纵的极不公正待遇，进一步让越来越多的人相信俄国人走的路同样也是中国未来应走的路。对此，时人这样描述："报章杂志底上面，东也是研究马克思主义，西也是讨论鲍尔希维主义；这里是阐明社会主义底理论，那里是叙述劳动运动底历史，蓬蓬勃勃，一唱百和。社会主义在今日的中国，仿佛有'雄鸡一鸣天下晓'的情景。"①

　　早在中国共产党成立前夕，中国的社会主义者便开始较有组织地宣传社会主义学说。到了国民革命运动前后，伴随着第一次国共合作所形成的巨大政治能量，社会主义的传播更为广泛，工人运动与农民运动也开始在各地蓬勃展开。②在此情形下，北方的军阀势力固然极力反对，采取各类手段遏制社会主义的力量，一些有着不同政治与文化立场的知识分子也在思考如何从学理上回应社会主义思潮。其中有一类知识分子，他们并不反对社会主义，认为社会主义在此时代确有必要性，需要向国人进行介绍。但他们希望把社会主义放置于"可控"的范围里，淡化社会主义学说对历史与现实中生产关系与阶级矛盾的剖析与批判，使之对现存的社会与文化结构不造成过分冲击。

---

① 潘公展：《近代社会主义及其批评》，《东方杂志》第18卷第4号（1921年2月），第41页。

② 这里需要说明的是，"五四"新文化运动以来在中国流行的社会主义学说固然有不同的类型，比如列宁的学说、第二国际式的社会主义、基尔特社会主义，等等。但是，不同类型的社会主义，其共性还是很明显的，包括基于政治经济学的政治形势分析、对资本主义体制的强烈批判、对生产资料国有化的认同、强调要提升工人阶级地位、反对资本主义列强对殖民地的占有与支配。只是在实现社会主义的路径与对理想政治模式的描述上，不同类型的社会主义之间存在差异。

在这批人里，分别属于不同政治与文化派别的梁启超与戴季陶尤具代表性。梁启超从清末起便在舆论界享有盛名，他对社会主义学说也有一定的了解，他的相关言说在"五四"新文化运动以来仍有不小的影响力，且绝非率由旧章的闭塞之论。而戴季陶曾一度与中国的社会主义者往来密切，在"五四"新文化运动中也曾运用社会主义学说来分析中国的政治与经济问题，加之他在国民党的重要地位，使得他的主张也有一定的影响力与代表性。他们二人虽属不同的政治阵营，但思想上有着一定的共性，即都认为源自近代西方的社会主义学说需要用中国传统来进行一番诠释，革命活动的正当性也需建立在符合中国传统的标准上。在他们看来，中国传统，特别是儒家学说是用来回应社会主义的重要理论工具。儒家学说既能用来描述社会主义的基本旨趣，又能展望实现社会主义及其相关政治理想的路径。将他们二位放在一起讨论，研究他们在当时如何基于一定的时代感来重新诠释中国传统，挖掘二人思想中的共性，可以比较完整地呈现国民革命运动前后运用中国传统来回应、稀释、限制、无害化社会主义思潮的基本态势。进一步而言，还可将二人的相关言说总结为一种思想类型，分析他们对之后的中国学术思想与政治文化的影响。凡此种种，对于更深入地理解中国近代政治思想史，特别是儒家学说在近代中国之形态，皆不无裨益。

一、儒家学说与社会主义

梁启超一直习惯于通过分析世界大势来思考中国问题。[①] 1917

[①]　关于这一点，笔者在别的文章里有详细讨论。参见王锐：《"灭国新法"：清末梁启超对世界大势的剖析》，《人文杂志》2023年第1期。

年底,曾经一度想在袁世凯死后的国会里施展一番身手的梁启超遭到段祺瑞的嫡系安福系排挤,再次在政治上被边缘化。此后,他开始逐渐淡出政坛,投身文化事业。[①] 1918年12月,梁启超与几位好友踏上赴欧洲的旅途,亲身实地考察一战后的欧洲政治、社会与文化状况。在欧洲,梁启超观察到战后各国面临越来越严峻的经济与社会矛盾,旨在保护工人阶级利益、批判资产阶级垄断生产资料与穷兵黩武的社会主义思潮声势越来越大。他说:"贫富两阶级战争,这句话说了已经几十年,今日却渐渐到了不能不实现的时代。"更有甚者,"社会革命恐怕是20世纪史唯一的特色,没有一国能免,不过争早晚罢了"。[②]诚如其言,在讨论战后世界局势的巴黎和会上,英、法、美、意等国家主要担忧的一个问题就是如何遏制十月革命后社会主义思潮在欧洲的蔓延,对东欧地区的边界的划分与人口归属,其实都是在这一思虑下进行的。[③] 1919年在巴伐利亚与匈牙利已经建立了共产党政权,虽然持续时间并不长;在柏林与维也纳,左翼组织也曾计划组织起义。参加和会的加拿大代表由此感觉到:"金钱在这个世界的权力太大了——都在维护私人的利益,这自然会产生共产主义。我们毫不怀疑,等再过四分之一个世纪,人人都会到达那个阶段。"[④]

　　作为一位对世局变动极为敏锐的人,梁启超还注意到,一战结束

---

①　张朋园:《梁启超与民国政治》,台北:"中研院"近代史所2006年版,第88—93页。关于梁启超及其同好在"五四"新文化运动中的活动与思考的较新的研究,参见魏万磊:《晚年梁启超与五四"文化保守派"》,北京:中国社会科学出版社2020年版。周月峰:《另一场新文化运动:五四前后"梁启超系"再造新文明的努力》,北京:北京大学出版社2023年版。

②　梁启超:《欧游心影录》,北京:商务印书馆2017年版,第12、13页。

③　麦克米伦著,邓峰译:《缔造和平:1919巴黎和会及其开启的世界》,北京:中信出版社2018年版,第147—213、281—369页。

④　麦克米伦著,邓峰译:《缔造和平:1919巴黎和会及其开启的世界》,第88页。

后社会主义运动之所以风起云涌，与其说是革命者的动员与组织能力如何强，不如说是资本家对劳工大众的压迫与剥削让人难以忍受，必须起而抗争，它是各种长期积累的社会矛盾之总爆发：

> 你们说奖励国产、增进国富是目前第一要义，我还要问一句，国富增进了究竟于我有何好处？你们打着国家的旗号谋私人利益，要我跟着你们瞎跑，我是不来的。这种思想在战胜国的劳动社会中，已是到处弥满了。①

巴黎和会签订了一部《国际劳工规约》，希望采取一些社会政策来遏止社会主义风潮。对此，梁启超依然从劳工的角度进行分析：

> 就劳工阶级的眼光看过去却怎么样呢？所谓"剩余价值"的一大部分，依然是被资本家掠夺呀，生产机关，依然是被少数人垄断呀，这样说"公平"，算得是彻底的公平吗？质而言之，本规约的根本精神，不外所谓"劳资调协主义"。这种主义，若是在二三十年前实行，或者可以把风潮平息得下去，今日却不是那回事了。②

可见，在梁氏看来，如果整体的社会结构不发生变化，特别是生产机关依然被少数资本家占据，那么局部的社会救济政策对于调和劳资关系并无助益，因为造成这种贫富差距的根本原因是整个资本主义生产与分配体系的剥削性与垄断性，这并非是一个道义上的问题，而

---

① 梁启超：《欧游心影录》，第13页。
② 梁启超：《欧游心影录》，第210页。

是一个社会制度的问题。因此他预测："这回各国为防止过激派侵入起见，产出这《国际劳工规约》，也不过和前清筹备立宪抵制革命同一手段，怕没有什么良果。"[①]

依梁启超之见，欧洲社会面临这样的动荡局面，某种程度上是19世纪欧洲主流思潮的破产。因此，他一面分析欧洲社会主义运动为何会风起云涌，一面开始愈发相信中国传统思想是医治晚近欧洲文明疾病的良药。用他自己的话说："我们的国家，有个绝大责任横在前途。什么责任呢？是拿西洋的文明，来扩充我的文明，又拿我的文明去补助西洋的文明，叫他化合起来成一种新文明。"[②]或许是意识到了当时中国青年知识分子借由新式报刊而形成的巨大社会动员能力，他宣称："我们可爱的青年啊！立正！开步走！大海对岸那边有好几万万人，愁着物质文明破产，哀哀欲绝的喊救命，等着你来超拔他哩！"[③]

基于自己在欧洲考察的见闻，回国后，梁启超形成了两个重要的思想。首先，他承认社会主义运动在欧洲风起云涌乃势所必至，也欣赏社会主义学说的正义性，但认为在此刻的中国不宜过分提倡社会主义，更不能基于社会主义理想来发动革命。因为中国生产力水平低下，资本主义发展还很弱小，中国社会也不像欧洲社会那样有着如此悬殊的阶级差别。让中国处于积贫积弱境地的不是本国的资本主义，而是外国资本的力量。外国资本的入侵，导致中国国内经济不断被吸血，工业生产受制于人，中国全体国民都被前者剥削。在此情形下，当务之急应是奖励生产，壮大本国的资产阶级力量，同时宣扬劳资互助，防止工人运动冲击还很弱小的本国资本主

① 梁启超：《欧游心影录》，第210页。
② 梁启超：《欧游心影录》，第49页。
③ 梁启超：《欧游心影录》，第52页。

义，避免在宣传上专注分配而忘却生产。他甚至认为，在当时的中国提倡社会主义、鼓吹社会革命，只能导致"游民阶级之运动"，进而"毁灭社会"。[①]

其次，早在1918年春夏间，梁启超便"屏弃百事，专致力于通史之作，数月间成十余万言"，同时为子女讲授"学术流别"，并由子女记成讲义。[②]可见，他逐渐将研究与写作重心放在中国传统上。欧洲归来后，基于自己对西方文明现状的观察与思考，同时目睹当时声势渐广的反传统之风，以及在这一风气下登上学术文化舞台的一批新人，为了回应新思潮，保住自己在思想舆论界的地位，开始借讲学来培植自己势力的后备力量，梁启超在各地演讲与中国传统相关的内容，强调中国传统思想与学术的价值，大谈研究中国历史与典籍的方法与路径，出版了好几种颇有影响的以研究中国传统为主题的著作。[③]

在梁启超晚年众多的学术论著中，最能体现他这两种思想，尤其是他试图从学理层面回应社会主义运动的，莫过于1923年出版的《先秦政治思想史》。而在1920年出版的《清代学术概论》里，梁启超这样展望未来中国学术的发展：

---

① 梁启超：《复张东荪论社会主义运动》，载汤志钧、汤仁泽编：《梁启超全集》第19集，北京：中国人民大学出版社2018年版，第589页。当然，梁启超在清末旅居日本期间就颇为关注社会主义问题，他主持的《新民丛报》与广智书局也刊登、出版了不少关于社会主义的论著。而认为施行社会主义并非中国当务之急的观点也是他从清末以来一贯坚持的，只是在"五四"新文化运动后重提此论，有着与清末不一样的辩论对象。关于梁启超在清末的相关言说，参见董方奎：《梁启超与立宪政治》，武汉：华中师范大学出版社2011年版，第204—225页。

② 丁文江、赵丰田编：《梁启超年谱长编》，上海：上海人民出版社2009年版，第253、256页。

③ 张朋园：《梁启超与民国政治》，第154—159页。关于梁启超晚年研究中国传统的心境，特别是他意在与胡适一较高下的意图，参见夏晓虹：《"失而复得"的〈国学小史〉》，载梁启超：《国学小史》，北京：商务印书馆2014年版，第18—39页。

　　所谓"经世致用"之一学派,其根本观念,传自孔孟。历代多倡道之,而清代之启蒙派晚出派,益扩张其范围。此派所揭橥之旗帜,谓学问所当讲求者,在改良社会增其幸福,其通行语所谓"国计民生"者是也。故其论点,不期而趋集于生计问题。而我国人对于生计问题之见地,自先秦诸大哲,其理想皆近于今世所谓"社会主义"。二千年来生计社会之组织,亦蒙此种理想之赐,颇称均平健实。今此问题为全世界人类之公共问题,各国学者之头脑,皆为所恼。吾敢言我国之生计社会,实为将来新学说最好之试验场。而我国学者,对于此问题,实有最大之发言权,且尤当自觉悟其对此问题应负最大之任务。①

可见,梁启超认为应多从社会主义的角度来理解儒家的"经世致用"之道,并声称后者早在两千多年前就已提出与今世之社会主义相类似的观点,这让中国社会具有"均平健实"的特点。因此,既然有着如此丰厚的思想遗产,面对眼前世界范围内存在的社会经济问题,中国学者应有"最大之发言权"并"负最大之任务"。

　　在《先秦政治思想史》中,梁启超系统解释了为何对于社会经济问题,中国学者有"最大之发言权"。②梁启超认为,早在两千多年前的先秦时期,中国人就已否认统治者有"先天特权",并以"人民所归向所安习"作为承认统治者地位的前提。因此,类似于"欧美贵族平

---

① 梁启超:《清代学术概论》,北京:中华书局2020年版,第175页。
② 梁启超撰写《先秦政治思想史》的缘起之一,为其门生徐志摩向他转达英国哲学家罗素希望梁氏撰写一本面向西方读者的有关中国传统思想的著作。之后梁启超在东南大学讲授"中国政治思想史"期间,遂依讲稿写成此书。可以说,梁启超撰写此书的目的之一,就是向饱尝一战之苦的西方知识分子展现中国文化的优异之处。参见刘洪涛:《徐志摩致奥格顿英文书信的发现及其价值》,《齐鲁学刊》2006年第3期。

民奴隶等阶级制度"，在中国"已成二千年僵石"。在此情形下，"欧人所谓'人权'，全由阶级斗争产来"，"必有阶级然后有斗争之主体"。然而在"久无阶级之我国"，"吾侪亦不能认阶级斗争为性质上可崇敬之事业"。因为"若果尔者，一切阶级灭尽之后，人类政治岂不日陷于堕落耶？"[①]换言之，因为中国社会没有类似于西方社会的阶级隔绝，因此中国的历史文化里也就没有阶级斗争的基因，故而社会主义者所强调的这一事项在中国便没有大肆声张的必要。在这个意义上，中国传统政治思想有较之西方政治思想更为"高明"之处。

在先秦各派政治思想里，梁启超自然对儒家政治思想情有独钟。在他看来："儒家言道言政，皆植本于'仁'。""仁"在"智的方面所表现者为同类意识，情的方面所表现者为同情心"。[②]这一"同类意识"与"同情心"的具体体现，便是《论语》中的"己欲立而立人，己欲达而达人"。人我之间有一种强烈的休戚相关感，他人的苦痛能够引起人们的共鸣，进而思考解决各种社会问题的方法。梁启超认为，儒家政治思想的这一人生哲学前提，使得儒家论政时极具道德意识，能从道德责任感而非个体权利出发去思考问题。就此而言，"儒家之政治思想，与今世欧美最流行之数种思想，乃全异其出发点。彼辈奖励人情之析类而相嫉，吾侪利导人性之合类而相亲"。[③]

正是在这一点上，梁启超认为社会主义在西方虽然有其存在的必要性，但与儒家学说相比，还是有"局限性"的。他说："彼（西方）中所谓资本阶级者，以不能絜矩，故恒以己所不欲者施诸劳工，其罪诚无可恕，然左袒劳工之人——如马克思主义者流，则亦日日鼓吹以己所不欲还施诸彼而已。《诗》曰：'人之无良，相怨一方。'以此为

---

① 梁启超：《先秦政治思想史》，北京：商务印书馆2016年版，第7页。
② 梁启超：《先秦政治思想史》，第82页。
③ 梁启超：《先秦政治思想史》，第86—87页。

教,而谓可以改革社会使之向上,吾未之闻。"[1] 相似的,在解读《礼记》中的《礼运》篇之"货恶其弃于地也,不必藏诸己；力恶其不出于身也,不必为己"这句话时,梁启超说：

> 此专就社会组织中关于经济条件者而言。货恶弃地,则凡可以增加生产者皆所奖励,然不必藏诸己,则资本私有甚非所重,不惟不肯掠取剩余价值而已。力恶不出,故常认劳作为神圣,然不必为己,不以物质享乐目的渎此神圣也。此其义蕴,与今世社会主义家艳称之"各尽所能,各取所需"两格言正相函,但其背影中别有一种极温柔敦厚之人生观在,有一种"无所谓而为"的精神在,与所谓"唯物史论"者流乃适得其反也。[2]

很明显,梁启超使用了一些社会主义政治经济学的分析框架来解读这段话,这固然体现出他对社会主义学说有一定的了解与认同。但更为重要的是,梁启超认为以《礼运》篇为代表的儒家典籍,其政治主张背后有一种"极温柔敦厚之人生观",这是社会主义政治经济学所不具备的。换言之,在这一论述框架里,梁启超意在彰显儒家学说既有与社会主义相类似的政治经济主张,又有后者所"欠缺"的道德追求与人生哲学。顺此逻辑,既然在资本主义体制弊病已经很明显的时代里,社会主义的政治理想值得追寻,那么与其对基于阶级斗争的、源自近代西方的社会主义心向往之,何如直接服膺既包含社会主义的主张,又避免其"疏失",显得更温良敦厚的儒家学说。

在当时的舆论界,梁启超等人与中国的社会主义者展开论战。

---

[1]　梁启超:《先秦政治思想史》,第87页。
[2]　梁启超:《先秦政治思想史》,第88—89页。

后者大多认为需要通过革命打倒剥削阶级，实现社会主义。[1]因此，在《先秦政治思想史》中，梁启超就需要回应"革命"这一在当时被热烈讨论的话题。当然，对此话题梁启超大概并不陌生，清末他一度倾心于革命，但在1903年访美归来后，他认为中国国民素质过于低下，中国的经济水平亟须提高，对内施行政治经济集权、对外厉行扩张的"民族帝国主义"成为大势所趋，因此极力与革命话语撇清界限，甚至认为中国需要一定时间的"开明专制"方能走出困境。之后他与革命党之间的论战更是引人注目，影响深远。[2]而此刻，面对社会主义思潮在世界范围内的流行，以及"五四"新文化运动以来声势浩大的除旧布新之声，为了保持其阵营在社会上的影响力，同时吸引年轻知识分子加入其中，[3]梁启超大概很难逆时代风气，直接否定革

---

[1]　关于梁启超等人与中国的社会主义者之间论战的梗概，参见彭明：《五四运动史（修订本）》，北京：人民出版社2019年版，第450—465页。而在梁启超阵营里，张东荪对此问题也有不少的论述。关于张东荪的相关想法及其特点，参见高波：《追寻新共和：张东荪早期思想与活动研究（1886—1932）》，北京：生活·读书·新知三联书店2018年版，第254—302页。

[2]　相关论战文献，参见梁启超等著，林志宏导读：《革命的抉择和挑战：〈民报〉、〈新民丛报〉论战选编》，台北：文景书局2015年版。

[3]　梁启超的这些思虑，在他与友朋之间的往来信函中透露了不少。其中时常可见这样的话："欲举大事，只有师生朋友可靠，然皆须有长久之时日。……五年后吾党将遍中国，岂再如今日之长此无人也。""清华、南开两处必须作吾辈之关中、河内，吾一年来费力于此，似尚不虚。""今之所急，一在立事业而图发展，一在定主义而事宣传，然后方有真团体之组织。……全力从事于此，设科不必多，惟教授须最高手，藏书楼须极完备，须有一种特别精神，特别色彩，此为吾辈文化运动、社会事业、政治运动之重要基本，应早筹备。""将来的社会中心势力，非托与学者与商人之团结不可。……所谓学者与商人的团结，只在中心势力之造成，所执的何种主义另是一问题。"参见丁文江、赵丰田编：《梁任公先生年谱长编初稿》，北京：中华书局2010年版，第497、498、485、538页。对于梁启超等研究系人士如此这般从事学术教育活动，时人这样评价："五四运动而后，研究系三字大为一般人所注目，盖彼今目前政权之直接争夺，而努力文化运动，谋植将来竞争之稳固地盘者也。虽其文化运动之主张，系出一种取巧之政略，而非诚心觉悟忏悔，做基本功夫，以图根本上之改造；然视同国中各政党，故步自封，仍守因袭传统之党纲，不知顺应世界新潮为进步者，似稍差强人意耳。"参见谢彬：《民国政党史》，载《民国政党史·政党与民初政治》，北京：中华书局2007年版，第178页。

命,更不能重提诸如"开明专制"之类的主张,因此,他尝试从儒家学说出发,重新解释革命。

梁启超认为:"儒家深信非有健全之人民,则不能有健全之政治。故其言政治也,惟务养成多数人之政治道德、政治能力及政治习惯,谓此为其政治目的也可,谓此为其政治手段也亦可。"[1]对儒家而言,"政治即道德,道德即政治"。[2]而作为手段,"政治即教育,教育即政治"。[3]因此,儒家看待政治,主要是从道德意识是否普及、成德之学是否完备的角度入手,具体的经济与社会政策,最终也是以此为旨归。而在判断政治活动,尤其是政权性质之优劣时,很大程度上也是秉持极具道德感的利义之辩,而非汲汲于从功利的角度立论。

基于此,梁启超强调儒家之所以主张"政府施政,壹以顺从民意为标准",[4]并非建立在政治活动中的权利意识与对抗意识,而是因为相信只有如此这般,方能体现道德意识,有助于修身成德。也正因为这样,儒家视杀伐与斗争之事为不道德之举。具体言之:

> 今世欧美之中产阶级专制、劳农阶级专制,由孟子视之,皆所谓"杀人以政,不免于率兽而食人"者也。[5]

在梁启超看来,无论是"中产阶级专制"(资产阶级专政),还是"劳农阶级专制"(无产阶级专政),其实并无太大的区别,即便后者能代表

---

① 梁启超:《先秦政治思想史》,第97页。
② 梁启超:《先秦政治思想史》,第100页。
③ 梁启超:《先秦政治思想史》,第101页。
④ 梁启超:《先秦政治思想史》,第110页。
⑤ 梁启超:《先秦政治思想史》,第111页。

更多平民的利益，也不能免于"率兽而食人"之讥。因为这二者虽然
看似相反，但其实都是西方文明的产物，都是建立在对权利的争夺与
竞逐之上的，缺少儒家式的仁者爱人思想。进一步而言，梁启超认为
儒家的革命论较之西方历史上的革命思想更具正义感：

> 儒家认革命为正当行为，故《易传》曰："汤武革命，顺乎天
> 而应乎人。"孟子此言，即述彼意而畅发之耳。虽然，儒家所主
> 张之革命，在为正义而革命，若夫为扩张一个人或一阶级之权利
> 而革命，殊非儒家所许。何也？儒家固以权利观念为一切罪恶
> 之源泉也。[1]

梁启超不否认革命的意义，但却认为近代以来的革命运动，若以儒家
学说来衡量，皆非臻于上乘，因为其特征多属"为扩张一个人或一阶
级之权利而革命"。革命的动机依然是权利观念，而一旦沾染了权利
观念，就不免沾染私心，或形成人我之间的敌对意识。相比之下，儒
家式的革命是"为正义而革命"，革命是建立在强烈的道德意识之
上，革命的目的并非为了一个人或一阶级之私利，因此更显高尚。毋
庸多言，无论是十多年前的辛亥革命，还是此刻被广为宣传的社会主
义革命，都是近代意义上的革命运动。因此，梁启超此论无异于暗示
这些革命本身并非至善之举，而是带有瑕疵。既然如此，对于中国而
言，与其说去效仿源自西方的社会主义，倒不如重拾儒家学说。

　　总之，在出版《先秦政治思想史》之前，基于对欧洲社会的观察，
梁启超察觉到"现代新阶级发生，全以'生计的'地位为分野"，"我
国民虽未受旧阶级之毒，然今后新阶级之发生，终不能免"，因此需要

---

[1]　梁启超：《先秦政治思想史》，第111页。

提前寻找解决之法。① 在此意识下，他在《先秦政治思想史》中认为儒家的政治与经济主张不但是晚近社会主义思潮的先声，而且更有道德意识，更能让万民各得其所："儒家言生计，不采干涉主义，以为国家之职责，惟在'勤恤民隐而除其害'。凡足以障碍人民生产力者，或足以破坏分配之平均者，则由国家排除之防止之，余无事焉。如是，听人民之自为谋，彼等自能'乐其乐而利其利'也。"② 按照他的描述，社会主义值得肯定的内容，儒家学说皆已具备，社会主义的"偏激"之处，儒家学说早已避免。采用儒家学说，不但可防止剥削，且能让民众"乐其乐而利其利"。吾家故物既有此等价值，又何必去为实现沾染着西方文明弊病的社会主义而革命？革命虽未被直接否定，但被儒学给套牢了。

儒家学说既能定义革命（包括社会主义），又能稀释革命，更有资格批评社会主义。③ 理解了这一点，有助于理解表面上退出政坛，实际上仍未忘情现实政治的晚年梁启超的基本政治立场。④ 而他如此这般的处理手法，在中国近代史上也并非空谷足音。例如在抗战期

---

① 梁启超：《历史上中华国民事业之成败及今后革进之机运》，载汤志钧、汤仁泽编：《梁启超全集》第 11 集，第 224 页。

② 梁启超：《先秦政治思想史》，第 217 页。

③ 当然，另一方面，也至少表明在梁启超看来，要想在这个时代阐扬儒家学说，不能忽视社会主义思潮，需要注重二者之间的关系。1927 年，梁启超在清华大学国学研究院讲授"儒家哲学"时，就说道："西洋的政治理论，亦与儒家哲学，有很深的关系。因为儒家讲内圣外王，政治社会，在本宗认为重要。凡欧洲新的政治学说、社会主义，皆与儒家以极大的影响。"参见梁启超：《儒家哲学》，载汤志钧、汤仁泽编：《梁启超全集》第 16 集，第 439 页。

④ 梁启超晚年在与子女的信中说："你们别要以为我反对共产，便是赞成资本主义。我反对资本主义比共产党还厉害。我所论断现代的经济病态和共产同一的'脉论'，但我确信这个病非共产那剂药所能医的。我倒有个方子，这方子也许由中国先服了，把病医好，将来全世界都要跟我们学。"参见丁文江、赵丰田编：《梁启超年谱长编》，第 729 页。从《先秦政治思想史》的相关内容看，梁启超所谓的"这方子"，应该不难窥见其内容。

间，力图在思想文化领域对抗中国共产党的蒋介石频繁阅读梁启超晚年的论著，认为《先秦政治思想史》"有益于现代之民族"，感到自己的国学水平得益于梁启超者甚多，这在某种程度上凸显出梁启超的这些观点与后来国民党意识形态之间的内在亲和性。[①]此外，自言"早年是感受任公先生启发甚深"的梁漱溟，[②]在系统申述其政治与文化见解的《中国文化要义》里，他强调中国是"伦理本位"的社会、中国自古就没有类似于西方历史上的阶级冲突，以此证明中国社会之"特殊性"。这些论述，很像梁启超在《先秦政治思想史》里对中国文化的判断。[③]

二、国民革命与中国传统

在近代中国，一些明面上属于不同政治与文化派别的人，其思想主张与思维方式却未必没有相似之处。因此，在研究中，除了要明晰其派分，更需分析不同人士在思考逻辑与核心观点上有无共性。这些或许是"不约而同"形成的共性，往往更能凸显一些关键的时代特征。20世纪20年代，在对待社会主义问题上，与梁启超想法相似的，大概就是戴季陶。"五四"新文化运动以来，各类新思潮在中国广泛传播，青年一代知识分子在政治意识与文化主张上与上一代人相较，已经有了明显的不同。在此局面下，民初在政坛上频

[①]　黄克武：《蒋介石与梁启超》，载《近代中国的思潮与人物》，北京：九州出版社2013年版，第414—417页。
[②]　梁漱溟：《纪念梁任公先生》，载夏晓虹编：《追忆梁启超》，北京：中国广播电视出版社1997年版，第262页。
[③]　参见梁漱溟：《中国文化要义》，上海：上海人民出版社2018年版，第92—111、163—183页。

频失意的中国国民党,开始关注这一思想上的巨大变动,希望通过主动介入思想讨论,赢得进步青年的支持,扩大国民党的政治基础。1919年6月国民党在上海创办《星期评论》,同年8月又创办《建设》杂志。这两份刊物用了很多篇幅介绍新思潮,并从大体上属于进步主义的立场出发评论国内外的政治与经济新闻,同时回应青年知识分子对于中国前途命运的一些困惑与疑问。[1]

在这两份刊物的主要执笔人里,深受孙中山信任的戴季陶发挥着举足轻重的作用。关于各类新思潮,戴季陶尤为重视马克思主义。他不但在这些刊物上刊登了多篇自己翻译的介绍马克思主义政治经济学与社会主义政党党纲的文章,还尝试运用马克思主义来分析中国问题,直指社会上广泛存在的阶级矛盾、经济生产力低下、社会秩序动荡等现象。[2]他指出:"中国所有的乱事,根源都是在机器制造品输入一件事上。""欧美以国家的形式输到中国来的大资本组织机器生产品压迫,因这一个大压迫发生出生活的不安,因生活不安便发生出自己解脱运动。"[3]当然,他认为揭示西方资本主义对中国的侵略,并不能掩盖中国内部因资本主义生产方式的普及而形成的剥削与压迫。他通过梳理上海工厂的相关数据,认识到:"中国的劳动者倘若要得良好的劳动条件,除了自己奋斗而外,再也没有第二条路。想靠资本家和由资本家培养出的政府来保护劳动者,恐怕是一辈子作不到呢。"[4]

① 吕芳上:《革命之再起——中国国民党改组前对新思潮的回应(1914—1924)》,台北:"中研院"近代史所1989年版,第49—83页。
② 吕芳上:《革命之再起——中国国民党改组前对新思潮的回应(1914—1924)》,第305—317页。
③ 戴季陶:《从经济上观察中国的乱原》,载桑兵、朱凤林编:《中国近代思想家文库·戴季陶卷》,北京:中国人民大学出版社2014年版,第306、310页。
④ 戴季陶:《中国劳动问题的现状——上海的劳动条件如何》,载桑兵、朱凤林编:《中国近代思想家文库·戴季陶卷》,第355页。

正是因为有着这样的立场，戴季陶一度与中国的社会主义者往来频繁。不过他抱定"孙先生在世一日，他不能加入别党"之旨，并未参加1921年成立的中国共产党。[①]此外，从思想层面看，戴季陶虽然重视马克思主义，但他所认同的，多属第二国际理论家考茨基的思想。他经由日本之手，阅读了不少考茨基的著作。因此，他反对在中国立即进行激烈的暴力革命，而是相信可由社会上具有温和进步思想的人主导，尽可能以和平不流血的方式，逐渐改善中国无产阶级的生活境况。而欲收此效，戴季陶吸取他所观察到的日本经验，强调"一个主义"的重要性。[②]正是因为有着这样的思想认识，1924年国民党改组，戴季陶一方面认可改组本身的必要性，另一方面却对国民党与共产党合作持保留意见，担心长此以往，国民党将失去其主导地位。当然，由于戴季陶曾积极介绍马克思主义，他也并不能因为这样的立场而见谅于以西山会议派为代表的国民党右派，他甚至曾被冯自由等人一顿殴打。[③]

在这样的背景下，孙中山去世后，为了争夺对孙中山学说的解释权，同时也为了在理论层面与中国共产党展开论战，1925年，戴季陶出版了《孙文主义之哲学的基础》。他痛感"革命同志指天立誓组党建国卅年以来，徒以我辈学识不足辅弼总理，不足以振兴民众，实行不足以维持团结，空令建国以来分裂时起，祸变频发，奸敌乘之，国脉濒危"。因此自称该书"是国民党员之纯正的言论，拟尽力传播，每种至少印十万册"，以此"建理论之根基，立政策之模范"。他自信此举"实为今日救国救党之一应急手术"。甚至宣称："若此主张再不

① 周佛海：《扶桑笈影话当年》，载陈公博、周佛海：《陈公博周佛海回忆录合编》，中国现代史料丛书，台北：文星书店，第114页。
② 张玉萍：《戴季陶与日本》，北京：北京大学出版社2014年版，第153—159页。
③ 张玉萍：《戴季陶与日本》，第186页。

能确立,真无救矣。"[1]

在旧学根底深厚的张謇看来,孙中山"于中国四五千年之疆域、民族、习俗、政教因革损益之递变,因旅外多年,不尽了澈"。[2]即便如此,孙中山本人却比较热衷于将自己的思想主张与中国传统挂钩。在讲授于1924年的《三民主义》的"民族主义"部分,孙中山说:"我们今天要恢复民族精神,不但是要唤醒固有的道德,就是固有的智识也应该唤醒他。中国有什么固有的智识呢? 就人生对于国家的观念,中国古时有很好的政治哲学。我们以为欧美的国家近来很进步,但是说到他们的新文化,还不如我们政治哲学的完全。中国有一段最有系统的政治哲学,在外国的大政治家还没有见到,还没有说到那样清楚的,就是《大学》中所说的'格物、致知、诚意、正心、修身、齐家、治国、平天下'那一段的话。把一个人从内发扬到外,由一个人的内部做起,推到平天下止。像这样精微开展的理论,无论外国什么政治哲学家都没有见到,都没有说出,这就是我们政治哲学的智识中独有的宝贝,是应该要保存的。"[3]

孙中山提到的宋代以来作为"四书"之一的《大学》里的这段话,将修身至平天下一以贯之,把心性论与经世之学有机结合,形成一套由内及外的完整体系。或许是想接踵先贤,孙中山在先前出版的《孙文学说》里,也是先从心性论(他用的是"心理建设")讲起,主张知行关系是"行易知难",甚至认为"不知亦能行",以此凸显

① 戴季陶:《戴季陶致胡汉民函》(1925年7月),转引自陈红民辑注:《戴季陶1925—1926年间致胡汉民等几封信》,《民国档案》2005年第4期。

② 张謇:《追悼孙中山演说》,载《张謇全集》第5册,上海:上海辞书出版社2012年版,第601页。

③ 孙中山:《三民主义·民族主义》,载黄彦编:《孙文选集》上册,广州:广东人民出版社2006年版,第474页。

"先知先觉"的革命党人领导"后知后觉"的普通民众的必要性。[①]
而在《三民主义》里，他则将民权主义与民本思想挂钩：

> 根据中国人的聪明才智来讲，如果应用民权，比较上还是适
> 宜得多。所以，两千多年前的孔子、孟子便主张民权。孔子说：
> "大道之行也，天下为公。"便是主张民权的大同世界。又"言必
> 称尧舜"，就是因为尧舜不是家天下。尧舜的政治，名义上虽然
> 是用君权，实际上是行民权，所以孔子总是宗仰他们。孟子说：
> "民为贵，社稷次之，君为轻。"又说："天视自我民视，天听自我
> 民听。"又说："闻诛一夫纣矣，未闻弑君也。"他在那个时代已经
> 知道君主不必一定是要的，已经知道君主一定是不能长久的，所
> 以便判定那些为民造福的就称为"圣君"，那些暴虐无道的就称
> 为"独夫"，大家应该去反抗他。由此可见，中国人对于民权的
> 见解，二千多年以前已经早想到了。[②]

孙中山的这些观点，予以戴季陶很大的阐释空间。作为前者的
亲信，他自然不会反对国民革命，也不会抵触孙中山的学说，但他却
想尽办法使国民党的革命主张与中国共产党的革命主张区别开来。
既然孙中山本人对社会主义既长期关注，又颇为认同，[③]那么顺着孙
中山的思路，将国民革命与孙中山的学说尽可能地往中国传统上靠，
甚至淡化、稀释其源自近代西方政治思想的内容，便成为戴季陶构建
其思想内容的主要方式。

---

① 孙中山：《建国方略》，载黄彦编：《孙文选集》上册，第1—105页。
② 孙中山：《三民主义·民族主义》，载黄彦编：《孙文选集》上册，第491页。
③ 关于孙中山对社会主义的认识，参见孙中山：《论社会主义——在上海中国社会
　党党员大会的演说》，载黄彦编：《孙文选集》中册，第344—364页。

在《孙文主义之哲学的基础》里，戴季陶声称："中山先生的思想，完全是中国的正统思想，就是继承尧舜以至孔孟而中绝的仁义道德的思想。在这一点，我们可以承认中山先生是二千年以来中绝的中国道德文化的复活。"孙中山思想的"一个特点，是随时随地，都尽力鼓吹中国固有道德的文化的真义，赞美中国固有道德的文化的价值；说明我们要复兴中国民族，先要复兴中国民族文化的自信力，要有了这一个信力，才能够辨别是非，才能认清国家和民族的利害，才能够为世界的改造而尽力"。总之，"在思想方面，先生（孙中山）是最热烈的主张中国文化复兴的人，先生认为中国古代的伦理哲学和政治哲学，是全世界文明史上最有价值的人类精神文明的结晶！要求全人类的真正解放，必须要以中国固有仁爱思想为道德基础，把一切科学的文化，都建设在这一种仁爱的道德基础上面，然后世界人类才能得真正的平和，而文明的进化也才有真实的意义"。[①]戴季陶并不否认"世界的改造"与"人类的真正解放"这些带有进步色彩的政治理想之正当性，但认为实现这些理想的关键，是要像孙中山那样，在继承中国传统的基础上，将后者的精髓予以实践，使这些理想能够与中国"固有道德"建立关联。也只有建立起关联，让儒家的仁爱思想浸入其中，革命、解放才是完美的、真实的。

与梁启超一样，戴季陶认为在儒家仁爱思想的影响下，中国社会没有像西方历史上呈现出来的那种严峻的阶级矛盾。虽然早在几年前，当戴季陶还在报刊上介绍马克思主义时，他非但没有掩盖中国的阶级矛盾，相反用了不少翔实的数据与生动的事例来呈现中国社会的压迫与剥削状况。而此刻，在《孙文主义之哲学的基础》里，戴季

---

① 戴季陶：《孙文主义之哲学的基础》，载桑兵、朱凤林编：《中国近代思想家文库·戴季陶卷》，第425、415、422页。

陶说:"在阶级斗争之外,更有统一革命的原则。阶级的对立,是社会的病态,并不是社会的常态。这一种病态,既不是各国都一样,所以治病的方法,各国也不能同。中国的社会,就全国来说,既不是很清楚的两阶级对立,就不能完全取两阶级对立的革命方式,更不能等到有了很清楚的两阶级对立才来革命。"①既然中国社会的阶级矛盾并不严重,那么革命的动力在哪里? 戴季陶用了一种颇为古色古香的方式来论述:

> 中国的革命与反革命势力的对立,是觉悟者与不觉悟者的对立,不是阶级的对立,所以我们是要促起国民全体的觉悟,不是促起一个阶级的觉悟。"知难行易"说在革命运动上的意义,便是如此。并且就事实上看,我们中国数十年来的革命者,并不出于被支配的阶级,而大多数却出于支配阶级。因为在中国这样的国家里面,除了生活能够自如的人而外,实不易得到革命的智识。所以结果只是由知识上得到革命觉悟的人,为大多数不能觉悟的人去革命。……革命是由先知先觉的人发明,后知后觉的人宣传,大多数不知不觉的人实行,才能成功的。②

在他看来,"先知先觉"者的特点就是具有儒家仁爱精神,此乃从事革命活动的重要基础:

> 仁爱是革命道德的基础,革命家的努力,完全是为知仁而努

---

① 戴季陶:《孙文主义之哲学的基础》,载桑兵、朱凤林编:《中国近代思想家文库·戴季陶卷》,第423页。
② 戴季陶:《孙文主义之哲学的基础》,载桑兵、朱凤林编:《中国近代思想家文库·戴季陶卷》,第423—424页。

力的。……在现代这样以利己的个人主义为中心的资本主义跋
扈的世界中,我们的仁爱,要如何应用才是真的呢? 就是处处要
以爱最受痛苦的农夫工人和没有工作的失业者为目的;要能够
爱他们,才是仁爱。①

　　不难看到,戴季陶把孙中山关于"先知先觉"与"后知后觉"的
论述进一步放大,用道德层面的是否觉悟来作为是否具有革命领导
资格的标准,把带有政治经济学的革命理论转变为与儒家心性论和
君子小人之辨关系紧密的学说。把国民革命所包含的解放被压迫民
众、推翻剥削阶级的统治、创造更为平等的社会结构、实现名副其实
的大众民主扭曲成"先知先觉"者出于道德意识来"拯救"嗷嗷待哺
的"后知后觉"者,消解工农大众的主体意识。用教条的儒家思想来
掩盖活生生的社会矛盾,用抽象的"固有道德"遮蔽具有时代感的阶
级分析,用被历代儒者所提倡的"仁爱"来作为现代革命者与受资本
主义剥削的劳苦大众之间建立紧密联系的前提,使国民党意识形态
趋向精英主义与保守主义。也正因为这样,戴季陶期待"在资本阶
级的人觉悟了为劳动阶级的利益来革命,要地主阶级的人觉悟了为
农民阶级的利益来革命",此乃"支配阶级的人,抛弃他自己特殊的
阶级地位,回到平民的地位来"。②

　　在此基础上,戴季陶认为革命要想成功,关键在于参加革命的人
能够认识到中国传统的重要性。他说:"我们所以要革命的原故,第
一,是有革命的需要;第二,也是自己承认有革命的能力。而革命能

———————————

① 　戴季陶:《孙文主义之哲学的基础》,载桑兵、朱凤林编:《中国近代思想家文
　　库·戴季陶卷》,第424页。
② 　戴季陶:《孙文主义之哲学的基础》,载桑兵、朱凤林编:《中国近代思想家文
　　库·戴季陶卷》,第425页。

力之所从出，一定由于固有民族能力的发展。"①关于革命的世界意义，戴季陶则认为："中国在历史上的贡献，已经成为世界现代世界文化的基础，中国人要能够恢复这一个创造文化的精神，然后才可以尽量的接受现代的欧洲文化，把欧洲文化供我的需要，完成中国国家和社会的建设，同时发展中国民族创造世界文化的能力，以中国固有的世界大同的精神，完成世界大同的事业。"②总之，对于革命者而言，"从思想的内容上看，就是把中国以发展民生为目的的正统思想，完全继承起来发扬光大"。③很明显，在戴季陶看来，革命的动力源自"固有民族能力"，革命的最主要力量是那些深受传统道德熏陶的"先知先觉"，革命的性质是"先知先觉"秉持仁爱精神去唤醒广大的"后知后觉"，革命的目标是将中国传统，特别是儒家学说发扬光大。总之，儒家学说成为国民革命的精神根源，孙中山的时代意义则在于将儒家学说发扬光大。

戴季陶的这些主张甫一问世，陈独秀、瞿秋白等中国共产党人便进行了有力的回击。④中国共产党人强调国民革命应建立在工农大众自己的政治觉醒上，革命的目标包含了改造中国不合理的社会结构，不能仅凭自上而下的、具有明显等级特征的"仁政"。把国民革命的动力归结为"先知先觉"者的某种道德感，将会淡化、扭曲改造中国不合理社会结构的目标。1927年南京国民政府成立后，随着国

① 戴季陶：《孙文主义之哲学的基础》，载桑兵、朱凤林编：《中国近代思想家文库·戴季陶卷》，第426页。
② 戴季陶：《孙文主义之哲学的基础》，载桑兵、朱凤林编：《中国近代思想家文库·戴季陶卷》，第427页。
③ 戴季陶：《孙文主义之哲学的基础》，载桑兵、朱凤林编：《中国近代思想家文库·戴季陶卷》，第427页。
④ 范玉亮：《戴季陶早年思想与活动研究（1909—1926）》，华东师范大学历史学系2021届博士学位论文，第248—258页。

民党政权形态与统治基础发生了不小的变化,[1]戴季陶的学说迅速被蒋介石认可,后者公开宣称戴季陶的著作能表达孙中山思想之精义。这让《孙文主义之哲学的基础》成为构建国民党官方意识形态的重要组成部分,蒋介石本人也时常按照戴季陶的套路来解释孙中山的三民主义。[2]在国民党方面看来,此乃"明为坦途大道之确可循守,国是以立,群疑渐定"。[3]不特此也,戴季陶如此这般将儒家学说与国民革命联系起来的做法,在学术界也产生了一定的影响,成为一些人士研究中国传统及其近代命运的参考。在撰于20世纪20年代的《国学概论》中,钱穆说:

> "三民主义"之精神,始终在于救国,而尤以"民族主义"为之纲领。民权、民生,皆为吾中华民族而言。使民族精神既失,则民权、民生,皆无可附丽以自存。所谓民有、民治、民享者,亦惟为吾民族自身而要求,亦惟在吾民族自身之努力。舍吾中华民族自身之意识,则一切无可言者。此中山先生革命精神之所在,不可不深切认明者也。其于中山学说为透辟的发挥者,有戴季陶氏。[4]

通过梳理戴季陶思想的旨要,钱穆认为:"今者北伐告成,全国统一,军事将次结束,政治渐入轨道。学术思想,重入光明之途。则戴氏所论,其将为今后之南针欤?"[5]而从钱穆的《政学私言》,以及其他讨论

---

① 关于这些变化,参见王奇生:《党员、党权与党争:1924—1949年中国国民党的组织形态(修订增补本)》,北京:华文出版社2010年版,第142—170页。

② 黄道炫、陈铁健:《蒋介石:一个力行者的思想资源》,太原:山西人民出版社2012年版,第157—158页。

③ 贾景德:《戴传贤墓表》,载卜孝萱、唐文权编:《民国人物碑传集》,南京:凤凰出版社2011年版,第144页。

④ 钱穆:《国学概论》,北京:商务印书馆1997年版,第356—357页。

⑤ 钱穆:《国学概论》,第363页。

清末以降政治和学术的文字里，也可比较清晰地看到戴季陶对他的影响。直至撰于去世前数年的《略论中国社会主义》，钱穆仍坚持要从中国文化的特质讨论社会主义，并将这样的"社会主义"与源自欧洲的社会主义做区别。他说："中国言社会，每重其风气道义。不如西方言社会，仅言财富经济。""中国人以仁义道德来作人群集体的指导，尚和平，不尚竞争，比西方的共产主义更进步更高明多了。"①我们与其用个案研究的方式追问钱穆的这些判断是否准确，不如仔细研究从戴季陶到钱穆，如此这般以传统释革命的方式，在近代中国之所以会出现的原因，所呈现的面貌，所产生的影响。

三、余　论

中国近代思想史的早期研究者郭湛波曾说："我们要知道一个思想的完成，没有与当时政治无关，一个大思想家产生，没有没他的政治背景。""没有一个思想之起，不与政治有关，没有一个思想家，没有政治思想。假设一个思想潮流，或一个思想家，没有政治思想，或与当时政治生活无关，其思想决无大影响，同时在思想史也无大的价值。""在今日之中国，思想家没有政治思想和主张，其思想即无价值可言，时代使然也。"②这段话极具方法论上的启示。研究近代中国的儒学史，需要结合当时的政治思潮，分析每一位阐释儒家学说的人，其自身的政治立场，以及对时代政治变动的认识。

---

① 钱穆：《略论中国社会主义》，载《国史新论》，北京：生活·读书·新知三联书店2012年版，第64、73页。
② 郭湛波：《近五十年中国思想史》，济南：山东人民出版社1997年版，《再版自序》第5、6、7页。

　　20世纪20年代无疑是中国政治发生巨大变动的时代。社会主义思潮的广泛传播与国民革命运动的兴起,极大改变了中国的政治版图。在此背景下,思想极为敏锐的梁启超着手正面回应声势日广的社会主义思潮。他通过重新阐释先秦政治思想,尤其是先秦儒学,彰显中国传统政治思想的优越性,强调儒学对根治近代以来西方思潮种种弊病的效用,认为源自西方的社会主义学说所具备的优点,先秦儒学也已具备,而后者所体现的道德理想,则较之阶级斗争与唯物史观更高一筹。梁启超没有直接否定社会主义与革命,但用儒家学说来审视社会主义,使后者的意义在前者面前黯而不彰。[1] 相似的,作为孙中山的左膀右臂,戴季陶也不否定国民党改组的必要性,但他为了让国民党的主张与中国共产党的主张区别开来,便将孙中山称赞中国传统的言说进一步放大,将中国的"固有道德"作为国民革命的精神根源,把国民革命解释为具有仁爱之心的"先知先觉"去拯救嗷嗷待哺、翘首以望云霓的"后知后觉",消解了广大民众的主体地位,淡化了基于政治经济学的阶级分析在革命理论中的重要性,使国民革命披上一层带有精英主义色彩的儒家外衣。[2] 而梁启超与戴季陶的诠释方式,作为一种政治文化与学术话语类型,在之后的历史进

---

[1]　列文森认为,在梁启超晚年,他"和共产主义者对中国的认识纵然相去甚远,但对欧洲的看法却出奇的一致",因为二者都看到了西方资本主义文明的困境,"准备好把西方交给革命,必须得做点什么"。参见列文森著,盛韵译:《梁启超与近代中国的思想》,香港:香港中文大学出版社2023年版,第222、223页。如果从中西文明比较的角度来看,列文森的这个看法无疑是有洞见的,即发现了当时中国看似歧异的思想内部的深层次"共性"。不过,列文森向来惯于将马克思列宁主义在中国的传播归结于近代中国民族主义的结果,这其实是有一定偏颇的,因为它忽视了中国社会主义者的国际主义理想,也不太重视马克思主义基于政治经济学而对资本主义世界体系进行的批判。这些内容,恐怕不是民族主义所能简单解释的。

[2]　这一点,大革命失败后不满于国民党政权逐渐"变质"的改组派已有比较透彻的剖析。参见王锐:《重思国民党改组派的政治主张》,《江海学刊》2022年第2期。

程中有着一定的影响力，是研究中国近代政治思想史与政治文化史时不容忽视的内容。①

最后，为了更凸显梁启超与戴季陶诠释儒学的特点，或许可以拿毛泽东思考中国传统与马克思主义的关系作为参照。红军长征到达陕北后，毛泽东等中国共产党人根据国内主要矛盾的变化，提出建立抗日民族统一战线。相应的，在思想文化领域，中国共产党也开始正视中国传统的意义，希望通过提倡中国传统中正面的内容，在文化战线上团结更多支持抗日的人们，树立中国共产党在思想文化领域的领导权。全面抗战爆发后，毛泽东指出，对于马克思、恩格斯等革命导师，中国共产党人"应当学习他们观察问题和解决问题的立场和方法"。在此基础上，"学习我们的历史遗产，用马克思主义的方法给以批判的总结"。②对于历史遗产，毛泽东说："从孔夫子到孙中山，我们应当给以总结，承继这一份珍贵的遗产。"③与之相关，在著名的《新民主主义论》里，毛泽东指出："中国的长期封建社会中，创造了灿烂的古代文化。清理古代文化的发展过程，剔除其封建性的糟粕，吸收其民主性的精华，是发展民族新文化提高民族自信心的必要条件；但是决不能无批判地兼收并蓄。必须将古代封建统治阶级的一切腐朽的东西和古代优秀的人民文化即多少带有民主性和革命性的东西区别开来。"④

可见，毛泽东确实也强调要汲取中国传统中的"珍贵的遗产"。但关键在于，他是以马克思主义的"立场和方法"作为指导，根据革

---

① 比如陈立夫的"唯生论"，冯友兰的"新理学"，贺麟的"新心学"，罗家伦、蒋廷黻、张其昀等人的中国近代史叙事。关于这个问题，笔者拟撰另文详论。
② 毛泽东：《中国共产党在民族战争中的地位》，载《毛泽东选集》第2卷，北京：人民出版社1991年版，第533页。
③ 毛泽东：《中国共产党在民族战争中的地位》，载《毛泽东选集》第2卷，第534页。
④ 毛泽东：《新民主主义论》，载《毛泽东选集》第2卷，第707—708页。

命的立场先对中国传统做一番研究与总结，分疏其中"多少带有民主性和革命性的东西"与"一切腐朽的东西"，需要继承与发扬的是前者，而非后者，因为后者是革命的对象。换言之，须先以革命的立场与马克思主义的方法对中国传统进行一番审视与研究，挖掘中国传统中值得珍视的部分，即那些"多少带有民主性和革命性的东西"，然后再谈继承与发扬。而非把中国传统作为革命的起点，用前者来诠释、评价后者，把后者的任务、动力与性质框定在中国传统，特别是儒家学说的范围内。总之，毛泽东既强调了中国传统对于新民主主义文化建设的重要性，主张"我们必须尊重自己的历史，决不能割断历史"，又强调了这一重要性是建立在一种进步的政治主张——新民主主义上的。中国传统重新焕发生命力的前提是中国的新民主主义革命本身所蕴含的进步性。离开了这个前提，中国传统恐怕很难成为"民族新文化"的重要组成部分。这是"以革命释传统"。而梁启超与戴季陶则是"以传统释革命"。认识到二者之间的本质区别，或许有助于理解中国近代史上一些影响着历史走向的关键问题。

历史何以彰显道德?
——柳诒徵的学术理念与史学实践再认识

　　近代以来,在"科学主义"的影响下,[①]中国史学出现了一股以追求"科学化"为职志的思潮。致力于此的史家,常以是否运用他们所了解并认同的科学方法来研究历史,作为区分新与旧的主要标准。如此这般的直接影响之一就是中国传统典籍必须被置于现代科学视角之下重新估定(甚至是批判),不断质疑其基本逻辑与内在价值。而一些恪守中国传统价值的学者则强调不能在学术研究中摒弃道德诉求,中国传统的经史典籍对当下仍有重要的启示与指导意义。关于这些"旧派学者",有论者如是评价:

　　　　他们认为历史不能与道德、伦理分开,历史研究不仅要丰富人们的知识,还要教人如何做人,要能引导社会,而且要与国家民族的发展相关,而不只是讲授中性的"学术"。他们认为史学研究仍有荣耀祖国的任务,所以有时并不同意为了客观之学而暴露历史的丑陋面。他们认为,历史研究如果既无现实用处,又

---

① 关于近代中国的"科学主义",参见郭颖颐著,雷颐译:《中国现代思想中的唯科学主义》,南京:江苏人民出版社1995年版。

不能给人以道德教训，则所从事的学问是既不能自救，也不能
救人。①

　　这段话对于清末民国的"旧派学者"思想特征的归纳颇具特
色，为人们建立认识中国近代思想史、学术史的历史坐标提供了参
考。但值得进一步思考的是，在历史研究中追求道德意义，希望通
过撰写历史给人以道德上的启示，并引导世人思考何谓良好的政治
与社会秩序，这并非仅是近代中国的"旧派学者"们所体现出来的
特征。就以那些深刻影响着当代中国史学研究基本范式的近现代
西方史学为例。近代英国称雄世界，其思想与学术被许多地区的知
识分子奉为圭臬。而在史学领域，盛极一时的辉格主义史学就旨在
通过研究、撰写历史，彰显古典自由主义精神在英国渊源有自，一部
英国历史主要就是自由主义精神及其道德不断在各个领域发扬光
大的历史，大英帝国之所以强大，根本原因不外乎此。盎格鲁-撒克
逊的政治制度更是堪称人类政治智慧的巅峰，其他国家若不奉此为
榜样，则难逃"历史劫难"。辉格主义史学不但长期主宰英国史学
界，对于当代中国亦影响深远。在很长一段时间里，循此路径研究
历史，方被视为与新潮"接轨"。可是按照今天的研究，辉格史学基
于强烈的道德感而强行将古代英国与现代英国联系起来，实为不尊
重史实之举，为了彰显所谓自由主义精神，更是遮蔽了许多英国历
史的复杂面与阴暗面。②又比如对晚近中国思想史研究影响极大的
剑桥学派，虽然表面上主张重视思想文本的语境与修辞，着眼于梳

---

① 王汎森：《价值与事实分离？——民国的新史学及其批评者》，载《中国近代思
　　想与学术的系谱》，台北：联经出版事业公司2003年版，第447页。
② 巴特菲尔德著，张岳明、刘北成译：《历史的辉格解释》，北京：商务印书馆2012
　　年版。

理不同思想文本之间的对话关系，反对脱离历史语境谈思想，但究其实际，其念念不忘在梳理思想文本之时挖掘共和主义的微言大义，勾勒出一幅共和主义式的自由精神在欧洲不绝如缕的历史，并暗示冷战时期的美国应该继续高举共和主义大旗，成为所谓"自由世界"的舵手。[①] 20世纪70年代兴起的"新文化史"，声称要反思近代启蒙运动以来的宏大叙事，挖掘历史进程中更为隐微与幽暗的面相，力求扩大史学研究范围。但其之所以如此，乃是秉持肇始于西方文化左派的多元主义与身份政治，意在为那些历史上的"弱势群体"与"边缘人群"发声，同时反对一切彼辈眼里施行"规训"之术的制度。其道德感与现实指向不但显而易见，甚至咄咄逼人，造成许多让人噤若寒蝉的"政治正确"。[②] 而曾对近代中国史学颇有影响的兰克，更是在研究历史时不忘于史事中呈现宗教启示，并时常于史论中透露其保守主义的政治立场。这一点几成常识，无须多言。[③]

因此，或许不能简单地以是否在历史研究中注入道德立场与"现实关怀"来作派分标准。因为纵览人类史学史，那种纯然的价值中立的史学研究很可能并不存于世间。说得直接一些，所谓价值中立，往往就是将自己所秉持的价值作为天经地义的"正常"之物。因其天经地义，所以就具有普遍性，于是也就成为人间的常态而拥有了"中立"的外观。与之不同的其他的价值在这样的认识论之下遂被"他者化"了，成为需要被自己所秉持的价值不断审视

---

① 斯金纳著，李宏图译：《自由主义之前的自由（修订版）》，上海：上海三联书店2003年版。关于剑桥学派与当代美国政治的关系，参见刘小枫：《以美为鉴：注意美国立国原则的是非未定之争》，北京：华夏出版社2017年版。
② 王锐：《美国的文化左派与认同困境》，《中央社会主义学院学报》2021年第2期。
③ 李孝迁、胡昌智：《史学旅行——兰克遗产与中国近代史学》，上海：上海人民出版社2021年版，第17—145页。

与评判的非常态之物。①所以，在分析各种史学思潮时，似应着眼于探究不同史家的意识形态立场与价值关怀，分析其如何通过选取研究对象、设置研究议题、叙述历史现象，将自己的道德诉求与政治理想合理地置于其中；如何基于一定的思想观念来整合、梳理纷繁复杂的历史材料；如何通过书写历史的方式来呈现出人类活动的应然特征与理想状态；如何解释历史进程中的曲折性与残酷性，是承认其存在并将其纳入整体的史学思考之中，还是隐而不书，故作曲笔。

在这个意义上，对于清末民国的"旧派学者"的学术理念，或许可以从他们对于各种西风新潮的感观；他们提倡怎样的道德理念，从哪些角度来阐释这些道德理念；他们对于中国学术传统中不同流派的态度；他们自身的学术实践与学术活动等方面入手，分析其思想特征与时代意义。②在这之中，史家柳诒徵（1880—1956）的相关思考与史学实践颇有代表性。因为他既属于所谓"南高学派"的代

---

① 关于学术研究中的"客观性"问题，伊格尔顿的分析颇为犀利："客观性并不意味着不带立场的评判。相反，只有身处能了解的局面，你才能知道局面的真相。只有站在现实点的某个角度，你才可能领悟现实。……客观性和派系并非对手而是盟友。所以，不利于客观性产生的是自由派人士审慎的不偏不倚的态度。正是自由派人士才会相信下列荒诞的说法：只要不偏不倚，就能正确地了解局势。这是工业牧师对现实的观点。自由派人士无法把握一方比另一方有更多实情的局面……在他们看来，真理一般来说处于中庸。……面对穷人提出的历史多半是悲惨和苦难的观点时，自由派人士本能地出来调整平衡：难道就不曾有光辉灿烂和价值吗？"参见伊格尔顿著，商正译：《理论之后》，北京：商务印书馆2021年版，第170—172页。
② 当然，所谓"旧派学者"，所谓"新潮"，观察的角度不一样，其结论往往也不一样。并且近代中国的"新"与"旧"，"主流"与"边缘"，或许并非像人们想象的那般泾渭分明。比如新文化运动以来，章太炎常被不少新学小生视为守旧者流。但在真正恪守宋明理学传统的士人看来，由于章太炎曾对西学与佛学用力甚勤，因此本身就是"新派"的先驱。又比如对整理国故以来的流行学风深表不满的张尔田，其论学之作却经常借用源自近代进化论与科学主义的概念。因此，本文使用这些分类框架，只是"从俗"之举，为了便于展开论述，而非将其绝对化、固定化。

表人物，他本人与诸弟子在近代学术活动中具有较大的影响力；又因为相比于其他矜于立言的老辈学者，他留下了不少较成体系的学术论著，从中可以窥见他对于历史与道德、历史与现实、史学的新与旧等问题的完整思考。[1]

一、反思世变：道德的重要性

柳诒徵的弟子张其昀曾说："他（柳诒徵）的学术渊源，与清季江南两大书院有关。一是南京钟山书院，柳师在此从缪荃孙先生受业；一是江阴南菁书院，即长沙王先谦、定海黄以周、江阴缪荃孙时讲学处。这三位先生，都是硕学名儒，学博绝伦，而又志同道合，对柳师的青年时代，影响至大。"[2]正是由于这样的渊源，柳诒徵具有扎实的经史根底，尤其继承了前贤"以经学为礼学，以礼学为理学"的治学路数。[3]之后他跟随缪荃孙、徐乃昌等人赴日本考察学务，对明治

---

[1]　关于柳诒徵与南高学派的整体特征，参见彭明辉：《历史地理学与现代中国史学》，台北：东大图书公司1995年版。关于柳诒徵学行的基本概况，参见孙永如：《柳诒徵评传》，南昌：百花洲文艺出版社1995年版。关于柳诒徵史学的基本特征，参见欧志坚：《道德教化与现代史学的角色——以柳诒徵及其学生缪凤林、郑鹤声的传承关系为例》，《史学史研究》2010年第2期。胡芮：《还"德"于"史"：柳诒徵与二十世纪东南学派史学伦理化转向》，《东南大学学报（哲学社会科学版）》2021年第5期。张昭军：《柳诒徵"为史以礼"说的意蕴》，《社会科学》2015年第10期。尤其是张昭军教授的论文，揭示了"礼"在柳诒徵史学体系中的重要性，并强调柳诒徵所理解的"礼"，与中国历史上的政治与社会实践息息相关。凸显"礼"，即彰显"寄望通过史学，重建礼治秩序，早日实现国家的安定统一"（张文第140页）。这其实已经点出柳诒徵对于道德实践与经世致用的重视了，对本文极有启发。

[2]　张其昀：《吾师柳翼谋先生》，载柳曾符、柳佳编：《劬堂学记》，上海：上海书店出版社2002年版，第111页。

[3]　王家范：《柳诒徵〈国史要义〉探津》，《史林》2006年第6期，第170页。

时代日本的史学研究有所了解。回国之后，任教于江南高等师范学堂、两江师范学堂等，其间借鉴近代日本东洋学的框架与思路，编写了《历代史略》《中国商业史》等著作，显示其史学主张并非全然恪守旧章。[①]辛亥革命之后，作为东南士绅的翘楚，柳诒徵一度参与了民初政治秩序的重建工作。不过也正是由于这段经历，他对新政权中执政者的道德水准产生了极大的质疑。在根据其日记而撰写的《壬子苏门纪事》一文里，柳诒徵自述他在苏州光复之后赴当地办理政务时的见闻：

> 苏州自光复以来，兵不血刃，士女酣嬉，服物华靡，阊门外鸭蛋桥一带，尤为胜地。女闾栉比，剧场相望。选色征歌，金迷纸醉。游斯土者，鲜不乐而忘返，几不知今日南北尚未统一，兵事尚有绝大之危险。而是时省议会开临时会已十日，六十县之议员咸萃于是。议员之为民政长者，尤趾高气扬，不可一世。议会重大之案，绝不过问，第日招邀朋侣，酒食征逐，继以赌博冶游。予观其气象，窃已心焉忧之。……有心人于此，宜其食不下咽，而诸议员民政长恬然不以为意，此即大乱之征也。[②]

由于旧的政治秩序已然崩塌，新的政治秩序却难以建立，加之清末以降一直存在的各种社会矛盾在新政权治下非但未能解决，反而有变本加厉的趋势，导致不少辛亥前后政治变动的亲历者，都对当时的政

---

① 直至20世纪20年代在南京教书时，依然可以看到近代日本史学对柳诒徵的些许影响。据张世禄回忆，柳诒徵在东南大学开设"日本史"课程，在课堂上以"日本藤原氏与春秋氏族之比较"为题让学生撰文。这明显是受到近代日本东洋史叙述风格的影响。参见张世禄：《回忆柳翼谋师二三事》，载柳曾符、柳佳编：《劬堂学记》，第122页。
② 柳诒徵：《壬子苏门纪事》，载柳曾符、柳佳编：《劬堂学记》，第45页。

治风气颇感失望。虽然今日难以确切判断柳诒徵的这段描述是否完全贴合事实，但至少可以断定，辛亥前后的见闻无疑是促使他在南京高等师范学校任教之后，撰写大量关于民德、民风、政风、时势的史论与政论的思想潜因。进一步而言，如果将视野放宽，不少老辈学者在辛亥革命之后纷纷就中国社会道德与政治道德发表批评意见，并强调中国传统伦理观念不容轻易抹杀，中国经史旧籍对于改善社会风气有重要作用，其实也与他们在辛亥革命前后的见闻，特别是对民初政局乱象的焦虑极有关系。这些人与同样有感于民初的"共和危机"，进而开始抨击传统道德，力求建立"新文明"的"五四"新文化运动的旗手们，虽然在思考内容与政治文化方案上迥然有别，但他们的思考逻辑，或者说促生对于相关问题思考的契机，可以说是高度相似的。

柳诒徵的这些思考与立志于重振中国传统伦理道德的吴宓高度契合。在1923年与其师白璧德的信中，吴宓坦陈其创办《学衡》的心路：

> 自从我回国后两年，中国的形势每况愈下。国家正面临一场极为严峻的政治危机，内外交困，对此我无能为力，只是想到国人已经如此堕落了，由历史和传统美德赋予我们的民族品性，在今天的国人身上已经荡然无存，我只能感到悲痛。我相信，除非中国民众的思想和道德品性完全改革（通过奇迹或巨大努力），否则未来之中国无论在政治上抑或是经济上都无望重获新生。我们必须为创造一个更好的中国而努力。[1]

---

[1] 吴宓：《致白璧德》(1923年)，载吴学昭编：《吴宓书信集》，北京：生活·读书·新知三联书店2011年版，第19页。

正是秉持这样的立场，吴宓在《学衡》杂志里大力宣扬白璧德的新人文主义，甚至将中国传统的道德概念，诸如礼教、以理制欲等，注入对白璧德思想的阐释之中。[①]从学术路数来看，柳诒徵这种深受中国经史传统熏染的老辈学者，与吴宓这样主要因为受到相应的西方思潮影响而对中国传统抱有极强好感的新式知识分子，其实并不能简单归为一类。但或许基于对现实的相似感观，柳诒徵很快也成为《学衡》的主要作者之一，其门生也开始频繁为《学衡》撰稿。

毋庸多言，晚清以降的时代危局让许多关心中国发展的知识分子努力思考为何会形成这样的局面，采取怎样的方案才有可能解此危局。其中，《新青年》将矛头直指长期作为帝制时代官学的儒家学说，以及由此而生的礼教秩序，这极能引起青年一代知识分子的共鸣。因为长期主导民初政局的袁世凯集团就公开扬言尊孔，而基层的礼教秩序虽然有维系社会正常运作的一面，但对于已经接触到新知的青年人来说，其束缚、压制人性的一面却表现得越来越明显。因此，从批判儒家思想出发，既可直指北洋政权之失，又可唤起大多出身于士绅之家的青年知识分子对于自身境遇的切肤之感，这让《新青年》的影响力迅速扩大，各省市出现了不少效仿其文字风格与立论主张的地方性刊物。

面对这样的情形，柳诒徵认为中国传统伦理道德并不应为当下中国乱象背书。针对《新青年》中的批孔之论，柳诒徵1922年在《学衡》发表了《论中国近世之病源》一文。他认为当时的中国之所以出现全面危机，主要是由于社会价值观已然崩溃，社会秩序混乱不堪。那些新设置的机构非但不能有助于重建社会秩序，反倒成为缺

---

① 张源：《从"人文主义"到"保守主义"：〈学衡〉中的白璧德》，北京：生活·读书·新知三联书店2009年版，第218—276页。

少基本道德感的人士进一步谋取私利的工具。他声称："中国近世之病根，在满清之旗人，在鸦片之病夫，在污秽之官吏，在无赖之军人，在托名革命之盗贼，在附会民治之名流、政客以迨地痞、流氓，而此诸人固皆不奉孔子之教。"[1]因此他断言："孔子教人以仁，而今中国大多数之人皆不仁。""孔子之教尚诚，而今中国大多数之人皆务诈伪。""孔子之教教人为人者也。今人不知所以为人，但知谋利，故无所谓孔子教徒。"[2]可见，他并不否认当时的中国乱象频仍，对以袁世凯为代表的北洋集团也深恶痛绝，同时并不相信表面上提倡尊孔的袁世凯与北洋集团是在真正践行儒学义理。可以说，他对于现实批判的力度其实并不亚于《新青年》的作者与读者群。但关键在于，柳诒徵认为现实中的问题并非由儒家思想所导致，恰恰是儒家思想与现实生活之间脱离联系的结果。他相信儒家思想的核心要义是能够为中国提供走出困境之良方的，只是实践儒家思想需要依靠具有真诚而饱满的道德感之人，否则儒家思想就极易沦为牟利之辈借以文饰自己行为的工具。他甚至相信："今人所讲之新道德，绝对与今日腐败人物所行所为不相容，而绝对与孔子所言所行相通。"[3]

　　正是因为相信儒家思想自身所带有的批判潜质，以及对当下中国社会的适用性，在发表《论中国近世之病源》一文后，柳诒徵陆续撰写了许多评议时政的文章。其主题涉及当时的政治与社会道德，尤其是知识阶层的道德现状。为了凸显儒家思想逐渐边缘化之后中国社会所面临的危机，柳诒徵在这些文章中也讨论了北洋政府的不

[1]　柳诒徵：《论中国近世之病源》，载杨共乐、张昭军主编：《柳诒徵文集》第9卷，北京：商务印书馆2018年版，第116页。

[2]　柳诒徵：《论中国近世之病源》，载杨共乐、张昭军主编：《柳诒徵文集》第9卷，第116、117、118页。

[3]　柳诒徵：《论中国近世之病源》，载杨共乐、张昭军主编：《柳诒徵文集》第9卷，第119页。

良统治、海外资本主义力量不断侵蚀中国内地经济、军阀运用武力操纵地方政权、地方政府为了豢养军队而不断向民间征税、北洋政府官吏贪污成性等关心中国现状的知识分子一般都会聚焦的问题。或许由于有过短暂的参政经历，在这些文章中，柳诒徵并未停留在简单地哀叹世风日下，而是尝试揭示当时中国的政治与社会问题。① 不过，其总体结论基本上是在进一步发挥阐释《论中国近世之病源》中的核心观点，即强调应发扬儒家思想，增强个人责任心，减少社会上的诈伪之风，同时改造儒家对于社会规范的设计，促成社会整体道德感的提升，使有德之人能够在社会上有所作为，以此根治政治与社会乱象。

　　需要注意的是，不同于儒家思想中蕴含的"君子之德风，小人之德草"式的精英思维，柳诒徵坚信"国本在民，非多数之人民咸能自治其地方，自新其环境不为功"。假如"全民之智德不进，惟知处于被动"，那么仅靠一二有德行的精英在上呼喊，并不能改变现状。② 对比对清末士人影响极大，强调风俗之厚薄全看一二君子之所为的曾国藩《原才》一文，柳诒徵的思考显现出明显的时代印记，即近代民主已成为他思考政治问题的重要前提，对于民主政治如何实现或可有不同意见，但这个前提却不应再被质疑。③ 在这个意义上，柳诒

---

① 参见柳诒徵1922年至1926年发表的《论大学生之责任》《说习》《励耻》《罪言》《正政》《反本》《解蔽》《墨化》等文。

② 柳诒徵：《正政》，载杨共乐、张昭军主编：《柳诒徵文集》第10卷，第35页。

③ 柳诒徵1922年在《学衡》发表《选举阐微》一文，一方面批评近代资本主义民主常以金钱为赢得选举之利器，另一方面认为中国古代的乡里自治有可能转化为更具道德意识的民主政治。他强调"资产阶级不除，则大资本家仍可挥巨金以收买选民"，同时相信"能从数千年已经之法制参稽变化而求一最新最良之法，以造成真正之民治"。可见，柳诒徵并不反对大众民主，而且对那些有可能损害大众民主的因素甚为反感，并思考如何在中国建立名副其实的大众民主。参见柳诒徵：《选举阐微》，载杨共乐、张昭军主编：《柳诒徵文集》第9卷，第121—126页。

徵其实也就是在思考如何让儒家思想在社会层面更具有普遍性，通过唤起广大民众的文化担当意识，使其成为主动奉行儒家思想的重要分子。所以他强调："今之中国所恃以苟延残喘者，独赖有多数无知之平民，其行事尚有良心，因之国脉尚未尝斩。"[1]

　　在这一点上，也显现出柳诒徵与《学衡》核心作者群中的西洋留学生的不同。毋庸多言，吴宓、梅光迪等人有着比较明显的精英主义色彩。尤其是梅光迪，早在留学美国期间，他就撰文分析"民权主义之流弊"，认为现代大众民主的特征之一就是"奖进庸众"，让精英被迫与"庸众"共聚一堂讨论政治。[2]《学衡》创刊后，梅光迪发表了数篇专门批评新文化运动的文章，认为"民国以来，功名之权，操于群众"，新文化运动的提倡者无非就是顺从了这样的风气。[3]他强调学术讨论是少数精英的"特权"，一旦让普通民众参与其中，则"误会谬传，弊端百出，学术之真精神尽失"。[4]很明显，虽然柳诒徵所说的国之本在民，仍有不少文化精英自上而下向民众喊话的特征，但对比梅光迪的态度，柳诒徵还是有其独特的思想特色。

二、商榷学风：重建义理之学

　　伴随着新文化运动对中国传统颇为猛烈的抨击，整理国故思潮开始在学界普及开来。虽然在倡导者胡适那里，"国故"一词其实借

---

[1]　柳诒徵：《反本》，载杨共共、张昭军主编：《柳诒徵文集》第10卷，第35页。

[2]　梅光迪：《民权主义之流弊论》，载陈静、张凯编：《梅光迪学案》，杭州：浙江大学出版社2019年版，第29页。

[3]　梅光迪：《评提倡新文化运动者》，载陈静、张凯编：《梅光迪学案》，第43页。

[4]　梅光迪：《评今人提倡学术之方法》，载陈静、张凯编：《梅光迪学案》，第51页。

用自章太炎的《国故论衡》,但不同于章太炎在清末力图重新阐释中国传统,挖掘传统当中的思想潜质,使之重新焕发思想活力,胡适等人主导的整理国故运动,主要的特征就是消解中国传统典籍的基本逻辑与内在理路,使其"义理"的部分难以得到正面评价,最终将传统典籍视为一堆有待今人用源自域外的科学方法重新审视的"材料"。[①]虽然胡适也不时表彰中国传统,特别是清代的考据学,但这只是由于在他眼里,清代考据学,包括宋代以来的辨伪传统,符合现代科学精神而已。响应整理国故思潮而兴的古史辨伪活动,主要的观点也是不证自明地认为中国古人乐衷于伪造历史,而在受到现代科学方法影响的知识分子眼里,建立在伪造的历史基础上的道德说教与伦理主张自然也丧失了合法性。因此,虽然顾颉刚声称自己进行古史辨伪活动不存主观之见于胸中,但如此这般评判传统典籍,就已经凸显了其基本价值立场。

在此背景下,对于像柳诒徵这样认同中国传统思想价值的人而言,要想重振儒家思想的社会意义,必须先进行一番类似于"正本清源"的工作,即建立起能够有助于彰显儒家思想之价值的学术风气。柳诒徵第一次公开与胡适等人展开的学术论辩,是发表于1921年的《论近人讲求诸子之学者之失》一文。他于此文直指章太炎、梁启超、胡适三位对整理国故运动有直接或间接影响的学者,通过批评他们对于先秦诸子的阐释,连带批评"五四"新文化运动以降的新式学风。此文表面上将三人并列而论,实则主要还是针对因《中国哲学史大纲(卷上)》而声名鹊起的胡适。要想理解此文之意蕴,不能仅着眼于柳诒徵如何对三人的批评,还应注意到他本人是如何论述诸

---

① 胡适:《〈国学季刊〉发刊宣言》,载欧阳哲生编:《胡适文集》第3册,北京:北京大学出版社1998年版,第5—17页。

子学之流变。针对胡适认为诸子之学与古代王官无涉，仅为受时势刺激而生，柳诒徵强调"诸子之学出于古代圣哲者为正因，而激发于当时之时势者为副因"，因为"吾国唐虞三代，自有一种昌明盛大、治教并兴之真象"。[①]这一观点背后的意蕴即是，如果诸子之学像胡适等人所论的那样弥足珍贵，这也并非诸子各派有感于战国之时势而竞相立言，而是因为诸子各派充分继承了上古时期的礼乐文明，是后者在后世一脉相承、不断发扬光大的具体表现。而按照传统典籍的记载，儒家之学直接继承周代礼乐文明，上古圣王长期被儒家视为治道之典范。因此，强调上古文化传统的重要地位，也就是在间接强调儒家思想乃中国历史之正道，诸子各派仅得礼乐文明之一端而已。其正闰之别，不容轻易改变。

从阐扬儒家思想现实意义的角度来看，强调儒家思想与上古礼乐文明之间的继承关系固然很重要，但这样的继承关系不能仅作为认识历史遗迹的参考，还需在此基础上凸显儒家思想的实践性格。只有从探索如何更好地践行人伦日用之道的角度出发审视包括儒家在内的中国传统思想，方能较好地评估其是否有可能在当下产生社会效应。否则能知而不能行，依然无法使之成为拯救时代危局的良方。因此，柳诒徵对中国传统思想的评析多从实践的角度展开理论。在评论旨在对抗胡适的哲学史叙事的陆懋德《周秦哲学史》时，柳诒徵表面上称赞陆懋德虽然是习法政之学出身，却能有意识地挖掘中国传统的价值，但他更想表达的是，表彰包括儒家学说在内的诸子之学，不能受到西方哲学影响，将注意力只集中到抽象问题的讨论上。他指出："吾尝谓中国圣贤之学，不可谓之哲学，只可谓之道学。哲学

---

① 柳诒徵：《论近人讲求诸子之学者之失》，载杨共乐、张昭军主编：《柳诒徵文集》第9卷，第30、31页。

则偏于知识，道学则注重实行。观老子之言曰：'上士闻道，勤而行之。'曰：'行于天道。'曰：'吾言甚易知，甚易行，天下莫能知，莫能行。'是老子所重在行也。孔、墨诸家，无不如是，下至程、朱、陆、王，所见虽有不同，而注重躬行心得则一。故世人观吾国之学术者，往往病其陈陈相因，初无层出竞进之胜。不知此正吾国注重实学之一脉，不徒腾口说，而兢兢实践，至其受用有得处，略道光景，又虑说破而人皆易视，徒作言词播弄，道听途说，出口入耳，了不知其实际若何。"①即便是表面看来最为玄虚的道家，柳诒徵依然认为："吾谓老子之道，不是期望他人，乃在自身实行，自身能实行，虽在大乱之世，吾人亦可归根复命。"②

　　此外，针对晚清以来兴起的墨学热，柳诒徵亦从躬行实践的角度出发进行评判。他认为屡被近人称颂的墨子兼爱思想实有违人伦，故难以践行，"盖吾之老、吾之幼，以有天性之关系，故爱之出于自然。人之老、人之幼，以无天性之关系，故自然不能不生分别，若爱之如一，则非视吾之老幼如路人，毫无血族之情谊，即须视人之老幼如骨肉，皆有毛里之私恩，天下岂有此理乎？"因此他如是评价墨学："夫墨子教人爱利人之亲以爱利吾亲，何尝不讲孝道，然其病根即在兼爱而无差等。爱人之父若己之父而毫无差等，是人尽父也。人尽可父，尚何爱于己之父？父子之伦即不能成立。"③作为"五四"新文化运动反传统之风的批评者，柳诒徵非常重视中国古代乡里实践中"劝善

---

① 柳诒徵：《评陆懋德〈周秦哲学史〉》，载杨共乐、张昭军主编：《柳诒徵全集》第9卷，北京：商务印书馆2018年版，第336页。
② 柳诒徵：《评陆懋德〈周秦哲学史〉》，载杨共乐、张昭军主编：《柳诒徵全集》第9卷，第336页。
③ 柳诒徵：《读墨微言》，载杨共乐、张昭军主编：《柳诒徵全集》第9卷，第201、203页。

惩恶，以造就各地方醇厚之风"的传统，[①]坚信建立稳定的伦理道德对维系社会正常运作十分重要，中国传统道德风尚虽有些许不适合时代之处，但总体而言精义甚多，不应被轻易否定。基于这样的立场，他对于墨学的批评，不是如时代流行之见那般，着眼于评价《墨辩》是否符合近代西方逻辑学、墨子思想与社会主义是否有相似之处，而是从是否能促进社会道德风俗趋于良善，是否有助于人们在实践中彰显社会伦常的角度立言。

晚清以降，时人讨论学术风气，经常涉及分析清代以来的学术流变。如何评价清代学术，很能凸显不同学术立场的人士如何申说自己的学术主张。在胡适等人的清学史叙述里，顾炎武之所以被视为清代考据学的开山人物，是因为顾氏显现出以朴素的"科学方法"研究古代典籍的特征。针对此，柳诒徵认为顾炎武在清代学术史上固然很重要，但他之所以值得被表彰，并非由于其治小学之成就，而是因为"其生平之宗旨，惟在实行孔孟之言，以学问文章经纬斯世，拨乱反正"。因此，"顾氏之学，专以明道救人为主，不屑注虫鱼、命草木"。[②]换言之，顾炎武在明清之际力倡经世致用之学，强调儒者应"博学于文，行己有耻"，这实为继承儒家传统当中重视心性修养，强调践行圣人之道的榜样。从治学体现"科学方法"的角度表彰顾炎武，恰恰是在将其矮化、窄化，使顾炎武学术的精华隐而不彰。

"自新文化倡行以后，中国的危险，不是白话文，因为白话文，不过把'之'字改作'的'字，把'乎'字改作'吗'字，对于中国文化上并没有什么大关系。我以为最危险的，就是要根本推翻中国数千年

① 柳诒徵：《中国乡治之尚德主义》，载杨共乐、张昭军主编：《柳诒徵全集》第9卷，第263页。
② 柳诒徵：《顾氏学述》，载杨共乐、张昭军主编：《柳诒徵全集》第9卷，第128、136页。

相传下来的伦理，因为西人信仰耶稣，崇拜上帝，对于宗教的观念非常坚强，中国既没有宗教，如不再拿伦理来维系人心，那末，人群之堕落不是很可怕吗？"[1]在柳诒徵的视域里，当时中国的政治与社会乱象亟须儒家道德来根治，要想使儒家道德重新焕发生命力与适用性，则需在学术研究中着眼于阐发儒家义理之学。因此，柳诒徵强调应将中国传统思想当中重视现实、重视实践、重视日常人伦日用的因素加以提倡，并以此为标准来衡量历代学术得失。而如何方能凸显古代先贤在实践方面的成就？这就离不开史学了。通过研究中国历史，于史事变迁中分析善恶得失，更能将古人对良好秩序的探求与实践过程呈现出来。

三、史学实践：古史中的道德理想

在史学领域，与许多论著所呈现的既定印象不同，柳诒徵其实颇受近代日本史学思潮的影响。他在谈论史学方法的论著中经常援引近代日本史家的观点，其代表作《中国文化史》里也能看到不少日本学者论著的影子。[2]不过话又说回来，在近代中国，一些在文化立场上坚守中国传统价值的学者时常借助域外观念来展开立论，这一点也并不少见，就像一些强调趋新的知识分子，其思维逻辑依然带有比较明显的传统印记一样。这本身就体现了近代中国古今中西缠绕不清的基本特征。那种将新旧之间区分得泾渭分明的做法，反而不符

---

① 柳诒徵：《什么是中国的文化》，载杨共乐、张昭军主编：《柳诒徵全集》第12卷，第205页。
② 李孝迁：《印象与真相：柳诒徵史学新论——从新发现〈史学研究法〉未刊讲义说起》，《史林》2017年第4期。

合历史本身的复杂面貌。

其实也正由于对现代史学有所了解，柳诒徵的史学实践才能不流于一味守旧，不通世务。基于前文所分析的那些思想特征，柳诒徵的代表作《中国文化史》，固然可以视为他借用从日本拾来的"文化史"概念来重新讲述中国历史，其实更可看作他尝试用写历史的方式呈现儒家思想在中国历史流变中的地位与作用，以及古人是如何在不同的历史条件下践行其道德理想的。

柳诒徵的《中国文化史》在20世纪20年代开始在《学衡》连载，随后汇为一编正式出版。当时正值古史辨伪之风日趋兴盛，先秦典籍不断被人质疑其真实性与准确性。历代儒者无不称颂三代，将其视为形塑中国数千年政教体系的起始。如果上古史事错漏伪造之处甚多，那么儒家思想的根基也就产生动摇。对此，柳诒徵应该是有所察觉的。因此，他在《中国文化史》中用了大量篇幅，根据传世典籍去重构上古史事演进图景。他固然有与古史辨派商榷论辩的意味在，[①]但更为重要的大概是他想通过这样的历史叙事方式，凸显长期被儒家视为黄金时代的古圣先贤，如何一步一步地创建制度、发扬文教，通过长期的实践，为中国文化奠定了厚重的底色。

比如柳诒徵叙述上古之时的农业生产活动，根据古代典籍记载的只言片语，认为古圣先贤制定了一套符合农业生产规律的历法体系，使农业生产活动得以有条不紊地进行：

> 古人立国，以测天为急；后世立国，以治人为重。盖后人袭前人之法，劝农教稼，已有定时；躔度微差，无关大体。故觉天

---

① 柳诒徵1924年曾撰文批评顾颉刚的古史辨伪之举。参见柳诒徵：《论以说文证史必先知说文之谊例》，载杨共乐、张昭军主编：《柳诒徵全集》第9卷，第307—311页。

道远而人道迩，不汲汲于推步测验之术。不知邃古以来，万事草创，生民衣食之始，无在不与天文气候相关，苟无法以贯通天人，则在在皆形枘凿。故古之圣哲，殚精竭力，绵祀历年，察悬象之运行，示人民以法守。自羲、农，经颛顼，迄尧、舜，始获成功。其艰苦愤悱，史虽不传，而以其时代推之，足知其常耗无穷之心力。吾侪生千百世后，日食其赐而不知，殊无以谢先民也。[①]

又比如对托名于大禹治水的产物的《洪范》，柳诒徵认为其中描绘的"五行"不能简单以迷信视之，而应注意到其政治意义：

实则五行之得当与否，视一国之人之貌、言、视、听、思、心以为进退。虽不必以某事与某征相配，而其理实通于古今。如今人以水旱之灾为人事不尽之征，苟一国之人治水造林各尽心力，则年谷可以常丰。反之，则水旱频年，灾害并作者，其理与《洪范》所言何异？《洪范》但言尽人事则得休征，悖其道则得咎征，未尝专指帝王。使误认为一人之貌不恭，天即为之恒雨；一人之言不从，天即为之恒旸，则此帝王洵如小说中呼风唤雨之道士。如以国民全体解之，则《洪范》之言正可以警觉国民，使各竭其耳、目、心、思以预防雨、旸、寒、燠之偏。充《洪范》之义，虽曰今之世界休明，科学发达，咸由人类五事运用得宜亦无不可。盖利用天然力与防卫天然力之变化，皆人类精神之作用。其为休咎无一能外于五事。[②]

---

① 柳诒徵：《中国文化史（上）》，载杨共乐、张昭军主编：《柳诒徵全集》第6卷，第46页。
② 柳诒徵：《中国文化史（上）》，载杨共乐、张昭军主编：《柳诒徵全集》第6卷，第95页。

再如柳诒徵认为三代制度在后世虽有变化，但前后延续的部分也颇为明显，因此对于《王制》这样叙述理想制度的论著，不能认为它仅是战国时期的空想之作，而应视为集三代制度因革之大成：

> 大抵人类之思想不外吸集、蜕化两途。列国交通，则吸集于外者富；一国独立，则蜕化于前者多。三代制度虽有变迁，而后之承前大都出于蜕化。即降至秦、汉学者，分别质文，要亦不过集合过去之思想为之整理而引申，必不能谓从前绝无此等影响，而后之人突然建立一说，乃亦条理秩然，幻成一乌托邦之制度。故谓《王制》完全系述殷制未免为郑、孔所愚，而举其说一概抹杀，谓其中绝无若干成分由殷之制度绀绎而生者，亦未免失之武断也。[①]

可见，柳诒徵并非单纯地讲述上古史事，而是通过对传世典籍的解读抒发自己对于中国文化演进趋势的认识。他认为中国传统思想的精义在于重视人伦日用，重视通过制度设计来促进社会整体的道德意识，使作为政治与文化共同体的中国具有坚实的根基。他表彰古史记载的古圣先贤，主要也是从他们通过不断的实践来为中国文化奠基的角度立论。可以说，凸显古人的实践性格，是他叙述中国文化史的核心关照之一。进一步而言，在他看来，这样的实践也与古代社会生活、生产方式高度契合，是对那些"百姓日用而不知"的要素的总结与升华。古圣先贤之所以重要，在于将这些实践提升为修齐治平之道，使之成为一种超越时间与空间限制的普遍性义理，成为审

---

① 柳诒徵：《中国文化史（上）》，载杨共乐、张昭军主编：《柳诒徵全集》第6卷，第122页。

视与衡量后世政治与社会实践的重要标准。中国文化之所以能绵延不绝,其中关键也在于此。因此,柳诒徵的文化史叙事其实有尝试建立一套深具道德意识的历史哲学的意味存焉。① 他将传统典籍中的古史记载视为信史而广泛征引,主要是相信这些文献承载着古人基于历史实践而提炼出来的"道",将这些文献进行引申阐发,也就是用新的表述方式重新激活"道"的思想内涵。通过讲述古史,柳诒徵描绘了一幅古圣先贤不断致力于在政治与文化活动中实践道德理想的历史图景。章学诚曰:"古人未尝离事而言理,六经皆先王之政典。"② 又曰:"夫天下岂有离器言道,离形存影者哉! 彼舍天下事物人伦日用,而守六籍以言道,则固不可与夫言道矣。"③ 从学术源流来看,柳诒徵的这些观点与章学诚的经史论颇为契合。④ 胡适1933年撰文批评柳诒徵此书,认为它"这样详于古代而太略于近世,与史料的详略恰成反比例,实在使我们不能不感觉作者对于古代传说的兴趣太深,而对于后世较详而又较可信的文化史料则兴趣太单薄"。⑤ 这其中的主要分歧,就是在胡适眼里,传统典籍属于"古代传说";而在柳诒徵看来,此乃"因事见道"的重要凭借。

---

① 柳诒徵在《中国文化史》中,希望总结出中国文化演进的普遍性原理,突出中国文化所蕴含的道德理想,并使之成为一种审视历史与现实的视角,这已经涉及历史哲学层面了。在20世纪上半叶,西方学者或从哲学的角度,或从神学的角度叙述历史,进而构建其历史哲学。如果我们承认彼邦知识分子之所为有其意义的话,那么就不能简单否认柳诒徵的这些工作,认为其配不上"历史哲学"之名。当然,这样的历史哲学能否自洽,能否引起时代共鸣,又是另一回事了。

② 章学诚著,仓修良编:《文史通义新编·易教上》,上海:上海古籍出版社1993年版,第1页。

③ 章学诚著,仓修良编:《文史通义新编·原道中》,第51页。

④ 抗战时期,陈训慈亲历柳诒徵与马一浮关于六艺的讨论,在日记里就认为柳诒徵强调史的重要性,直接继承了从章学诚至龚自珍、张尔田一脉的学术传统。参见陈训慈:《劬堂师从游脞记》,载柳曾符、柳佳编:《劬堂学记》,第80页。

⑤ 胡适:《评柳诒徵编著〈中国文化史〉》,载欧阳哲生编:《胡适文集》第10册,第769页。

　　柳诒徵对于历史的认识，集中体现在出版于20世纪40年代的
《国史要义》一书里。[①]这本书所涉内容颇广，但尤其值得注意的是
他如何论述历史与道德之间的关联。柳诒徵认为，居今之世言史学，
不能仅将时人所了解的近代西方史学范式作为唯一标准，而应充分
继承中国传统史学要义。他指出，中国传统史学主要记载了中国先
民建立政治秩序与伦理准则的过程，故"史官掌全国乃至累世相传
之政书，故后世之史，皆述一代全国之政事。而尤有一中心主干，为
史法、史例所出，即礼是也"。[②]进一步而言，"礼者，吾国数千年全史
之核心也"。[③]中国古代史学源于中国古代的礼制。中国古代礼制
虽然主要以各种礼节仪式为表现形式，但其背后却是一套对于社会
秩序与人伦道德的系统性论述，体现了中国文化的核心内涵，是政治
活动的基本规则。在柳诒徵看来，礼制及其背后的原理是古圣先贤
根据先前的政治、社会与文化活动，以及大多数民众日常实践总结而
来的，绝非凭空而生，其道德内涵亦非空谈之物，而是与人们日常的
生活与生产活动高度契合。礼制出现之后，成为指导后世日常行为
与政治活动的基本准则，具有极强的实践性。从礼制因革中可以窥
见中国文化的延续性。在这个意义上，如果说历代史籍同样也记载
了大量古人言行，凸显忠义之士在不同历史场景中的表现，那么史籍
与礼制就具有相似的作用，礼制的原理在史籍中具体展开，通过阅览
史籍，便可认识到礼制及其背后的道德理想。而这一道德理想，要以
服务群体，为国家民族做贡献，致力于人文化成为旨归，而非斤斤于

---

① 　正如张昭军教授所论，柳诒徵此书虽然成书于20世纪40年代，但脱胎于他在
　　"南高"讲授的"历史研究法"，并且有很强的与梁启超《中国历史研究法》对话
　　的意味。参见张昭军：《柳诒徵"为史以礼"说的意蕴》，《社会科学》2015年第
　　10期，第130—131页。
② 　柳诒徵：《国史要义》，上海：上海古籍出版社2007年版，第7页。
③ 　柳诒徵：《国史要义》，第10页。

独善其身,或以乡愿形象示人。基于此,柳诒徵指出:"千古史迹之变迁,公私而已矣。……使任何人皆能便其一身一家之私计,则为公。故大公者,群私之总和。"[1]理想的道德内涵,是在兼顾"私"的同时,尽可能凸显"公"。而"公"与"私",也非处于二元对立的状态,能让众人之"私"各得其所,即为"公"。

在柳诒徵看来,"夫人群至涣也,各民族之先哲,固皆有其约束联系其群之枢纽"。[2]正是由于人类形成群体需要特定的文化因素作为连接彼此的纽带,因此对于中国而言,历史除了有记载过往之事的功能,更有凝聚作为政治与文化共同体的中国的重要意义。也正因为如此,柳诒徵在《国史要义》里力倡"史权",赋予史家在社会文化当中重要的位置;高扬"史义",从历代史籍中归纳出最能彰显中国文化特色,最有助于提升全民族道德水准的要素;思考"史例"与"史联",即如何通过不同性质的历史记载形成比较完整的史事,在全面掌握历史记载的前提下总结成败得失之道;阐明"史化",以凸显历史学对于人心的陶冶。而这些主张所暗含的一个前提就是中国历代史籍与历史上的中国人的生活、生产、繁衍、壮大、更生有着紧密关联,后者是伦理道德之所以能出现的根由,前者是对后者的记录与升华。在这个意义上,"治史之识,非第欲明撰著之义法,尤须积之以求人群之原则"。[3]如果史学研究脱离了这片土地上亿兆生民的日常活动,脱离了对于政治兴亡及其背后的道德状况的强烈关注,那么其文化意义将会被严重削弱。因此,《国史要义》看似是在分析历代史籍,其实是在召唤那些能够与中国这片土地,以及生活在这片土地上的民众同呼吸、共命运的,让史学研究能够彰显前人道德风范,昭示

---

① 柳诒徵:《国史要义》,第176页。
② 柳诒徵:《国史要义》,第20页。
③ 柳诒徵:《国史要义》,第144页。

未来前行路径的史家。在现代学术分科对传统文教制度造成极大冲击，现代知识分子由于其成长方式与知识结构而愈发与斯土斯民关系淡漠之际，柳诒徵关于史学的论述，也就具有了极强的针对性，启发人们不断思考人类为什么需要历史，史学的功用究竟是什么；现代史学固然有其自身的规范与逻辑，但用教条化的"科学主义"作为评价史学的唯一标准是否会形成新的偏颇。

进一步而言，在《国史要义》的《史术》篇里，柳诒徵指出：

> 史术之正，在以道济天下，参赞位育，礼乐兵刑，经纬万端，非徒智效一官，行比一乡，德合一君，能征一国已也。第人事之对待，安危存亡祸福利害，亦演变而无穷。治史者必求其类例，以资鉴戒。则原始察终，见盛观衰，又为史术所最重者也。[①]

读史明智，知古鉴今，实为中国传统史学的重要旨趣，亦为历代多数史家撰史之主要目的。而晚清以降，随着时人积极引入近代西方史学思潮，特别是强调要本乎"科学方法"来让史学研究具有"客观性"，中国传统史学的这一特征遂被不断诟病。那些有主旨、有体例的历代史籍，在"科学方法"的审视下，成为只待今人重新加以整理归纳的"史料"，其义理层面的内容，包括对治乱兴衰的寄寓，皆横遭漠视、隐而不彰。但是，在柳诒徵的视域里，让历史提供时代借鉴，与完整而详细的记叙史事，二者并不矛盾。正是因为有后者，前者的意义才能更好地体现出来。从复杂曲折的历史过程中，更能凸显古圣先贤之道的价值。通过考察长时段的治乱兴亡，多识前言往行，更能意识到以礼为本、秉德而行的重要性。否则，道德训诫极易流于表面

---

① 柳诒徵：《国史要义》，第234页。

文章,历史上的善恶忠奸也无从辨别。总之,他认为:"吾国以礼为核心之史,则凡英雄宗教物质社会依时代之演变者,一切皆有以御之,而归之于人之理性。"①此"理性",除了智识层面的内容,更与作为历史行动者的人的道德品质息息相关。这样的历史学,固然与时人所理解的近代西方历史学不太一样,但无疑是继承了中国古代文化精髓的历史学,是能够在今世维系中国人政治与文化认同,使人们心存希圣希贤之念的历史学。对于柳诒徵而言,这是身处近代变局之下的中国人所特别需要的。"史化"之效,莫过于此。

四、结　语

在《国史要义》的《史化》篇里,柳诒徵借用王国维在《殷周制度论》里提出的"道德团体"概念,认为纵览中国历史,"千古共同之鹄的,惟此道德之团体"。而"历代之史,匪账簿也,胪陈此团体之合此原则与否也;地方志乘、家族谱牒、一人传记,亦匪账簿也,胪陈此团体中之一部分合此原则与否也"。②在他看来,辛亥革命之后的中国之所以乱象频仍,主要原因在于社会道德风尚日趋堕落,因而良好的政治秩序也就难以建立。而历史是可以勾连道德的,其中的关键在于彰显儒家思想的实践性格,使历史能成为记录历代先民实践的载体,使人能够通过读史而与古人之前言往行产生共鸣,进而力求改

---

① 柳诒徵:《国史要义》,第10页。
② 柳诒徵:《国史要义》,第249、250页。值得注意的是,王国维使用"道德团体"概念,也是借自日本学者。关于此,参见王汎森:《王国维的"道德团体"论及相关问题》,载《执拗的低音:一些历史思考方式的反思》,北京:生活·读书·新知三联书店2020年版,第117—121页。

变社会乱象。在他的思考逻辑里，史生于"事"，道因史而显，离"事"与史而言道，则道极易流于空疏无根。这与章学诚的经史论述一脉相承。总之，柳诒徵的史学工作，很大程度上就是想重建儒家思想与"事"——现实与实践之间的紧密联系。

柳诒徵的学术思想及其史学实践，置诸中国近代思想史、学术史的脉络来看，虽然声音未必有整理国故的倡导者们那样响亮，但无疑开启了一个基于近代情境认识中国传统学术与思想的视角。他的《中国文化史》虽未必处处遵循现代史学规范，但其对于义理性的强烈追求，使这本书提供了不少认识中国文化核心内涵的视角，如果我们承认19世纪以来欧洲各派历史哲学有其时代意义的话，那么就不能简单地否定或漠视柳诒徵的史学实践。

但关键在于，正如陈寅恪那段著名的话："吾中国文化之定义，具于白虎通三纲六纪之说，其意义为抽象理想最高之境，犹希腊柏拉图所谓Idea者。……近数十年来，自道光之季，迄乎今日，社会经济之制度，以外族之侵迫，致剧疾之变迁，纲纪之说，无所凭依，不待外来学说之抨击，而已消沉沦丧于不知觉之间。虽有人焉，强聒而力持，亦终归于不可救疗之局。"[①]一种长期处于支配地位的思想学说，是以一定的经济生产关系为依托，这种思想学说所强调的道德理想要想充分实践，是建立在其所依托的经济生产关系与社会状况大体良好的基础之上的。后者一旦发生剧烈变化，特别是遭受能够"按照自己的面貌为自己创造出一个世界"的西方资本主义冲击，那么这样的思想学说必然也会发生动摇，致使其内部的话语逻辑难以自洽，难以有效因应世变。儒家思想在近代中国的曲折命运，与儒学所依托

---

① 陈寅恪：《王观堂先生挽词并序》，载《寒柳堂集·陈寅恪先生诗存》，上海：上海古籍出版社2019年版，第6—7页。

的社会经济结构逐渐解体息息相关。柳诒徵相信阐扬儒家思想必须要注重其实践性格，这从学理层面来看确实没有问题。但现实却是，清末民国的中国经济衰败不堪，农村社会趋于解体，民生多艰，各地因饥饿卖儿鬻女之举时常见诸新闻，在此情形下，如何指望芸芸众生能践行儒家的齐家之道。[①]而因生产力水平低下，为了争夺有限的经济资源，"正其谊不谋其利"的古训也难以再被人时刻记起。就此而言，要想在实践中体现儒家道德理想，关键在于这样的实践能够有效解决近代中国因落后而造成的普遍贫穷。如果儒家思想能够促使人们努力探索能让中国摆脱衰颓之势、能让天下苍生过上好日子的救国之道，那么其正面意义是不容置疑的。可如果为了在表面上践行儒家之道，却无视近代因外力入侵而造成的积贫积弱现状，以及广大在死亡线上挣扎的底层民众，那么儒学大概也很难被多数人视为解决现实问题的可行性方案之一。因此，顺着柳诒徵的学术旨趣，如果要彰显儒学的道德理想，要想使儒学的实践性格在新的世变下得以维系，或许需要一个让具有此道德理想的人充分认识中国社会主要矛盾、与中国绝大多数民众之命运相联结的契机。同时能秉持这一道德理想与实践性格，洞察古今之变，明晰中外大势，去探寻能真正解决这些矛盾的方法。

---

① 关于这些历史，参见李文海、周源：《灾荒与饥馑：1840—1919》，北京：人民出版社2020年版。张水良：《中国灾荒史（1927—1937）》，厦门：厦门大学出版社1990年版。

从经史之学到马克思主义史学
——吴承仕的学术旨趣及其古代社会论

民国学术主要沿着两个十分明显的路径演进:一为传统的经史之学在现代思潮冲击与新式学科分类影响下所面临的转型与重组;另一个便是以马克思主义为主要代表的社会科学日渐流行,成为人们分析古今社会状况、探讨如何走向理想社会之路的重要理论参考。对前者而言,必须直面现代性思潮对传统学术体系及其义理的重估。在此情形下,如何恰当地重新阐释各种传统学术遗产,如何在世变之下合理地安置其地位,传统学术能否依旧成为维系现代中国人政治与文化认同的基础,甚至如何祛除传统学术义理中与现代性诉求背离之处,成为近代学者不断阐释与论争的话题。[①]对后者而言,作为认识世界与改造世界的理论武器,马克思主义如何与中国现实接榫,如何在对中国历史与现状有充分深刻的了解之基础

---

① 关于这一问题,几十年来有许多相关研究。最近颇具代表性的新成果,参见刘巍:《中国学术之近代命运》,北京:北京师范大学出版社2013年版。张凯:《"述文化于史":宋育仁与近代经史之学的省思》,《近代史研究》2017年第4期,第119—131页。张凯:《经史分合与民国"新宋学"之建立》,《近代史研究》2013年第6期,第95—114页。张凯:《经史嬗递与重建中华文明体系之路径——以傅斯年与蒙文通学术分合为中心》,《浙江大学学报(人文社会科学版)》2014年第2期,第28—40页。

上,运用马克思主义原理来解析中国的政治、社会与经济结构,批判地继承传统文化遗产,将学术与实践相结合,让中国的马克思主义学术富有"中国作风与中国气派",①同样是摆在当时左派学者面前的严肃课题。

在这样的历史背景下,吴承仕(1884—1939)的学术旨趣与实践便凸显出极为重要的意义。作为章太炎的主要门生之一,吴承仕对三礼之学与宋明理学治之颇深,并受到章太炎的肯定。民初章氏被袁世凯软禁北京时,吴承仕曾笔录前者涉及佛学、诸子学、经学等门类的学术口述,后以《菿汉微言》为名出版。此后二人常就经学与理学问题互相致信讨论。可以说,吴承仕有很强的"经生"色彩。而另一方面,"九一八事变"之后,吴承仕受到民族危机加剧的刺激,开始接触马克思主义,在范文澜、齐燕铭等人的推荐、引导下,开始认真阅读《共产党宣言》《资本论》《自然辩证法》《〈政治经济学批判〉导言》等著作,成为马克思主义的坚定服膺者。②此后,在自己担任行政职务的中国大学国文系,他特意开设了"社会科学概论"等带有鲜明左翼色彩的课程,同时于1936年初成为中共特别党员,主持创办《文史》《盍旦》《时代文化》等进步刊物。一批与他关系密切的青年人,成为1936年开始的"新启蒙运动"的主要参与者,③进而成为宣

① 毛泽东:《中国共产党在民族战争中的地位》,载《毛泽东选集》第2卷,北京:人民出版社1991年版,第534页。
② 关于范文澜、齐燕铭对吴承仕的影响,参见荣孟源:《悼念吴检斋先生》,载吴承仕同志诞生百年纪念筹委会编:《吴承仕同志诞生百年纪念文集》,北京:北京师范大学出版社1984年版,第101页。齐翔延、齐翔安:《我的父亲齐燕铭》,北京:文物出版社2008年版,第19页。关于吴承仕对马恩著作的阅读情况,胡云富、侯刚从吴承仕留下的一本读书笔记中,爬梳后者提及的著作名称,可以由此窥见吴承仕的阅读书目。参见胡云富、侯刚:《吴承仕传略》,载吴承仕同志诞生百年纪念筹委会编:《吴承仕同志诞生百年纪念文集》,第204页。
③ 关于新启蒙运动的始末,参见陈亚杰:《当代中国意识形态的起源——新启蒙运动与"马克思主义中国化"的生成语境》,北京:新星出版社2009年版。

传与研究马克思主义理论的干将。总之，吴承仕在近代学术脉络中
具有"经生"与"马克思主义者"的双重身份。本文主要探讨的，是
吴承仕的旧学背景是否给予了他接受马克思主义的契机，以及他如
何从自身的学术积累出发认识马克思主义，并且运用它来论述属于
旧日"三礼名物"范畴的中国古代社会诸现象，并借此进一步分析中
国传统与中国革命之间的复杂关系。①

一、"职在考古"及其转化的可能

欲分析吴承仕对于经史之学的理解，必须注意到他与章太炎之
间十分紧密的师承关系。吴承仕尝言，自己的思想与行事，多"推本
章先生（章太炎）之遗教"。②在经学领域，章太炎强调自己恪守古文
经学路数，并且改造章学诚的"六经皆史"论，"夷六艺于古史"，如此
一来，"则上世社会污隆之迹，犹大略可知。以此综贯，则可以明进
化；以此裂分，则可以审因革"。③在章氏看来，好的经学研究应"一
言一事，必求其征，虽时有穿凿，弗能越其绳尺"。这样"考迹上世社
会者，举而措之，则质文蕃变，较然如丹墨可别也"。④而古史研究，

---

① 目前关于吴承仕的研究，主要还是对其学术思想与生平事迹的总结性论述，或者
是关于其著作门类的介绍。参见黄寿祺：《略述先师吴检斋先生的学术成就》，
载吴承仕同志诞生百年纪念筹委会编：《吴承仕同志诞生百年纪念文集》，第
121—143页。王延模：《近代徽州学人吴承仕学术著述的整理过程述略》，《社会
科学论坛》2016年第11期，第119—128页。对于吴承仕学术思想变化以及他对
马克思主义理解的专门探讨，仍付之阙如。
② 吴承仕：《与某人书》，载《吴承仕文录》，北京：北京师范大学出版社1984年版，
第252页。
③ 章太炎：《訄书（重订本）·清儒》，载《章太炎全集》第3册，上海：上海人民出版
社2014年版，第158页。
④ 章太炎：《訄书（重订本）·清儒》，载《章太炎全集》第3册，第160页。

更应"以度制事状征验"。①章太炎对于经学的认知,很大程度上是"以史视经"。他如此这般重估经学,将经学从过去的官学地位上拉下来,认为其本身无后世所赋予的各种神圣性。另一方面,他借此来反对晚清今文经学的种种"怪诞"之语,强调经书乃上古历史之记录,并且这种记录绝非散乱无系统的材料,而是有体例、有宗旨、有系统的著作,读之可使人奋发有为,激起强烈的爱国之心。

犹有进者,章太炎在清末曾广泛阅读当时流行的各种西方社会科学著作。②虽然他在1906年以后,开始反省那种认为西学具有普遍性,中国历史与现状只能作为论证这一"普遍性"之材料的观点,并批判风行一时的社会进化论。③但他依然认为"进化之实不可非,而进化之用无所取",④并不否认历史中的社会进化现象。同时他希望从中国历史自身脉络出发,总结其中具有规律性的社会与历史原理。他认为《周易》"记人事迁化,不越其绳,前事不忘,故损益可知",⑤具有历史哲学的性质,相关卦辞于"生民建国之常率,彰往察来,横四海而不逾此",⑥论述了人类历史发展的过程与阶段。同时呈现社会不断进化的迹象,许多制度必须与时俱进,所以"封建、神教、肉刑、公田四者,后王之所当废,可知已"。⑦借用他在面向大众的国学演讲中的话来说,"《易经》却和近代社会学一般,一方面考察古来的事迹,得着些原则,拿这些原则,可以推测现在和将来"。⑧而

①　章太炎:《訄书(重订本)·清儒》,载《章太炎全集》第3册,第160页。
②　姜义华:《章太炎思想研究》,上海:上海人民出版社1985年版,第164—165页。
③　关于这一点,参见王锐:《自国自心:章太炎与中国传统思想的更生》,北京:商务印书馆2019年版,第47—82页。
④　章太炎:《俱分进化论》,载《章太炎全集》第4册,第405页。
⑤　章太炎:《检论·易论》,载《章太炎全集》第3册,第385页。
⑥　章太炎:《检论·易论》,载《章太炎全集》第3册,第386页。
⑦　章太炎:《检论·易论》,载《章太炎全集》第3册,第386页。
⑧　章太炎:《国学十讲》,载章念驰编订:《章太炎演讲集》,上海:上海人民出版社2011年版,第229页。

在由吴承仕笔录的《菿汉微言》中，章太炎更是强调"自然淘汰，后来居上，即所谓'天地不仁，以万物为刍狗'，以此推证，而故迹之不可守，明矣"。①所以依章氏之见，研究中国传统学术需明晰"古今人情底变迁"，即"当政治制度变迁底时候，风俗就因此改变，那社会道德是要适应了这制度这风俗才行"。②由此可见，虽然章太炎坚持中国传统的正当性，希望通过自己的阐释，使之在近代变局下重新焕发活力，但他的思考方式，已经带有很强的近代西方社会科学之印记，只是在他那里，这种印记能够比较融洽地和中国传统学术接榫。

　　以此为视角，可以进而分析在成为马克思主义者之前，深受章太炎影响的吴承仕，其治学旨趣呈现出的特点。1936年，章太炎希望聘请正任教于北平中国大学的吴承仕，来苏州章氏国学讲习会担任教职。他特别向后者强调，关于各种传统学术的课程，"三礼非足下不可"。③在前一年，章氏曾计划让吴承仕来南京中央大学任教，接替刚刚去世的黄侃。他对好友蒋维乔表示，吴承仕的"国文、小学、经训与季刚（黄侃）造诣伯仲"。④此外，他还透露中大学子风闻吴承仕可能来此的消息后，"相庆得师，此见群情敬信"。因此劝说吴氏："足下研精经谊，忍使南土无继起之人乎？"⑤由此可见，作为对经学、小学有极深研究的章太炎，非常欣赏、认可弟子吴承仕的学术水准。

———————————

① 章太炎：《菿汉微言》，载虞云国整理：《菿汉三言》，上海：上海书店出版社2011年版，第26页。
② 章太炎：《国学十讲》，载章念驰编订：《章太炎演讲集》，第225页。
③ 章太炎：《与吴承仕》（1936年），载马勇编：《章太炎书信集》，石家庄：河北人民出版社2003年版，第375页。
④ 章太炎：《与蒋维乔》（1935年），载马勇编：《章太炎书信集》，第959页。
⑤ 章太炎：《与吴承仕》（1935年），载马勇编：《章太炎书信集》，第374页。案：章太炎屡次劝说吴承仕南来任教，或许一个主要原因是已经知道吴氏当时与左翼团体关系紧密，因此为了让后者能专心治经，和左翼团体保持距离，所以计划让他来南方任教。当然，以吴承仕当时的立场与关注点，他大概不会因此离开各种左翼文化活动已经次第展开、日渐蓬勃的北平。

诚如章氏所见，经学是吴承仕长期关注的领域。1925年他便对同门汪东谈及，自己"近治《尚书》，时以疑义质之本师章先生"。同时已经撰写了《书〈传〉王孔异同考》《〈左氏〉杜解〈书〉孔传异同考》《孔传正义》等文章。①同年，在作为中国大学讲义的《经学通论》一书中，吴承仕自言此书"大氐比次旧闻，校计众说"，所以"陈述多而裁断少"。之所以如此，就是因为在吴氏看来，"旧事茫昧，颇难质定"，并且"治学方术，最重证据，譬诸治狱，不宜轻用感情"。②很明显，吴承仕这里透露出的观点，便是主张治经应实事求是，借助扎实的"证据"，考订其史事与名物，不将主观臆断掺杂其中。这与章太炎所推崇的"考迹上世社会"之法一脉相承。进一步而言，这一研究方法极不同于同样对近代经学演变影响极大的康有为所阐释的今文经学路数，即认为上古史事"茫昧无稽"，孔子身为素王，为了创教改制，所以才借历史以明其义。作为五经之一的《春秋》，更非仅是一部历史著作而已。康氏强调《春秋》之义，不在显而易见的文字，而在难以征实的口说。经孔子"笔削"的《春秋》，"书不书之或详或略、或削或存、或有日月或无日月、或名或不名，皆大义微言之所条系。故笔削如电报密码之编辑，然又非若编电报密码之无义也，于笔削之中即明大义"。③凡此种种，皆不符合吴承仕所认同的治学旨趣。

此外，在出版于1933年的《经典释文序录疏证》里，吴承仕对陆德明的《经典释文序录》进行详尽疏证，旁征博引、参合众家，以此阐释文意、辩证得失，对历代经学流变与不同经籍的梗概做了较为全面

① 吴承仕：《致汪旭初书》，载庄华峰编纂：《吴承仕研究资料集》，合肥：黄山书社1990年版，第407、408页。
② 吴承仕：《〈经学通论〉自序》，载庄华峰编纂：《吴承仕研究资料集》，第130页。
③ 康有为：《春秋笔削大义微言考》，载姜义华、张荣华编校：《康有为全集》第6集，北京：中国人民大学出版社2008年版，第8页。

的介绍,堪称一部简明的《中国经学史》。^①这些成果,显示出他对于中国历代典籍十分熟悉,具有非常扎实的传统学术根底,特别是继承了清代朴学的治学传统,这使他对中国历史流变能有较为清晰的认识,并成为他思考中国现实问题的重要知识基础。所以他自言:"平生所学,若校勘、考订、说经、解字诸术,当其有得,差足与乾嘉诸老比肩。"^②而在任教于中国大学的很长一段时间里,他的治学重点主要在考订、疏证《三礼名物》。

基于此,在撰写于1930年的《三礼名物略例》中,吴承仕指出:

> 先王经世之志,达者推而知之,行事曲折,则守法之吏,诵数之儒,执简而读之。若夫制度器械之事,则明其训诂,别其材性,拟其形容,校其尺度,辨其施用,以法为分,以名为表,以参为验,以稽为决,其数一二三四,厥制乃可得而说,此讲名物者之所务也。夫礼意易推而多通,礼器难言而有定,然形体不存,则制作精意,即无所傅离以自表见,故考迹旧事者,应以名物为本。^③

进一步而言,研治三礼之学应秉持这样的学术态度:

> 《三礼名物》之学,职在考古,一以实事求是为归,整比成文而断之以律令,齐此则止,师说同异,非所宜问也。今不用此术者,以礼为郑学,不明其条贯,则始基不立,一也;后儒新说,寻览未周,意为取舍,转多疏失,二也;立破二家,各于其党,非浅学所能折衷,三也;是故今所撰述,一准《郑义》,抄次注疏,不加

---

① 陆德明撰,吴承仕疏证:《经典释文序录疏证》,北京:中华书局2008年版。
② 吴承仕:《与齐燕铭书(之五)》,载《吴承仕文录》,第260页。
③ 吴承仕:《三礼名物略例》,载庄华峰编纂:《吴承仕研究资料集》,第138页。

裁断,盖为己之意少,而为人之意多,诚欲傅于焦氏便蒙之班,为后生开发头角,非偷取汉学之名以自贲饰也。[1]

可以看到,吴承仕以"职在考古"作为研究经学的主要目标,并且在研究方法上重视"以参为验,以稽为决",这显然与章太炎所主张的"以史视经"之论若合符契。不过正如前文所论,章太炎虽然讲求考订经文史事之本旨,但依然不忘从各种史事片段中总结出规律性的理论,以此来审视古今典制、人情、名物的变迁情形及其基本原理。而这种思想倾向,离不开面对近代国势衰微的现实,希望寻找或创造一种理论资源,来系统解释近代中国所面临的困局,以及摆脱这种局面的可能性。因此,清代朴学传统固然是认识中国历史流变的重要前提,但为了因应各种新的时代课题,就需要将视野放大,汲取对近代中国影响极大的,源自近代西方的各种学说与理论,并且将这一认识过程内化为重新思考中国传统的新视角,其相应的思考方式与概念运用,将能进一步加强考订古史的"客观性"。[2]这也正是章太炎"较乾嘉诸老更上一层"(借用汪荣祖老师语)之处。

在这一点上,据时人观察,吴承仕同样渊源有自。杨树达在1930年代的日记中写道:

> 检斋(吴承仕)近日颇泛览译本"社会经济学"书,闻者群以为怪,交口訾之。一日,一友为余言之。余云:"君与余看新书,人以为怪,犹可说也;若检斋乃太炎弟子,太炎本以参合新

---

① 吴承仕:《三礼名物略例》,载庄华峰编纂:《吴承仕研究资料集》,第140页。
② 当然,这种"客观性"在20世纪下半叶后现代主义的质疑中,恐怕也不再具有真正的"客观"了。不过这是另一个问题,在章太炎、吴承仕身处的时代,还未成为论争的焦点。

旧起家,检斋所为,正传衣钵,何足怪也?"①

所谓"参合新旧",基本上可以说是当时许多自诩恪守旧学之人,对
章太炎及其门生的评价,这其实在某种意义上确实道出了后者的思
想特征。②如杨氏所论不虚,那么吴承仕在1930年代,目睹一系列世
变与学变,其实也正在寻找一种可以有助于进一步考订、分析中国传
统经史典籍的理论。1931年,他在中国大学主持创办了《国学丛
刊》。在第一期的《序例》中,他指出:

> 正名国学,自以华夏学术为依。然内外之辨,区画甚难。有
> 如佛氏三藏,来自梵方,而六朝以还,学问文章,无不深染佛说。
> 至如法华贤首之宗,密传心要之法,反为彼土所无有,盖已��合
> 为一,又发挥而光大之。则虽外来之学,亦与华夏固有者同。若
> 韩愈之不明所谓而妄肆诋排,宋儒之窃其绪余而自名道统,皆刘
> 子骏所谓挟恐见破之私意,而无从善服义之公心者也。是故学
> 问之事,内外若一,新故相持,合同而化,则外者自内矣。③

他撰写完这篇文章后不久,"九一八事变"爆发,面对越来越严峻的
社会矛盾与民族危机,具有传统儒家"先天下之忧而忧"品质的吴承
仕倍感焦虑。既然他试图用一种更为全面且开放的视角来对待各类
西方学术,将其作为有助于深入理解中国历史与现实的思想资源,那
么此时此刻,最能吸引他注意力的大概就是通过揭示现代社会各种

---

① 杨树达:《积微翁回忆录》,北京:北京大学出版社2007年版,第55—56页。
② 王锐:《新旧之辨:章太炎学行论》,桂林:广西师范大学出版社2017年版,《序》第8—10页。
③ 吴承仕:《国学丛刊序例》,《国学丛刊》第1卷第1期(1931年5月)。

压迫与剥削现象之由来、分析帝国主义支配下的世界体系之现状、借由叙述人类历史发展来论证斗争之方法与必要性的马克思主义。史家荣孟源曾回忆,同样曾为旧式经学家,并且曾师从章太炎高足黄侃的范文澜对自己谈及,当时已经成为共产党员的范文澜,在吴承仕目睹国难加剧而四顾探寻解决时代危机之道时,推荐后者仔细阅读《共产党宣言》,吴承仕读完此书后对范文澜说:"这本书讲得很有道理,难怪你要参加共产党。"同时吴承仕还对恩格斯的《家庭、私有制和国家的起源》这一对古代社会进行全面考察之作进行了颇为细致的研读。[①]可见,相比于章太炎视《周易》为一种社会学理论,吴承仕在国难之际,为了寻求救国救民的良方,服膺了一种更具革命性与批判色彩的"社会学"——马克思主义。

　　总之,中国传统学术之于吴承仕,首先赋予他能够较为完整而全面地认识中国历史的能力,这让吴承仕具备了从中国历史出发审视近代变局的知识基础,也使他具有极强的动力去探索什么样的理论能够让中国真正实现救亡图存;其次,由于师承章太炎,吴承仕与其师一样,同样强调治学应实事求是、讲求客观,因此,强调在历史研究中摒除主观因素、追求客观规律的马克思主义在思维方式上就很容易与经章太炎改造过的古文经学传统具有些许亲和性。

二、马克思主义的重要性

据1934年至1937年在中国大学求学期间曾经听过吴承仕授课

---

① 荣孟源:《悼念吴检斋先生》,载吴承仕同志诞生百年纪念筹委会编:《吴承仕同志诞生百年纪念文集》,第101页。胡云富、侯刚:《吴承仕传略》,载吴承仕同志诞生百年纪念筹委会编:《吴承仕同志诞生百年纪念文集》,第202页。

的张枬回忆，吴氏常对学生说："我们钻了一辈子故纸堆，没有用。希望你们不要再钻故纸堆。你们首先要学社会科学，懂得社会发展规律。理论和实践统一起来，才能够成为真正有用的人。"[1]虽说如此，但值得辨析的是，"故纸堆"及其背后的思想倾向与价值判断，与"社会科学"[2]所代表的诉求，二者之间虽有矛盾之处，但也并非截然相反。胡绳认为，"五四运动"前后的中国知识分子之于马克思主义，"对这个理论虽然还不明究竟，但接受了它，就明确了在中国要反对帝国主义，打倒军阀。而且使人有了一个远大的理想，要实现社会主义、共产主义。自辛亥革命以来，政治家们都是为小集团、为个人利益而奋斗，社会主义者则有一个超乎这些狭隘目的的伟大目标。这个目标使社会主义者有了高尚的追求和无私的奉献精神，使他们生气勃勃"。[3]从中国传统的政治准则和行动伦理来看，参与政治的人能否以天下万民之公意为前提，是判断其是否具备基本的政治合法性的主要尺度。早期的中国马克思主义者毅然从自己所生活的知识分子精英圈中走出来，并且超越了自身所属阶层的利益诉求，渐渐地养成从无产阶级立场出发思考问题的习惯，将政治视野投射到虽然占中国人口绝大多数，但在现实中基本没有政治话语权、在生活状况上多属于赤贫者的工人与农民身上，通过分析当时的政治与经济结构，思考能够彻底改变其生活现状的道路与方法。这样的思考方式与行动特征，与当时形象极差的军阀和官僚相比，其道德优越性十分明显，显示出一种具有新的意义的"公"。

---

[1] 张枬：《永难泯灭的记忆》，载吴承仕同志诞生百年纪念筹委会编：《吴承仕同志诞生百年纪念文集》，第79页。

[2] 案：1930年代左派学者所谈的"社会科学"，基本上指的就是马克思主义。

[3] "从五四运动到人民共和国成立"课题组：《胡绳论"从五四运动到人民共和国成立"》，北京：社会科学文献出版社2001年版，第22页。

另一方面,同样接受过比较完整的中国传统教育,并在清末曾与章太炎等革命党人有交往的吴玉章曾回忆,[1]他之所以在十月革命之后认同马克思列宁主义,主要由于"布尔什维克认为:革命的根本问题是政权问题,工人阶级在革命中必须粉碎旧的国家机器,代之以新的国家机器,才能够巩固革命的胜利。这正是一个颠扑不破的真理。像中国这样一个几千年相传下来的以官僚制度为核心的旧国家机器,是许多罪恶的根源,其势力根深蒂固,即使经历许多次的革命风暴,但在官僚国家的荫庇下,万恶势力仍会死灰复燃。以往我也常想这个问题,模模糊糊地想不出一个道理。布尔什维克关于政权和国家的理论,解决了我的问题"。[2]正像他谈到的,从政治道路选择的角度来看,马克思主义的重要意义在于它向中国知识分子介绍了资本、阶级、帝国主义、无产阶级专政等概念,系统揭示了中国所面临的时代危机与无产阶级所遭受的压迫,以及在这样的政治形势下如何形塑、动员、组织新的政治主体。它让中国知识分子不再将救亡的希望寄托在旧式武人政客身上,也不再将由东西列强主导的不平等的世界体系视为理所应当,而是探讨如何依靠被动员起来的无产阶级,在形成严格的组织纪律基础上,通过各种斗争形式,重新改造社会与国家,让中国真正摆脱近代以来的衰微之像,同时让广大民众获得名副其实的政治参与感。而正是在这一点上,中国传统以及由此而生的对家国兴亡与民生疾苦的关心,堪称吴承仕接受马克思主义的重要精神来源。

---

[1] 关于吴玉章与章太炎的关系,参见吴玉章:《辛亥革命·办〈四川〉杂志(节录)》,载陈平原、杜玲玲编:《追忆章太炎》,北京:生活·读书·新知三联书店2009年版,第218页。

[2] 吴玉章:《回忆"五四"前后我的思想转变》,载中国社科院近代史研究所《近代史资料》编译室主编:《五四运动回忆录》,北京:知识产权出版社2013年版,第10页。

　　马克思认为："理论在一个国家实现的程度，总是取决于理论满足这个国家的需要的程度。"[1]"九一八事变"后，吴承仕对马克思主义也是在以上两种意义下来吸收与理解的，加之他是在民族危机进一步加剧的背景下展开相关思考，就使得这种吸收与理解更有针对性。在发表于1935年的《认识与实践》一文里，他强调，在这个时代，之所以研究学问，"我们所热烈要求的，自然是民族的独立和解放"。[2]而为了达到"独立和解放"，就必须了解"斗争"的意义。在他看来，人类社会进步，离不开"政治斗争"与"经济斗争"。前者指的是"被统治者对于统治者的反抗方式和行动"，后者则是政治斗争的核心内容。[3]而在斗争中，少不了理论的指导："人类因生产与分配的不平均，而要求解决，解决的手段，即所谓政治斗争、经济斗争，将斗争的经验，做出比较接近的理论和比较有效的方法，这就是社会科学。"[4]

　　在形成了这样的思想认识之后，吴承仕开始更为深入地思考中国的历史与现实问题。1930年代前期，吴承仕在担任中国大学国文系主任时，曾聘请著名马克思主义者李达讲授社会科学诸课程。在作为中国大学授课讲义的《新社会学大纲》一书中，李达指出：

　　　　所谓辩证唯物论与历史唯物论的关联，这句话的本来的意义，就是彻底的把辩证唯物论应用并扩张于历史的领域。只有彻底的把辩证唯物论扩张于人类社会或历史的领域，才能使辩

---

①　马克思：《〈黑格尔法哲学批判〉导言》，载中共中央马恩列斯著作编译局编译：《马克思恩格斯选集》，北京：人民出版社2012年版，第11页。
②　吴承仕：《认识与实践》，载《吴承仕文录》，第240页。
③　吴承仕：《认识与实践》，载《吴承仕文录》，第240页。
④　吴承仕：《认识与实践》，载《吴承仕文录》，第240页。

证唯物论更趋于深化和发展；人们才能在世界变动的过程中去认识世界，改造世界。[①]

　　这一观点，很大程度上也是吴承仕在成为马克思主义者之后，对理论与实践关系的基本认识。[②]在发表于1936年的《关于华北的非常时期教育问题》一文里，他指出，在这一内外矛盾愈发激化的时代：

> 我们以为社会没有达到真正自由平等的最高阶段的时候，尤其当弱小民族生死存亡间不容发的时候，所有民众一切训练，无疑的皆当看作斗争训练——训练自然也可名之为教育。斗争训练的第一步，即是认识：认识世界，认识历史，认识世界和历史。同时即认识自己对于世界、对于历史的不容回避的义务。以认识促进实践，同时即以实践促进认识；假使认识自认识，实践自实践，那么，只好说是根本不认识，更谈不上实践。[③]

　　在这里，历史的重要性不再仅仅是吴承仕过去所强调的"比次旧闻，校计众说"，考订古代典制、名物、学说的具体内容，而是具有了更为鲜活的时代意义，即通过运用马克思主义基本原理来分析历史，认识社会发展中各种矛盾、冲突、压迫的形成原因与表现形式，在此基础上思考实践的可能性，在认识世界的基础上去改造世界。

　　值得注意的是，在政治实践中注意历史沿革，这也是章太炎一

---

① 李达：《新社会学大纲》，北京：生活·读书·新知三联书店2012年版，第21页。
② 很有可能，李达、吴承仕等中国大学的左翼知识分子，经常就马克思主义与中国现实问题进行交流讨论。但目前没有看到更多的佐证材料，因此只能从他们学理上的相近之处展开分析。
③ 吴承仕：《关于华北的非常时期教育问题》，载《吴承仕文录》，第160页。

以贯之的思考方式。比如关于制度问题，章氏在清末指出，必须充分了解中国古代的"官制为甚么要这样建置？州郡为甚么要这样分划？军队为甚么要这样编制？赋税为甚么要这样征调？……就是将来建设政府，那项须要改良？那项须要复古？必得胸有成竹，才可以见诸施行"。[①]这表明，他已将对中国未来政治的思考建立在从中国历史脉络本身出发，以本国为立足点，考量本国各类制度利弊，视此为制度建设之根本。"九一八事变"后，章太炎更是在许多场合强调读史的重要性，希望借此唤起国人的爱国之心与经世之志。[②]只是对于历史，吴承仕所信仰的马克思主义更多的是秉持一种批判性分析，审视历史中各种上层建筑的特点，并且着眼于其经济基础，剖析这种经济基础背后的压迫性与剥削性，然后进一步论证斗争的必要性与迫切性。此即恩格斯所指陈的，在国家成立后，"家庭制度完全受所有制的支配，阶级对立和阶级斗争从此自由开展起来，这种阶级对立和阶级斗争构成了直到今日的全部成文史的内容"。[③]所以说，此刻的章、吴二人，虽然都在强调历史的重要性，但对于分析历史的立场与视角，其实已经有了很大的不同。[④]

[①] 章太炎：《在东京留学生欢迎会上之演讲》，载章念驰编订：《章太炎演讲集》，第7页。

[②] 关于章太炎晚年提倡读史的详情，参见王锐：《章太炎晚年对"修己治人"之学的阐释》，载黄克武主编：《思想史（第6期）》，台北：联经出版事业股份有限公司2016年版，第128—140页。

[③] 恩格斯：《家庭、私有制和国家的起源》，载中共中央马恩列斯著作编译局编译：《马克思恩格斯选集》第4卷，第13页。

[④] 据史立德回忆，吴承仕"左倾"之后，在章门内部颇引起一番争论，许多人对他的转变不以为然。章太炎去世后，吴承仕奔丧归来，对学生说，章太炎去世，"当然沉痛，但也解放了些"。参见史立德：《忆吴检斋师于"一二·九"运动前后数事》，载吴承仕同志诞生百年纪念筹委会编：《吴承仕同志诞生百年纪念文集》，第90页。以吴承仕对章太炎的态度，是否会说出这样"直接"的话，其实颇成疑问。但这段回忆透露出的吴承仕与晚年章太炎之间的学术分歧，却是值得注意的。

　　马克思说:"人们自己创造自己的历史,但是他们并不是随心所欲地创造,并不是在他们自己选定的条件下创造,而是在直接碰到的、既定的、从过去承继下来的条件下创造。"①根据历史唯物主义,必须深入认识历史的变迁及其特征,细致剖析历史和现实当中的政治、经济与社会结构,以及由此形成的阶级力量对比,方能从现实出发探索改变现状的方法。对此,在撰于1935年的《我们的认识与实践》一文里,吴承仕认为:"一切科学皆历史科学,一面是自然的历史,一面是人类的历史。"②就认识世界、改造世界而言,自然人类历史才是关注重点。在他看来:

　　　　既知一切科学皆是史学,于是欲治史学,必须先有历史观,欲有正确的历史观,必须先有进步的世界观。因此,乃排众难,破往例,创设《社会科学概论》一必修科,作为认识的基本知识。这意义显然是:必须认识世界、认识历史阶段,而后才能够认识自己对于世界应负的义务,才能够认识自己对于时代应做的工作。我们固然不能到地洞里去挖煤挖铁,到工厂里去织布织帛,到田地里去种稻种麦,但是,时代的大神和历史的铁则,宿命的留下好多应该做的艰苦卓绝的工作,重重的压在我们双肩上。实践需要靠手和足,认识却要靠一双眼睛。③

　　吴承仕坚信,只有掌握了社会科学(马克思主义),才能分析历史变动的真正原因。他的这一认识,其实也佐证了1930年代马克思主

---

①　马克思:《路易·波拿巴的雾月十八日》,载中共中央马恩列斯著作编译局编译:《马克思恩格斯选集》第1卷,第669页。
②　吴承仕:《我们的认识和实践》,载《吴承仕文录》,第226—227页。
③　吴承仕:《我们的认识和实践》,载《吴承仕文录》,第227页。

义史学之所以盛行的原因。德里克认为，自从晚清梁启超等人倡导新史学以来，之后的许多史学实践，基本还是以考证史事为主，显得"空洞并与时代疏离"。直到马克思主义史学流行起来，它"提出一种统一和全面的历史叙述，从而将过去与现在、国家与社会、社会阶级、族群和意识形态等等连接起来"，[①]构成一幅整体的历史图景。可以说，马克思主义史学所提供的宏观视角，填补了时人（包括吴承仕）在思考革命方针与斗争策略时对于准确定位中国在历史时间（或曰"历史阶段"）与空间位置的强烈需求，虽然这种"定位"往往伴随着十分激烈的论争。[②]

总之，在1930年代接受马克思主义之后，吴承仕相信："史学是以社会的陈迹为根据，而求其变迁的通例，与胜败的所由，面面不同的无穷人事，具着面面相同的若定范畴，所以自然科学以外的学问，都叫他历史科学也可以的。谈到它们的效用，则史学是以藏往知来为职，譬如见生产关系到了某一阶段，可推知未来的社会，将是如何的前进。"[③]而他深邃的旧学功底，无疑让他较之先前马克思主义史学的提倡者们，能更娴熟地运用中国历代史料，借助马克思主义原理深入且细致地探讨中国历史中的关键问题，矫正当时普遍存在的空疏、比附的学风。那么，作为具有深厚旧学根底的曾经的"经生"，吴承仕将会如何具体运用马克思主义原理来分析当时深受中国马克思主义史学家们所关注的中国古代史呢？

① 德里克主讲，清华大学国学院主编：《后革命时代的中国》，上海：上海人民出版社2015年版，第93页。
② 最典型的体现便是当时影响颇广的中国社会史论战。关于这场论战的具体情况，参见德里克著，翁贺凯译：《革命与历史：中国马克思主义史学的起源（1919—1937）》，南京：江苏人民出版社2005年版，第47—175页。
③ 吴承仕：《本系的检讨与展望》，载《吴承仕文录》，第235页。

三、中国古代社会论

在侯外庐看来,中国近代历史进程中的每一种"中国认识",都反映着"当时中国革命的实践"。而近代中国学术传统继承史,到了1928年以后,开始进入一个新的阶段。因为"只有到了中国革命实践最深刻的时候,问题才由天上拉到地下,才由现象的探讨发展为本质的论争"。进一步而言,"只有中国真正上了世界革命的舞台,才在认识上达到了可能了解的方面,问题便直截了当地伸入'中国的经济性质'究竟是什么'种差'"。因此,"中国社会=经济的构成问题",便是"'中国认识'的一个最深刻的发展"。[①]侯外庐将马克思主义史学的传播与发展视为近代中国学术进程中的一个重要阶段。吴承仕关于中国古代社会的研究也正是在这一学术脉络下进行的。1934年5月,吴承仕主持创办的《文史》杂志面世。在《编辑后记》中,吴氏指出,这本杂志的一个关注重点便是运用马克思主义原理来分析中国古代史。他"希望把握着正确的历史观,调整可靠的史实,发现它各阶段的下层基础与上层建筑的关系,并与世界史作比较研究,而求其通性"。[②]在《文史》第1卷第4期的《编辑后记》中,吴承仕更是直言,"中国社会历史的保守性和停滞性的'历史之谜'的解答,是现代历史学家的唯一任务"。[③]关于自己的研究计划,吴氏谈及:

[①]　侯外庐:《中国学术的传统与现阶段学术运动》,载张岂之主编:《侯外庐著作与思想研究》第23卷,长春:长春出版社2015年版,第12—13页。
[②]　吴承仕:《〈文史〉创刊号编辑后记》,载《吴承仕文录》,第102页。
[③]　吴承仕:《〈文史〉第一卷第四号编辑后记》,载《吴承仕文录》,第111页。

我自从对于经学即史学，史学有史学的哲学与方法，并有它的时代任务与作用，这一系列的命题有了明了认识以后，三四年来，拟将所谓"三礼名物"——即古代社会下层的基础以及上层的意识形态之表显于三礼中者——中各部门，先整理材料，考订真伪，作成有系统的叙述，名之为文献检讨篇；次比较异同，求得其通性与异性，而确定某时代之经济形态相当于历史公式之某一阶段，名之为史实审定篇。①

《左传》云："礼，经国家，定社稷，序民人，利后嗣者也。"在古代，礼在经济上、政治上、社会上、文化上，甚至是个人心理层面上具有重大影响。吴承仕着力于此，与他长期以来对礼制的钻研息息相关。而研究之法，在"文献检讨"方面，吴氏打算继承清代朴学的考证传统，不过在"史实审定"方面，就需要借助历史唯物主义。上述所谓的"史实"，已经不仅是考订的结果，而是必须带有一定的理论分析。

1932年的《北京大学日刊》刊登了吴承仕开设的"三礼名物"课的考试题目。除了以考订为主的"车舆名物"，在"亲属名物"一栏下，包括了"五伦说之沿革""同姓不婚之历史观"等对历史进行总体思考与理论分析的题目。②在他的视域里，"五伦"是理解中国古代社会结构的一个很好的切入点。"我以为五伦这个概念，是我们历史上的精神文化，也就是某时代的社会意识形态；既把它认为社会的上层建筑，当然有它的缘起、演进、变迁种种过程，以及它与当时社会适应的缘故。"③他首先区分"五伦"与"三纲五常"，前者乃先秦旧说，后者为汉儒新义，其体现出"古今中外如出一辙的支配者对于被

---

① 吴承仕：《竹帛上的周代封建制与井田制》，载《吴承仕文录》，第72页。
② 吴承仕：《三礼名物试题》，《北京大学日刊》1932年6月1日，第1版。
③ 吴承仕：《五伦说之历史观》，载《吴承仕文录》，第1页。

支配者最好的麻醉作用"。因此，五伦是"理智的、人事的、相互的、客观的、无作用的"，三纲五常则是"权威的、宗教的、主从的、主观的、有作用的"。[1]

在近代，许多意在回护儒学价值者，多强调应区分以孔子为代表的先秦儒学与汉代以后的儒学，认为前者具有许多开放性、包容性、可调适性的特征，并非和现代性诸伦理完全背离，因此值得发潜德之幽光。而汉代以后的儒学，由于帝制的浸染，必须予以批判、检讨。[2]这种将先秦儒学本质主义化的处理方法，在表面上看，与吴承仕分疏"五伦"与"三纲五常"颇为相似。但其实吴承仕弄清先秦时期的"五伦"与后世的区别，是为了以此为切入点，去分析上古社会结构与意识形态。所以他强调："五伦旧义，实与《丧服》中'三至亲'相应。"[3]因此，进一步的分析重点就是：

> "三至亲"是当时亲属制度与丧服关系中一个基本观念，也就是西方民族由两亲及子女——两亲即夫妻，亲子即父子，子女即兄弟——合成的社会单位，倘不了解"至亲期断"——见《荀子·礼论》——《三年问》——的道理，则五服隆杀的条例，根本无从解释。可知"三至亲"这个意识形态，关系周代家庭制度是如何的重要了！[4]

在这里，吴承仕将三礼之学中的重要组成部分——《丧服》引入对"五伦"的讨论之中。《丧服》所记载的，正是上古时期作为社会结构

① 吴承仕：《五伦说之历史观》，载《吴承仕文录》，第4页。
② 这一诠释方式，最典型的例子，大概就是20世纪新儒家的相关论述。
③ 吴承仕：《五伦说之历史观》，载《吴承仕文录》，第5页。案："三至亲"是《丧服传》中所说的"夫妻，一体也；父子，一体也；兄弟，一体也"。
④ 吴承仕：《五伦说之历史观》，载《吴承仕文录》，第5页。

重要一环的家族制度之具体形态。由此出发，就能理解孟子对"五伦"的解释——"父子有亲，君臣有义，夫妇有别，长幼有序，朋友有信"，其中的排列顺序，特别是将"父子"列于"君臣"之前，其实也是根植于《丧服》中的封建时代的原理，即"有土者皆为君"，所以一人可以侍多君，君臣名分并不如父子关系重要。而到了秦汉郡县体制下，君主权力日益膨胀，身处其中者无所逃于天地间，于是就有先"君臣"而后"父子"的倾向。①总之，在吴承仕的阐释里，如果视"五伦"为一种古代社会的意识形态，那么必须从后者的主要结构入手进行探讨，分析"五伦"的内容与沿革。

基于对中国传统典籍的熟悉，在吴承仕看来，用马克思主义进行史学研究，其实是一件需要进行大量细致工作与明确分工的事业。"我们很深刻的感觉到编纂中国社会史之不易：最少应该从搜集、统计、比较事实入手，在此浩如烟海真伪杂糅的事实中，应该由各有心得的多数学者分工合作入手，迟之又久，庶几可以编成一部稍有可观的中国社会史纲。"②在此目标下，他认为："研究古代亲属伦理的学者们，在承认《丧服》为重要材料的条件之下，最少须彻底了解《丧服》中几个根本观念。"③他将《丧服》中的诸条目视为"宗法封建社会中一种表现人伦分际的尺度，同时即是后来研究古代亲属伦理的一个最适用的钥匙"。④而其中体现出的重视嫡长之特点，与中国古代社会对土地与财产的分配情形相一致。"万一宗法不严、嫡庶不定，那

---

① 吴承仕：《五伦说之历史观》，载《吴承仕文录》，第7—8页。
② 吴承仕：《中国古代社会研究者对于丧服应认识的几个根本观念》，载《吴承仕文录》，第12页。
③ 吴承仕：《中国古代社会研究者对于丧服应认识的几个根本观念》，载《吴承仕文录》，第12页。
④ 吴承仕：《中国古代社会研究者对于丧服应认识的几个根本观念》，载《吴承仕文录》，第13页。

么土地财产, 无一日不在巧取豪夺之中: 这已将宗法封建互相利用的道理加以很彻底的说明了。"①

在笔者看来, 吴承仕对于《丧服》的重视, 其实和他对当时左翼史学界的反思息息相关。曾自言深受"吴检斋先生给我的帮助"的吕振羽在当时指出: "中国马克思主义者对于中国旧文化思想, 自始就表现一种严肃的态度、正确的立场, 自始就在应用历史唯物主义的彻底科学方法去加以估计。中国马克思主义者, 不只反对过时的、死去的或行将死去的旧文化思想, 而且要求批判地去继承民族文化的优良传统, 即那些有现实意义的、有生命力的、积极的、进步的东西, 而加以发扬。"②在这一点上, 吴承仕相信清代朴学的治学传统, 能够为马克思主义史学增添厚度:

> 一到清初, 黄太冲兄弟、阎百诗、胡朏明、惠定宇等, 用精密的分析, 广博的立证, 将《河图》、《洛书》先天后天、无极太极、惟精惟一一切根本基础, 打得东倒西歪。……经过种种严重打击, 王国于是乎崩溃, 道统于是乎瓦解了。我们知道, 哲学是跟着自然科学和科学方法的进化而进化的; 清儒苏州派的打倒宋学, 和徽州派用"求是不求古"的口号打倒汉学或宋学, 这, 也许是新兴哲学将要发挥广大的曙光吧! ③

这一段关于清代学术史的概述, 其基本观点和叙述重点, 与章太炎

---

① 吴承仕:《中国古代社会研究者对于丧服应认识的几个根本观念》, 载《吴承仕文录》, 第23页。
② 吕振羽:《中国政治思想史》, 北京: 人民出版社2008年版,《初版序》第3页。
③ 吴承仕:《关于宋元明学术思想——宋元明思想史纲序》, 载《吴承仕文录》, 第156—157页。

在《訄书·清儒》篇中所言有不少相似之处，可以说体现了吴承仕对于师说的继承。清代朴学考订经籍中的史事与名物，让后人得以较为清晰地认识古史的状况。依吴氏之见，此乃古史研究中所必须重视的知识。而他之所以从事类似于清儒余绪的工作，撰文说明《丧服》中的概念，正是有感于"因为学术界的不景气，以及有心得的老前辈们，绝对不会与现代学术空气接触，而后生小子所耳濡目染的，有好些是不成熟的'半制品'，因此不得不半权利半义务的出来担任这种工作"。[1]对于当时致力于中国社会史论争的青年人，多以外人所述的中国古代社会相关论著为标准，再从中国古代典籍中寻找材料佐证的做法，吴承仕批评道："中国人以不成熟的作品去欺骗外国人，又将外国人虽努力研究，因为根据不甚可靠的材料，以致产出'似是而非'的作品，转译为中文以欺骗不成熟的中国人，不问其为意识非意识的，似乎对于现代学术界，皆应负相当责任。"[2]因此，吴承仕呼吁：

> 我以为，近来中国社会史的探讨者，大多是概括的去划分时期，大有"纵横九万里，上下五千年"的气概，而无细针密缕、铢积寸累的功夫，结果难免有凌虚架空之弊。我们希望有人把握着新的观点，对于国史社会问题，多做深入的研究，而得着比较近理的假定，这是我们共同的路线。[3]

在《中国古代社会研究》一书中，郭沫若宣称："谈'国故'的夫子们

---

[1] 吴承仕：《中国古代社会研究者对于丧服应认识的几个根本观念》，载《吴承仕文录》，第12页。
[2] 吴承仕：《竹帛上的周代封建制与井田制》，载《吴承仕文录》，第72页。
[3] 吴承仕：《〈文史〉第一卷第二号编辑后记》，载《吴承仕文录》，第106页。

哟！你们除饱读戴东原、王念孙、章学诚之外，也应该知道还有马克思、恩格斯的著作，没有辩证唯物论的观念，连'国故'都不好让你们轻谈。"①可是对吴承仕而言，正因为他曾长期沉浸在戴东原、王念孙、章学诚的世界里，所以他知道要想研究中国古代社会，必须对相关的名物、制度、概念有准确认识。而这项工作绝非旦夕便可解决，需要对中国古代典籍有系统而深入的钻研，同时需要吸收、借鉴清代考据学的优秀成果。具备这样的知识积累，才能更好地运用马克思主义基本原理来对中国古代社会性质进行研究，对许多历史现象做出科学解释。更为重要的是，关于中国历史的通论性、普及性著作，也需建立在大量扎实的专题研究基础之上。只有这样，才能让马克思主义在中国史学领域落地生根、扩大影响，才能在学术研究中践行马克思主义中国化这一重要目标。

四、结　语

　　1937年5月，吴承仕与张申府、程希孟、黄松龄等人在北平创立"启蒙学会"，响应当时已经颇有声势的新启蒙运动。②在《启蒙学会宣言》一文里，吴承仕指出：

　　　　当旧社会蜕变到新社会的时候……一方比较的保守，一方比较的前进：他们意识的或非意识的自然展开了政治的、经济的以至道德伦理的、哲学的全面斗争。这些比较前进的分子，深

---

① 郭沫若：《中国古代社会研究》，北京：商务印书馆2011年版，《自序》第6页。
② 陈亚杰：《当代中国意识形态的起源——新启蒙运动与"马克思主义中国化"的生成语境》，第60页。

切了解社会的矛盾，矛盾的原因，矛盾的所在。矛盾的必须解
决，和解决矛盾的途径等，面对着真理，"强聒不舍"的担任起分
析、批判、说明、指导等工作，以促进新时代的到来，譬如胎儿之
在母胎之中，从受孕以至临盆，当然须要经过若干的困苦艰难，然
而诊察、看护、催生、接生等，也成为胎儿出世的必要手段，我们不
妨把这种理论斗争的运动必要手段，也就是所谓理论斗争的运
动，名之为启蒙运动。①

这段话，其实不仅是吴承仕等人对新启蒙运动在整个社会运动中位置
的定义，更可视为吴氏本人的学术追求。作为太炎门生，他继承了章
太炎的许多学术主张，致力于考订古史、审定小学。不过正如章氏本
人一样，吴承仕也并不排拒对历史发展进行规律性总结的学说。在
"九一八事变"后，目睹国势衰颓，吴承仕接触到马克思主义后不久，
便立即被其中所阐释的人类社会发展原理，以及对近代资本主义的
透彻批判所折服，从"经生"转变为马克思主义者。他坚信，认识世
界是改造世界的前提，而研究历史正是认识世界的关键。运用马克
思主义原理，从剖析中国历史出发进行理论探讨，是为了树立更为明
确的时代任务与斗争策略。而研究中国古代社会，在吴氏看来，同样
离不开对古代典制、名物、概念的深入考察，必须建立在熟悉中国传统
典籍的基础上，方能真正深入地、客观地研究古史，使之成为理论工作
的重要组成部分。这正如与吴承仕关系密切的张申府在新启蒙运动
中所宣示的，"对于中国文化，对于西洋文化，都应该根据现代的科学
法更作一番切实的重新估价，有个真的深的认识"。②

---

① 吴承仕：《启蒙学会宣言》，载《吴承仕文录》，第248页。
② 张申府：《"五四"纪念与新启蒙运动》，载《什么是新启蒙运动》，北京：生
活·读书·新知三联书店2014年版，第18页。

　　犹有进者,正是因为吴承仕有这样的学术旨趣,一批受到他影响的青年人开始逐渐注意将马克思主义与中国社会实际相结合,认识到"我们不是要'在原则上'去断定中国社会历史和其他国度及民族的发展之一般性、共同性;而应是要在活生生的历史生活中,在真实的历史事实中,去揭出中国社会历史和其他国度及民族的发展之一般性、共同性,而又同时地去揭出各个国度及民族的发展之特殊性,阐释其特殊的规律"。[①]在抗战前后民族斗争与阶级斗争的新形势下,不少中国共产党人开始思考马克思主义中国化的问题,这是中国马克思主义发展史上的重要时刻。此外,吴承仕的学术实践,在学术风格上与一些社会史论战中的中国马克思主义史学论著有比较明显的不同。后者对于马克思主义基本还是处于生吞活剥的阶段,即将理论直接套用到中国历史研究当中,而没有深入探讨中国历史自身的特点,特别是仔细研读中国历代典籍、辨析各种史实,这导致相关成果比较缺少细致、周详的论述,多为大而化之的通论。而吴承仕所揭示的研究路径,强调将马克思主义基本原理与中国历史的复杂现象相结合,在对史实进行详尽考辨的基础上运用马克思主义来分析、解释历史现象,这使得中国的马克思主义史学显得更为深刻、细致、学理化,相关研究成果不但具有学科史上的典范意义,而且极有助于人们在革命实践中认识中国的历史与现实。因此,他的学术实践与思想遗产,无疑是今天认识马克思主义中国化的历程时不容忽视的内容,同时也给予了思考中国传统与中国革命之间复杂关系的一个鲜活的例证与理论资源。

① 陈伯达:《研究中国社会史方法论的几个先决问题》,载《真理的追求》,上海:新知书店1937年版,第131页。陈伯达与吴承仕的关系,参见陈伯达:《痛悼吴承仕先生(节选)》,载庄华峰编纂:《吴承仕研究资料集》,第34—39页。

道德的重要性

——论李大钊思想中的一个潜流

在"五四"新文化运动的众多新思潮中,为什么马克思主义能够受到许多志在救亡图存的中国知识分子的关注,进而形成一股强大的政治与文化力量,这一直是中国近代史与中国共产党史研究领域着重探讨的问题。关于此,胡绳在晚年有这样一个论述:

> 为什么马克思主义、社会主义一开始就占了优势?……还有另一个原因,就是马克思主义本身确是科学的理论。当时人们对这个理论虽然还不明究竟,但接受了它,就明确了在中国要反对帝国主义,打倒军阀。而且使人有了一个远大的理想,要实现社会主义、共产主义。自辛亥革命以来,政治家们都是为小集团、为个人利益而奋斗,社会主义者则有一个超乎这些狭隘目的的伟大目标。这个目标使社会主义者有了高尚的追求和无私的献身精神,使他们生气勃勃。这种崇高的信仰,把人净化了。[1]

---

[1] "从五四运动到人民共和国成立"课题组:《胡绳论"从五四运动到人民共和国成立"》,北京:社会科学文献出版社2001年版,第22—23页。

可以看到,这个论述其实是有内在张力的。马克思主义确实是"科学的理论",但中国早期的马克思主义者或多或少对它"还不明究竟",这就导致他们还需要在长期的革命实践过程中逐渐认识到马克思主义的科学性,而非一接触马克思主义就立即理解掌握了其中的主要观点。但是,胡绳更强调的是,虽然马克思主义的科学性很难在短时间内被人们充分理解,但是马克思主义对现实政治经济问题的剖析与对未来理想社会的展望呈现出了一种极强的道德感,让那些接触到它的人具有形成"高尚的追求和无私的献身精神"的契机,进而摆脱为一己私利而搞政治活动的弊病,使人们在进行革命活动中能够产生一种崇高感。换言之,从政治道德层面对马克思主义的理解,实为"五四"新文化运动期间知识分子接受马克思主义的重要因缘。

进一步而言,要想从政治道德层面来认同马克思主义,除了要意识到后者所彰显的理想社会图景与对现实的犀利批判精神,还需接受者自身具有较为纯粹的道德追求(或理想主义),以及坚信在政治活动中离不开优秀的道德品质。从"传播—接受"的过程来看,离开了这样的认识前提,则很难对马克思主义所蕴含的道德特征心有戚戚,最多将其视为一种在政治的纵横捭阖中可为自己牟利的资源,而不能真正认同其所揭示的革命道路与奋斗目标。

因此,要想更为深入且全面地理解"五四"新文化运动前后马克思主义在中国的传播,就需要探析中国第一代马克思主义者思想的基本特征与内在逻辑,尤其是他们如何阐释理想的政治道德,如何论述现代国家建设中政治道德的作用,如何面对中国古代的德治传统。[1]

---

[1] 在分析日本幕末时期思想家佐久间象山时,丸山真男认为要注意到思想家本人的"眼镜"。即"所谓的眼镜,抽象地来说就是概念装置或价值尺度,是认识和评价事物时的理性工具。我们不能直接认识周围的世界。我们通过直接感觉所能观察到的事物极为有限,无论我们是否有这样的自觉,我们获得的大部分认识都是透过某种既存的价值尺度或概念装置的棱镜观察事物而来的"。(转下页)

在这之中，李大钊的相关言说尤为重要，除了他作为中国共产党的早期领导人而具有代表性之外，在他的公共舆论生涯中，经常强调道德对于公共事务的重要性，把道德作为将国民与国家联系起来的重要枢纽，以及详细探究何谓良好的政治道德，这很大程度上也影响着他对于马克思主义的基本理解。[①]而从李大钊的这一思想特点

（接上页）参见丸山真男著，路平译：《幕末认识方式的变革——以佐久间象山为例》，载《忠诚与反叛：日本转型期的精神史状况》，上海：上海译文出版社2021年版，第125页。简单来说，就是要在思想史研究中注意被研究对象自身的知识积累与价值尺度对他接受新知时的影响，把握其思想脉络中潜在的连续性，以及这样的连续性如何形塑了一种具有社会影响力的思想特征。本文的基本方法论即受到丸山真男这一观点的启发。当然，在具体论述过程中，并未直接照搬他的结论。

[①]　对于李大钊的道德观，或者李大钊对道德问题的论述，国内学界有过一些研究。但是不少研究主要是从"五四"新文化运动反传统的角度出发，分析李大钊如何从批判中国传统道德起，直至成为马克思主义者之后拥抱新道德，同时揭示李大钊在未成为马克思主义者之前的道德论述如何体现其"局限性"。这样的叙述固然与"五四"新文化运动前后中国思想界的整体潮流相符，但或多或少地忽视了李大钊思考的独特性、传统与现代之间的复杂性，尤其忽视了李大钊在成为马克思主义者之前的思想底色，以及中国传统思想内部的复杂性与丰富性。关于具有这样特征的研究，参见李军：《李大钊道德观刍议》，《道德与文明》1986年第3期，第36—38页。谭双泉、曾静：《略论李大钊对传统道德观的批判与改造》，《湖南社会科学》1995年第1期，第72—74页。谭双泉、曾静：《略论李大钊早期道德观》，载中国李大钊研究会编：《李大钊研究论文集》，北京：人民出版社1999年版，第215—228页。吴汉全：《李大钊早期思想体系与中外思想文化》，长春：吉林人民出版社2014年版，第41—49页。在今天，要想更为全面地理解中国共产党早期创建者的思想脉络与特色，必须超越这样的研究范式。此外，周吉平认为在分析李大钊的道德观时，必须注意政治形势与时代思潮变动对他的影响，这样的思路值得继承，不过对政治形势与时代思潮的分析需要更为细化。参见周吉平：《李大钊道德观的变动及其思想基础》，载中国李大钊研究会编：《李大钊研究论文集》，第229—244页。张宝明从道德与启蒙的关系入手，分析李大钊、陈独秀、毛泽东对道德问题的重视如何影响他们政治道路的抉择，并思考启蒙与传统、启蒙与革命之间的复杂关系。这一思路极大推进了对相关问题的探讨。参见张宝明：《从启蒙到革命：来自道德影响的引渡——"五四"时期陈独秀、李大钊、毛泽东激进思想的逻辑构成》，《江苏社会科学》2002年第4期，第160—165页。吕明灼从李大钊的"心物两面改造论"入手，分析李大钊对改造社会道德的重视，并结合"五四"新文化运动时期的整体氛围展开分析。这一思路无疑使对相关问题的研究更为细致，但作者似乎未能足够重视李大钊之前的思考，直接将他1917年以后发表的文章作为分析对象。参见吕明灼：《"道德革命"与"心的改造"——李大钊（转下页）

出发,也可进一步理解中国革命过程中对培育道德感与塑造新人的
强烈动力。[①]

一、"民彝"与道德

在儒家传统里,道德与政治的关系极为紧密。就统治者而言,孔
子说:"政者,正也。子帅以正,孰敢不正。"(《论语·颜渊》)统治阶
层能否树立良好的道德示范,关系政权兴亡。《尚书》中记载的"皇
天无亲,惟德是辅"更是成为民族文化心理积淀,是中国民间社会判
断某个政权是否有合法性的重要标准。就社会层面而言,儒家非常
注意辨析"风俗"与"良政"的关系,认为一旦"风俗"窳败,政治秩
序也会随之崩解。因此"在朝美其政,在野美其俗"成为以扶持道德
为己任的士阶层强烈认同的自我期许。理学兴起后,在修齐治平一

（接上页）的"心物两面改造论"》,载中国李大钊研究会编:《纪念李大钊诞辰120周年学术论文选集》,昆明:云南教育出版社2011年版,第171—177页。

① 关于这个问题,史华慈认为李大钊"愿意承认经济因素在人类发展中起了重要作用,但是除非经济结构的变化同时伴随着人类精神的转变,否则经济结构的变化将是毫无结果的"。参见史华慈著,陈玮译:《中国的共产主义与毛泽东的崛起》,北京:中国人民大学出版社2006年版,第11页。这一论述虽然只是点到为止,但提醒了笔者注意李大钊思想中对道德的极度重视。迈斯纳认为李大钊"坚持政治力量能改变经济发展的方向,主张社会主义必须建立在道德的基础上,要像完成物质改造一样完成精神改造"。参见迈斯纳著,中共北京市委党史研究室编译组译:《李大钊与中国马克思主义的起源》,北京:中共党史资料出版社1989年版,第137页。这一观点其实也颇有启发性。但问题在于,迈斯纳对李大钊与毛泽东的研究,常习惯于从"民粹主义"的角度来展开论述,对道德的重视也就成为他眼中中国共产党人具有强烈"民粹主义"倾向的理由之一,虽然他认为"民粹主义"是具有很多正面意义的。笔者承认中国革命运动中曾经有"民粹主义"的因素,但不能说中国的革命者重视农民的力量,重视道德的能动性就是"民粹主义"的体现。这一定程度上是将西欧社会主义运动视为最标准的社会主义运动,忽视了第三世界国家独立自主探索社会主义运动新形式的意义。

以贯之思路的影响下，更是异常强调为政者的心性修养，认为此乃政治活动的起点。即便是宋代以来对理学持批评态度的人，也只是在道德的内涵与适用性方面有自己的看法，而非否认道德在政治活动中的重要性。尤其值得注意的是，相比于近代西方伦理学主张区分"公德"与"私德"，[①]中国传统的道德论述在多数时候并无这样的区分，而是强调个人道德要从心性修养始，终于在社会与公共事务中实践道德。如果个人修养不足，即便在政治领域建功立业，按照儒家的标准，也不能称之为尽善尽美。而从另一个角度来说，假如因为那些不可抗拒的外在因素而导致在公共事务中遭到顿挫，但只要行动者的动机符合道德标准，并且能不计较利害而力行之，那么同样是值得称赞颂扬的。

及至近代，伴随着西方资本主义列强的坚船利炮，不少感时忧国之士开始检讨中国传统思想为何难以为抵御外侮提供有效支撑。在这之中，理学式的"空谈心性"成为被指责的重点之一。犹有进者，按照时人对于列强的初步认知，中国传统政治思维中对道德的重视也成为导致中国"实学"不兴的祸首。[②]不过庚子事变后大量中国士

[①] 将道德区分为"公德"和"私德"，在近代中国最著名的表述大概就是梁启超《新民说》的《论公德》与《论私德》两篇文章。参见梁启超：《新民说》，台北：文景书局2011年版，第15—20、157—190页。而梁启超的这个表述，在清末遭到章太炎的系统批评。关于章太炎的相关言论及其意义，参见王锐：《探索"良政"：章太炎思想论集》，上海：上海人民出版社2020年版，第127—173页。

[②] 在这个问题上，严复的观点尤具代表性。在他看来："学者学所以修己治人之方，以佐国家化民成俗而已。于是侈陈礼乐，广说性理。周、程、张、朱、关、闽、濂、洛。学案几部，语录百篇。《学蔀通辨》《晚年定论》。关学刻苦，永嘉经制。深宁、东发，继者顾、黄，《明夷待访》《日知》著录。褒衣大袖，尧行舜趋。呫呫声颜，距人千里。灶上驱虏，折棰笞羌。经营八表，牢笼天地。夫如是，吾又得一言以蔽之，曰：无实。非果无实也，救死不赡，宏愿长赊。所托愈高，去实滋远。"参见严复：《救亡决论》，载王栻主编：《严复集》第1册，北京：中华书局1986年版，第43—44页。

人前往日本,接受了更为多样化的新知,同时目睹当时各种政治势力之间或明或暗的斗争,不少人又开始强调道德在政治活动中的重要性。革命党与立宪派展开政治论争时,双方经常指责对方在政治活动中缺少道德,并强调自己一方十分重视道德问题,因此更具政治合法性。①尤其是章太炎,针对当时革命党阵营还比较弱小的客观现实,他屡次强调革命道德的重要性,认为良好的革命道德可以增强革命者的主观能动性,促进革命形势的转变。②辛亥革命后不久,蔡元培目睹新政权里出现的一系列弊病,认为亟须提高从政之人的道德水准。1912年初,他与李石曾等人发起成立"六不会"与"社会改良会",强调会员应该拒绝做违背社会道德之事,以此来促进政治风气的改变。当然,蔡元培等人主要还是从被动的角度来提倡道德的,即希望加入该会的会员们能做到"君子有所不为",不与当时的官僚和军阀同流合污。③而在当时舆论界颇有影响力的杜亚泉则认为中国传统道德不应轻易被抛弃,新旧道德之间的差异也不像人们所想象的那样大。应对传统道德进行改造,使之具有国家观念与责任义务优先的内涵。④

今天已经难以确知当时正在北洋法政专门学堂读书的李大钊是否关注革命党与立宪派之间的论战,也难以考证他是否关注过蔡元培等人的相关活动。不过他从小就在家乡接受了比较完整的旧式教

---

① 关于这一点,参见张勇:《"道德"与"革命"——〈新民丛报〉与〈民报〉时期梁任公与章太炎的"道德"交涉》,载刘东主编:《中国学术(第33辑)》,北京:商务印书馆2013年版,第113—146页。

② 章太炎:《革命道德说》,载《章太炎全集》第8册,上海:上海人民出版社2017年版,第284—297页。

③ 高平叔:《蔡元培年谱长编》第1卷,北京:人民教育出版社1999年版,第410—411页。

④ 杜亚泉:《国民今后之道德》,载田建业等选编:《杜亚泉文选》,上海:华东师范大学出版社1993年版,第113—119页。

育，"曾读四书经史"，^①因此对中国传统思想应当还是比较熟悉的。辛亥革命后，出于对中国政治变革的关心，他很快也投身到政治宣传工作中。1914年，李大钊向著名的《甲寅》杂志投稿，由此开始在知识界崭露头角。^②在刊于该年8月出版的《甲寅》第1卷第3号的《风俗》一文里，目睹民初政治乱象的李大钊认为较之思考政治体制问题，被历代儒者所关注的风俗问题同样不容忽视，因为作为政治共同体的"群"，乃"同一思想者之总称"。在此基础上，好的道德风尚能形成广具影响力的"暗示力"，让此"群"中的分子形成凝聚力。其表现形式，"郁之而为风俗，章之而为制度"。^③而一旦风俗败坏，政治也随之混乱。因此，要想建立稳固的政治体系，必须重视如何形成良善之风俗。

对此，李大钊并未像当时流行的论政方式那样，征引域外之言来佐证自己的观点，而是通过梳理中国历史，彰显风俗与时势的紧密联系。比如东汉风俗优良，所以有"党锢之流"与"独行之士"在衰世维持风教。北宋之所以能够一扫五代十国的乱象，主要也是由于宋初儒者力持正道，以直言谠论为己任。为了进一步论证自己的观点，李大钊甚至征引曾国藩的风俗之厚薄系于一二君子之心之所向的说法。可见，在这一问题上，他深受中国传统政治思维当中重视道德风俗之作用的影响。基于此，他认为在当下要想营造良好的社会风俗，同样离不开具有道德感的"君子"的示范作用。他相信"宇宙尚存，良知未泯，苟有好学知耻之士，以讲学明耻为天下倡，崇尚道义，砥砺廉节，播为风气，蒸为习尚，四方之士，望

① 李大钊：《狱中自述》，载《李大钊全集》第5卷，北京：人民出版社2013年版，第297页。
② 杨琥：《李大钊年谱》上册，昆明：云南教育出版社2021年版，第146—147页。
③ 李大钊：《风俗》，载《李大钊全集》第1卷，第156页。

风而起"。所以,"拯救国群,是在君子"。^①很明显,如果仅从论述逻辑来看,这样的观点颇有儒家精英主义色彩。^②同时值得注意的是,在这篇文章里,李大钊并未用"私德"与"公德"的概念来界定道德,而是与中国传统道德论述一脉相承,坚信个人的修养与觉悟和政治实践具有紧密联系,后者能否成功,与前者是否完备息息相关。

虽然李大钊强调具有良好道德的君子对营造良好社会风俗的重要性,但身为具有现代政治常识的法政学堂毕业生,他从未否认现代民主政治的正当性。1916年,作为东京中华民国留日学生总会机关刊物的《民彝》杂志创刊,李大钊为其撰写了发刊词《民彝与政治》。^③在这篇文章中,李大钊详细分析了道德在现代政治活动中的作用与影响。

李大钊开篇即言,之所以写作此文,是因为"大盗窃国,予智自雄,凭借政治之枢机,戕贼风俗之大本",^④即对袁世凯在政治上倒行逆施而对社会风俗造成的危害深感忧虑。在他看来,建立名副其实的民主政治(李大钊多以"平民政治"称之)固然是中华民国的主要任务,但离开了良好社会风俗,以及营造这一社会风俗的道德动力,那么民主政治也很难真正在中国落地生根。而所谓"民彝",就是"天生众民,有形下之器,必有形上之道。道即理也,斯民之生,即本此理以为性,趋于至善而止焉。爰取斯义,锡名民彝"。^⑤换言之,根据天理而形成的民之性不断地"趋于至善",是"民彝"的重要内

---

① 李大钊:《风俗》,载《李大钊全集》第1卷,第160—161页。
② 关于对李大钊《风俗》一文的详尽解读,参见朱成甲:《李大钊早期思想和近代中国》,石家庄:河北人民出版社1989年版,第243—253页。
③ 杨琥:《李大钊年谱》上册,第240页。
④ 李大钊:《民彝与政治》,载《李大钊全集》第1卷,第267页。
⑤ 李大钊:《民彝与政治》,载《李大钊全集》第1卷,第267页。

涵。①借用朱成甲的观点，"民彝"就是"民之秉性"，而要想在现实中体现"民彝"，就需要建立相应的政治制度。②李大钊认为，当时的中国之所以"民彝"不彰，主要是由于执政者自身的好恶与广大民众的好恶差距太远，难以体察民众的日用伦常，忽视了为政之要在于"不尚振奇幽远之理，但求平易近人，以布帛菽粟之常，与众共由"，致使自己很难和广大民众建立牢固的休戚感。③李大钊虽然反对为政者强行将自己的主观意愿加于民众之上，但并未否认社会伦常的重要性，在他看来，良好的社会伦常必须与广大民众的好恶相契合。后者在社会实践中产生的道德意识与伦理观念，实为建立完善的政治秩序之根基。④

由此出发，他开始进一步论证现代政治伦理——诸如自主、自由、独立在现代国家建设中的重要性，并批判对这些要素进行压制的各种制度与文化的弊病。他认为能体现"民彝"之特征的政治形式是"民主主义为其精神，代议制度为其形质之政治，易辞表之，即国

---

① 沟口雄三认为，从宋明理学的演进脉络来看，随着社会结构的变化，明代理学家越来越意识到作为道德本源的"理"其实蕴含于民众自身，民众在日常实践中有主动践行"理"的可能性。因此，在社会行为中，"并非依据'法'而是依据'理'指的是人们自主地、自觉地并且是本然、道德性地加入'理'的共同体内。通过乡约及宗族性结合而达成的这种道德共同体网络的确立，即是'保天下'自身。这是由'民'所形成的一种自治"（参见沟口雄三著，刁榴等译：《中国的理》，载《中国的思维世界》，北京：生活·读书·新知三联书店2014年版，第117页）。如果以这个观点为视角，很明显李大钊对"民彝"的定义是处于中国传统，尤其是宋明理学的延长线上，虽然他所面对的时势与乡约和宗法所依托的农业社会已大为不同。

② 朱成甲：《李大钊早期思想和近代中国》，第296—304页。

③ 李大钊：《民彝与政治》，载《李大钊全集》第1卷，第271页。

④ 值得注意的是，李大钊的这一观点，和章太炎在《检论》中对《老子》"以百姓心为心"和对程颢的解读很相似，即将良好的政治秩序建立在统治者心性与民众心性的契合之上（关于章太炎的相关思考，参见王锐：《自国自心：章太炎与中国传统思想的更生》，北京：商务印书馆2019年版，第194—197页）。但李大钊是否因此受到章太炎的影响，还需更多新的材料才能断定，在此很难下结论。

法与民彝间之联络愈易疏通之政治也"。这样的表述，无疑体现出
李大钊对于中国政治变革的展望，也与辛亥革命后知识分子对共和
政治的渴求相契合。而李大钊的独特之处在于，他认为这样的政治
制度能否出现，关键在于社会上能否营造普遍的道德氛围：

> 由是言之，政治之良窳，视乎其群之善良得否尽量以著于
> 政治；而其群之善良得否尽量以著于政治，则又视乎其制度礼
> 俗于涵育牖导而外，是否许人以径，由禀彝之诚，圆融无碍，而
> 为象决于事理得失利害之余裕。盖政治者，一群民彝之结晶，民
> 彝者，凡事真理之权衡也，民彝苟能得其用以应于事物之实，而如
> 量以彰于政，则于纷纭错综之间，得斯以为平衡，而一一权其畸轻
> 畸重之度，寻一至当之境而止。余信公平中正之理，当自现于从
> 容恢廓之间，由以定趋避取舍之准，则是即所谓止于至善矣。①

可见，李大钊一方面追寻现代民主政治，但另一方面，他的思想里其
实有比较明显的中国传统的因素，即对于"群之善良"与否的重视，
以及相信理想的政治秩序应该是从人的道德出发，通过心性修养而
表现于政治活动之中。而理想的政治秩序也正是体现了《大学》里
提及的"止于至善"。在这样的思考框架里，心性修养实为良好政治
秩序的起点，制度层面的建设与其说是防范各种破坏民主政治的活
动，不如说是为实现由个人心性修养到良好政治秩序建立，即"公平
中正之理"的社会提供一个更为通畅的渠道。如果从一种比较的视
野来看，近代西方政治思想家多认为政治秩序的建立应基于商业逻
辑、为了保障私有财产权而签订的契约，国家的主要任务是保证拥有

① 李大钊：《民彝与政治》，载《李大钊全集》第1卷，第272—273页。

私有财产的资产阶级能够正常地开展商业活动。①反观李大钊，他虽然认同源自近代西方的民主共和政体，但他心目中建立良好政治秩序的重点却是以具有良好道德氛围的政治秩序为一种中介，将那些有着良好道德修养的国民联系起来，使之成为促进政治不断进步的一分子。政治秩序的巩固，端赖能够建立相应的制度，让具有良好道德的国民本着至公之心参与政治活动。进一步而言，李大钊其实也对先前撰写的《风俗》一文的主旨进行了"颠倒"，即提升道德之关键与其说是依靠具有明显社会精英特征的"君子"，不如说是通过制度保证，使广大民众基于自发、自主的道德感与价值观能够充分实践。他对道德的重视并未变化，但实现道德的起点却发生了明显的置换。而在这样的道德起点置换中，民众的政治主体性与民主政治的正当性也就凸显出来了。

基于这样的逻辑，李大钊批判了当时社会上存在的复古之风。他认为中国传统学术的巨大影响力导致当下的中国人缺少独立思考的能力，极易成为古人的奴隶。他不否认中国历史的伟大，可是中国历史的光荣与伟大恰恰造成今天的中国缺少进一步变革的动力。大多数人被古人所束缚，"民彝"难以实践。因此，他强调在当下不应照搬古人的教条，而应师法先贤创建学说、践行良政的事迹，"以创造新国民之新历史，庶以无愧于先民"。②

从表面上看，李大钊的这些观点是在强调"民彝"当中变革的一面，但在论述变革的具体内容时，他宣称：

---

① 关于近代西方政治思想中的这一特征，相关研究已有很多。笔者此处的叙述主要参考加拿大学者麦克弗森的研究。参见麦克弗森著，张传玺译：《占有性个人主义的政治理论：从霍布斯到洛克》，杭州：浙江大学出版社2018年版。
② 李大钊：《民彝与政治》，载《李大钊全集》第1卷，第277页。

> 吾人宜悟儒家日新之旨,持佛门忏悔之功,遵耶教复活之义,以革我之面,洗我之心,而先再造其我,弃罪恶之我,迎光明之我;弃陈腐之我,迎活泼之我;弃白首之我,迎青年之我;弃专制之我,迎立宪之我;俾再造之我适于再造中国之新体制,再造之中国适于再造世界之新潮流。①

显而易见,在这样的论述逻辑里,道德依然位于十分重要的位置,甚至是政治与文化变革的起点。李大钊相信,惟有经过一番类似于儒家心性修养或佛教忏悔行为的自我道德锤炼,才能形成实践政治变革的主动性,进而创造新文明与新政治。这样的思考与其说是受到某种域外新说的影响,不如说是用新的话语形式表达儒家思想,特别是宋代理学里修齐治平一以贯之的观点,只是关于道德修养的内容已与理学话语不尽相同,而且践行这一观点的主体也从维持风教的士阶层变成共和政体下的国民。因此,在《民彝与政治》一文里,李大钊所设想的理想政治形态既非建立在西方古典自由主义里基于利害关系而形成的社会契约之上,也非建立在19世纪风行全球的社会达尔文主义里的“社会有机体”观念之上,而是具有某种与中国传统政教体系相类似的道德共同体的特征。在这之中,个人独立与自主并非源于资本主义生产关系下的私有财产权,而是为了能更好地彰显带有强烈道德属性的“民彝”,使政治活动更能体现“公平中正之理”。可以说,此乃李大钊思考政治问题时的基本底色,对他之后思考政治与经济问题有着深远的影响。②

---

① 李大钊:《民彝与政治》,载《李大钊全集》第1卷,第287页。
② 近藤邦康认为,李大钊《民彝与政治》一文的现实意义在于用一种巧妙的形式对抗袁世凯的政治举措。李大钊在文中“构筑了抵抗的立足点,鼓吹民内在的、固有的德与智,使民意浸透于政治、恢复群之生命这一政治大道;揭露袁（转下页）

二、新文明与新道德

当李大钊初登舆论舞台之时，正逢西方列强在欧洲大地上鏖战正酣。近代以来，面对中外之间日益频繁的互动关系，中国知识分子在思考中国内部问题时，时常会聚焦于外部世界的变化，或是从汲取新知的角度来探讨适合用来改造中国的学说，或是根据外部世界的变化，为思考中国问题确立新的时空坐标与现实参照系，让中国在险峻的国际环境中得以生存发展。一战期间的中国思想界亦不例外。杜亚泉等《东方杂志》的作者一方面密切关注欧洲局势，一方面反思为何曾经如此璀璨的欧洲文明会导致资本主义国家大打出手，无辜平民深受其害。随着思考的逐渐深入，他们开始从简单的政局分析转变为通过反思欧洲资本主义文明内部的症结来探索一种新的文明形式出现的可能性。①

与《东方杂志》的作者群相似，李大钊在当时也开始探索相关问题，并且进一步思考新的文明将具备哪些基本的内涵、通过哪些政治与文化实践方式来实现。在发表于1916年的《〈晨钟〉之使命》一文里，他认为中国的新文明必须告别那些腐朽的、陈旧的文明形态，呈现出青春的活力，使这种新文明形态具有普遍性与持久性。而这一新文明的最主要实践群体莫过于中国青年："青年循蹈乎此，本其理

（接上页）是妨碍这一政治大道的障碍"。这个观点有助于理解李大钊相关思想的现实考量。参见近藤邦康著，丁晓强等译：《救亡与传统——五四思想形成之内在逻辑》，太原：山西人民出版社1988年版，第174页。

① 汪晖：《文化与政治的变奏——战争、革命与1910年代的"思想战"》，载《短二十世纪：中国革命与政治的逻辑》，香港：牛津大学出版社2015年版，第33—110页。

性,加以努力,进前而勿顾后,背黑暗而向光明,为世界进文明,为人类造幸福,以青春之我,创建青春之家庭,青春之国家,青春之民族,青春之人类,青春之地球,青春之宇宙,资以乐其无涯之生。"①同时他呼吁,在这一过程中,青年应除旧布新,"取由来之历史,一举而摧焚之;取从前之文明,一举而沦葬之"。②

李大钊一面号召青年要有除旧布新的决心,一面身体力行,对中国传统思想展开批判。在袁世凯妄图称帝自为的过程中,孔子与儒家经常被袁用于彰显自己的政治合法性。因此,伴随着对袁世凯帝制运动的批判的就是时人开始深入批判孔子与儒家。在发表于1917年的《自然的伦理观与孔子》一文里,李大钊认为应当将孔子的道德伦理学说"历史化",即承认"道德者,宇宙现象之一也。故其发生进化亦必应其自然进化之社会",因此,"古今之社会不同,古今之道德自异。而道德之进化发展,亦泰半由于自然淘汰,几分由于人为淘汰。孔子之道,施于今日之社会为不适于生存,任诸自然之淘汰,其势力迟早必归于消灭"。③

由此可见,李大钊为了抨击儒家学说对社会的支配,将道德归结为社会进化阶段的产物。按照这样的逻辑,既然中国当下的社会状况与先前已有变化,那么儒家学说的支配地位也就丧失了其合理性。④从表面上看,李大钊的这个思考路径是将社会状况的变化视为道德学说的来源,因此道德在社会结构中的作用某种程度上是

---

① 李大钊:《青春》,载《李大钊全集》第1卷,第318页。
② 李大钊:《〈晨钟〉之使命》,载《李大钊全集》第1卷,第332页。
③ 李大钊:《自然的伦理观与孔子》,载《李大钊全集》第1卷,第428、429页。
④ 但是,值得注意的是,至少在这篇文章里,李大钊虽然对现实中的儒家持批判态度,但并未完全反对历史中的儒家。他强调:"余之掊击孔子,非掊击孔子之本身,乃掊击孔子为历代君主所雕塑之偶像的权威也;非掊击孔子,乃掊击专制政治之灵魂也。"参见李大钊:《自然的伦理观与孔子》,载《李大钊全集》第1卷,第429页。

"被动的"，其主动塑造社会面貌、影响社会变迁的动能已被稀释了不少。

不过，这其实只是李大钊思想中"破"的一面，在"立"的一面，他依然十分重视道德对塑造新文明形态的巨大能动作用，只是这样的道德内涵不能仅限于中国的历史经验，而须从域外寻觅相关的思想资源。在这一点上，他译介托尔斯泰学说就是很明显的例子。早在1913年，李大钊翻译了日本学者中里弥之助撰写的《托尔斯泰主义之纲领》一文，此文声称托尔斯泰的学说严厉批判了资本主义"旧文明"，主张应以革命手段推翻此文明形态。而"革命者，人类共同之思想情感，遇真正觉醒之时机，而一念兴起，欲去旧恶就新善之心的变化，发现于外部之谓也"。① 换言之，革命的活动离不开革命者自身的道德品质，革命的主要内容是在社会层面实现"去旧恶就新善"。至于托尔斯泰所谓的"善"，在作者看来指的就是"人间本然之理性与良心之权威"。在社会现实中，"劳动者，最大最初之善也"。② 在这样的论述框架里，要想通过革命手段实现社会的变革，其起点就是革命者自身秉持的"善"，如果不具备这一前提，那么革命活动的意义就要大打折扣。而将革命者与社会力量衔接起来的同样也是"善"，因为最能在社会层面践行"善"的莫过于普通人的日常劳动。众所周知，托尔斯泰虽身为贵族，但对匍匐于沙皇统治下的劳苦大众的命运极为同情。他谴责俄国沙皇的专制统治，批判资本主义文明的虚伪，认为应本着人道主义的精神去改变那些不合理的社会现象。③ 李大钊在发表这篇译文时，特意加了一段"译者附志"，

---

① 李大钊：《托尔斯泰主义之纲领》，载《李大钊全集》第5卷，第543页。
② 李大钊：《托尔斯泰主义之纲领》，载《李大钊全集》第5卷，第544页。
③ 别尔嘉耶夫著，雷永生等译：《俄罗斯的思想》，北京：生活·读书·新知三联书店1995年版，第138—140页。

强调此文"读之当能会得托翁之精神",所以"爱急译之,以饷当世"。因此,可以判断由于李大钊认同托尔斯泰的这些观点,所以才向国人广为介绍。

及至1916年,李大钊撰写了一篇宣传托尔斯泰思想的文章《介绍哲人托尔斯泰》。在他看来:

> 托尔斯泰者,近代之伟人也。举世倾仰之理想人物也。彼生于专制国中,以热烈之赤诚,唱导博爱主义,传布爱之福音于天下,扶弱摧强。知劳动之所以为神圣,身为贵族,而甘于菲食敝衣,与农民为伍,自挥额上之汗,以从事劳作。此其德行之美为何如耶?[①]

在文章的其余部分,他主要介绍了托尔斯泰崇高的道德品质,以及他能够毅然超越自己所生活的贵族圈,与农民同甘苦,为农民的命运呐喊。在文章结尾处,李大钊呼吁:"托氏人格之崇高,气魄之雄厚,足为兹世青年之泰斗。"[②] 1917年2月8日,他又发表了一篇名为《日本之托尔斯泰热》的文章,介绍日俄战争后日本思想界对于托尔斯泰学说的热衷,同时再次表彰托尔斯泰"呕其毕生之心血,为良心服役,为人道牺牲"的品格。[③]可见,彼时李大钊之所以青睐托尔斯泰,似乎并非因为赞同后者的政治社会构想以及其中的无政府主义倾向,主要还是比较认同托尔斯泰对人的良知与道德能动性的重视,认为这些思想资源有助于让中国实现新文明。所以说,当李大钊开始系统反思儒家学说时,托尔斯泰的学说某种程度上成为他

① 李大钊:《介绍哲人托尔斯泰》,载《李大钊全集》第1卷,第341页。
② 李大钊:《介绍哲人托尔斯泰》,载《李大钊全集》第1卷,第342页。
③ 李大钊:《日本之托尔斯泰热》,载《李大钊全集》第1卷,第441页。

心目中实现道德能动性与建立道德共同体式国家的替代品。[①]

因此，李大钊在为国事呐喊时，依然强调道德的巨大作用，认为良好的道德氛围能够促使中国政治不断进步。1917年2月25日，他发表了《政论家与政治家》一文，其中谈到"立宪国国民"的特征时指出：

> 立宪国民之唯一天职，即在应其相当之本分，而觅自用之途，俾得尽量以发挥其所长，而与福益于其群。信念既笃，则依之以努进，而尽其能以造其极，不以外物迁其志，不以歧路纷其心。斯其所造，必能至于立立人、己达达人之境，而其人之生乃为不虚生，其人之用乃为不误用，而优良之效果乃于是乎得矣，而人生之价值乃于是乎显矣。……无论谁某，均宜以纯正之精神，真诚之性态，以为其所当为，所可为，所能为。盖人生之有价值与无价值，有意义与无意义，皆在其人之应其本分而发挥其天能与否，努力与否，精进与否。此即人生自用之道，此即立宪国民之天职也。[②]

毋庸多言，现代立宪政体（而非古典民主制）源于近代欧洲。在资本主义生产方式兴起后，新兴的资产阶级为了将自己的私有财产权以法权的形式确定下来，为了使自己的利益诉求能够通过国家机器来实现，遂开始呼吁施行立宪政治。他们一方面先夺取封建贵族

---

① 关于李大钊对托尔斯泰的解读与援引，笔者受到汪荣祖老师相关研究的启发。参见汪荣祖：《从文化与政治角度解读"五四"前后的李大钊》，《文史哲》2019年第3期，第15—17页。而关于托尔斯泰对20世纪中国革命的影响，参见王志耕：《列夫·托尔斯泰与中国革命》，《清华大学学报（哲学社会科学版）》2018年第1期，第65—73页。

② 李大钊：《政论家与政治家（一）》，载《李大钊全集》第1卷，第441页。

之权,再通过各种政治与经济手段限制新兴民族国家内部的专制君主权力;另一方面将资本主义体制下的经济剥削与财富分配不均用"自由""平等"等话语掩饰起来,将自己的政治与经济利益包装成具有普世性特征之物。[①]所以在基佐的文明史叙事里,阶级斗争乃欧洲文明能保持活力的主要原因。[②]在黑格尔的法哲学论述里,洞察"市民阶级"将自身视为目的,将他人视为手段的本质是构建国家合法性的关键环节。[③]阿尔都塞则认为,要想理解资本主义国家的本质,就必须正视资产阶级既控制了作为暴力工具的国家机器,又控制了作为意识形态工具的国家机器这一现实。[④]

而在李大钊的视域里,立宪政体要想能够正常的运作,关键之处在于要以高尚的道德品质,即"纯正之精神,真诚之性态"来贡献社会。这个过程既是对个人道德品质的升华,又能促进社会的整体利益。为了更好地表达这层意思,李大钊还特意用了《论语》里的"己欲立而立人,己欲达而达人"。而他强调个人需要在社会实践中"发挥其天能",这既是"人生自用之道",又是"立宪国民之天职",从思考逻辑上看,这其实和宋代理学反复申说的由修身至治国平天下一以贯之极为相似,即都将个人道德水准的不断提升与在公共领域做贡献联系起来,以社会整体利益作为思考问题的前提。参与政治不是为了表达、维护基于自身状况的"私利",而是为了更好地为国家与社会的"公利"做贡献。立宪政体之所以重要,也并非像近代西方

① 关于欧洲近代政治变迁的梗概,相关研究已有许多,不同的研究背后彰显的是不同的政治倾向与价值立场。笔者此处的叙述主要参考拉斯基的研究。参见拉斯基著,林冈等译:《欧洲自由主义的兴起》,北京:中国人民大学出版社2012年版。
② 基佐著,程洪逵等译:《欧洲文明史》,北京:商务印书馆2017年版,第25页。
③ 黑格尔著,邓安庆译:《法哲学原理》,北京:商务印书馆2016年版,第329—330页。
④ 阿尔都塞著,吴子枫译:《论再生产》,西安:西北大学出版社2019年版,第165—203页。

政治思想所强调的那样，其有助于保护个人"私利"（比如私有财产），而是能为基于强烈道德意识的政治活动提供良好的表达与实践平台。由此可见，虽然李大钊从1916年开始探索"新文明"，但对道德在政治活动中的重要作用的极度重视依然是他十分明显的思想特征，这甚至影响着他对现代立宪政治的基本理解。相似的，当时与李大钊一样上下求索"新文明"的陈独秀同样强调不能忽视道德的重要性："夫道德之所由起，起于二人以上相互之际。与宗教、法律，同为维持群治之具。自非绝世独生，未有不需道德者。"甚至在他看来，"文明愈进，则群之相需也愈深"，因此越需要建立新的道德，保障社会不断进步。①

此外，在李大钊对"新文明"的探索中，还包含着对于亚洲政治格局的思考。他批判日本基于帝国主义逻辑而宣扬的"大亚细亚主义"，强调要从"新中华民族主义"出发，通过中国自身的改变来促成一个更为平等与公平的亚洲政治格局，他称此为"新亚细亚主义"。②而在这一国际体系的内部，李大钊认为同样不能缺少道德的能动性：

> 吾人但求吾民族吾国家不受他人之侵略压迫，于愿已足，于责已尽，更进而出其宽仁博大之精神，以感化诱提亚洲之诸兄弟国，俾悉进于独立自治之域，免受他人之残虐，脱于他人之束制。③

李大钊希望亚洲各国能在一定的道德精神基础上形成一种和平与

---

① 陈独秀：《道德之概念及其学说之派别》，载任建树主编：《陈独秀著作选编》第1卷，上海：上海人民出版社2009年版，第336、337页。
② 王锐：《锻造"政治民族"——李大钊"新中华民族主义"的理论意涵》，《开放时代》2019年第2期，第122—135页。
③ 李大钊：《大亚细亚主义》，载《李大钊全集》第2卷，第155页。

相互提携的国际关系。这样的设想既是对19世纪以来以侵略扩张为要义的民族帝国主义的批判，又在一定程度上与当时由各国左翼力量领导的和平运动颇为契合。由此可见，李大钊所向往的道德共同体已经不局限于中国自身，而是扩展到了国际体系之中，是对现实中由东西列强主导的国际体系的否定，这无疑为他在密切关注国际政治变动时，敏锐地发现旨在打破帝国主义国际体系的十月革命的重要历史意义奠定了知识与价值观层面的前提。

三、马克思主义与道德

1917年俄国爆发二月革命，李大钊极为关注俄国政治形势的变化。早在革命爆发之初，他就撰写《俄国革命之远因近因》一文分析革命运动出现的原因，同时梳理近代以来不同性质的革命运动，坚信"世界之进化无止境，即世界之革命无已时"，[①] 革命运动是推翻不合理的政治与社会制度、打破不合理国际体系的重要力量。在其他分析俄国革命的文章里，他认为俄国革命是在全球范围内实现名副其实的民主主义的重要契机。[②] 当然，由于信息传递等原因，他在当时未必能够获悉二月革命之后的俄国国内复杂的政治形势，以及社会民主党与列宁领导的布尔什维克之间愈发激烈的政治斗争。不过，既然李大钊认为革命运动是促进社会进步的关键，那么当布尔什维克党人发动十月革命，建立无产阶级专政时，他也就不会感到意外了。因此，十月革命爆发后，他发表了著名的《Bolshevism的胜利》一文。

---

① 李大钊：《俄国革命之远因近因》，载《李大钊全集》第2卷，第1页。
② 李大钊：《大战中之民主主义（Democracy）》，载《李大钊全集》第2卷，第142页。

在这篇文章中，李大钊认为十月革命不但用行动批判了导致第一次世界大战的帝国主义，而且批判了资本主义生产关系，所以既是一场深刻的阶级斗争，又是世界革命的开篇。因此他强调："二十世纪的群众运动，是合世界人类全体为一大群众。这大群众里边的每一个人、一部分人的暗示模仿，集中而成一种伟大不可抗的社会力。"因此，"Bolshevism这个字，虽为俄人所创造，但是他的精神，可是二十世纪全世界人类人人心中共同觉悟的精神。所以Bolshevism的胜利，就是二十世纪人类人人心中共同觉悟的新精神的胜利"。[①]

说起"觉悟"，在列宁的革命思想中确实也占据十分重要的位置。列宁认为无产阶级应当识破资产阶级宣扬的各种意识形态话语，揭穿那些包装在人道主义外表之下的资产阶级的利益，即"善于辨别每个阶级和每个阶层用来掩饰它自私的企图和真正的'心意'的流行词句和种种诡辩，就应当善于辨别哪些制度和法律反映和怎样反映哪些人的利益"。[②]同时应超越"经济主义"的思维方式，摆脱日常烦琐的经济斗争，从政治斗争的角度来思考无产阶级革命的可能性，以此培养阶级觉悟。要想实现这样的觉悟，依靠的是作为先锋队的无产阶级政党"积极地对工人阶级进行政治教育，发展工人阶级的政治意识"，而不能"崇拜自发性"。[③]因为列宁坚信，如果在革命力量还十分弱小、革命团体组织性还不够强的情况下任由工人依据"自发性"行动，就极易陷入资产阶级意识形态的陷阱中，最终被"拉到资产阶级工联主义路线上去"。[④]总之，列宁指出要想树立坚实的革命觉悟，就离不开职业革命家对工人阶级进行反复宣传，以

---

① 李大钊：《Bolshevism的胜利》，载《李大钊全集》第2卷，第367、368页。
② 列宁：《怎么办》，北京：人民出版社2018年版，第71页。
③ 列宁：《怎么办》，第58、53页。
④ 列宁：《怎么办》，第41页。

及与各种政治意识形态展开理论斗争。在这个过程中,革命政党与革命领袖的作用至为关键。

反观李大钊,他所理解的"觉悟"并非主要依靠革命政党与革命宣传,而是本乎人类所共有的道德基础。革命运动取得成功与其说是革命力量与反革命之间角逐的胜利,与其说是革命党人制定了正确的方针与路线,与其说是革命活动有着广泛的阶级基础,还不如说是人类基于"人同此心,心同此理"的精神觉悟的实践。正是因为有这样的道德前提,革命运动才能风起云涌,蔚为潮流。而十月革命的胜利无疑为基于追求道德而进行的崭新的政治与经济建设提供了良好平台。此外,从时人反思"旧文明",追寻"新文明"的角度而言,这场革命对俄国旧政权与资本主义私有制的猛烈抨击,很明显有着去"私"向"公"的特征。所以,在李大钊眼里,十月革命就是人类道德由内而外的展示,是实现人类解放的先声,更是能够真正实践他所向往的"民彝"的重要时刻。由此可见,李大钊虽然撰文向国人热烈介绍十月革命,但他对这场革命的最初理解依然与他向来对道德的重视息息相关。这就可以为解释尽管他在当时并不能获取更多的关于十月革命的完整信息,但这场革命却对他产生极大影响提供一个思考角度。

正是由于李大钊对十月革命有着这样的理解,在他较为系统地接受了马克思主义之后,他对马克思主义的基本认识也蕴含着比较明显的个人特征。众所周知,发表于1919年的《我的马克思主义观》是李大钊阐述自己对马克思主义认识的重要文章。在文章中李大钊谈及"有许多人所以深病'马克思主义'的原故,都因为他的学说全把伦理的观念抹煞一切,他那阶级竞争说尤足以使人头痛"。[①]对此,

---

① 李大钊:《我的马克思主义观》,载《李大钊全集》第3卷,第22页。

李大钊指出马克思并不否认互助与博爱，只是因为在资本主义生产关系下存在阶级压迫，导致互助与博爱的理想无法真正实现。到了没有阶级压迫的时代，这些理想就有实现的可能。在这里，李大钊似乎未能完整地理解马克思对于人道主义问题的剖析。马克思在《1844年经济学哲学手稿》中确实曾认为随着对私有制的扬弃与对劳动异化的克服，"共产主义则是以扬弃私有财产作为自己的中介的人道主义"。在共产主义制度下，人自身的意义将被凸显出来，"积极的人道主义才能产生"。①然而随着马克思对历史唯物主义的进一步深入思考，他开始剖析包括资产阶级人道主义在内的意识形态的本质，揭露其对现实中真实矛盾的"颠倒"，在理论分析时排除主体的经验主义与概念的唯心主义，强调要从基于一定社会生产力的生产关系出发分析阶级矛盾、展望革命前景。可以说，对抽象的人道主义观念的扬弃是展开历史唯物主义分析的起点。所以，这样的思考方式不能以某种先验的道德观念来描述，而是应当抓住其唯物主义的本质。②

犹有进者，李大钊虽然试图从道德的角度把握马克思主义的现实意义，但他似乎仍旧觉得马克思主义对道德主动性的正面论述不够鲜明，因此需要用其他思想学说来补充：

　　近来哲学上有一种新理想主义出现，可以修正马氏的唯物论，而救其偏蔽。各国社会主义者，也都有注重于伦理的运动、人道的运动的倾向，这也未必不是社会改造的曙光，人类真正历史的前兆。我们于此可以断定，在这经济构造建立于阶级对

---

① 马克思：《1844年经济学哲学手稿》，载中共中央马恩列斯著作编译局编译《马克思恩格斯文集》第1卷，北京：人民出版社2009年版，第216页。
② 阿尔都塞著，顾良译：《马克思主义和人道主义》，载《保卫马克思》，北京：商务印书馆2016年版，第215—239页。

立的时期,这互助的理想、伦理的观念,也未曾有过一日消灭,不过因他常为经济构造所毁灭,终至不能实现。这是马氏学说中所含的真理……可是当这过渡时代,伦理的感化,人道的运动,应该倍加努力,以图划除人类在前史中所受的恶习染,所养的恶性质,不可单靠物质的变更。这是马氏学说应该加以救正的地方。①

在国际共运史上,第二国际的理论家们确实经常将具有先验性特征的道德与伦理内容填充进社会主义理论中。柯亨在出版于19世纪末至20世纪初的各种著作里,经常强调社会主义的伦理属性,主张应将唯物主义的分析上升为一种道德概念。为了构建自己的理论体系,他将康德的伦理学加入社会主义论述中,甚至认为康德才是德国社会主义的真正创始人。与此同时,德国社会民主党的代表人物伯恩施坦在发表于1898年的《社会主义中的现实因素和观念因素》一文里宣称要关注道德与伦理因素在社会主义理论中的意义,认为道德在社会主义运动中经常能起到创造性的作用,同时也主张为了完善社会主义理论,应汲取康德哲学的思想资源。柯亨的学生福尔伦德尔著有《康德和马克思》一书,进一步强调要将康德的学说伦理学与社会主义理论相结合的重要性,甚至认为离开康德式的伦理学,社会主义将很难实现。② 此外,在19世纪末至20世纪初属于广义左翼阵营的英国进步自由主义的鼓吹者,也强调道德意识对形成社会共同体的重要性,以此来批评古典自由主义对集体福利的漠视,主张制定公共政策时应突出"社会"的重要性,依据道德与伦理意识

① 李大钊:《我的马克思主义观》,载《李大钊全集》第3卷,第22—23页。
② 关于社会民主党人的这些主张之详情,参见殷叙彝:《社会民主主义概论》,北京:中央编译出版社2011年版,第11—26页。

来促进社会整体的利益。[①]

今天恐怕很难确切考证李大钊当时是否阅读过这些属于左翼阵营的论著，以及即便阅读过，他明确受到哪些主张的影响。唯一可以较为确定的是，李大钊的这番思考与以上所列举的观点颇有相似之处。鉴于当时他还没有参与中国共产党的建立，由于信息获取的原因，他也未必清楚地洞悉列宁所领导的布尔什维克与第二国际修正主义之间的理论分歧，所以从历史演进的角度来看，这实不足以为李大钊之累。不过值得注意的是，与第二国际理论家为了缓和马克思主义中革命的激烈性而刻意强调康德伦理学说在构建社会主义理论的重要性不同，李大钊并不否认革命除旧布新的历史意义，革命过程中的激烈性恰恰是扩大革命影响力的契机。[②]因此，李大钊主要还是根据自己向来对道德的重视，认为马克思主义应该具有更多道德的内容，要重视"伦理的感化，人道的运动"，这样其政治理想才能更有助于使高尚的道德普及于世。而那些拥有良好道德的人投身革命，革命也更能凸显其正面意义，革命的理想与价值也就能影响更多的人。可以说，正是基于对道德的重视，李大钊才会认同旨在推翻剥削制度、解放全人类的马克思主义。也正是因为对道德的重视，李大钊眼中的马克思主义，不仅是一种科学理论，更应呈现出强烈的道德优越性。

---

① 弗里登著，曾一璇译：《英国进步主义思想：社会改革的兴起》，北京：商务印书馆2018年版，第126—178页。

② 第二国际之所以要消解马克思主义中对革命的强调，主要的现实原因就是他们相信能通过议会斗争来掌握政权，进而实践社会民主党的主张。对此问题的详细分析，参见弗罗纳：《社会改良主义的"民主社会主义"理论批判》，载中国社会科学院情报研究所编译：《苏联理论评论社会主义》，北京：人民出版社1983年版，第249—252页。而李大钊除了短暂的与孙洪伊、汤化龙等人往来密切，随着他对政府越发感到失望，他基本放弃了在北洋政府的框架内利用议会斗争来改变中国政治局面的主张。

相似的,在发表于1919年12月的《物质变动与道德变动》一文里,李大钊运用历史唯物主义原理,强调随着生产力与生产关系的不断变化,道德标准也会变化。从表面上看,李大钊此论某种程度上减弱了道德的重要性与能动性,但他同时强调:"正惟道德心是动物的本能,和自己保存、种族蕃殖等本能有同一的根源,所以才有使我们毫不踌躇、立即听从的力量,所以我们遇见什么事情才能即时判断他的善恶邪正,所以我们才于我们的道德判断有强大的确信力。"①可见,他认为道德内容会随着生产力与生产关系的变化而变化是一回事,坚信道德对塑造人与改造社会的重要性是另一回事。正是对后者有如此这般的认识,所以李大钊在这篇文章里尤其着眼于思考在当时的中国需要什么样的道德来促进时代的发展。他通过分析中外政治经济状况及其基本矛盾,呼吁:"我们今日所需要的道德,不是神的道德、宗教的道德、古典的道德、阶级的道德、私营的道德、占据的道德;乃是人的道德、美化的道德、实用的道德、大同的道德、互助的道德、创造的道德。"②很明显,他所提倡的道德,和他在其他文章里强调的十月革命所彰显的道德颇为一致,即包含了那些能促进集体、公道、互助的内容。此后,李大钊参与中国共产党的创建,越发深入地研究与传播马克思主义,在当时的社会条件下展开各种社会调查,思考中国革命的路线与政策,可以说都是其道德意识的具体实践。③至少从李大钊身上,可以发现马克思主义在中国之所以能够广泛传播,或许和中国传统政治思想中对德性的重视有一种颇为隐幽但又持续存在的关系。

①　李大钊:《物质变动与道德变动》,载《李大钊全集》第3卷,第132页。
②　李大钊:《物质变动与道德变动》,载《李大钊全集》第3卷,第146页。
③　关于李大钊参加社会调查工作的具体情形及其意义,参见黄道炫:《调查与革命:社会改造追求下的李大钊》,《理论学刊》2021年第4期,第40—48页。

四、结　语

　　在关于具体人物的思想史研究中，除了要分析研究对象在不同时期、不同阶段对各种公共问题所发表的言说，把握其现实所指与理论渊源，更需要注意到研究对象思想中不变的部分。这一部分或许不经常被表达出来，但却影响着研究对象对具体问题的看法与对各种思想学说的择取。而从思想史的长时段流变来看，这样的思想底色很大程度上与研究对象所生活的文明圈相关。换言之，分析其思想底色，既是对研究对象思想更为深入的探讨，又是从个案出发，具体梳理某种有着悠久历史的文明对身处其中的个体持续且深远的影响。

　　作为中国共产党的创始人之一，李大钊在接受马克思主义之前，已有自己独具特色的思想底色。从文字生涯伊始，他就强调道德在政治活动中的重要性，从充分实现道德的普遍影响的角度来理解现代民主政治。[①]他认为个人道德修养的水准既关乎其在政治活动中显现的品质，也关乎良好的政治秩序能否建立，这样的思考逻辑与中国传统的道德论述，特别是宋明理学强调从修身到治国平天下一以贯之的主张一脉相承。他心目中的理想政治除了要保证民众的独立和自主，还具有道德共同体的特征，而后者能否实现，也关乎前者是

[①]　必须指出的是，在古今政治活动中其实都不能缺少道德，并且不同时期不同性质的政权也都在提倡相应的道德，但本文所分析的李大钊对道德重要性的论述，主要是强调在他思考政治与社会问题时道德往往处于极为重要的位置，道德既是将政权与民众联系起来的主要枢纽，又是促成现代民主政治的关键。并且李大钊之所以接受并信仰马克思主义，也主要由于后者在实践中透露出来的道德感使他十分向往，他对马克思主义的认识，很大程度上也是从道德的视角切入的。

否名副其实。民主政治固然要保障国民的参与权与表达权,但在李大钊的视域里,国民之所有实践参与权与表达权的动力,并非是为了借助政治制度所提供的平台宣扬个人利益,而是本乎由道德意识所塑造的公心来参与政治,促进国家与社会的进步。他对于道德的认识,不能简单地用"私德"和"公德"为框架来定义。而随着对中国传统思想的进一步反思,以及受到一战期间中国知识界探索"新文明"的影响,李大钊也开始探索新的政治组织形式与文明形态。不过即便如此,他依然重视道德的重要性,所以他一度颇为青睐托尔斯泰的学说。十月革命爆发后,李大钊相信俄国新的政治与经济组织形式及其背后的政治理想极有助于践行道德,他之所以接受马克思主义,也是相信其政治主张具有鲜明的道德优越性。可以说,正是由于这种对道德的强烈追求,李大钊才能在俄国革命爆发不久就敏锐地观察到其意义,并且相信共产主义是值得他为之奉献的理想。

如果将视野扩大,可以发现在"五四"新文化运动期间,绝非李大钊一人有这样的思想特征。毛泽东、蔡和森等人之所以创办新民学会("新民"二字即源于《大学》),离不开晚清以来湖湘儒学所强调的力行实践与经世致用之风的影响。而当他们秉持这种强烈的道德意识与理想主义思考中国问题时,就极易认同有着崇高感与解放感的共产主义。恽代英本是一位深受理学传统熏染的儒生,具有极为严格的自我道德要求。[①]他后来之所以成为一位马克思主义者,也主要由于马克思主义所提供的革命道路让他觉得能够真正体现道德感,使个人道德得到升华。

这里就带来一个问题,应如何看待以李大钊为代表的早期中国

---

① 邓军:《"苦行嗟谁及":恽代英与宋学的道德严格主义》,《开放时代》2012年第7期,第73—85页。

共产党人的这一思想特征？史华慈曾分析"卢梭主义"在世界范围内的回响，认为卢梭对道德在政治活动中的重要性与对人类意志力的强调，深深地影响着现代世界许多国家的革命运动，中国共产党领导的革命即是其中代表。[①]可是问题在于，今天还很难找到明确的材料证明李大钊等人曾直接阅读过卢梭的众多论著，他们也未必十分了解卢梭与启蒙运动之间的复杂关系。从晚清以降的思想史流变来看，中国知识分子很大程度上还是从鼓吹推翻君主制的政治革命角度来理解与评价卢梭。卢梭关于建立公民宗教、强调立法者塑造共和国美德、揭示政治教育在共和国中重要性的论述，当时大多数中国知识分子恐怕尚不能深入理解。[②]

因此，或许更应该从中国传统在近代的延续性来展开分析。不少研究已经揭示现代中国革命运动对个人道德修养的高度重视。所以问题的关键或许不在于如何描述，而在于如何理解这一现象。在革命力量长期处于较为弱小的情形下，坚持道德修养，既能更好地凝聚内部力量，提高战斗力与执行力，又能通过自身的良好行为赢得更多对革命还不太了解的民众的支持。毕竟以有德或无德来判断有道或无道，早已成为中国社会大多数人，尤其是占人口绝大多数的农民的朴素政治思维，那种有着鲜明中国特色的阶级观念与阶级意识很大程度上也与此关系紧密。从道路选择的角度来看，由于中国传统道德向来强调"公"与"共"的意识，并将"私"视为带有极强负面意涵之物，[③]而近代中国大多数参加革命运动的知识分子在青少年时代

---

① 史华慈：《卢梭在当代世界的回响》，载《史华慈论中国》，北京：新星出版社2006年版，第95—110页。
② 这是笔者的初步观察。关于这个问题，将来打算撰另文详论。
③ 关于这一点，参见沟口雄三著，郑静译：《中国的公与私·公私》，北京：生活·读书·新知三联书店2011年版，第44—88页。

受到过传统教育的熏陶,因此至少在价值观层面,也许很难理解并接受基于私有制、强调个体利益优先的资本主义制度。因此,早期中国共产党人对道德的重视,既是他们自己的思想底色,又赋予中国共产党鲜明的中国特色,使中国的革命运动更容易接中国之地气。而在今天,当全球范围内面临新的政治文化认同危机,个人生活原子化的普遍存在导致一系列棘手的社会与经济问题时,再来回头审视李大钊等人的思想,相信会对如何应对当前的具有普遍性的文化病症提供些许参考。[①]

[①]　关于笔者对当前一系列具有普遍性的政治文化危机的论述,参见王锐:《美国的文化左派与认同困境》,《中央社会主义学院学报》2021年第2期,第164—175页。

陈寅恪论清末变法运动

　　"读史早知今日事,看花犹是去年人。"①陈寅恪给世人的印象似乎是出言谨慎,很少直截了当地评论晚近时局,多将对时事的观察用旧体诗的形式隐晦表达。②但据时人回忆,他在青年时代海外留学时并不如此。他对别人"谈清季中兴人物曾国藩、左宗棠与胡林翼之学术及其政绩"这类话题甚感兴趣,而且时常"于畅饮淡红酒,而高谈天下国家之余,常常提出国家将来致治中之政治、教育、民生等问题:大纲细节,如民主如何使其适合中国国情现状,教育须从普遍征兵制来训练乡愚大众,民生须尽量开发边地与建设新工业等"。③这一回忆是否属实,有待更多的史料予以证明。但陈寅恪确非钻进故纸,不问世事,对世变无动于衷之人。俞大维就回忆,陈寅恪格外关注"中国历代兴亡的原因,中国与边疆民族的关系,历代典章制度的嬗变"。④此外,陈寅恪虽以治魏晋隋唐之史为主业,然"以家世之

---

① 陈寅恪:《吴氏园海棠二首·其二》,载《陈寅恪集·诗集》,北京:生活·读书·新知三联书店2001年版,第22页。
② 汪荣祖:《胡适与陈寅恪》,载《史家陈寅恪传》,北京:北京大学出版社2005年版,第245—247页。
③ 李璜:《忆陈寅恪、登恪兄弟》,载卞僧慧:《陈寅恪先生年谱长编(初稿)》,北京:中华书局2010年版,第79页。
④ 俞大维:《怀念陈寅恪先生》,载张杰、杨燕丽编:《追忆陈寅恪》,北京:社会科学文献出版社1999年版,第4页。

故,稍稍得识数十年间兴废盛衰之关键"。①由于有这种难得的亲历感,陈寅恪对中国近代史,特别是清末变法运动,有着自己的一套见解,并且成为他探讨历史与现实问题的重要基础。②

据石泉教授回忆,陈寅恪曾自言"对晚清历史一直是很注意的",只是"自己不能作这方面的研究,认真作,就容易动感情,那样,看问题就不客观了"。③虽说如此,陈寅恪在研究中国古代史时,依然不忘将其与晚清以降的历史做比较。比如他认为:"近百年来中国之变迁极速,有划时代的变动,而唐代的变动也极为剧烈迅速,如天宝以前与天宝以后便大不相同。"④因此,分析陈寅恪如何看待晚清以降的历史,特别是他祖父陈宝箴与父亲陈三立深度参与其中的戊戌变法,不但可借此形成更具"现场感"的历史视角,且或有助于理解陈寅恪在研究中国古代史时的问题意识与思想关怀。

一

只要对中国近代史稍有了解,大概就会清楚戊戌变法的重要意义。在史料方面,陈寅恪认为梁启超在戊戌变法失败后撰写的《戊

① 陈寅恪:《寒柳堂记梦未定稿》,载《寒柳堂集》,北京:生活·读书·新知三联书店2001年版,第188页。
② 关于对陈寅恪中国近代史论述的总体研究,参见桑兵:《陈寅恪与中国近代史研究》,载《晚清民国的国学研究》,上海:上海古籍出版社2001年版,第161—191页。
③ 石泉:《甲午战争前后之晚清政局》,北京:生活·读书·新知三联书店1997年版,《自序》第1页。
④ 石泉、李涵:《听寅恪师唐史课笔记一则》,载北京大学中国中古史研究中心编:《纪念陈寅恪先生诞辰百年学术论文集》,北京:北京大学出版社1989年版,第34页。

戊政变记》"所言不尽实录"。在评价方面，尽管"戊戌政变已大书深刻于旧朝晚季之史乘，其一时之成败是非，天下后世，自有公论"，[①]但关于清末的变法运动，陈寅恪仍有一番自己的见解。他指出当时有两种不同的变法改革思路：

> 　　当时之言变法者，盖有不同之二源，未可混一论之也。咸丰之世，先祖亦应进士举，居京师。亲见圆明园干霄之火，痛哭南归。其后治军治民，益知中国旧法之不可不变。后交湘阴郭筠仙侍郎嵩焘，极相倾服，许为孤忠闳识。先君亦从郭公论文论学，而郭公者，亦颂美西法，当时士大夫目为汉奸国贼，群欲得杀之而甘心者也。至南海康先生治今文公羊之学，附会孔子改制以言变法。其与历验世务欲借镜西国以变神州旧法者，本自不同。故先祖先君见义乌朱鼎甫先生一新《无邪堂答问》驳斥南海公羊春秋之说，深以为然。据是可知余家之主变法，其思想源流之所在矣。[②]

陈寅恪自言其"思想囿于咸丰同治之世，议论近乎湘乡南皮之间"。[③]彼时之官员士绅在主张渐渐采取西法之时，并未激进地否定中国传统政教体系，而是多认为作为价值标准与伦常准则的中学自有其不可泯灭的价值，只是在枪炮制造、商业活动、行政规则等方面，远西或有值得学习借鉴之处。汪荣祖老师认为，陈寅恪区分清末变法有两种不同的源流，"并非思想本质有大异，而是稳健与冒进之别。冒进

---

①　陈寅恪：《读吴其昌撰梁启超传书后》，载《寒柳堂集》，第166、167页。
②　陈寅恪：《读吴其昌撰梁启超传书后》，载《寒柳堂集》，第167页。
③　陈寅恪：《冯友兰中国哲学史下册审查报告》，载《金明馆丛稿二编》，北京：生活·读书·新知三联书店2001年版，第285页。

之失败,更感到未采稳健办法以达变法目的之遗憾"。①从改革手段
而言,固然如此。若进一步拓展至分析其思想源流,则康有为之学术
思想,恐非郭嵩焘、陈宝箴辈所能认同(详后文)。而更年轻一辈的
"康党",曾与之有过往来的章太炎这样回忆:"时新学初兴,为政者辄
以算数物理与政事并为一谈。余每立异,谓技与政非一术,卓如辈本
未涉此,而好援引其术语以附政论,余以为科举新样也。"②由此可见,
远西的格致之学对他们影响颇深,其思维方式较之深涉政务的清廷
干吏,已有明显不同。

关于陈宝箴的为政理念,陈三立说:"府君独知时变所当为而已,
不复较孰为新旧,尤无所谓新党旧党之见。""其为治规画远大,务程
功于切近,视国家之急逾其私。"③而陈三立在戊戌变法失败后自述其
政见,亦直陈:"国家兴废存亡之数有其渐焉,非一朝夕之故也。有其
几焉,谨而持之,审慎而操纵之,犹可转危而为安,销祸萌而维国是
也。"以此为标准,"吾国自光绪甲午之战毕始稍言变法,当时昧于天
下之大势,怙其私臆激荡驰骤,爱憎反复,迄于无效,且召大衅,穷无
复之。遂益采嚣陵之说,用矫诬之术,以涂饰海内外耳目。于人才风
俗之本、先后缓急之程一不关其虑,而节钺重臣号为负时望预国闻者
亦复奋舌摩掌,扬其澜而张其焰,曲徇下上狂逞之人心,翘然以自异,
于是人纪之防堕,滔天之象成,而大命随之矣"。④而对于远西新法,
陈三立则认为:"秦以来以胥吏之法治天下,数千载之间遏绝上下,束

①　汪荣祖:《史家陈寅恪传》,第27页。
②　章太炎:《自定年谱》,载汤志钧编:《章太炎年谱长编》上册,北京:中华书局
　　1979年版,第38页。
③　陈三立:《皇授光禄大夫头品顶戴赏戴花翎原任兵部侍郎都察院右副都御史湖
　　南巡抚先府君行状》,载《散原精舍文集》,沈阳:辽宁教育出版社1998年版,第
　　76页。
④　陈三立:《〈庸盦尚书奏议〉序》,载《散原精舍文集》,第99页。

缚国柄，生人日入于憔悴，不获苏息。故弊法之不可守犹陷阱之不可迩，毒草之不可尝也。其为害至痛也。"① 又言："余尝观泰西民权之制，创行千五六百年，互有得失，近世论者或传其溢言，痛拒极诋，比之叛逆，诚未免稍失其真。然必谓决可骤行而无后灾余患，亦复谁信之？"②

或许是受到长辈政治主张的影响，陈寅恪强调以其祖父陈宝箴为代表的一批士大夫乃"历经世务"之人，即拥有处理日常政务、办理中西交涉、接触士农工商的丰富经验。正是基于熟识民间疾苦、具备行政经验，这批士人意识到中国旧制的弊病与变法改革的重要性，但同时深知在中国这一广土众民、地域发展不平衡、民间文化与信仰根深蒂固、社会矛盾错综复杂的国度进行大范围的政治改革，诚非旦夕所能奏效。需要为政者深思熟虑、全盘考量，平衡各种盘根错节的政治与社会利益，进而采取稳健可行的政治实践，否则各类政令难免流于一纸空文。比如陈寅恪论及身为湖南巡抚的陈宝箴深知"中国之大，非一时能悉改变，故欲先以湘省为全国之楷模，至若全国改革，则必以中央政府为领导。当时中央政权实属于那拉后，如那拉后不欲变更旧制，光绪帝既无权力，更激起母子间之冲突，大局遂不可收拾矣"。因此借由与朝廷重臣荣禄的良好关系，"欲通过荣禄，劝引那拉后亦赞成改革，故推凤行西制而为那拉后所喜之张南皮入军机。首荐杨叔峤，即为此计划之先导也"。③ 其希望变法能减少阻力、平稳展开的苦心孤诣，于此可见一斑。而在力开新局方面，其识见颇受陈寅恪认可的黄濬即言："翻吾国史事者，皆知近百年之兴衰治乱，与湖南人士相关，咸极深切。"而"湖南之焕然濯新，实自陈右铭抚湘始。当时勇于改革，天下靡然成风。右铭先生与江建霞、黄公度、梁

---

① 陈三立：《杂说二》，载《散原精舍文集》，第81页。
② 陈三立：《清故光禄寺署正吴君墓表》，载《散原精舍文集》，第68页。
③ 陈寅恪：《寒柳堂记梦未定稿》，载《寒柳堂集》，第203、204页。

任公等入湘,并力启发,一时外论以比于日本变法之萨摩、长门诸藩,
可见声势之焄奕"。①

　　与之相较,在陈寅恪的视域里,康有为等人在戊戌年间的作为,
就显得过于鲁莽轻率。在由陈寅恪本人亲自指导的论文《甲午战争
前后之晚清政局》里,②石泉说道:

　　　　百日维新,表面如火如荼,实皆纸上文章。而当时比较开明
　　通达、赞助新政之大臣,对于康之孔子改制学说,亦几一致不能
　　同意。疆吏中之重心人物张之洞,且特著《劝学篇》,以矫维新
　　人士过激之论,而京中则新旧僵持之局已成。维新诸健者,皆书
　　生,更事少,愤太后之大权在握,挟制德宗,致不能有为,又惧太
　　后一党或将先下手以不利于己,于是铤而走险,乃有联袁世凯谋
　　发动政变,诛锄后党之举。终为袁所卖,而一败涂地。③

　　由此观点出发,或可进一步审视康有为在甲午至戊戌年间的所
思所为。以圣人自居的康有为久有澄清宇内之志。在早年所著的
《康子内外篇》中,他认为:"以天子之尊,独任之权,一颦笑若日月之
照临焉,一喜怒若雷雨之震动焉,卷舒开合,抚天下于股掌之上。"而
这一局面"居今日地球各国之中,惟中国之势独能之。非以其地大

①　黄濬:《花随人圣庵摭忆》上册,北京:中华书局2013年版,第330、331页。
②　石泉回忆:"写作过程中,进行每一章之前,皆曾向先师(陈寅恪)说明自己的初
　　步看法,经首肯,并大致确定范围后,始着笔。每完成一大节或一小章(各章各
　　节大小不等),则读与先师听,详细讨论后,定稿。""在观点方面,则持之尤慎,必
　　以史实为立论之基础。论文中每有分析性之论点提出,先师必从反面加以质询,
　　要求一一作出解答,必至穷尽各种可能的歧见,皆予澄清以后,始同意此部分定
　　稿。"参见石泉:《甲午战争前后之晚清政局》,《自序》第2页。因此,这本书里
　　对相关历史事件的分析,基本可视为经陈寅恪本人认可的观点。
③　石泉:《甲午战争前后之晚清政局》,第261页。

也，非以其民众也，非以其物产之丰也，以其君权独尊也"。^①这一观点期待最高统治者能乾纲独断，力排众议，以雷霆之威自上而下颁布政令，刷新风气。与其说此乃儒家的圣王论，不如说更多带有先秦法家的元素。而此论也很大程度上体现了康有为对政治变革方式与手段的理解。

本乎此，康有为认为只要光绪帝下定决心、毅然有为，在自己及诸门生的辅佐下，就能够仿效俄之彼得与日之明治，扫除障碍，一举变法成功。在制度设计层面，1898年，康有为建议清廷设立"制度局"，正如论者所言，此乃康氏的"政治改革纲领"，"这一机构表面上是政治咨询机构，实质上是政治决策机构，决定变法的一切"。其真实用意为"在现行机构之外，添设一讨论国家大政的部门"，以便康氏及其门生进入政治决策中枢。^②然置诸彼时的政治环境，光绪帝难掌实权，官僚集团对康有为充满敌意，因此，这一举措非但不能指望光绪为之撑腰，反而引起朝堂上官僚集团的极大警惕，认为康有为欲将彼辈架空。这就注定了康氏在中枢难以立足。而当眼见政治形势于己越发不利之时，康有为又一厢情愿地策划袁世凯保驾勤王，却未曾考虑到后者认为变法之举过于鲁莽，流弊甚多，因此绝不会轻易被自己的说辞打动。^③凡此种种，对比陈寅恪笔下陈宝箴在推进改革时的谨慎与持重态度，更可凸显出康有为十分缺乏政治经验，甚至在行动上流于轻浮。1898年9月，日本前首相伊藤博文来华访问，对廖寿恒、张荫桓等人言及"有关国家利益得失之举，尤益慎重周详，切忌

① 康有为：《康子内外篇·阖辟篇》，载姜义华、张荣华编校：《康有为全集》第1集，北京：中国人民大学出版社2007年版，第97页。
② 茅海建：《从甲午到戊戌：康有为〈我史〉鉴注》，北京：生活·读书·新知三联书店2009年版，第576、578页。
③ 茅海建：《从甲午到戊戌：康有为〈我史〉鉴注》，第728页。

轻躁之行为"。此外,"变法须细细考虑,而非猝然急激,否则,乱阶将起"。^①将此论对照康有为之举措,则不可谓不切中要害。与之相似,严复在民初回忆晚近政治事件,强调"政治变革之事,蓄变至多,往往见其是矣,而其效或非;群谓善矣,而收果转恶,是故深识远览之士,愀然恒以为难,不敢轻心掉之"。照此标准,康、梁师徒,"于道徒见一偏,而由言甚易",致使"自许太过,祸人家国而不自知非"。^②康有为等人的政治热情固然异常浓厚,但在政治手段与策略考量上则令人不敢恭维。

二

陈寅恪在课堂上曾说:"应将唐代看作与近百年史同等重要的课题来研究。"因为"中国之内政与社会受外力影响之巨,近百年来尤为显著",与之相似,"唐代与外国、外族之交接最为频繁,不仅限于武力之征战与宗教之传播,唐代内政亦受外民族之决定性的影响"。^③可见,陈寅恪在研究中国古代史时,至少在宏观思考层面,或多或少受到自己对于晚近历史变迁认识的影响。就此而言,或可将视野放宽,从陈寅恪研究中国古代史,特别是他所擅长的魏晋南北朝隋唐史入手,分析他是如何看待中国古代的政治变革,再由此对照他对于清末变法运动的看法,进而形成一个更为全面的审视戊戌变法之历史

<hr>

① 清华大学历史系编:《戊戌变法文献资料系日》,上海:上海书店出版社1998年版,第999页。
② 严复:《与熊纯如书(三十)》,载王栻主编:《严复集》第3册,北京:中华书局1986年版,第631、632页。
③ 石泉、李涵:《听寅恪师唐史课笔记一则》,载北京大学中国中古史研究中心编:《纪念陈寅恪先生诞辰百年学术论文集》,第34页。

教训的视角。

陈寅恪尝言："东汉与曹魏，社会风气道德标准改易至是，诚古今之钜变。"①于历史变革之际，更易评析不同政治集团之作为。在20世纪50年代初的"两晋南北朝史"课程上，陈寅恪说："此课之重点，要讲司马氏及曹氏两个社会集团不同之关系及其盛衰之理由。"②关于此内容，陈寅恪在《书世说新语文学类钟会撰四本论始毕条后》一文里有较为详细的论述。他分析东汉末年曹操集团崛起的原因，首先探讨东汉中叶以后，作为社会主要支配力量的豪门士大夫家族的群体特征。在他看来：

> 主要之士大夫，其出身则大抵为地方豪族，或间以小族，然绝大多数则为儒家之信徒也。职是之故，其为学也，则从师受经，或游学京师，受业于太学之博士。其为人也，则以孝友礼法见称于宗族乡里。然后州郡牧守京师公卿加以征辟，终致通显。故其学为儒家之学，其行自必合儒家之道德标准，即仁孝廉让等是。质言之，《小戴记·大学》一篇所谓修身齐家治国平天下一贯之学说，实东汉中晚世士大夫自命为其生活实际之表现。③

在此局面下，作为出身并不显贵之人，曹操在汉末面对这一占据主要政治与社会资源的群体，必须有一套破除其支配地位的政策，否则难以真正获取政治权力，建立牢固的统治根基。对此，陈寅恪说："夫曹

---

① 陈寅恪：《崔浩与寇谦之》，载《金明馆丛稿初编》，北京：生活·读书·新知三联书店2001年版，第144页。
② 《两晋南北朝史听课笔记片段》，载陈寅恪《陈寅恪集·讲义及杂稿》，北京：生活·读书·新知三联书店2002年版，第469页。
③ 陈寅恪：《书世说新语文学类钟会撰四本论始毕条后》，载《金明馆丛稿初编》，第48页。

孟德者,旷世之枭杰也。其在汉末,欲取刘氏之皇位而代之,则必先摧破其劲敌士大夫阶级精神上之堡垒,即汉代传统之儒家思想,然后可以成功。读史者于曹孟德之使诈使贪,唯议其私人之过失,而不知此实有转移数百年世局之作用,非仅一时一事之关系也。"①

陈寅恪认为,曹操在当时颁布的求贤政令,如广求有真才实学的贤人,纵然私德不修,身披污名,亦非要事。这一举措背后的考虑就在于打破以奉行儒家义理为标榜的世家大族对政治资源的垄断:

> 东汉外廷之主要士大夫,既多出身于儒家大族,如汝南袁氏及弘农杨氏之类,则其修身治家之道德方法亦将以之适用于治国平天下,而此等道德方法皆出自儒家之教义,所谓"禹贡治水""春秋决狱",以及"通经致用""国身通一""求忠臣于孝子之门"者,莫不指是而言。凡士大夫一身之出处穷达,其所言所行均无敢出此范围,或违反此标准者也。此范围即家族乡里,此标准即仁孝廉让。以此等范围标准为本为体,推广至于治民治军,为末为用。总而言之,本末必兼备,体用必合一也。孟德三令,大旨以为有德者未必有才,有才者或负不仁不孝贪诈之污名,则是明白宣示士大夫自来所遵奉之金科玉律,已完全破产也。由此推之,则东汉士大夫儒家体用一致及周孔道德之堡垒无从坚守,而其所以安身立命者,亦全失其根据矣。故孟德三令,非仅一时求才之旨意,实标明其政策所在,而为一政治社会道德思想上之大变革。……盖孟德出身阉宦家庭,而阉宦之人,在儒家经典教义中不能取有政治上之地位。若不对此不两立之

---

① 陈寅恪:《书世说新语文学类钟会撰四本论始毕条后》,载《金明馆丛稿初编》,第49页。

教义，摧陷廓清之，则本身无以立足，更无从与士大夫阶级之袁
氏等相竞争也。然则此三令者，可视为曹魏皇室大政方针之宣
言。与之同者，即是曹党；与之异者，即是与曹氏为敌之党派，
可以断言矣。①

可以看到，陈寅恪并未从道德层面去评判曹操的相关政令，而是
细致入微地解析他如是为之的时代背景与具体原因。在他看来，曹
操能够成功的关键，在于阐述了一套不同于当时处于支配地位的儒
学大族所奉行的政治意识形态，特别是揭示了后者在话语和行动上
的孱弱、虚伪与无力。以此凸显以治国平天下为己任的士大夫伦理，
在东汉末期实难以对各种纷乱之象提出有效的解决之道，并且服膺
儒家伦理的群体，在实践层面却处处与前者所要求的标准相违背，把
志在化民成俗、保民而王的儒家学说扭曲成旨在维护自身支配地位
的意识形态说辞。

而另一方面，曹操提倡唯才是举，不论私德品评的政治主张，为
当时徘徊于主流政治群体之外的各种政治势力提供了能够在历史舞
台一展身手的理论依据。借用马克思的观点，这一举措类似于有效
地推动了将其从"自在阶级"变为能够充分维护自身利益的"自为
阶级"。②所以说，曹操宣扬的这套政治主张，深深契合于当时社会
情状的变化。如此一来，曹操集团的崛起，不但有强大的政治与经济
基础，而且有一套能为自身政治正当性进行有效论证、复可借此能将

① 陈寅恪：《书世说新语文学类钟会撰四本论始毕条后》，载《金明馆丛稿初编》，
　　第51页。
② 关于"自在阶级"与"自为阶级"的定义，参见马克思：《哲学的贫困（节选）》，
　　载中共中央马恩列斯著作编译局编译：《马克思恩格斯选集》第1卷，北京：人民
　　出版社2012年版，第274页。

更多的新兴政治力量吸纳进自己势力范围的政治说辞（或曰"政治
意识形态"）。由此亦可见，陈寅恪分析政治口号在政治活动中的作
用、政治说辞背后的现实所指、政治斗争与不同思潮间的消长，体现
着极强的历史敏锐性。①

　　进一步而言，不只是分析汉末形势，在讨论魏晋清谈时，陈寅恪
亦认为："当魏末西晋时代即清谈之前期，其清谈乃当日政治上之实
际问题，与其时士大夫之出处进退至有关系，盖借此以表示本人态度
及辩护自身立场者。"清谈活动中盛行的名教与自然之辨，乃"当时
诸人名教与自然主张之互异即是自身政治立场之不同，乃实际问题，
非止玄想而已"。②相似的，在研究西晋政治文化时，陈寅恪着眼于
剖析司马氏政权的政治基础与曹魏政权的政治基础之间的本质差
别，认为彼时的儒学兴衰与政治变动极有关系，指出："司马氏之帝

---

① 当然，后来的研究显示，曹操集团与东汉世家大族并不那么泾渭分明。唐长孺指
　出："东汉末年，大姓、名士处于左右政局的重要地位，他们在经济上、政治上广泛
　地控制农村，文化上几乎处于垄断地位。"在此情形下，"曹操仍然只能从大姓、
　名士中选用他所需要的人才，也仍然需要大姓、名士推荐他所需要的人才"。参
　见唐长孺：《东汉末期的大姓名士》，载《魏晋南北朝史论丛续编 魏晋南北朝史
　论拾遗》，北京：中华书局2011年版，第41页。王仲荦指出："曹操出任东郡太守
　之后，就设法笼络士大夫地主的首脑人物颍川荀淑之孙荀彧，再通过荀彧的关
　系，拉拢了好些士大夫地主，如荀或从子荀攸、颍川郭嘉、戏志才、钟繇、陈群、河
　内司马懿、京兆杜畿等，这么一来，曹操所代表的阶层面变得更扩大了。"参见王
　仲荦：《魏晋南北朝史》上册，上海：上海人民出版社1979年版，第39页。万绳
　楠认为，曹操阵营里主要分为"汝颍集团"和"谯沛集团"。前者是以"汝颍地
　区士大夫为首的世族地主集团，包括依附于他们的一些庶族地主"。因此，"在
　汝颍集团中，旧世族占主导地位"。参见万绳楠：《魏晋南北朝史论稿》，合肥：
　安徽教育出版社1983年版，第78、83页。毛汉光认为："随着势力的扩张，曹操不
　但在军队方面收编降兵，同时也成功跳出单一武装集团的小圈圈，吸收当时社会
　中的另一类重要人物——士大夫阶级。""士大夫阶级加入曹操集团，扩大了其
　社会基础，自此以后，以地方豪族为主的军队与以士大夫为主的文士，成为曹魏
　政权的两大支柱。"参见毛汉光：《三国政权的社会基础》，载《中国中古社会史
　论》，上海：上海书店出版社2002年版，第118、119页。
② 陈寅恪：《陶渊明之思想与清谈之关系》，载《金明馆丛稿初编》，第201、204页。

业，乃由当时之儒家大族拥戴而成，故西晋篡魏亦可谓之东汉儒家大族之复兴。"在此背景下，"汉家法律，实本嬴秦之旧，虽有马、郑诸儒为之章句，并未尝以儒家经典为法律条文也。然则中国儒家政治理想之书如周官者，典午以前，固已尊为圣经，而西晋以后复更成为国法矣。此亦古今之钜变。推原其故，实亦由司马氏出身于东汉儒家大族有以致之"。[1]纵观彼时的政权变动，"原因就在统治者社会阶级的不同"。"社会阶级的不同，决定了魏、蜀与东汉、袁绍、孙吴、西晋不同的政治特征。从利弊来看，魏与蜀国的政治胜过东汉、袁绍、孙吴、西晋的政治。"[2]"儒家大族之所谓宽仁，亦不过宽于大族。其实宽于大族，即放任大族苛虐小民。此正加深统治阶级剥削之程度，以供其奢侈用费。"[3]这些观点揭示了中古时期那些看似与现实无涉的思想命题背后的现实政治斗争（甚至具有一定的阶级斗争特征）状况，剖析学说与时势之间的关系，呈现思想变革与政治力量博弈之间的涟漪效应，开拓了分析古代政治斗争的视野与思路，体现出令人击节称赞的史识。

三

循此思路，或可对康有为等人在戊戌年间奉行的政治意识形态略做考察。康有为借鉴西学，重拾《春秋公羊传》中的微言大义，提倡今文经学的改制之说，撰写《新学伪经考》与《孔子改制考》等以

---

[1] 陈寅恪：《崔浩与寇谦之》，载《金明馆丛稿初编》，第145页。
[2] 万绳楠整理：《陈寅恪魏晋南北朝史演讲录》，合肥：黄山书社1987年版，第23、31页。
[3] 唐筼、黄萱：《两晋南北朝史听课笔记片段》，载《讲义与杂稿》，北京：生活·读书·新知三联书店2015年版，第472页。

经说为政术的著作,希望借此来为变法运动进行学理上的论证。关于康有为的经学思想,本文不予展开详细讨论,而是聚焦于分析此一学说在当时政治与社会结构中的作用与得失。

作为康有为的主要弟子,梁启超在戊戌年间声名鹊起,在《时务报》上发表多篇鼓吹变革科举制度的文章,最后集结为《变法通议》一书,将康有为的学说普及化。今人指出,如若联系到梁启超应黄遵宪等人之邀,赴湖南时务学堂任教,在湘中造成极大的影响,那么"一再主张废科举兴学校的《变法通义》,其实际所企图的,并非在普及西洋方式的学校教育,而是在扩大以共同拥有基于孔子改制的解读方法为起始的康学的讲学场所。要将康学的方法通过报刊,在不知不觉中渗透进读者的脑中以养成风气"。[①]按照梁启超的事后回忆,他在时务学堂时,"所言皆当时一派之民权论,又多言清代故实,胪举失政,盛倡革命。其论学术,则自荀卿以下汉、唐、宋、明、清学者,掊击无完肤。时学生皆住舍,不与外通,堂内空气日日激变,外间莫或知之。及年假,诸生归省,出札示亲友,全湘大哗"。[②]

梁启超所言的"学生",依照当时的社会结构,多半当属士绅子弟。1897年,李鸿章致信传教士李佳白,认为:"中国的社会、教育和政府体制都使得士大夫阶层能够左右中国的命运。士大夫阶层对政权的控制是好是坏,我们没有必要去考虑它,反正它是一个既成的事实。现在我们所面临的一个现实的问题是将之转变为有益、有用的渠道。"[③]虽然在对待慈禧的态度上与李鸿章截然不同,但与前者相

---

① 村尾进:《万木森森——〈时务报〉时期的梁启超及其周围的情况》,载狭间直树编:《梁启超・明治日本・西方——日本京都大学人文科学研究所共同研究报告(修订版)》,北京:社会科学文献出版社2012年版,第53页。
② 梁启超:《清代学术概论》,载朱维铮校注:《梁启超论清学史二种》,上海:复旦大学出版社1985年版,第69页。
③ 清华大学历史系编:《戊戌变法文献资料系日》,第309页。

似，康有为、梁启超亦未曾想改变士绅在中国社会与政治中有着重要地位这一现实。所以，梁启超在当时主张："欲兴民权，宜先兴绅权。""欲用绅士，必先教绅士。"强调"绅权固当务之急"。[①]他设想通过向士绅阶层广泛宣传由康有为阐释的变法改制说，吸引这一群体中越来越多的人加入以南海为领袖的政治阵营。在这个意义上，作为康党的政治意识形态，变法改制说是否能够让更多的士绅阶层中人接受、服膺，进而成为自己阵营的一分子，实为关键之所在。

遗憾的是，康有为的学说虽让谭嗣同、唐才常、夏曾佑等有识之士甚感兴趣，但却引起士绅阶层中多数人的质疑甚至不满。例如本非守旧之人的朱一新反复与康有为辩论其说经之失。同情改革的陈庆年批评："近日学术日坏，如康有为遍伪群经，自谓刈除无用之学。其读书分月日程，至以速化诱天下，谓六月即可成通儒，狂悍已极。"[②]同样支持变法的沈曾植眼见时贤"一旦陷入康门，遂悍然不顾"，感慨"康徒遍天下，可畏也"。[③]彼时与梁启超同在时务报馆共事的章太炎向谭献表达对康有为门生的强烈不满："康党诸大贤，以长素为教皇，又目为南海圣人，谓不及十年，当有符命，其人目光炯炯如岩下电，此病狂语，不值一哂。"[④]宋恕初见康有为，认为其乃"中智之士"，[⑤]但随着对康党的深入了解，则日感不满，认为："康长素侈然自大，实不过贴括变相。《公车上书》中议论可笑已极！其文亦粗俗未

---

①　梁启超：《论湖南应办之事》，载吴松等点校：《饮冰室文集点校》第1集，昆明：云南教育出版社2001年版，第95、96、97页。

②　陈庆年：《戊戌己亥见闻录》，载《清廷戊戌政变记（外三种）》，桂林：广西师范大学出版社2008年版，第107页。

③　许全胜：《沈曾植年谱长编》，北京：中华书局2007年版，第206页。

④　章太炎：《与谭献》（1896年），载马勇编：《章太炎书信集》，石家庄：河北人民出版社2003年版，第3页。

⑤　宋恕：《致王浣生书》，载胡珠生编：《宋恕集》上册，北京：中华书局1993年版，第532页。

脱岑僚气,说经尤武断无理,乃竟能摇动天下,赤县民愚可谓极矣!"①思想颇为开通的孙宝瑄这样评价康有为之学:"吾谓长素教派,三圣之仇敌,公理之蟊贼,吾故辞而辟之,使天下人知其说之非,而不误中其祸,则幸甚。"②凡此种种,诚如今人所论:

> "康党"为了实现自己的团体利益,有时不惜置维新大局于不顾,康门弟子"四出"宣传师说、结党营私、意气用事,甚至有康有为"当有符命"之说,这事实上是在向时人透露康有为"教皇中国"的内心世界。加之康有为性格自信、傲慢,自号"长素",更坐实了其驾孔子而上的野心,因此导致了时人对"康党"的一致反感。……可以说,"康党"的理论与做派犹如一把双刃剑,在凝聚了"康党"成员的同时,却将"康党"从变法派群体中孤立出来。③

关于戊戌年间的政治与学术思潮,陈寅恪亦有论述。在他看来:"曩以家世因缘,获闻光绪京朝胜流之绪论。其时学术风气,治经颇尚公羊春秋,乙部之学,则喜谈西北史地。后来今文公羊之学,递演为改制疑古,流风所被,与近四十年间变幻之政治,浪漫之文学,殊有连系。"④而经学在中国历史上的作用,恰如史家张荫麟所言:"与哲学之在欧洲历史中之地位相当。其在西方史中,每当社会有剧变之世,哲学必先之或缘之而变;其在中国史中,每当社会有剧变之世,

---

① 宋恕:《又复胡、童书》,载胡珠生编:《宋恕集》上册,第578页。
② 中华书局编辑部编:《孙宝瑄日记》上册,北京:中华书局2015年版,第133页。
③ 贾小叶:《戊戌时期学术政治纷争研究——以"康党"为视角》,北京:社会科学文献出版社2017年版,第127页。
④ 陈寅恪:《朱延丰突厥通考序》,载《寒柳堂集》,第162页。

经学必先之或缘之而变。"①也正因为如此，康有为效仿前人故技，借说经论时政。此举若能引起共鸣，自然可收凝聚人心之效。可是一旦难以获取大多数士绅阶层的认同，将会适得其反，导致自己在政治上愈发孤立，难以借政治意识形态来号召更多的人参与变法运动。在陈寅恪眼里，虽然"南海（康有为）初期著述尚能正确说明西汉之今文学"，②但在现实政治上，康有为的学术主张，实难引起当时大多数人的共鸣。因此，相比曹操在东汉末期所揭示的新政治准则，康有为所构建的意识形态话语，从现实政治得失的角度来看，无疑是失败的。

即便在学术上，陈寅恪曾说："史学之材料大都完整而较备具，其解释亦有所限制，非可人执一说，无从判决其当否也。经学则不然，其材料往往残阙而又寡少，其解释尤不确定。以谨愿之人，而治经学，则但能依据文句各别解释，而不能综合贯通，成一有系统之论述。以夸诞之人，而治经学，则不甘以片段之论述为满足。因其材料残阙寡少及解释无定之故，转可利用一二细微疑似之单证，以附会其广泛难征之结论。"③因此，他认为康有为"应用《华严经》中，古代天竺人之宇宙观，支离怪诞，可谓'神游太虚境'矣"。④犹有近者，清代今文经学时常力言《周礼》之伪，陈寅恪则认为："《周礼》一书，其真伪及著作年代问题古今说者多矣，大致为儒家依据旧资料加以系统理想化之伟作，盖托古改制而未尝实行者。"⑤宇文泰政权草创之初，根

---

① 张荫麟：《近代中国学术史上之梁任公先生》，载张云台编：《张荫麟文集》，北京：教育科学出版社1993年版，第189页。

② 陈寅恪：《寒柳堂记梦未定稿（补）》，载《寒柳堂集》，第232页。

③ 陈寅恪：《陈垣元西域人华化考序》，载《金明馆丛稿二编》，第269页。

④ 陈寅恪：《寒柳堂记梦未定稿（补）》，载《寒柳堂集》，第232页。

⑤ 陈寅恪：《隋唐制度渊源略论稿 唐代政治史述论稿》，北京：生活·读书·新知三联书店2004年版，第100页。

基不稳,故"必应别有精神上独立有自成一系统之文化政策,其作用
既能文饰辅助其物质即整军务农政策之进行,更可以维系其关陇辖
境以内之胡汉诸族之人心,使其融合为一家"。究其实,"即阳传《周
礼》经典制度之文,阴适关陇胡汉现状之实而已"。① 舍此不论,一味
追究文本真伪,颇有买椟还珠之嫌。此外,在研究武则天与佛教之关
系时,陈寅恪顺带对以康有为为代表的晚清今文经学进行评价:"盖
武曌政治上特殊之地位,既不能于儒家经典中得一合理之证明,自不
得不转求之于佛教经典。而此佛教经典若为新译或伪造,则必假托
译主,或别撰经文。其事既不甚易作,其书更难取信于人。仍不如即
取前代旧译之原本,曲为比附,较之伪造或重译者,犹为事半而功倍。
由此观之,近世学者往往以新莽篡汉之故,辄谓古文诸经及太史公书
等悉为刘歆所伪造或篡改者,其说殆不尽然。"因为"武曌之颁行
《大云经》与王莽之班符命四十二篇,其事正复相类,自可取与立
论"。② 换言之,康有为不但在政治策略上颇显鲁莽,在构建其学说
时亦弄巧成拙,予人口实。

四

当然,陈寅恪对康有为等人颇有批评,并不代表他对康党的对立
面评价有多高。晚清政治沿革,李鸿章作用甚为重要。对于其人,陈
寅恪说道:

> 合肥(李鸿章)自同治元年至光绪二十七年,凡历四十年,

① 陈寅恪:《隋唐制度渊源略论稿 唐代政治史述论稿》,第101页。
② 陈寅恪:《武曌与佛教》,载《金明馆丛稿二编》,第167—168页。

专办洋务，故外人竟以合肥为中国之代表，亦自有理由。夫淮军之兴起，本出于那拉后欲借此以分化牵制湘军，特加倚重。曾、左之流，虽亦不能不稍稍敷衍，然其亲密之程度，则湘军之元勋，远不及淮军之主将。吾人今日平情论之，合肥之于外国情事，固略胜当时科举出身之清流，但终属一知半解，往往为外人所欺绐。即就法越一役言之，合肥若果能深通外情者，则中国应得较胜之结局也。①

陈寅恪认为李鸿章的洋务水平不宜被过分高估，他的知识局限性导致中国西南边疆遭遇危机。此外，陈寅恪此处还提到了实际控制晚清朝局数十年的慈禧。对于这位擅长玩弄权术的统治者，他这样评价：

纵观那拉后一生之行事，约有数端：一、为把持政权，不以侄嗣穆宗，而以弟承大统。后取本身之侄女强配德宗，酿成后来戊戌、庚子之事变。二、为重用出自湘军系统之淮军，以牵制湘军，遂启北洋军阀之一派，涂炭生灵者二十年。三、为违反祖制，信任阉宦，遂令晚清政治腐败更甚。四、为纵情娱乐，修筑园圃，移用海军经费，致有甲午之败。五、为分化汉人，复就汉人清、浊两派中，扬浊抑清，而以满人荣禄掌握兵权。后来摄政王载沣承其故智，变本加厉，终激起汉人排满复仇之观念。②

在陈寅恪看来，慈禧不但违背清廷祖训，干预帝位继承，致使朝纲紊

---

① 陈寅恪：《寒柳堂记梦未定稿（补）》，载《寒柳堂集》，第223页。
② 陈寅恪：《寒柳堂记梦未定稿（补）》，载《寒柳堂集》，第218页。

乱，而且为了拉一派打一派，有意制造大臣之间的党争，损耗清廷的政治根基。更有甚者，陈寅恪认为北洋军阀之兴起，慈禧也脱离不了干系。当然，他并未提到1900年以后得到慈禧首肯的预备立宪。不过在由他指导的石泉的论文里，对此尝论及：

> 辛丑以后，国内开始在张之洞、袁世凯等领导之下，再谋新政。于是压抑两载有余之知识分子、新兴势力，遂又重新抬头，随新政之扩张，而迅速成长。科举废，学堂开，新军立，铁路兴，举国风气丕变。然中枢大政，则日益使人心失望，满清统治者于此举国望治殷切、热盼改革自强之际，虽亦勉求适应时势，为前所未有之举措，但较之客观要求，则仍相去甚远。益以当时全世界民族主义之日趋狂热，又益以宣统以后亲贵用事，排斥汉人，遂使昔日主张变法维新者，亦渐趋于革命。[1]
>
> 盖以清廷当时用人行政之倒行逆施，敷衍欺骗，遂使保皇党、立宪派之论据全失，而人心乃益向革命。又加以外国之同情与暗助，于是辛亥武昌一发，而响应遂遍全国，迫北洋军事势力与南方革命势力之妥协成，满清帝国遂迎刃而解矣。[2]

综合陈寅恪与石泉之论，可以看到，清廷之亡，与其说是由于革命党力量强大，不如说是统治阶级腐败堕落、昧于时势、权贵揽政、党争内耗的结果。物之自腐，无药可医。而以陈寅恪曾讨论过的历史人物而论，慈禧既不像武则天那样能够利用政治意识形态为自己建立统治根基，也不如后者善于审时度势，通过提拔出身进士科的新兴

[1]　石泉：《甲午战争前后之晚清政局》，第261页。
[2]　石泉：《甲午战争前后之晚清政局》，第268页。

阶级来巩固自己的统治基础。①李鸿章与清流党中人，亦难以与擅长于危局之中调和各方关系以抵御外侮的王导相比。②康有为等维新士人，无论是政治经验，还是学术见地，更难以和汉末魏晋政坛上的执牛耳者并论。这等局面，湘乡、南皮之旧法究竟能否有效应对，恐怕答案并不那么清晰，此所以自感"今日处身于不夷不惠之间，托命于非驴非马之国"③也。④

最后，近代中国遭逢数千年未有之变局，实缘于外力冲击。陈寅恪尝言："自道光之季，迄乎今日，社会经济之制度，以外族之侵迫，致剧疾之变迁，纲纪之说，无所凭依。"⑤文教兴衰，关乎世运。与陈寅恪关系极熟的傅斯年尝言，晚清之际，曾国藩为官治事，"规模典型既在正轨之中，一时天辰似有一种清明之气"。及至李鸿章，"风气顿变"，其人实属"谲而不正"者流。而"一谲之后，自有如袁世凯者出焉"。⑥因此，要想重建维系世道人心的"纲纪"，恐怕得先从抵御"外族之侵迫"做起。而如何方能抵御"外族之侵迫"？在撰写于抗战期间的《唐代政治史述论稿》里，陈寅恪说："唐代武功可称为吾民族空前盛业，然详究其所以与某甲外族竞争，卒致胜利之原因，实不仅由于吾民族自具之精神及物力，亦某甲外族本身之腐朽衰弱有以招致中国武力攻取之道，而为之先导者也。"具体到唐初，彼时"亚洲

---

① 陈寅恪：《隋唐制度渊源略论稿 唐代政治史述论稿》，第261页。
② 陈寅恪：《述东晋王导之功业》，载《金明馆丛稿初编》，第77页。
③ 陈寅恪：《俞曲园先生病中呓语跋》，载《寒柳堂集》，第164页。
④ 桑兵教授即言，陈寅恪"只能是议论近乎湘乡、南皮而不能等同"。他"故意划清与当时新旧各派的界限"。参见桑兵：《陈寅恪与中国近代史研究》，载《晚清民国的国学研究》，第175页。
⑤ 陈寅恪：《王观堂先生挽词并序》，载《陈寅恪集·诗集》，北京：生活·读书·新知三联书店2001年版，第12页。
⑥ 傅斯年：《盛世危言》，载欧阳哲生编：《傅斯年文集》第6卷，北京：中华书局2017年版，第259页。

大部民族之主人是突厥,而非华夏也。但唐太宗仅于十年之后,能以屈辱破残之中国一举而覆灭突厥者,固由唐室君臣之发奋自强,遂得臻此,实亦突厥本身之腐败及回纥之兴起二端有以致之也"。①照此观点,中国能否摆脱"外族之侵迫",说到底还得看后者实力是否被别的力量所损耗。命运系于他人之手,着实令人倍觉伤感。古典与今典互证,当其时也,陈寅恪慨叹"谁挽建炎新世局,昏灯掩卷不胜悲"。②亲观国民党高层之言行,他深感"食蛤那知天下事,看花愁近最高楼"。③

及至1951年,陈寅恪发表《论唐高祖称臣于突厥事》,强调李世民对待北方强邻突厥,初期隐忍,终能克之,建功雪耻,转弱为强,"是固不世出人杰之所为也"。④此文看似史论,实则有其现实所指。放眼当时的中国与世界,此"人杰"之美誉,陈寅恪寄希望于谁人,相信世之以公心读当代史事与陈氏遗文者,不难找到答案。⑤而据他的助手黄萱回忆:"他(陈寅恪)对于抗美援朝的胜利,给予很高的评价。认为这是大胆而且得策的进军。"⑥三年后,陈寅恪复发表《论韩愈》,其中谈道:

　　盖天竺佛教传入中国时,而吾国文化史已达甚高之程度,故必须改造,以蕲适合吾民族、政治、社会传统之特性,六朝僧徒"格义"之学,即是此种努力之表现。儒家书中具有系统易被利

① 陈寅恪:《隋唐制度渊源略论稿 唐代政治史述论稿》,第322、323页。
② 陈寅恪:《夜读简斋集潭州诸诗感赋》,载《陈寅恪集·诗集》,第28页。
③ 陈寅恪:《庚辰暮春重庆夜宴归作》,载《陈寅恪集·诗集》,第30页。
④ 陈寅恪:《论唐高祖称臣于突厥事》,载《寒柳堂集》,第121页。
⑤ 这一点许冠三教授也曾提及。参见许冠三:《新史学九十年》,长沙:岳麓书社2003年版,第287页。
⑥ 黄萱:《怀念陈寅恪教授——在十四年工作中的点滴回忆》,载张杰、杨燕丽选编:《追忆陈寅恪》,第32页。

用者，则为《小戴记》之《中庸》，梁武帝已作尝试矣。然《中庸》一篇虽可利用，以沟通儒释心性抽象之差异，而于政治社会具体上华夏、天竺两种学说之冲突，尚不能求得一调和贯彻，自成体系之论点。退之首先发现《小戴记》中《大学》一篇，阐明其说，抽象之心性与具体之政治社会组织可以融会无碍。即尽量谈心说性，兼能济世安民，虽相反而实相成。天竺为体，华夏为用，退之此以奠定后来宋代新儒学之基础，退之固是不世出之人杰，若不受新禅宗之影响，恐亦不克臻此。[①]

戊戌年间，康有为借公羊学谈变法，实深受他当时所能接触到的西学之启发。然其学说粗陋武断处甚多，非但无助于政治斗争，更难以解决西学对中国传统的猛烈冲击。较之韩愈以"天竺为体，华夏为用"，发宋代新儒学之先声，高下之别，岂待多言？往事已矣。域外学说进入中国，"必须改造，以蕲适合吾民族、政治、社会传统之特性"，此事或为近代以来古今中西之争的根本问题之一。如何产生妥善调和中外文化，在内容上"尽量谈心说性，兼能济世安民"之新学说？陈寅恪此文启人深思处或在于此。[②]而回顾近代以来的世变，面对"神州沸腾，寰宇纷扰"，[③]此事恐非康有为及其流裔强立正统、自建宗派、画地为牢、诬人异端之举所能解决。

---

① 陈寅恪：《论韩愈》，载《金明馆丛稿初编》，第 323 页。
② 对此问题，王震邦教授曾有详论。参见王震邦：《独立与自由：陈寅恪论学》，上海：上海人民出版社 2011 年版，第 159—200 页。关于对陈寅恪体用之旨趣与意义，参见桑兵：《陈寅恪与经学及经学史研究旨趣》，载《陈寅恪的学术世界》，北京：人民出版社 2024 年版，第 19—33 页。
③ 陈寅恪：《赠蒋秉南序》，载《寒柳堂集》，第 182 页。

激活儒家思想的批判性

——蒙文通的"儒史相资"论表微

近代以来，面对能够"按照自己的面貌为自己创造出一个世界"的西方资本主义冲击，中国传统思想遭遇到极大的危机。其最主要的表现形式莫过于伴随着传统社会经济结构开始逐渐解体分化，长期作为支配性意识形态的儒学开始出现动摇，其内部的话语逻辑在新的世变下越来越难以自洽，随之而来的就是儒学的政治与社会主张难以有效因应时代变局，更让不少过去通过奉儒学为圭臬而获得相应社会经济地位的人，开始逐渐质疑其合法性，转而寻找新的能让其继续维系先前社会地位的意识形态学说。①

在此背景下，或许只有不计现实利害得失，真正相信儒家传统基本价值，并在日常行为中恪守儒家伦理准则的人，才能发自内心（而非出于某些功利目的）坚守儒家思想，虽然其言论影响力也在不断减

---

① 从这一点出发，或许能够理解陈寅恪在《元白诗笺证稿》里的这段话："纵览史乘，凡士大夫阶级之转移升降，往往与道德标准及社会风习之变迁有关。当其新旧蜕嬗之间际，常呈一纷纭错综之情态，即新道德标准与旧道德标准，新社会风习与旧社会风习并存杂用，各是其是，而互非其非也。斯诚亦事实之无可如何者。虽然，值此道德标准，社会风习纷乱变易之时，此转移升降之士大夫阶级之人，有贤不肖拙巧之分别，而其贤者拙者常感受苦痛，终于消灭而后已。其不肖者巧者则多享受欢乐，往往富贵荣显，身泰名遂。"参见陈寅恪:《元白诗笺证稿》,北京: 生活·读书·新知三联书店 2001 年版,第 85 页。

小。与此同时，为了让儒学能在近代西方资本主义势力入侵、中国内部政治混乱不堪、经济水平难有起色的时代里得以存活，一些有心之士多采取一种"防御式"的论述方式来申说儒家学说的价值，强调儒学中的某些因素可以为资本主义文明添砖加瓦，希望借此获得西方列强及其在华文化势力的承认，以此来为儒学争得一席之地。[①]但是正如章学诚所言，"学于众人，斯为圣人"，[②]强调"盖以学者所习，不出官司典守、国家政教，而其为用，亦不出于人伦日用之常"。[③]如果说儒家伦理的熏陶使一代又一代有识之士意识到保卫作为政治与文化共同体的中国、努力使生活于这片土地上的人们能够拥有良好生活是一种不言自明的使命，那么如此这般的儒学论述很大程度上却在不断偏离这样的政治与文化使命，其后果很可能是将某种与中国的历史进程和社会实践无关的外部标准视为衡量儒学价值的重要参考。

因此，从今天的理论视野出发，要想以一种比较恰当的方式评价儒学，并使儒学能够为促进社会良性发展做贡献，除了要对当前中国与世界所发生的一系列深刻变化有全面把握、对现代中国发展的主要历史动力及其生成逻辑有完整认识，更需秉持"先因后创"的立场，认真挖掘近代变局之下那些从中国自身立场出发阐扬儒学，力图使之成为现代中国重要思想资源的学术遗产，明晰其学理渊源与言说逻辑，在继承其核心观点的前提下再做新阐释，以此来构建符合当代中国实际的儒学体系。而在这之中，近代蜀学代表人物蒙文通（1894—1968）尤为重要。他曾这样论述儒家思想在中国历史上的地

---

① 关于这一点，参见王锐：《反思近代以来的"防御式"文明论述》，《探索与争鸣》2021年第5期，第92—100页。

② 章学诚著，仓修良编：《文史通义新编·原道上》，上海：上海古籍出版社1993年版，第45页。

③ 章学诚著，仓修良编：《文史通义新编·原道中》，第50页。

位与作用：

> 中国地广人众，而能长期统一，就因为有一个共同的传统文
> 化。欧洲较中国小、人口较中国少，反而长期是个分裂局面，就
> 因没有一个共同的传统文化。中国这个传统文化，说到底就是
> 儒家思想。要把中国的历史和现实讲清楚，离开了儒家思想是
> 不行的。[①]

而在治学路径上，蒙文通于继承其师廖平经学主张的基础上，从"儒
史相资"的角度分析儒家学说的内核及其流变，探究儒家学说如何
影响中国历史的走向，思考儒学与现代性结合的可能性，并挖掘历史
上儒家思想的批判性格。他的这些学术探索，值得在今天引起人们
的重视，将其进一步系统化、理论化。[②]

① 蒙文通：《治学杂语》，载蒙默编：《蒙文通学记（增补本）》，杭州：浙江古籍出版
社2021年版，第73页。
② 当代对于蒙文通学术思想的梳理与阐发，最具代表性的当属张志强研究员的研
究。参见张志强：《经、史、儒关系的重构与"批判儒学"之建立——以〈儒学五
论〉为中心试论蒙文通"儒学"观念的特质》，《中国哲学史》2009年第1期，第
101—111页。此文对理解蒙文通思想的张力，以及蒙文通经史论述的经世意涵
与批判性格，都极有启发性。此外，皮迷迷以蒙文通对"禅让"的阐释为例，分析
了他"儒史相资"的方法论意义，以具体例证彰显思想内蕴，使人能注意到蒙文
通对古代制度考述背后的所指，其说颇有见地。参见皮迷迷：《经史转型与"儒
史相资"——以蒙文通的"禅让"研究为例》，《中国哲学史》2016年第2期，第
56—63页。此外，严寿澂在《经通于史而经非史——蒙文通经学研究述评》（载
《百年中国学术表微》，上海：华东师范大学出版社2012年版）一文里分析了蒙
文通讨论秦汉新儒学的各种制度设计的意义，认为蒙文通的相关思考，为儒学开
一新境界，使儒家民本思想更具时代感。但严文对蒙文通的革命论似有批评，而
本文认为，蒙文通儒学新诠之要点，即伸张了包括革命论在内的儒学批判性格。
最后，周展安在《古典经史与理想政治——中国现代思想史上的"王莽问题"》
（《开放时代》2020年第5期，第150—169页）一文里借由蒙文通对王莽政治实践
的解读，分析蒙文通如何表彰今文经学的革命理想。这一分析思路对本文有所
启发。

一、"儒史相资"与史学经世

"儒史相资"的概念，是蒙文通在出版于抗战期间的《儒学五论》一书中提出来的。其具体表述为：

> 倘曰仲尼祖述尧舜、宪章文武，盖以推本历史经验，撰为应物之良规。《诗》《书》《礼》《乐》者，先代之成宪也，删而订之，以诵以说，于后言之，史也固资乎儒；以先言之，而儒也亦资乎史。世益降，史益变，而儒亦益变，儒史相资而不穷，为变不可及，所至亦富矣。[①]

从学术传承关系上看，蒙文通的老师廖平固然以研究经学闻名于世，然其经学观点却屡屡变迁。在谈及自己对廖平学术观点的认识与吸收时，蒙文通特别强调自己深受廖平早期通过梳理礼制来辨别今古文经学的理路影响，并言及廖平在《今古学考》中的治学方法与基本观点启发自己从典章制度入手去分疏周秦文献、重建古史脉胳。他的这番认识其实也符合近代学术由经学转向史学的整体风气。[②] 但值得注意的是，蒙文通强调孔子祖述尧舜、宪章文武是在

---

① 蒙文通：《〈儒学五论〉自序（第二稿）》，载《儒学五论》，成都：巴蜀书社2021年版，第240页。
② 王汎森：《从经学向史学的过渡——廖平与蒙文通的例子》，载《近代中国的史家与史学》，上海：复旦大学出版社2010年版，第84页。关于近代廖平—蒙文通一系的蜀学学术脉络之详情，参见张凯：《经今古文之争与近代学术嬗变》，四川：四川人民出版社2021年版，第21—97、172—205页。关于近代蜀学的整体演变状况，参见刘复生等：《近代蜀学的兴起与演变》，成都：四川大学出版社2017年版。

"推本历史经验,撰为应物之良规",并认为能够称之为合格的历史著作,必须要"资乎儒",即除了要在事实层面符合史学基本规范,更需要在价值层面(或曰道义层面)广泛吸收儒家学说之精义。这一观点虽然在《儒学五论》一书里表述出来,但其实也是蒙文通长期以来思考经史关系与儒家学说历史命运的重要出发点,更是他思考历史问题时的重要前提。而如果联系到近代以来大多数从经学到史学的学术变迁路数——比如通过将经学典籍史料化来消解前者的核心价值、打破经学对中国思想文化的支配地位;或是以康有为作为近代今文经学的标杆,将康氏为了实现特定政治意图而撰写的《新学伪经考》与《孔子改制考》视为疑古先驱,于是上溯中国经学史,从中建构一条疑古的治学谱系;或是把清儒治经时强调的考订史事、校勘版本视为一种与时人所理解的"现代史学"相吻合的"科学方法",然后声称要想在史学领域实现这一"科学方法",就应在价值层面放弃古代经学典籍之中的义理——那么蒙文通的这一观点,其实和近代以来大多数从经学到史学的学术变迁路数并不相同,虽然他把治学重点从经学转向史学,但他心目中的史学却是有其价值层面追求的。

据蒙文通之子蒙默回忆,当自己选择大学专业时,曾想去念历史系,可是蒙文通却对他说:"历史系没有读头,那些讲义你一看就懂,讲中国史尽是讲考据。"[1]从这番对话中可以看出,蒙文通对当时史学界竞相言考据、不太重视宏观层面的历史思考的风气颇为不满。诚如其观察,在当时学术界极有势力的胡适认为清儒治学暗合于他所理解的"科学方法",声称自己考证历史中的细节问题就是在现身说

---

[1]　牛敬飞、张颖:《追忆国学大师蒙文通先生——蒙默老师采访记》,载王承军:《蒙文通先生年谱长编》,北京:中华书局2012年版,第344页。

法地介绍"科学方法"；傅斯年则通过他所理解的以兰克为代表的德国近代史学，认为历史学的主要目的就是整理史料，而要想专注于整理史料，就必须反对进行属于整体思考、建立宏观叙事的"疏通"；通过大搞古史辨伪运动而暴得大名的顾颉刚更是主张要对古代典籍的真实性持充分的怀疑态度，以此来解构、批判儒家义理。由于他们三人在当时的学术界占据大量学术资源、拥有十分明显的学术话语权，因此其相关主张对史学研究影响深远。

反观蒙文通，虽然他也将治学重点从经学转向史学，但在专门分析中国历代史学流变的《中国史学史》一书里，他却这样理解史学：

> 中国则所尚者儒学，儒以六经为依归，六经皆古史也。祖述尧舜，宪章文武，遵先王之法，为奕世不易之规。此故志新乘所由绳绳靡绝者欤？则称中国为历史之国家可也。……诚以析理精莹，则论列足采；视天梦梦，则去取斯昏。故哲学发达之际，则史著益精；哲学亡而史亦废。[①]

在分析先秦史学时，他认为：

> 史者，非徒识废兴、观成败之往迹也，又将以明古今之变易，稽发展之程序。不明乎此，则执一道以为言，拘于古以衡今，宥于今以衡古，均之惑也。[②]

在梳理宋代史学与理学的关系时，他说：

[①]　蒙文通：《中国史学史》，成都：巴蜀书社2019年版，第1页。
[②]　蒙文通：《中国史学史》，第37—38页。

夫言史而局于得失之故，不知考于义理之原，则习于近迹，而无以拔生人于清正理想之域，固将不免于丧志之惧。然苟持枵大无实之论，惟知以绳墨苛察为击断，是亦曲士庸人之陋，则又乌可以语至治之事哉？[①]

用今天的话来说，在蒙文通眼里，一部好的历史著作至少要具有以下几个特征：首先，其中要显现出极强的价值关怀与淑世之志，并且这些义理层面的追求要和对具体史实与时代大势的准确把握结合起来，赋予历史叙事一种道德意义，让读史者能够借此来"拔生人于清正理想之域"。其次，虽然好的历史著作离不开"哲学"——儒家义理，但必须认识到历史过程是不断变化的，是动态的，不能执着于某种本质主义式的立场而拒绝承认历史的变化，而应做到通过研究历史来"明古今之变易，稽发展之程序"，在历史的流动性中思考义理的永恒性，并分析儒家思想在不同历史时期的表现形式与实践方式。最后，史家应具备思考那些关乎文明兴衰的、对理想社会形态进行阐发的、具有普遍性色彩的大问题（比如先秦儒家提出的各种命题）的能力，通过书写历史的方式来探寻如何在人世间实现古圣先贤的理想，启迪后人认识到何谓好的政治、好的生活，所谓"哲学发达之际，则史著日精"即指此。如果放弃了这样的志愿，那么极有可能使史著沦为"知以绳墨苛察为击断"的庸俗之作。蒙季甫回忆："先兄（蒙文通）治经，主张'通经致用'，也就是说不主张纯学术的研究。"[②]可以说，蒙文通如此看待史学，无疑也是希望能在新的变局里激活中国古代史学当中

---

① 蒙文通：《中国史学史》，第118—119页。
② 蒙季甫：《文通先兄论经学》，载蒙默编：《蒙文通学记（增补本）》，第70页。

的经世致用传统。[①]

　　问题在于，随着晚清以来时人孜孜以求各自心目中的"新史学"，中国传统史学及其经世理想便成为常被攻击、否定之物：或是认为由于讲求经世，故而不注重"事实"，违背了所谓"现代史学"的规范；[②]或是认为传统史学中的经世理想说到底就是在为专制帝王服务，因此只能称之为"君史"，要想实现史学革新，必须引入符合现代政治标准的"民史"；或是从学科分类的角度声称古代史学沾染了过多的经学因素。由于经学本身就具有不小的负面特征，因此传统史学也难逃禁锢人心之咎。与之相似的，就是传统经学被时人用他们所理解的现代学术分科进行分解，将经学的内在逻辑置于后者的裁决之下，由此消解了传统经学对于政治与社会秩序的思考，使之变为有待今人用所谓科学方法来"整理"的材料。总之，晚清以来的"新史学"论说，在强调注重"科学"与"客观"的背后，其实也有意或无意地重新定义了何谓"历史事实"，即强调那些符合科学精神、符合这种科学精神背后的政治诉求的历史，才是具有真实性的历史。而

─────────────

[①]　为了更好地看出蒙文通这些思考的特色，或许可以将他和当时另一位对儒学多有表彰的学者冯友兰略做比较。冯友兰对当时的古史研究潮流其实也有批评，认为恪守旧章式的"信古"与态度激烈的"疑古"皆不可取，而应形成"释古"的学术风气。而他所谓的"释古"，指的是对于古代学说"从历史上推到其社会背景，再由其社会背景而追溯其历史"。这样的思路，虽和蒙文通的思考有相似之处，但本质上依然属于现代科学主义的历史研究法。所以他自言"释古"相比于"信古"和"疑古"，"比较有科学精神"（参见冯友兰：《近年史学界对于中国古史之看法》，载《三松堂学术文集》，北京：北京大学出版社1984年版，第334页）。相比之下，蒙文通无疑更继承了中国传统学术的经世诉求。

[②]　必须指出的是，近代以来的一些中国知识分子不断向往"现代史学"是一回事，他们究竟对"现代史学"了解多深入又是另一回事，尤其是对他们心目中属于"现代史学"典范的19世纪西方历史学，时人似乎并不太能认识到在表面上讲求各种治史技术的幌子下，当时主流的史学话语多为论证西方资本主义文明崛起的必然性与正确性，论证西方资本主义进行殖民扩张的合法性。其"经世致用"之念也十分明显，只是这样的"经世"，往往会让中国这样具有悠久文明的国家深受其害。

这样的科学精神及其背后的政治诉求,很多时候是建立在用现代否定传统,用对现代资本主义体制的政治想象来否定中国古代政治实践与政治思想的基础之上的。

　　而在蒙文通的治学视域里,从历史研究中展开对义理层面的探寻,或曰思考历史进程与思想观念之间相互影响的方式,非但不会影响人们对于历史脉络与历史本相的认识,而且还能更为宏观地、多层次地把握历史大势,使掩盖在纷繁复杂史事背后的历史演进基本脉络呈现出来。他曾说:"懂哲学讲历史要好些,即以读子之法读史,这样才能抓得住历史的生命,不然就是一堆故事。"[①]在著名的《古史甄微》一书里,蒙文通继承廖平对于古代经学派别的分析,同时摆脱简单地从"托古改制"与"六经皆史"两种立场出发理解古代经籍,而是从不同典籍对于上古历史的不同记载入手,由典章制度的差异延伸到上古时期不同地域里不同种族的基本特征与活动疆域,将中国上古时期不同的地域文化特征呈现出来,并在此基础上思考包括儒家在内的先秦学术文化诞生的具体历史背景与地域性特征。[②]通过这样的研究,既呈现出上古时期历史演进的整体脉络,又彰显了不同地域文化之间纵横捭阖、互有杀伐的错综关系,同时还引人思考为何儒家思想能诞生于这样的时代之中,它与其他学说之间的关系是怎样的,其基本价值何在。

　　此外,在发表于1930年的《周初统制之法先后异术远近异制考》一文里,蒙文通尝试从古代史料出发,勾勒周朝灭商时期与巩固统治时期的政治、军事战略。在叙述自己的思考路径时,蒙文通指出:

---

① 蒙文通:《治学杂语》,载蒙默编:《蒙文通学记(增补本)》,第51页。
② 蒙文通:《古史甄微》,载蒙默编:《蒙文通全集》第3卷,成都:巴蜀书社2015年版,第3—124页。

　　朱晦庵言："豪杰而不圣贤者有也乎，未有圣贤而不豪杰者也。"此意最可取以讨论中国古史。儒者徒知禹汤文武以德行仁，为上世之贤君，而不知汤武之方略治术，岂逊于汉唐以来雄略之主！苟惟拘于经说礼文，而不推本史迹，知常而不知变，知经而不知权，以为专恃仁义之足以王，则陈馀、徐偃胡为败灭？是知徒法术权势之不足以为政，徒仁义道德亦不足以为政，必也有文章、有武备、守经能权，体颜闵之道、达管乐之术，明体达用，此乃伊周之所以为伊周也。若视汤武伊周若一谦谨之学究，以之立教则可，以之明治则不可；以之治经尚可，以之治史则绝不可。[①]

很明显，在蒙文通看来，在历史研究中彰显儒家义理的道义性，并非要像传统的经学研究那样，把尧舜禹汤文武描绘成无视政治策略与军事战术的"君子"，这样既不符合历史常识与政治常识，又难以在这一经学遭受不断质疑的时代里让人们意识到古圣先贤为何值得尊重。真正能体现出"儒史相资"理念的，必须是要以"治史"而非"治经"的态度面对古代典籍，通过研究历史来解释为何商周开国之主能够建立政权、稳固政权。其中必然是既包含了对政治策略巧妙娴熟的运用，又能够在政治实践中体现出一定的道义性，让那些值得人们珍视的道德传统在具体的历史场景中落地生根。在此过程里，政治的复杂性（某种程度上还包含了残酷性）与道德的理想性是相伴而生的，很难想象后者会在一个纯之又纯的时空范围内去显现，因为那样不符合历史的基本特征。所谓"体颜闵之道、达管乐之术，明

[①]　蒙文通：《周初统制之法先后异术远近异制考》，载蒙默编：《蒙文通全集》第3卷，第140页。

体达用"，即将道德理想置于一定的历史场景之中，通过系统研究历史，思考如何在历史进程中实现那些值得大多数人珍视的道德传统。

因此，蒙文通借由"儒史相资"，激活了中国传统史学的经世理念，并且强调贯穿于这一经世理念的实为生成于中国文明演进之中的儒家学说，因此，也可视为从一种新的角度实现经史贯通，理事合一。历史的经世理念，并非是在向世人陈述各种权谋术与阴谋论，而是通过具体的历史实践，呈现出儒家学说对于中国历史的重要影响，让人们意识到如何评判历史之得失，如何通过历史经验来汲取政治智慧。所以在《儒学五论》的《题辞》中，他如是申论自己的著述缘起：

> 先汉经说之所由树立者，以周秦历史之衍变，自汉而下历史之所由为一轨范者，亦先汉经说所铸成。先后思想，与今学之不相离也如彼，而先后历史，与今学之不相离也如此。则舍今文不可以明子史，舍子史又何以明今文。……此区区十数篇，既以先汉经说为子史之中心，亦即中国文化之中心，复将以是示大法于将来，臻治道于至盛。以此申先师之义而广其说，岂徒明学，亦足兴治。夫通经致用，固今学之遗范。论古之事，原以衡今。是编之作，无事非究古义，亦无事非究将来。先哲之术，固将以为济世利物之用，岂苟为涂泽耳目之具哉！[①]

可见，"蒙文通的'儒学'是一个在不同历史条件下，在不断向其义理价值根源进行历史性回溯中产生新的理想，并以此进行历史批判和建设的思想系统。作为思想系统的儒学，本身即是中国文明史展开

---

① 蒙文通：《题辞》，载《儒学五论》，第6页。

的动力及其成果，因此儒学是对中国文明史的系统表达，而中国文明史其实就是儒学在历史中的展开。于是，儒学系统自身即内具了史学的精神，史学的方式是儒学形成自身的系统性并使其批判且导引历史之功能得以发挥的重要机制"。[1]正是在这样的阐释路径下，蒙文通的"儒史相资"论兼具厚重的历史感与鲜活的现实感，它从学理层面开启了儒学之基本价值在历史过程中被人不断挖掘重视的契机，同时也让史学与人生、史学与社会发生了更为紧密的关联，让中国的历史经验不再仅仅是一堆待人整理的"材料"，而是自有其重要的理论价值。而作为传统史学义理支撑的儒学，也在这样的阐释框架下获得了重现其思想活力的契机。

二、"儒史相资"与革命儒学

晚清以降，伴随着现代学术分科体制通过日本知识界传入中国，"哲学"这一门类日渐成为时人看待包括儒家在内的中国古代学说的基本视角。[2]关于"哲学"的内涵与外延，明治时代的日本学者与后来留学美国的胡适等人虽然并不完全一致，但基本都在用一种域外视角来审视中国古代学术，将儒学本来的内在逻辑割裂，取出不同诠释者眼中符合"哲学"定义的内容，填充至"中国哲学"这一知识体系之中。这样处理的后果之一即是，就算有心阐扬儒学的正面价值，由于先有"哲学"的框架存于心中，导致注意力时常聚焦于古人所谓的"性与天道"的部分，而忽视了儒学强烈的实践性格以及其对

---

① 　张志强：《经、史、儒关系的重构与"批判儒学"之建立——以〈儒学五论〉为中心试论蒙文通"儒学"观念的特质》，第110页。
② 　桑兵：《近代"中国哲学"发源》，《学术研究》2010年第11期，第1—11页。

于政治、社会与经济制度的设计。^①对此，章太炎、柳诒徵、钱穆等人分别从不同的角度展开了批评，同时提出各自的儒学叙事，如章太炎晚年主张重建儒学的实践性格，并把提倡儒学与读史结合起来；柳诒徵通过叙述中国文化史来彰显儒学对中国历史发展的影响，同时在《国史要义》等论著里回应各种"新史学"对中国史学传统的冲击，认为应重建基于儒家理念的"史德""史权"等观念；钱穆则通过《国史大纲》《政学私言》等著作阐述其对于儒家政治思想及其政治实践的看法，强调未来的中国政治建设应本于此。

从总体特征来看，蒙文通与这几位学者相似，也从儒家学说形塑中国古代政治文明的角度出发，对之进行正面阐释。他强调："儒之学，修己以安人，达以善天下，穷以善一身，内圣而外王无余蕴矣。汉帝唐宗，成盛业，树伟烈，其光昭于载籍者，何莫非崇儒而后能。观于贞观之间，庙堂之呀咻，然后了然于孔孟之教，不为欺我之虚言。自学失其绪，矜宏肆，饰声华，以《诗》《书》为禽犊，于济世淑人之间，儒固无所与，而世之于儒，亦谓其无益于人之国也。吁！惟俊杰为能师圣贤，观于贞观，其信然耶！此《政要》一编，在二宋元明，于庙堂若家诫，若庭诰，诵习不废，从则吉，不从则凶，此我数千年来历史所由建立者耶！"^②

但是，即便承认儒家学说对中国古典政治文明影响深远，也需从正面进行阐释，彰显儒学的价值。但且不说中国古代政治传统本身内容颇为广泛，良莠并存，随着近代中国所处的危局，除非恪守旧章、不谙世事之辈，否则很难否认深受儒学影响的中国古典政治文明需要被予以新的审视。因此，哪些部分值得被阐扬，哪些部分必须将其

---

① 关于这一点，笔者在另文有详论。参见王锐：《诸子学与现代中国学术话语的重构》，《思想战线》2021年第4期，第109—115页。
② 蒙文通：《〈儒学五论〉自序（第二稿）》，载《儒学五论》，第239页。

"历史化"，不能再被当作思考当下与未来中国发展的主要凭借，就成为亟须辨明的问题。更有甚者，在"九一八事变"后，不同的政治力量常以儒学作为自身意识形态话语的重要组成部分，比如南京国民政府极力宣扬的旨在维护蒋介石个人统治的力行哲学与沾染极强东洋风的阳明学，以及伪满政权为掩饰日本殖民而宣扬的所谓"王道哲学"，各地军阀更是时常用提倡读经的方式来杜绝彼辈眼中属于洪水猛兽的革命思想传播。在这样的背景下，儒学的形象被进一步负面化。因此，如果是希望通过提倡儒学义理的方式为中国的政治与文化建设提供正面参考的话，就必须明确儒家政治思想中哪些部分是值得倡导阐发的。毕竟，从学理层面来看，传统既是历史演变过程中业已形成的某些持久的、具有较为完整内涵与外延的、有着较强影响力的内容的综合，又离不开后人基于不同的历史情境来对它展开各种阐释。如果缺少了后人对延续、光大传统的自觉意识，那么传统恐怕很难保持生命力。也正因为如此，如何定义传统、如何看待传统的流变、传统的哪些部分值得在现代社会提倡、提倡某些传统所依据的历史经验与理论基础又是什么，这些要素对深入考察传统在现代的不同表现形式极为重要。

进一步而言，如果将视野拓宽至第一次鸦片战争以来中国所遭遇的变局与危局，儒学之所以会遇到严峻的时代挑战，就其学说内容而言，除了在于一时间难以对当时中国的政治与经济危机提供有效的解决之道，更关键或许在于它难以描述、揭示、批判让近代中国国势衰微的外部力量的基本特征及其行动逻辑。在历史上，儒学除了有维系王朝统治稳定的一面，其实也有极强的批判力。许多儒者在不同历史时期基于对儒家政治理想的强烈认同，不断地对现实政治展开批判，同时描绘理想的政治蓝图。特别是明清之际，面对政治与社会巨变，顾炎武、王夫之、黄宗羲、唐甄等人极大地拓展了儒家政治思想的批判性格,并展开一系列的制度设计。[①]而到了近代,这种由儒学内部而生的批判力除了延续对中国内部种种不良现象进行批判,更需要对当时中国所必须面对的外部力量进行深入的剖析。之所以要这样,是因为这一外部力量不断地深入影响中国内部政治、经济与文化格局。而为了完整地认识中国内部状况,进而提出振衰起微之道,就更需要对此外部力量有深入的认识。在这个意义上,为了阐扬儒学的政治理想,同样需要开眼看世界,通过准确把握近代以来世界形势之变化,思考如何形成让中国摆脱亘古未见的政治与文化危机的力量,并且让儒家的优秀品质在这一政治力量身上显现出来,使其行动纲领能继承儒家政治思想当中的闪光之处。

正如许多研究所指出的,革命思想在现代中国具有极强号召力。虽然不同的政治势力对革命的理解互有差异,但通过革命活动实现政治、经济、文化的改变,进而让中国摆脱第一次鸦片战争以来的落后挨打面貌,实为现代中国政治领域的重要议题,一定程度上也成为辛亥革命以降许多政治与文化团体思考中国问题的共识。革命行动离不开革命理论做指导。因此,思考儒家思想的现代转型,必须同时正视现代中国革命运动中所蕴含的政治与经济诉求,以及这些诉求背后所凸显的新的实践群体。只有这样,方能更好地让儒学焕发新的生命力。近代不少具有时代感的儒者,如钱穆、熊十力、陈柱等,其实都是在承认现代革命的合理性基础上思考如何让儒家政治思想重新焕发生命力(虽然他们对现代革命的具体理解并不完全一致)。

刘小枫教授认为,在思考儒学近代转型时,需要注意现代革命论述与儒家思想"在精神气质上的亲和性",比如"政制理想中的平等

---

①　陆宝千:《清代思想史》,上海:华东师范大学出版社2009年版,第1—78页。

和人民民主理念"。^①在这一点上，蒙文通堪称近代中国"革命儒学"的重要阐释者。基于"儒史相资"的思考逻辑，他在许多论著中阐发儒学对于时代的批判性思想，不断挖掘儒学当中对于理想社会诉求的思想遗产。比如在《儒学五论》中，他批评晚清今文经学为了让清廷变法，只强调"改制"，却对"革命"闭口不谈，这并不能真正把握以汉代今文经学为代表的儒家政治思想之精义，难以表彰儒家学说的精华。^②在他看来："不正视今文学家的政治、哲学思想，而只抓住阴阳五行等表面现象，是抓不住今文学的实质的。今文学别有个精神，就是'革命'。"^③

蒙文通认为儒家政治思想并非凭空而生，它不但与战国秦汉之际的儒者对当时政治经济状况的思考息息相关，更离不开宗尚儒学之士广泛汲取诸子各派的思想学说。因此，要想理解儒家政治思想的微言大义，必须回到当时的历史语境，将其视为某种历史背景下的特定产物。而关于古代历史，蒙文通强调："就西方史料以成立者，只能谓之西方历史法则，不能即认为世界法则，似未可遽以之适用于东方之历史"，而"晚近之研习中国史学者，以能袭西方陈言为名高，而惮于就国史以创立东方法则，削足适履，弊何可讳"。^④因此，有必要从中国的历史发展中探明其规律，进而思考儒家政治思想在历史进程中的意义与价值。

基于此，除了《儒学五论》中的相关文章，在《周秦民族与思想》《秦之社会》《论秦及汉初之攻取》《汉代之经济政策》等文章里，蒙

---

① 刘小枫：《儒家革命精神源流考》，载《儒教与民族国家》，北京：华夏出版社2015年版，第115页。
② 参见蒙文通：《儒家政治思想之发展》，载《儒学五论》，第44页。
③ 蒙文通：《治学杂语》，载蒙默编：《蒙文通学记（增补本）》，第14页。
④ 蒙文通：《〈周官〉〈左传〉中之商业》，载蒙默编：《蒙文通全集》第3卷，第147页。

文通勾勒了一幅颇为生动的古代历史大势图。他认为战国时期的社会变迁,表面上是诸侯国之间的征伐,其实是源自西戎的秦民族及其政治文化对旧时中原文化的冲击。法家思想与秦地民风甚是吻合,主张打击世袭贵族、着眼整军经武、依军功分配土地。受其影响,过去延续周代礼乐文明,通过世袭来获得政治经济地位的做法不再为人重视。可是秦政虽然对打击世袭等级制颇有功效,但在社会经济领域却大开兼并之门,导致贫富差距加剧。在此背景下,宗尚儒家之士一方面继承六经旧义,一方面充分吸收诞生于战国之际的法家与墨家学说,尤其是其中强调世袭制不合理的部分,同时对战国秦汉时期的社会弊病进行深刻反思,依托经书来阐发理想社会蓝图。对此,蒙文通说:"有周之旧典焉,所谓史学者也;有秦以来儒者之理想焉,所谓经学者,实哲学也。"而所谓"秦以来儒者之理想",即"诚以周之治为贵族,为封建,而贵贱之级严;秦之治为君权,为专制,而贫富之辨急;'素王革命'之说,为民治,为平等,其于前世贵贱贫富两阶级,殆一举而并绝之,是秦汉之际,儒之为儒,视周孔之论,倜乎其有辨也"。①

具体言之,秦以来儒者针对先前的历史发展态势,通过对经籍所载的政治制度进行新的诠释,将新的政治理想寄托其中。如正面评价井田制以彰显杜绝贫富加剧的必要性,钩沉辟雍以强调学校教育的重要性,论述封禅以明天子之位公选的理想,言巡狩以明抑制地方豪强割据的必要性,表彰明堂制度来宣扬平民议政的权利。在蒙文通看来,凡此种种,凸显出以董仲舒为代表的汉代今文经学强烈的时代批判性,敢于对不合理的制度进行抨击,同时善于根据历史时势设计出一套体现古典平等与公平精神的政治与经济制度。此乃儒家政

---

① 蒙文通:《儒家政治思想之发展》,载《儒学五论》,第68、69页。

治思想的精华所在，也是汉儒革命学说的主要内容。

当然，蒙文通并未"去历史化"地认为这些政治理想在具体而复杂的历史变迁中都能实现。他指出，自从汉武帝奉儒学为官学之后，儒家学说固然获得了前所未有的独尊地位，但代价是汉初今文经学家带有强烈批判色彩的主张必须被"雪藏"起来，在公开表达时不得不略打折扣。因此，封禅、明堂等带有"古典民主"色彩的学说难以践行，只能将着力点置于社会经济层面。因此，面对汉初以来土地兼并、贫富悬殊的社会趋势，不少儒者主张通过国家力量来颁布限制政策，强调合理分配土地、遏制贫富差距加剧实为仁政之要义。"盖秦汉间儒者之学，其政治思想、社会思想，帝王未尝取而行之。而儒者之经济思想，凡土地商贾之属，国家皆据之为法禁。"①在蒙文通看来，这一重视社会经济平等、反对大贫大富出现的思想，影响着汉代以后中国政治思想的主要面貌："自汉至清，亘二千年，社会经济无大变化，阶级斗争绝未见于国史，岂非以均富思想之故欤！于是节制资本，亦遂为中国长期传统之政策。而中国历史，遂独特表现一种超阶级之政治也。"②

蒙文通强调中国古典政治文明之中有抑制贫富加剧的自觉性，因此中国古代政治实为一种"超阶级"政治，从表面上看，这似乎是对当时中国马克思主义史学用阶级分析方法研究中国历史颇有微词。但必须注意到，当蒙文通希望表达儒家政治思想之优点时，首先想到的依然是与马克思主义非常相近的要素，比如革命的正当性，比如对贫富兼并与社会等级制的强烈不满，比如主张政权应向平民（而非只限于权贵）开放。由此可见，蒙文通固然有强调中国历史特殊性

---

① 蒙文通：《汉代之经济政策》，载《儒学五论》，第156页。
② 蒙文通：《汉代之经济政策》，载《儒学五论》，第158页。

的倾向,但这种特殊性的论述背后凸显的依然是一种具有普遍性的政治诉求,它并未自外于20世纪风行全球的革命运动。在这个意义上,蒙文通其实是在用一种彰显中国历史发展特殊性的方式来为具有普遍性的政治主张在当代中国实践寻找历史依据,强调中国政治传统中一直就有对经济平等与社会公平的强烈诉求,只是因历史时势羁绊而无法实践。因此,其结论表面上是与当时的马克思主义史学与哲学展开商榷,其实是在论述中国历史与儒学流变时,将马克思主义的某些观念与立场作为思考问题的基本前提。[①]虽然在蒙文通看来,阶级或许仅是描述贫富差距极大现状的名词,而未必意识到在马克思主义政治经济学中,分析社会是否存在阶级,并非仅以是否有明显的贫富差距为依据,而是要深究生产资料掌握在谁手里,基于一定生产力的生产关系是怎样的。

　　相似的,在收录于《儒学五论》中的《宋明之社会设计》一文里,蒙文通指出:"五代以后,征敛重而民生苦。"[②]因此宋儒多提倡在地方上开展各种福利活动,借助乡约族规,保障民众的生存与教育问题。他认为此举乃"以民间自助为主,不恃官府"。[③]从表面上看,蒙文通此论似乎是在突出一种类似于20世纪70年代以来流行于世的新自由主义式的"社会自发秩序",所以仿佛与前文提及的汉代经济政策相矛盾。但从性质上看,蒙文通想要表达的依然是历代儒者秉持儒

[①]　蒙文通与民盟的领导人张澜关系紧密。张澜很早就对社会主义表示认同,并批判资本主义体制(参见张澜:《怎样研究经济学》,载谢增寿等编:《张澜文集》上册,北京:群言出版社2014年版,第102—105页)。抗战期间民盟更是主张要反思19世纪自由放任的资本主义,主张师法英国工党的社会民主主义,同时借鉴苏联经济建设的经验,以此作为未来中国建设的指导理论。极有可能的是,在与张澜等人的交往过程中,蒙文通也渐渐了解和认同这些主张,因此将属于广义的左翼政治理论作为自己衡量评判中国传统政治的参考。
[②]　蒙文通:《宋明之社会设计》,载《儒学五论》,第162页。
[③]　蒙文通:《宋明之社会设计》,载《儒学五论》,第179页。

家政治理想，反对各种自上而下或自下而上的兼并活动，所谓"民间自助"，最终目的是保障大多数平民的利益。只是因为宋代以降的"官僚地主之制，终不得改"，所以"宋以来儒者极多究心于社会救济事业，固源于理学理论之必然，殆亦有其实际情势之不得不然也"。[①]换言之，正是由于王朝在抑制兼并这件事上无所作为，所以儒者才必须行动起来，自下而上地践行这一理想，保障平民的利益。这一观点其实和旨在为资本自由扩张做辩护，认为"自发秩序"的核心要素乃私有制，声称富人阶层是社会的中坚力量，视各种调剂贫富差距之举为政治乌托邦的新自由主义截然相反。不过也正因为如此，蒙文通的思考有助于启发人们深入探讨人类历史发展中的一个政治哲学问题，即社会与国家之间的关系究竟是怎样的，是否有一种可以"去历史"或"去语境"的审视国家与社会关系的理论，还是说社会与国家的内涵与外延，在不同的历史背景下有着不同的表现形式，二者之间的关系也绝非截然二分。一定历史时期的"自下而上"的社会经济行为，也并不就是以基于私有制为唯一旨归，而是通过一系列作为，将"公""均"等政治理想在社会层面体现出来，同时具有将这些理想的适用范围从小的共同体扩展到国家层面的强烈诉求。在这个意义上，国家层面那些旨在防止贫富差距扩大、保证社会公平的经济政策，也并不一定就遭到具有特定所指的"社会力量"的抵制，而是有可能获得更为广阔的社会群体的认同。

总之，蒙文通从"儒史相资"的视域出发分析儒家学说对中国古典政治文明的影响，一方面表彰儒家政治理想的批判性，另一方面并未忽视由于历史进程的复杂性与曲折性，导致这一政治理想只能以委曲求全的方式来实践。这其实显现出现代中国政治发展与文化建

---

① 蒙文通：《宋明之社会设计》，载《儒学五论》，第164页。

设当中亟须深入思考的问题，即如果承认中国古代政治思想之精义所在，那么如何理解历史进程中各种各样与这一理想目标颇有落差之处。如果为了追求现代性要素而改造某些由于历史积淀而形成的政治与社会制度，那么怎样才能在改造政治制度与社会结构的同时保留这些值得珍视的传统，以及这些传统背后所彰显的古典政治心性，避免其因古今之间历史的断裂而被日渐淡忘，甚至成为被批判的对象。更为重要的是，这些诞生于历史进程之中的政治理想如何与新的政治实践群体相结合，一如汉初儒生系统反思战国至秦的政治社会现状那样，形成真正具有批判性与现实感、与斯土斯民休戚与共的文化领导层，展开兼具古典与现代性的政治与历史论述。这些都是蒙文通广大精微的儒学论述留给后人进一步思考的地方。

三、余　论

在近代儒学史上，蒙文通的学术遗产十分值得重视。他的"儒史相资"论旨在尊重基本历史演进脉络的基础上，重新阐发中国史学的经世传统，使儒家思想能够通过历史著作展现出来，成为评判不同历史时期之优劣的重要标准，彰显历史发展过程中的道义性。此外，他根据儒家学说诞生的历史背景，挖掘以汉代今文经学为代表的儒家政治思想中的批判性格，将它视为形塑中国古典政治传统的重要根基。其精髓正如吴天墀教授所论："在距今两千多年前，居然有一批儒生发抒理想，推出一套改革创新的理论，有完整体系的制度，在社会上作广泛深入的宣传，并向封建统治者公开提出政治上要'民主'、经济上要'平等'的要求，这真是中国历史上从来没有的怪事。蒙先生在上述论文中，是钩稽旧典，发明故说，长期深思，缜密考证，才把长期被掩盖讳饰的事实真相宣露出来，得以窥见。"①正如其言，蒙文通的这些观点，对思考现代中国儒学话语的重构极具启发性。

蒙文通的思考在近代儒学史上绝非空谷足音。不少深受传统儒学熏陶的近代士人，虽然反对当时趋新媚外之风，但都不约而同地对同样源自近代西方的社会主义思潮深表认同。虽然在19世纪末、20世纪初，社会主义流派甚多，中国士人也未必区分得很清楚，但它所彰显出的对公、共、均等观念的强烈诉求，对聚敛与剥削的猛烈抨击，以及对贫寒无告者的深切同情，无疑引起了深受儒家民本思想熏陶的近代儒者的强烈共鸣，并将此作为让儒家政治思想重焕生命力、彰显批判性的思想资源。例如晚清理学名家夏震武就强调："天下之乱生于争，争生于贫富不均。富者田连阡陌，贫者家无立锥。贫相轧，富相耀，贫富相欺相妒。兼并成风，弱肉强食。怨毒之积，郁久必发，而大乱生。"②因此他重拾孟子的"仁政必自经界始"之论，主张应平均分配土地，保证平民生计。他声称这是"先王平天下至理之所在，社会党大势之所趋"。③可见，他是在将自己的主张与当时风行全球的社会主义思潮联系在一起，并认为后者足以和儒家的仁政理想相提并论。又如梁启超在《清代学术概论》里就强调："我国对于生计问题之见地，自先秦诸大哲，其理想皆近于今世所谓'社会主义'。二千年来生计社会之组织，亦蒙此种理想之赐，颇称均平健实。"④

---

① 吴天墀：《蒙文通先生的治学与为人——为百周年诞辰纪念浅谈体会》，载蒙默编：《蒙文通学记（增补本）》，第188—189页。
② 夏震武：《孟子讲义》，载王波编：《中国近代思想家文库·夏震武卷》，北京：中国人民大学出版社2015年版，第145页。
③ 夏震武：《孟子讲义》，载王波编：《中国近代思想家文库·夏震武卷》，第157页。
④ 梁启超：《清代学术概论》，载朱维铮校注：《梁启超论清学史二种》，上海：复旦大学出版社1985年版，第87页。

熊十力在著于20世纪40年代的《读经示要》一书里更是明确指出："不均平,则弱者鱼肉,而强者垄断,横肆侵剥。资本家与帝国主义者,皆天下之穷凶极恶也。最下,则一国之内,官纪败坏,以亿兆脂膏,供贪污中饱,不平之祸,极于国破家亡而后已。前世衰亡,靡不如此。"①他将儒家的"均平"思想与社会主义学说中对资本主义的批判相结合,彰显二者之间极强的思想关联。相比于上述三人,蒙文通对此问题的思考无疑更为深化、细化,并将其与经史传统和挖掘汉代儒学思想遗产融会贯通,同时从方法论的角度探索"儒史相资"论对建立批判儒学的促进作用。

中华人民共和国成立后,蒙文通在给张澜的信中说:"文通于解放后一二年来,研读马列著作,于列宁哲学尤为服膺,不徒有科学之论据,亦驾往时旧哲学而上之。往昔中国文化,其应据以改造修正者何可胜数。"②在此背景下,蒙文通的学术思想大致有两个方面的变化,一是以辩证唯物主义为基础来重新解读儒家心性之学,进而对宋明理学进行了不少新的阐释;③二是对马克思主义史学有了进一步掌握,从而更为深入地分析中国社会结构与思想文化。比如他研究中国古代社会经济结构,通过对历代土地占有形式的梳理,认为"士大夫和人民的利益常常处在对立的地位,政治实权总是在士大夫手里,就是掌握在官僚手里。专制帝王总是要和士大夫妥协,帝王的统治需要和官僚合作"。所以,"这些制度总是把握在统治者手中,没有建立在人民利益上面。帝王不能不要官僚,没有官僚,他就无法进行统治,所以纵然有时不喜欢官僚,却又无法摆脱官僚。他要改革制度,

①　熊十力:《读经示要》,载《熊十力全集》第3卷,武汉:湖北教育出版社2001年版,第582—583页。
②　蒙文通:《致张表方书》(1952年),载蒙默编:《蒙文通全集》第1卷,第371页。
③　关于这一问题,因牵涉内容甚广,需要另撰专文展开分析。

改来改去总脱离不了官僚的利益"。①此外，他分析中国历代地主与佃农的关系，认为历代民众大体上同时受到皇权与绅权的双重剥削，"政府的剥削比地主重，农民就离开政府去做地主的佃农，若是政府的剥削轻，农民就离开地主来做政府的编民"。②在此情形下，中国经济的生产力难以得到质的提高，广大民众的地位也难以实现真正的改变，更难以产生能够推翻皇权与绅权支配的社会力量。

或许因为意识到了中国古代社会的剥削状况，蒙文通更为强调以汉代今文经学为代表的儒家政治思想的正面意义。在发表于1961年的《孔子和今文学》一文里，蒙文通指出：

> 我们认为今文学的理想是一个万民一律平等的思想，井田制度是在经济基础上的平等，全国普遍建立学校是在受教育和做官吏机会上的平等，封禅是在出任国家首脑上的权力的平等，大射巡狩是在封国爵土上的平等，明堂议政是在议论政治上的平等。在这一律平等的基础上，而后再以才德的高下来判分其地位，才德最高的人可以受命而为天子，其次可以为诸侯、卿、大夫、士，其不称职者可以黜免，同时又还有辅助政府的议政机构。从形式上看，应当说这是一个气魄雄伟、规模宏大的有理论根据有具体办法的比较完善的思想体系。③

蒙文通用"万民一律平等"来概括汉代今文经学的政治主张，可以说是对写作《儒学五论》时期相关观点的理论升华。或者也可以说，按

---

① 蒙文通：《中国的封建与地租》，载蒙默编：《蒙文通全集》第6卷，第142页。
② 蒙文通：《中国封建社会地主与佃农关系初探》，载蒙默编：《蒙文通全集》第3卷，第286页。
③ 蒙文通：《孔子和今文学》，载蒙默编：《蒙文通全集》第1卷，第347—348页。

照"儒史互资"的逻辑,蒙文通既是在论述汉代今文经学,同样也是在展望中国历史发展的目标。在具体内容上,蒙文通进一步深化对汉儒制度设计的分析,如认为明堂制度保证了从农村、从乡校选拔出来的优秀分子能够充分参与政治讨论,它"富有广泛的代表性";[1]辟雍象征着"贵贱平等、全国平等"的教育制度。[2]此外,蒙文通在此文里进一步强调了今文经学的"素王论"必须与"革命论"相结合,否则难以明晰汉代新儒学的微言大义。更有甚者,蒙文通提醒人们注意,汉儒所讨论的制度与先秦旧籍所记载的制度并不一致,汉儒是在重新解释上古制度,同时删除先前典籍中与新思想不相符之处。而这一新儒学,不但与"旧制度"截然相反,更和孔孟思想颇为不同,其革命性于焉凸显。在蒙文通看来,儒家之所以在汉代受到知识阶层青睐,其缘由不外乎此。这体现出"儒家思想随着时代的前进向前发展了"。[3]这些观点无疑将汉儒的批评性与革命性置于更为明显的位置,以此来凸显其历史价值。

　　不可否认,蒙文通如此这般分析中国历史、诠释儒家思想,从学术层面来看,很可能受到中华人民共和国成立后学术界学习马克思主义理论热潮的影响。但从他自身的思想流变来看,其实他在《儒学五论》等论著里阐释儒家政治思想之精义时,某种程度上已经有着趋近于《孔子与今文学》一文之核心关切的契机。犹有进者,他在文中再次强调廖平经学思想的重要性,认为正是由于廖平在《今古学考》等著作里从制度入手区分今古文,又从《春秋学》入手挖掘汉代今文经学的思想,这才"使已湮没了千几百年的有理论有制度的

① 蒙文通:《孔子和今文学》,载蒙默编:《蒙文通全集》第1卷,第343页。
② 蒙文通:《孔子和今文学》,载蒙默编:《蒙文通全集》第1卷,第336页。
③ 蒙文通:《孔子和今文学》,载蒙默编:《蒙文通全集》第1卷,第359页。

今文学思想全貌得到发掘出来的可能"。①就此而言，廖平堪称在近代彰显儒学之批判性与革命性的先驱，其早年著作不但开启后人打通经史之研究理路，更具有义理层面的意义。因此，蒙文通在写作《孔子与今文学》等文章的阶段里，虽然所用的名词与表达方式或许较之先前有所不同，但基本的思想主张，其实应是一种与先前相比不断递进的过程，其中还伴随着对师说的新阐扬。也正是在这个意义上，蒙文通的儒学新诠值得在今天予以充分重视，或许可以由此为切入点，思考中国的经史传统与近代以来新的政治思潮之间的复杂关系。

① 蒙文通：《孔子和今文学》，载蒙默编：《蒙文通全集》第1卷，第362页。

史学、时势与思潮

——钱穆史学遗产再思考

　　从不同类别图书的销售与流行情形，往往能窥见一个时期的文化状况。近几年，钱穆的著作在国内的图书市场颇为热销，不但成为专业研究者经常关注并被不断阐发的对象，大多数对历史感兴趣的读者，也常将钱穆的一些比较有影响力的著作，诸如《国史大纲》《国史新论》《中国历代政治得失》作为自己获取历史知识的主要读物。这一现象，当然折射出当前文化与学术领域里的一些特点，尤其是人们对中国传统之价值与近代以来中国的发展道路有了不同于过往的看法。这其实是一个值得深入研究的问题。特别是人们对于钱穆的认识，一定程度上已经不再局限于"犹记风吹水上鳞"式的追忆，也不再以一些港台地区学者的回忆文章为唯一入门（当然，这两种诠释路径自有其在思想史上的重要性），而是将他置于更为广阔的历史与现实背景中来思考其学说的意义。钱穆当年所提出的一些命题与观点，在今日也被立足点不尽相同的人士予以不断阐发，成为各自学术主张的重要组成部分。这与其说是钱穆的著作被更为全面地整理与出版使然，倒不如说是晚近之世变与学变使然，所以才形成了不同的"钱穆观"。虽然这种变化很可能只是表面上的，其深层次的"思想钢印"并未褪色。

而从钱穆自己的治学旨趣来看，他的著作在当代有一定影响力，也是不难理解的。曾在宦海沉浮，后又退居书斋的徐复观尝言："这一百年来，正当中国社会大变动的时期，所以凡是有力的文化思想，没有不关心到社会政治的问题；而社会政治的问题，也没有不影响到文化思想；于是文化思想，与现实政治结下不解之缘；纯学术的活动，仅退居于不重要的地位。而现实政治势力的分野，也常常即是文化思想的分野。因此，文化思想，由独立的学术研究发展而来者较少；由政治的目的、要求，所鼓荡而来者特多。所以我们不能离开实际政治来了解这百年来的文化思想。"[①]这一分析视角，笔者深以为然。因此，本文着眼于从近代以来的时势变动与思想氛围出发，探讨钱穆史学遗产里一些在笔者看来颇为关键的内容，并尝试评价其得失，在此基础上分析其在当代学术文化领域里究竟应被怎样看待。换言之，本文并非打算对钱穆史学的全部内容进行分析，而只取其中在当代产生不小回响者展开立论。[②]

[①] 徐复观：《三十年来中国的文化思想问题》，载《学术与政治之间》，新北：学生书局1980年版，第424页。

[②] 最近有学者梳理钱穆研究中从"文化的钱穆"到"经世的钱穆"的转变，笔者也是在"经世的钱穆"维度上讨论钱穆之史学的。参见马猛猛、沈蜜：《从"文化的钱穆"到"经世的钱穆"——钱穆研究三十年述评》，《中国政治学》2021年第3期。而关于"经世的钱穆"的研究，任锋教授的相关研究值得关注。参见任锋：《大一统与政治秩序的基源性问题：钱穆历史思维的理论启示》，《人文杂志》2021年第8期。任锋：《钱穆的法治新诠及其启示：以〈政学私言〉为中心》，《西南大学学报（社会科学版）》2018年第5期。任锋：《文明冲突，还是文明化合？——从钱穆礼教论省察亨廷顿命题的困境与出路》，《世界宗教研究》2023年第1期。笔者在几年前，也曾撰写过两篇分析钱穆史学要义的文章。时过境迁，感到其中犹有值得重新商榷之处。此文也可视为对旧作的自我批判。参见王锐：《现代中国需要怎样的历史教育——钱穆的历史教育论表微》，《北京大学教育评论》2019年第3期。王锐：《钱穆的"政治史学"——以〈中国历代政治得失〉为例》，洪涛主编：《汉代经学与政治：复旦政治哲学评论（第11辑）》，上海：上海人民出版社2019年版，第263—278页。

一、"历代政制的演变" 何以重要？

　　分析钱穆史学的得与失，或许应先对他的治学理念与时代关怀有所了解。毕竟，如果空泛地将是否热爱中国文化当成评价标准，那么近代以来热爱中国文化的人多矣。因此，有必要具体分析，钱穆究竟对中国文化的哪些部分特别重视，他对中国历史的"温情与敬意"，侧重点在哪里，这些言说折射了怎样的时代面貌。在撰写《国史大纲》之前的一段时间里，钱穆在报刊上发表了数篇讨论如何看待中国史学、如何撰写中国历史、如何开展历史教育的文章，从中可窥见钱穆对于历史学的一些整体思考。其中，他谈到治史方法时说：

> 中国新史学之成立，端在以中国人的眼光，来发现中国史自身内在之精神，而认识其已往之进程与动向。中国民族与中国文化最近将来应有之努力与其前途，庶亦可有几分窥测。[①]

这番话，对于想从历史中总结时代经验、挖掘民族精神的人士来说，自然是颇为受用，并极易引起异代共鸣。而关于中国史里哪个部分最值得人们关注，钱穆给出了一个很不同于同时代人的观点：

> 我谓研究中国史，应在中国史的自身内里找求，更应在中

[①]　钱穆：《略论治史方法》，载《中国历史研究法》，北京：九州出版社2011年版，第145—146页。

国史前后的变动处找求。……我得中国史之进步，似乎不重在社会经济方面，而重在其"政治制度"方面。若论经济状态，中国社会似乎大体上是停滞在农业自给的情况之下。由秦汉直到最近，二千多年，只有一治一乱，治则家给人足，乱则民穷财尽，老走一循环的路子，看不出中国史在此方面有几多绝可注意之变动与进步。然从政治制度方面看，则实在有其层累的演进。①

在此基础上，他又说：

希望有志研究中国史的，多注意于其历代政制的演变上。但我们要研究政治制度，不可不连带注意到其背后的政治理想，我们要研究某一时代的政治思想，又不得不牵连注意到其时一般学术思想之大体。所以我希望有志研究中国史的，应多注意于中国历代学术思想之演变。与制度、学术有关系的，我又希望能多注意于历代人物的活动。"学术""制度""人物"三者相互为用，可以支配一时代的历史。②

可见，在钱穆的认识框架里，理解一个时代的历史是从政治制度入手，进而探讨学术思想，最后再以人物活动为对象。在这个意义上，如果说钱穆是一位对中国历史强调"温情与敬意"的人，那么这种"温情与敬意"，或许是建立在他相信中国历代制度自有其精义的基础上。引申而言，钱穆认为文化不能脱离政治而存在，

① 钱穆：《如何研究中国史》，载《中国历史研究法》，第152页。
② 钱穆：《如何研究中国史》，载《中国历史研究法》，第159页。

讨论中国文化不能脱离作为政治共同体的中国来立论,文化的价值往往体现在历史进程中的政治有其不可磨灭的精神。因此,需要在中国历史演进的脉络里来思考未来中国的政治建设。离开政治谈文化,这样的文化论述是难有根基的。这大概也是为什么直至晚年,在比较中西文化时,钱穆往往要涉及分析世界大势,尤其是不同国家的政治与经济形态,很少回避晚近的各种政治、经济与军事冲突。

晚清以降,目睹中国屡遭列强侵略,时人开始反思为何后者的政治制度能够使其成为称霸世界的强国,而中国的政治制度却难以抵御外侮,致使中国遭遇严峻的内外危机。加之清朝中叶以来大规模、持续性的贪污活动,以及官僚政治所体现出来的痼疾,人们开始将批判的矛头直指秦汉以来的帝制。1900年以后,随着越来越多的中国知识分子东渡日本,受到彼邦译介的近代社会科学著作影响,留日的中国知识分子开始借助近代政治学、国家学、社会学、法理学的分析框架与基本观点,来检讨中国古代政治制度。当时的知识分子甚至认为:"祖国四千年之历史,当分之为两期:由秦以前进化之时代也,由秦以后退化之时代也。"之所以如此,就是由于秦以后在政治制度层面"把持之术日益密,专制之毒亦日深"。[1]钱穆自言其治学之道颇受梁启超影响,但恰恰是梁启超,在《中国专制政治进化史论》里认为中国历史进程中百事难有进化,唯独"专制政治"在不断进化。此文开晚清以降全面批判中国古代政治制度之先河。钱穆回忆20世纪30年代想在北京大学历史系开设"中国政治制度史"一课,受到不小的阻力,反对者的理由即认为秦以后的政治皆属专制政治,故

---

① 　云窝:《教育通论(节录)》,载张枏、王忍之编:《辛亥革命前十年间时论选集》第1卷下册,北京:生活·读书·新知三联书店1960年版,第554页。

没必要细讲。①从思想史的源流来看,这与梁启超在清末的相关文章的广泛影响力不能说毫无关系。

其实钱穆之所以认为中国古代政治制度有其不容忽视的特点,是因为他并非完全顺着帝王统治如何不断强化的逻辑接着讲,而是另有一些明显体现近代政治与文化氛围的标准。在钱穆看来,中国古代政治制度的优点之一即在于保证了平民有机会加入政府,这一特征与统治规模不断扩大、相伴而行:

> 照理,中国史自秦汉以下,变成一个极大的统一政府,和以前小国寡民、列土分封时不同,人民的地位应该和政府格外隔离了。而实际却不然。秦汉以下,平民参政的门路逐次开展,平民参政的权益逐次确定。自两汉的"察举"制到魏晋的"九品中正",自魏晋的"九品中正"制到隋唐以下的"进士科举",总之是平民参政的机会逐渐加增与扩大,普遍到全国各地。在一个公开的规制之下,合标准的即可加入政府为其一员;而王室家族及其私人,转有种种限制,使其不能在政府里得到势力和权位。不注意到这一层,即绝对不能了解中国史。②

这番话,不禁让人想起章太炎清末民初一系列关于中国古代典章制度的论述。比如章太炎认为科举制体现了旨在追求公平与平等的"社会主义"精神。具体言之:

> 只要花费一二两的纹银,就把程墨可以统统买到,随口咿

---

① 钱穆:《八十忆双亲 师友杂忆》,北京:生活·读书·新知三联书店2005年版,第162页。
② 钱穆:《如何研究中国史》,载《中国历史研究法》,第156页。

唔，就象唱曲一般，这做工营农的事，也还可以并行不悖，必得如此，贫人才有做官的希望。若不如此，求学入官，不能不专让富人，贫民是沉沦海底，永无参预政权的日了。[①]

又比如关于孔子在中国历史上的功绩，章太炎认为：

　　春秋以往，官多世卿，其自渔钓、贩牛而兴者，乃适遇王伯之君，乘时间起，平世绝矣。斯岂草野之无贤才？由其不习政书，致远恐泥，不足与世卿竞爽。其一二登用者，率不过技艺之官，皂隶之事也。自孔子布文籍，又养徒三千，与之驰骋七十二国，辨其人民，知其土训，识其政宜，门人余裔，起而干摩，与执政争明。哲人既萎，曾未百年，六国兴而世卿废，民苟怀术，皆有卿相之资。由是阶级荡平，寒素上遂，至于今不废。[②]

　　通过这两段话，可以看到，钱穆的这些观点，与其说体现了原创性，不如说是在继承与延续章太炎的相关主张。[③]唯一不同的是，章太炎仅在其政论里点到这些问题，并未形成完整的论述，钱穆则以此为标准，纵论数千年中国历史，并着重挖掘历史进程中能体现这一主张的史事与人物。在《国史大纲》里，钱穆对先秦诸子聚徒讲学大加溢美，极力表彰西汉时期具有平民身份的知识分子有机会参与政权之事，用不少笔墨叙述宋代以来民间书院的社会文化功能和出身民

①　章太炎：《东京留学生欢迎会演说辞》，载汤志钧编：《章太炎政论选集》上册，北京：中华书局1977年版，第278页。
②　章太炎：《驳建立孔教议》，载《章太炎全集》第8册，上海：上海人民出版社2018年版，第202—203页。
③　钱穆晚年回忆，20世纪30年代初章太炎北游讲学时，他曾和章太炎讨论过如何研究古代典章制度。参见钱穆：《八十忆双亲 师友杂忆》，第175页。

间的士人出于道德感而介入政治，可以说都是秉持这一主张而进行的历史书写。

进一步而言，这也体现了钱穆与另一位热爱中国文化、认同传统读书人精神的史家陈寅恪的不同之处。陈寅恪出身于官宦之家，后专门研究魏晋南北朝隋唐史。既由于家世姻缘，又因为研究领域，陈寅恪认为中古学术传承的关键在于地域与家族，即那些因逃避中原战乱而居于偏地的大家族传承延续着中原旧学，同时他颇为同情那些在乱世里维系华夏文化、稳定政治局面的出身权贵世家的人士，如崔浩、王导。反观钱穆，他更强调中国历史上平民讲学的传统对维系文化命脉的重要性，特别表彰那些出身民间，后居高位，能够为民请命、勇于任事的士人。从二人研究中国历史的不同侧重点，或许可窥见他们对于士人与政治、士阶层与文化传承的不同认识。而在实践层面，根据今天的研究，早期中国共产党人大体皆为小知识分子，不少从事农民运动的党员是中小学教员。要说来自民间，这批人大概是当时中国知识分子阶层里最与名副其实的民间有着紧密联系的群体。虽然他们在文化立场上与钱穆不无歧异，但他们投身革命运动，也多是怀抱强烈的道德意识，深受马克思列宁主义感召，相信通过革命能让中国摆脱近百年来的内外危机。到了后来，陈寅恪甚至观察到，"我班上的好学生大都是共产党"。"我由此感到共产党将要成功，因为好学生都到那边去了"。①此中因缘，值得深思。而在学理层面，钱穆史学中这一时常显现的"平民意识"，或许犹有更多的讨论与阐发空间，并以此作为一种审视中国古代政治实践的视角，挖掘相关史事的重要历史文化意义。

---

① 石泉、李涵：《追忆先师寅恪先生》，载张杰、杨燕丽选编：《追忆陈寅恪》，北京：社会科学文献出版社1999年版，第263页。

二、对"士阶层"的评价标准及其疏失

钱穆论史,特别强调士阶层在不同时期的作用,此乃理解钱穆史学要义,甚至其政治文化主张的关键。这一点早已为人熟知,在今日也被不少论著着重阐扬,被视为理解中华文化精神之关键。在收录于《政学私言》的《中国社会之剖视及其展望》里,钱穆说:

> 中国古代封建社会之崩溃,贵族特权阶级之消灭,其事不由于商业新城市之兴起,不由于工商资本之得势,而由于儒墨百家九流之学所谓"士"之崛兴。试一披春秋、战国史乘所载,一考自孔子以来迄于李斯,诸子百家在当时学术、思想、政治、社会各界实际所占之地位及其所有之影响,则不烦言而明。

> 中国古代封建社会之内容及其所以崩溃之原因,既与西洋中世纪不同,故继封建社会而起者,亦与欧邦有别。汉代之所谓孝弟、力田、茂才、贤良,此即古者农民之秀才为士而立于朝之旨也。官吏不得经商牟利,此即古者士农与工商分乡之意。贤良察举以及官吏不得经商牟利之禁,此皆发自董仲舒,此即远承古代儒家"士治"主义之理论。故自武帝以来,中国政府之组成,既不在于贵族,亦不出于军人,而为一种建立于民众信托之上之"文治政府"。盖操之于非宗教、非封建、非专制、非商业资本之另一中层阶级之手。此即后世之所谓"乡绅"与"读书人",此即封建时代所谓"士"者之化身。彼辈之经济背景则曰耕读传家,彼辈之宗教信仰则为儒家思想与家族观念,所谓"诗书孝弟",此即融历史、民族、传统文化与小我生命而为一,自人心之

孝弟推而有家族，自家族推而有国家民族之传统，自国家民族之
传统推而有历史文化之敬仰。①

如从学术话语的形成与转变来看，钱穆此论与历代论学论政
之文对于士人之出处进退、政治立场、社会责任的讨论有着一定的
传承关系，即默认了士绅阶层在中国社会中的重要性，强调这一重
要性伴随着一定的政治与社会责任，并将是否重视士绅阶层，是否
能广泛听取主要由士绅阶层发声的"民意"作为判断一个王朝之
优劣的重要标准。当然，钱穆毕竟生长于近代，近代以来的思想氛
围往往以各种各样的形式影响着他。比如黄宗羲目睹明朝灭亡，
痛定思痛，在《明夷待访录》里批判明代君权独尊，将象征着士绅
权力的宰相一职废除，强调主要由地方士绅参与其中的"学校"的
作用不仅在于传道授业，还应在此就政治与社会问题展开议论。
黄宗羲的这些观点对钱穆的影响似乎尤其大。而钱穆之所以重视
黄宗羲，大概也不外乎晚清以降，立宪派与革命党为了向国人介绍
远西新制，大力表彰黄宗羲，将其思想的价值比作卢梭之于近代西
方政治，认为《明夷待访录》里论君臣关系、论学校职能诸章，与近
代民主思想甚为相似。而钱穆在彰显士阶层在中国历史上的重要
性时，时常不忘与欧洲古代社会进行比较，也可显现其鲜明的时
代感。

当然，晚清以降思想氛围里另一个明显的特点就是不少出身士
绅阶层的知识分子，激于时势，开始对士绅阶层长期作为中国社会
中坚力量这一事实展开犀利批判。晚清的革命党人，常从历代儒生

---

① 钱穆：《中国社会之剖视及其展望》，载《政学私言》，北京：九州出版社2011年
版，第142—143页。

屈从君主意志，甘愿为君主统治添砖加瓦的角度进行批评，并涉及剖析中国古代学术与政治的关系。辛亥革命后，面对军阀与官僚狼狈为奸，致使时局动荡、战乱不止的"军绅政权"，时人开始猛烈批评在军阀混战之前不断拱火，为军阀扰乱政局出谋划策的大小官绅。与之相似，民初国会议员往往流于党同伐异、意气相争，甚至收受贿赂、颠倒黑白，而有资格当选议员者，多半也是出身士绅阶层之人，因此，伴随着对议会政治的强烈失望，人们也将批判的矛头直指流于"游民化"与"无赖化"的读书人。此外，随着十月革命后马克思列宁主义在中国的广泛传播，深受新思想感染的青年知识分子开始批判传统社会结构下士绅阶层对知识与权力的垄断，强调要让劳工大众掌握知识，成为重要的政治力量。在此背景下，不少在大城市读书的士绅子弟反躬自省，痛感自己不劳而获、养尊处优，开始试着与城市工人打成一片（虽然成效其实并不大），同时强调读书人应具备劳动能力，批判传统士绅的优越地位。

　　1927年大革命失败后，中国社会史论战与中国社会性质论战兴起，左翼知识分子运用马克思主义政治经济学，深入剖析了士绅阶层的经济基础与经济活动形式，揭示绅权与皇权之间的互相依存关系，形成了一个带有社会科学色彩的批判绅权的视角。另一方面，那些留学英美的知识精英群体，从20世纪20年代鼓吹"好政府主义"，到20世纪30年代宣扬"专家政治"，虽然使用的概念与术语多源自域外，但思维方式上却有着极强的士绅风格，即这群掌握现代知识、有各种各样海外关系、能对"激进"的左翼政治免疫的人，理应成为政治活动的重要参与者。只是在文化立场上，此一群体与钱穆这样的本土知识分子差异极大。

　　明乎此，更能凸显钱穆对中国古代士阶层重要性的阐发是多么具有"个性"。而这一阐发的背后，体现的则是他对晚近知识分子立场与行事的强烈不满。甚至可以说，他对士阶层在中国历史上的地位与作用多么看重，就对晚近知识分子不能担负起"社会中坚阶层"之重任多么失望。因此，将钱穆的言说作为表彰清末民初知识分子的理由，恐怕与他的本意南辕北辙。在《国史大纲》的《引论》里，钱穆说道：

> 满清末叶，政治中心早已逐步没落。革命以还，所揭橥号召者，曰"民主共和"，而实际则去民主之阶程尚远。新中国建设之大业，一时难望于民众之仔肩。独裁王室既倒，而不幸当时之中层阶级，始从二百余年长期异族统治下抬头，八股小楷之素养，升官发财之习气，淘汰未净。而革命党人，则只挟外来"平等"、"自由"、"民权"诸新名词，一旦于和平处境下加入政府，乃如洪炉之点雪，名号犹是，实质遽化。其名犹曰政党民权，其实则为结党争权。一时中层智识分子，无新无旧，分途依附于地方武人割据势力之下而互为利用。……
>
> 凡此皆晚近中国之病，而尤莫病于士大夫之无识。士大夫无识，乃不见其为病，急于强起急走以效人之所为。跳踉叫噪，踊跃愤兴，而病乃日滋。于是转而疑及我全民族数千年文化本源，而惟求全变故常以为快。不知今日中国所患，不在于变动之不剧，而在于暂安之难获。必使国家有暂安之局，而后社会始可以有更生之变。所谓更生之变者，非徒于外面为涂饰模拟、矫揉造作之谓，乃国家民族内部自身一种新生命力之发舒与成长。而牖启此种力量之发舒与成长者，"自觉"之精神，较之效法他人之诚挚为尤要。不幸此数十年来，国人士大夫，乃悍于求变，而忽于谋安；果于为率导，而怠于务研寻。又复屡以私心，鼓以戾气，其趋势至于最近，乃继续有加益甚而靡已。药不对病，乃

又为最近百病缠绕之一种根本病也。①

可见，钱穆认为在近代变局下，知识阶层本应起到为国家培植元气，为社会做出表率，使文化再焕新生的作用，可是要么受到清代科举考试流毒的影响，要么由于丧失文化定力而左支右绌，一味向外寻找药方，甚至心态上也越来越急躁，越来越激愤，最终使时代乱象难见终止之日，"国家有暂安之局"的最低目标都不能实现。正是因为他对晚近知识分子深表不满，才从学术根源入手，上溯清代学术，思考导致知识分子心智堕落的原因何在，同时表彰中国历代学术，尤其是朱熹之学的精义，希望以此重振士风，使现代中国知识分子具备热爱民族文化、追求道德理想、从中国历史中为中国未来寻找出路的资质，进而重新成为名副其实的"社会重心"。单从对晚近知识分子（包括士绅阶层）群体的批判力度来看，钱穆较之其他政治和文化派别从事类似工作的人，其实并不逊色。但在批判的理由、解决相关症结的思路、对知识分子群体在现代国家建设中的位置的认识等方面，钱穆则有着自己的思考。尤其是他在晚年撰写的文章里经常强调古代士人与斯国斯民的紧密关联，以及建立在这种紧密关联之上的对于中国文化精神的体认，这恐怕不易让身居大城市，心性已逐渐西化，甚至"世界公民"化的知识分子产生共情。②

在《国史新论》里，钱穆对他心目中的中国士人（或曰"知识分

① 钱穆：《国史大纲》上册，台北：台湾商务印书馆1995年版，《引论》第29—31页。
② 钱穆回忆，在全面抗战期间，"冯芝生（冯友兰）忽亦自重庆来成都，华西坝诸教授作一茶会欢迎，余亦在座。不知语由何起，余言吾侪今日当勉做一中国人。芝生正色曰，今日当做一世界人，何拘拘于中国人为。余曰，欲为世界人，仍当先作一中国人，否则或为日本人、美国人均可，奈今日恨尚无一无国籍之世界人，君奈之何"。"芝生自负其学，若每语必为世界人类而发。但余终未闻其有一语涉及于当前之国事。"参见钱穆：《八十忆双亲 师友杂忆》，第243—244页。

子"）精神做了比较详细的描述。他说："中国知识分子远从春秋时起，已在世界性、社会性、历史性里，探求一种人文精神，为其向往目标的中心。这一趋向，到战国时代而到达理智的自觉。这一精神之最大特点，即在把个人没入大群中而普遍化。知识的功能虽表现在知识分子身上，而知识的对象与其终极目标，则早已大众化。"[1]他还认为，中国士阶层有希贤希圣的传统，然"圣人只是人人皆可企及的一个最普通的人"。圣人的境界，"认定人生价值，不属于个人，而属于全体大群。经此认定，而肯把自己个人没入在大群中，为大群而完成其个人"。[2]而展望未来，他这样说道：

> 此后的新政权，如何能获安定稳固，仍是一问题。至少此政权，应以自己民族的传统文化作根源，至少应有一可以领导全社会前进的中阶层。而此一阶层，必具有共同的崇高信仰与崇高理想，由此发出力量，上面从事政治，下面从事教育，不使全社会各自在私的纯功利上作打算，此正是中国传统文化所当着意经营的一课题。[3]

不难看到，钱穆的这一期望，固然包含了弘扬中国传统之意，但更值得注意的是，钱穆对作为社会中坚力量的知识分子阶层能否与中国社会建立起紧密联系，是否能够克服一己私利，毅然"没入大群"异常重视。而从近代历史进程来看，"人生价值，不属于个人，而属于全体大群"，这一价值追求固然难以指望钱穆反复批评的狂躁轻浮之士能够体认，但恐怕也很难仅凭儒家旧说就能实现。历史的复杂之处，

① 钱穆：《中国知识分子》，载《国史新论》，北京：生活·读书·新知三联书店2018年版，第150页。
② 钱穆：《中国知识分子》，载《国史新论》，第141页。
③ 钱穆：《中国历史上的传统政治》，载《国史新论》，第130页。

或许就在于此。

　　但是问题在于，钱穆似乎太强调从道德层面去针砭"士阶层——知识分子"，而一定程度上忽视了对这一群体进行带有政治经济学色彩的分析，包括揭示他们在古代社会的经济基础、社会网络、与君权的关系、与普通民众的关系，以及从近代士阶层转变为知识分子的过程中，中国社会经济结构发生了哪些变化，新的经济生产方式、知识传播形式、文教机构特质，以及政治斗争的特征，如何影响着近代知识分子的思维与行为。在这一点上，在早年留学欧洲期间就读过《资本论》的陈寅恪，大概要比钱穆看得更为深刻。在著名的《王观堂先生挽词》里，陈寅恪就直言："夫纲纪本理想抽象之物，然不能不有所依托，以为具体表现之用；其所依托以表现者，实为有形之社会制度，而经济制度有其最要者。""自道光之季，迄乎今日，社会经济之制度，以外族之侵迫，致剧疾之变迁；纲纪之说，无所凭依，不待外来学说之掊击，而已销沉沦丧于不知觉之间；虽有人焉，强聒而力持，亦终归于不可救疗之局。"[①]这番观察，虽略带悲观，但却直指问题关键。换言之，不从社会经济形态入手进行探讨，恐怕很难完整认识古代士阶层的解体与近代知识分子的基本特征。

　　相似的，长期担任《东方杂志》主笔的杜亚泉，在1919年撰文分析中国社会形态时，认为中国社会既有贵族阶级，也有游民阶级。辛亥革命与西方近代史上的革命运动并不相像，它是由过剩的智识阶级游民提倡，一部分兵士加入而促成的革命。这导致革命之后，"实际上掌握政权之官僚或武人，大率为游民首领之贵族化者"。而智识阶级"不置身于产业阶级、劳动阶级中以与之结合，而惟与贵族化之

---

① 陈寅恪：《王观堂先生挽词并序》，载《寒柳堂集（附寅恪先生诗存）》，上海：上海古籍出版社2020年版，第6、7页。

游民为伍"，使自身也沾染了极强的游民色彩，沦为与官僚类似的"贵族化之游民"。[①]他甚至感慨：

> 自民国成立以来，连年纷扰，损失之生命，消耗之财产，不能数计。论者咸归咎于军人武夫。实则挑发之者谁乎？教唆之者谁乎？谁为之画策？谁为之标榜？此八九年中，吾国内一切罪恶，皆当由知识阶级负其责任。[②]

他的这些分析虽然略显粗糙和疏漏，但基于对清末民初变局的深刻观察，还是指出了一个关键问题，即近代知识分子已经和古代士阶层有明显的不同，在新的社会形态下，如果不和平民相结合，而是继续依附于军阀政客，延续民初的"军绅政权"态势，[③]那么身上的"贵族化之游民"色彩将会愈发明显，也很难实现让中国摆脱近代以来危机的目标。实话说来，这样的视野，一定程度上是钱穆比较欠缺的，虽然他确实具有一定的平民意识。

三、钱穆眼里的中国历史上的"社会主义"

作为一位史家，钱穆虽然在分析"士阶层——知识分子"时重视学术、文化与道德，但在讨论一般的历史问题时，他并未忽视探讨历

---

① 杜亚泉：《中国政治革命不成就及社会革命不发生之原因》，载田建业等选编：《杜亚泉文选》，上海：华东师范大学出版社1993年版，第400、401页。
② 杜亚泉：《智识阶级之团结（谈屑）》，载田建业等选编：《杜亚泉文选》，第416页。
③ 关于何谓"军绅政权"，参见陈志让：《军绅政权——近代中国的军阀时期》，北京：生活·读书·新知三联书店1980年版。

史上不同时期的经济状况。在整理自北大历史系授课讲义的《秦汉史》里，钱穆特别强调西汉一朝的核心问题是社会经济。汉初实行放任政策后，社会上兼并之风日盛，富者愈富，贫者愈贫。汉武帝即位后，本应将施政重心放在改变这种不合理的经济分配状况，但他却置此于不顾，花费力气修礼制乐、大兴儒术。虽然汉武帝在财经政策上试图打击商人，但他本身却受到当时追逐财富之风的影响，已无汉初君臣因出身平民，所以顾及民间疾苦的风气。钱穆认为，此乃汉代政权变质的表现。在《国史大纲》里，钱穆在叙述完明代历史后，专门用三章来分析"南北经济文化之转移"。他从水利、田制、赋税、户口、商品等领域入手，分析中国经济重心由北方转移至南方的过程，强调政局的变动、持续的战乱等人为因素对北方经济的巨大破坏，同时凸显南方虽然经济不断繁荣，但由于北方经济日渐没落，能够统一南北的政权遂将赋税重心放在了南方，使南方民众难以完全享受到经济发展的益处。钱穆的这些分析，较之着眼于河道变迁、气候变化等自然条件对南北经济荣枯的影响，更着眼于人的作为，尤其是由人主导的政治军事活动对经济发展的决定性作用。

　　既然钱穆对中国古代史上的经济兼并与社会贫富不均如此敏感，那么他必然不会无视晚近因经济形态变迁而出现的类似情形。在辛亥革命前十年间，当梁启超等人向中国人介绍世界大势时，他们大多强调崛起于19世纪的西方列强多已进入民族帝国主义阶段。在这个阶段，对外扩张的方式将不再限于征战与杀伐，而是越来越转移至经济领域。资本主义生产方式的发展，使西方列强集聚了极强的经济实力，需要对外进行资本与商品输出，以此获取更多利源，转移国内阶级矛盾。在梁启超等人笔下，资本主义对于中国人而言，其形象是狰狞且凶悍的。与此同时，革命党人注意到19世纪以来在欧洲风起云涌的社会主义运动，朱执信、刘师培等人在报刊上刊登了不少介绍不同流派社会主义之宗旨、各国社会主义运动之梗概的文章。孙中山的民生主义，更是吸收了些许社会主义元素。即便是与革命党处于论战地位的梁启超，虽然不认为中国应即刻采取社会主义政策，但也承认社会主义是一种较之资本主义更人道、更合理的发展模式，并认为欧洲社会主义运动乃势所必至，因为那里的工人阶级受到的剥削过于严酷。

　　一战爆发后，关注欧洲战况的中国知识分子，多认为此乃20世纪资本主义文明陷入危机，甚至濒临破产的表现。未来的人类发展需要一种新的文明形态。而当十月革命的消息传入中国后，越来越多的人开始相信，较之20世纪的资本主义，社会主义更能代表人类未来的发展趋势。左翼知识分子自然在积极介绍社会主义，并思考如何在中国实现社会主义，那些看上去与之立场并不一致，甚至相反的人，其实也十分重视社会主义的巨大影响力。比如梁启超虽然赞成张东荪等人与中国共产党人之间就社会主义问题展开的论战，但他本人的态度其实并非反对社会主义，而是认为社会主义的某些精义，在中国传统思想中已有萌芽，并且中国传统中的这些内容，较之以唯物主义与阶级分析为方法论的西方社会主义，显得更有道德意涵。这在他的《先秦政治思想史》中有不少论述。而在《清代学术概论》里，梁启超直截了当地说："自先秦诸大哲，其理想皆近于今世所谓'社会主义'。二千年来生计社会之组织，亦蒙此种理想之赐，颇称均平健实。""吾敢言我国之生计社会，实为将来新学说最好之试验场，而我国学者对于此问题，实有最大之发言权，且尤当自觉悟其对此问题应负最大之任务。"[1]可以说，虽然彼时人们所接触到的社

---

[1]　梁启超：《清代学术概论》，载朱维铮校注：《梁启超论清学史二种》，上海：复旦大学出版社1985年版，第87页。

会主义,并不只马克思列宁主义一种,还包括了第二国际的社会主义,英国的基尔特社会主义,甚至不太分得清无政府主义与社会主义的区别,但社会主义学说对资本主义私有制的批判,对穷苦无告者的深切同情,对平等且公平的经济制度的向往,却深深吸引着正在思考中国前途与命运的知识分子。

1929年资本主义世界爆发经济危机,同时中国社会史论战与中国社会性质论战日渐兴起,一时间,国内出版了大量运用社会主义原理剖析资本主义形态及其经济危机、介绍社会主义学说与各国社会主义运动的著作。当其时也,苏联正在进行第一个五年计划,资本主义国家开始反思自由放任式的经济发展模式的巨大弊病,凯恩斯主义与罗斯福新政拥有越来越多的支持者。而在当时不少中国知识分子的眼里,虽然凯恩斯主义与罗斯福新政乃资本主义国家的自救之举,但其政治经济逻辑却和社会主义颇为类似。加上苏联经济建设的成就与陷入经济危机的资本主义国家之间的强烈对比,人们愈发相信,未来的世界,其政治经济的发展趋势,即便不是社会主义占据主流,也是一种融合了社会主义与资本主义各自优点的新道路。那种单纯认为资本主义,特别是基于古典自由主义的资本主义是举世无双之物的声音,其实很少见。这一思想氛围,影响着不同流派的知识分子对于中国历史与文化的认识。这与当代文科从业者普遍流露出的对于资本主义的浪漫想象与美好憧憬很不一样。

了解这些内容,有助于理解钱穆对古今中外经济问题的基本看法。全面抗战时期,钱穆在与陈伯庄的一封信里这样说道:

> 资本主义之跋扈,实为近代欧西文明一特征,然至今日则敝害昭著,道途已穷。他日国际若有真和平,必自调整经济问题始;而欲求世界经济问题之得有调整,又必自限制资本主义之

作祟始。否则祸乱相寻，争夺不已。

　　中国传统文化精神，则尤与私人资本主义扞格不相融，若求中国追随近代欧西私人资本主义之后尘，则势非彻底破弃中国以往传统文化精神不可。而此事之不可能，近百年来之历史教训亦甚明著。倘使中国以往传统文化精神果能破产无遗，则国且不国，族且非族，皮之不存，毛将焉附？国亡族沦，而言私人资本，吾其为犹太乎！且当日世界私人资本主义猖獗披靡之际，我以弱国贫族，他人早已制我机先，苟非集体造产，私人资本断难完成，究其极仍不过为外国资本主义作先锋，作爪牙；助之腺吸吾膏血，剥削吾体肤，究其极则不啻自腺己血，自剥己肤而已。[①]

可见，钱穆不但认为资本主义在当时流弊已深，难以为继，中国作为落后国家，很难像西方列强那样再从容不迫地走一遍资本主义原始积累之路，因此需要"集体造产"，甚至强调资本主义与中国传统文化精神绝不相容，将是否批判资本主义上升到是否坚守中国传统文化精神的高度。由此可见，钱穆虽然在很多方面与彼时流行的政治文化主张颇不一致，但在批判资本主义这一点上，他却并未自外于晚清以来中国知识分子对于世界大势的基本认识。

　　因此，钱穆在其史学著作里，就时常强调中国古代经济政策如何与近代资本主义不一样，如何体现某种与社会主义相似的特征。在撰于全面抗战时期的《中国文化史导论》里，钱穆一改之前对汉武帝财经举措的批评态度，认为汉代的经济政策体现了一种带有儒家色彩的"理想社会主义"：

---

① 钱穆：《致陈伯庄书》，载《素书楼余沉》，北京：九州出版社2011年版，第167页。

汉武帝此种经济政策，其背后有很深厚的经济理论做他的背景。……这是秦始皇到汉武帝时的一种理想社会主义。这一种理想，在中国儒家思想里，本有一贯甚深之流衍。直到汉武帝时，大儒董仲舒，还屡屡提出近于此类的理论。……这是一个中国儒家传统的"均产论"。这一个均产论，有两点极可注意。

第一点：此所谓均产，并不要绝对平均，不许稍有差异。中国传统的均产论，只在有宽度的平面上求均。宽度的均产中间，仍许有等差。

第二点：在此有宽度的均产中间，不仅贫人应有他最低的界线，即富人亦应有他最高的限度。因此中国传统经济政策，不仅要"救贫"，而且还要"抑富"。中国人认为大贫大富，一样对于人生无益，而且一样有害。因此贫富各应有他的限度。这两种限度，完全根据人的生活及心理，而看其影响于个人行为及社会秩序者以为定。①

在钱穆看来，这一沾染极强儒家色彩的"均产论"，既照顾到了穷人，又不至于过度打压富人，一正一反，不流于极端，显得既温和又有人道。这一见解，极有可能受到梁启超在《先秦政治思想史》中相关观点的影响。而在撰于晚年的《中国历史研究法》里，钱穆则对汉代的经济政策做了更为"现代"的诠释：

汉武时代所创始的"盐铁政策"，即就近代观念言，亦系一种颇为进步的经济政策。西方所谓"国家社会主义"的各项经

---

① 钱穆：《中国文化史导论（修订本）》，北京：商务印书馆1994年版，第120—121页。

济制度，实肇始自德国俾斯麦。但中国在汉代远已有之，由政府来统制盐铁官卖。直到清代，中国社会从未能有垄断性的大资本家出现，即是此项政制之绩效。中山先生提倡"民生主义"，有"节制资本"一口号，其实亦在中国传统政制中有渊源。中国社会，自战国以下，自由工商业即甚趋繁荣，但永不能产出资本主义，即由此故。故在中国历史上此项有关节制资本的一切制度，在现代世界潮流中，实仍有值得注意探讨研究的价值。[①]

钱穆将汉武帝的盐铁官卖政策视为中国历代经济政策的一个重要源头，这其实并非他的独到之见。关键在于，钱穆认为此政策与19世纪俾斯麦为防止德国工人运动不断壮大而采取的"国家社会主义"政策颇为类似，这就体现了钱穆对近代以来哪一种社会主义流派更为青睐。当然，他还将此政策与孙中山的民生主义联系起来。早在撰写于20世纪20年代的《国学概论》里，钱穆就对旨在与中国共产党人和国民党左派争夺孙中山学说解释权的戴季陶主义颇为欣赏。在《国史大纲》里，钱穆将孙中山的三民主义作为全书结尾，更显示出钱穆此时已经与国民党政权走得更近了。而在出版于1952年的《中国思想史》里，钱穆专门用一章讲述孙中山的思想，并将他抬高至中国现代思想史里唯一值得深入讨论的人物。凡此种种，体现了钱穆的政治立场。他晚年所受到的"礼遇"，也与这一系列表态颇有关系。

不过，钱穆在前引的一段文字里专门提及俾斯麦的经济政策，或许显现出他对于不同流派的社会主义的评判，与其说受孙中山影响，

<hr>

[①] 钱穆：《中国历史研究法》，第28页。

不如说更受梁启超影响。在清末与革命党的论战中,梁启超为了凸显自己其实并不反对社会主义,只是不赞成在中国立即施行社会主义政策,特别强调不同流派的社会主义之间的区别,以此彰显革命党所理解的社会主义只是其不同流派中的一种,并不能独占对于社会主义的解释权。他说:

> 大抵今日之欧美,其社会恶果,日积日著。各国政治家乃至学者,莫不认此为唯一之大问题,孳孳研究。而其论所以救治之方者,亦言人人殊。虽然,要其大别,可以二派该之:一曰社会改良主义派,即承认现在之社会组织而加以矫正者也,华克拿、须摩拉、布棱达那所倡者与俾士麦所赞成者属焉;二曰社会革命主义派,即不承认现在之社会组织而欲破坏之以再谋建设者也,麦喀、比比儿辈所倡率者属焉。……社会主义学说,其属于改良主义者,吾固绝对表同情;其关于革命主义者,则吾亦未始不赞美之而谓其必不可行,即行亦在千数百年之后。……而两者之最大异点,则以承认现在之经济社会组织与否为界也。①

在与革命党论战时,梁启超认为俾斯麦式的、带有极强改良色彩的社会主义是"温和"的,是可取的。辛亥革命后,梁启超认为新政权应实施"保育政策",强调"最近二三十年,乃知绝对的自由竞争,适以资豪强兼并之利器,多数之民,反不能得均等机会以自树立。故必赖有一种最高之权力,立乎一般平民之上,抑强扶弱,匡其泰甚者,以诱掖其不逮者,然后个人能力,乃得以平等发挥而无所阂"。②此论既

---

① 梁启超:《杂答某报》,载汤志钧、汤仁泽编:《梁启超全集》第6集,北京:中国人民大学出版社2018年版,第103—104页。
② 梁启超:《中国立国大方针》,载汤志钧、汤仁泽编:《梁启超全集》第8集,第421页。

有防止贫富差距过大之意，在手段上又显得颇为"温和"。梁氏的这一观点，获得时人一定程度上的认可。有论者撰文说道：

> 国家主义之社会政策，或不谓之社会主义。夫正名定分，求至精析之学说，诚不可加入社会主义之种类中，至于推而行之于现今之中国，则非此莫属。吾国历史，自秦汉以前，皆以爱民为政治之大要。曰保民如子，曰视民如伤伤，即社会政策之权舆。其他井田、均田、限田等，亦莫不在上为之谋而事易遂，此历史上之陈迹也。至于今日社会政策，有二要端：曰限地价，曰订税法。地价限，则富豪不得有兼并之私；税法订，则贫民可订脱迫呼之累。此二者，虽非社会主义之中坚，亦社会主义之先河，不可不急起直追。作现今之维持，为将来之进行，而其权悉操之政府，举而措之于社会之秩序，又无扰乱之虞。[①]

不难看到，这与钱穆的史论颇为相似，即都试图从中国古代历史中为"国家社会主义"或"国家主义之社会政策"寻找渊源。而当钱穆试图将中国古代经济政策与社会主义做比较时，也许是为了凸显中国文化的"不激烈"与"不极端"，他所认可的社会主义流派也是俾斯麦一系自上而下的、旨在消解工人运动之冲击力的"社会主义"。当然，不知钱穆是否了解拉萨尔与俾斯麦之间的关系、马克思与拉萨尔之间的论争。总之，考察钱穆对于资本主义和社会主义的认识，可以窥见近代中国一些很值得玩味的政治文化现象，窃以为这大概也是今日重新评价钱穆史学不容忽视的尺度。

---

① 朴庵：《论中国今日宜采用国家主义之社会政策》，鲁法芹编著：《清末民初中国社会主义论争文献汇编（1871—1915）》下册，北京：社会科学文献出版社2023年版，第1024—1025页。

四、钱穆古代制度论的限度

　　由于钱穆主张中国传统政治制度自有其精义在,不能予以简单否定,因此他的史论时常受到人们的批评与质疑。从近代历史进程来看,这是一件不难理解的事情。在全面抗战时期,胡绳借由批评钱穆来抨击重庆国民政府的文化路线。针对钱穆史论里透露出的对中国传统的回护与表彰,胡绳认为研究历史应揭示历史进程中的病态,剖析历史上的剥削现象及其根源,唯有将病态分析清楚了,才能从历史中寻找新的力量,求得革新之道。认识历史的目的在于更好地改造深受历史影响的现状,不能将历史的遗迹作为反对改变现状的理由。[1]在《中国官僚政治研究》一书里,对政治经济学有极深研究的王亚南批评钱穆对中国古代社会形态的描述是在"歪曲历史",钱穆在用抽象的名词来掩盖专制政治的本质,他对中国古代社会经济形态缺少严格且科学的分析。[2]

　　在政治立场上,钱穆支持国民党政权,中国马克思主义者批判国民党政权;在文化立场上,钱穆非常珍视中国传统,不惜大费笔墨表彰中国传统的不同内容,而中国马克思主义者则坚持新民主主义的文化路线,批判落后的、封建的文化现象,弘扬进步的、民主的、大众的文化遗产。因此,钱穆在当时的政治与文化论争氛围里遭受后者批评,其实并不奇怪。值得注意的是,在文化立场上与钱穆相似的

---

[1]　胡绳:《论历史研究和现实问题的关联——从钱穆先生〈国史大纲〉引论中评历史研究中的复古倾向》,载《理性与自由——文化思想批评论文集》,北京:生活·读书·新知三联书店2014年版,第145—168页。
[2]　王亚南:《中国官僚政治研究》,北京:中国社会科学出版社2005年版,第30页。

人，后来也开始批评钱穆的史学观点。针对钱穆的《中国传统政治》一文，长期从事政治活动，同时不断表彰儒家思想的张君劢专门著书予以批驳。他从检讨钱穆分析问题的逻辑开始，进而剖析古代君主的活动特征与帝制时代不同政治机构的职能与权限，再宏观论述中国历史上的治乱问题与古代的王朝更替问题，强调钱穆为了表彰中国古代制度，不但在思维逻辑上有明显漏洞，而且在分析史事时避重就轻、混淆概念、刻意美化、任意比附，导致其结论与历史本相相差甚远。①

相似的，钱穆在《中国历代政治得失》中认为张居正身非宰相之职却如宰相一般揽权，此乃权臣与奸臣所为。徐复观指出钱穆既将明代以前的宰相制度与君相关系过于理想化，又不愿承认明代所谓"法制"仅为君主一人之意志，属于私心自用。针对钱穆对张居正形象的矮化，徐复观强调后者在帝制时代勇于任事，见识卓越，为人刚毅坚定，是难能一见的大政治家。②如果说这仅是对单个历史人物评价问题而展开的商榷，那么到了1978年，徐复观专门撰文批评钱穆，认为钱穆声称中国古代政治并非专制政治、汉代以来的政权具有"平民政权"的特征，这些观点实属"良知的迷惘"。③

其实，正如钱穆谈论中国古代政治的代表作——《中国历代政治得失》的书名所昭示的那样，钱穆并未否认中国古代政治有"失"。只是在其所有著作里，关于"失"的分析，较之对"得"的表彰，篇幅显得比较少罢了。而研究钱穆如何论述中国古代政治之"失"，或许

---

① 参见张君劢：《中国专制君主政制之评议》，北京：商务印书馆2023年版。
② 徐复观：《明代内阁制度与张江陵（居正）的权、奸问题》，载萧欣义编：《儒家政治思想与民主自由人权》，新北：学生书局1988年版，第249—268页。
③ 徐复观：《良知的迷惘——钱穆先生的史学》，载萧欣义编：《儒家政治思想与民主自由人权》，第177—188页。

可以更为全面地理解他对于中国历史的看法,并发掘背后所折射出的时代思想问题。

在《国史大纲》里,钱穆对明清两代政治颇多批评,称明代政治为"传统政治复兴下之君主独裁",称清代政治为"狭义的部族政权之再建"。钱穆认为彼时政治的最主要特征就是君主权力过于集中,各级臣僚匍匐于君权之下难有作为,作为社会中坚力量的士阶层在君主的防范猜忌下显得萎靡不振。在书中,钱穆并未就明清论明清,而是尝试从更长时段的视野出发,分析中国政治的症结。在该书的"引言"里,钱穆承认:"一民族一国家历史之演进,有其生力焉,亦有其病态焉。生力者,即其民族与国家历史所由推进之根本动力也。病态者,即其历史演进途中所时时不免遭遇之顿挫与波折也。"[①]具体到中国历史,钱穆说:

> "生原"者,见于全部潜在之本力,而"病原"则发于一时外感之事变。故求一民族国家历史之生原者,贵能探其本而揽其全;而论当前之病态者,则必辨于近而审其变。国史绵历,既四、五千年于兹,其病象之见于各时期者,推原寻因,不能全同。有沾染稍久者,亦有仅起于当前者。要而言之,国史自隋唐以来,科举制既兴,士族门第之地位消融渐尽,而社会走上平铺散漫之境,此中国晚近世一大变也。逆溯中国当前病象,推之最远,至于中唐安史之乱以来而极。……
>
> 　中唐以来之社会,既成一平铺散漫之社会,而其政治,仍为一和平的大一统之政治。故一"王室"高高在上,而"社会"与"政府"之间,堂陛益远,常易招致"王室"与"政府"之骄纵与

---

① 钱穆:《国史大纲》上册,《引论》第25页。

专擅，一也。社会无豪强巨富，虽日趋于平等之境，然贫无赈，弱
无保，其事不能全仰之于政府，而民间每苦于不能自振奋，二也。
政府与民间之所赖以沟通者，惟曰"科举"，然科举既悬仕宦为
鹄的，则从事于投选者，往往忘其义命而徒志于身家之富贵与温
饱，三也。此三者，厥为中唐以来中国政治、社会走入一新境后
所易犯之病征。[①]

钱穆认为，中唐以后的中国社会固然有其优点，但缺点也是很明显
的，就是整体上趋于涣散，上下之情日渐隔阂，人才选拔名实相悖，
民间社会疲软无力。在这样的情形下，既难以让作为民间社会优秀
分子代表的士阶层有一展抱负的机会与空间，又致使政治制度越来
越弊病丛生。君主高高在上，对臣僚猜疑防范。生于其心，作于其
事，把为政的重点从保障民生变为巩固权位。既然惟以一己之权位
为念，面对具体事务，在上者因循颟顸，在下者百般敷衍，愿意承担
起政治责任的人越来越少，混迹官场、得过且过的人越来越多。其
结果就是行政效率低下，政风日趋腐化，为官者对民间疾苦漠不关
心，最终上下离心，鱼烂而亡。如果论知识来源的话，钱穆的这些观
点或许颇受明清两代经世文编与名臣奏议里对政局世态的剖析与
批评启发，然后再用带有现代色彩的分析框架进行表述，而非站在
古今制度截然不同的立场，重点揭示中国古代制度如何与近代西方
政治制度大异其趣，为什么说这种差异就是中国古代政治弊病丛生
的根由。

　　在《中国历代政治得失》里，钱穆称这一分析历史的视角为"历
史意见"，即"在那制度实施时代的人们所切身感受而发出的意

[①]　钱穆：《国史大纲》上册，《引论》第26、27页。

见"。①之所以要重视"历史意见",是因为"所谓得失,即根据其实际利弊而判定。而所谓利弊,则指其在当时所发生的实际影响而觉出。因此要讲某一代的制度得失,必须知道在此制度实施时期之有关各方意见之反映。这些意见,才是评判该项制度之利弊得失的真凭据"。②在该书里,钱穆确实也根据"历史意见"对中国历代政治之"失"做了一些剖析。如他认为唐代科举制兴盛以后,读书人竞相涌进仕途,希望借由科举考试谋求一官半职,这导致对官位的向往成为后世读书人念念不忘之事。此外,钱穆认为宋代表面上尊重士大夫,但实际却是象征士大夫崇高地位的相权频频遭到分割,君主不断侵揽大臣的职权。与此同时,为了让臣僚互相制约,宋代君主有意使谏垣与负责具体事务的大臣势同水火。凡此种种,让士人难以在政坛上放开手脚、有所作为。这些观点,看上去是基于某种近代政治意识来批判君权,但实际上,钱穆批评宋代制度是建立在他对理想状态下的君相关系的理解之上的。

在倍受张君劢批评的《中国传统政治》一文里,钱穆其实也对中国传统政治进行了一番检讨。具体言之,"它太注重于职权分配之细密化。好处在人人有职,每一职有它的独立性与相互间的平衡性,因此造成政治上之长期稳定。而其缺点,则使政事不能活泼推进,易于停顿而麻痹化"。此外,"太看重法制之凝固性与同一性,此层与前弊相引而起。全国在同一制度之规定下,往往长期维持到一百两百年。此固不能不说是政治上一种成功,但遇应兴应革,总不能大刀阔斧,彻底改进,而仅求修补弥缝,逐渐趋于敷衍文饰虚伪而腐化,终于达到不可收拾之境界"。总之,"职分与法制,本就偏重在限制束缚人,

---

①　钱穆:《中国历代政治得失》,北京:生活·读书·新知三联书店2001年版,第6页。

②　钱穆:《中国历代政治得失》,第5—6页。

中国传统政治一切制度之最要宗旨，即在反抗此等病害。而在其长治久安之下，终不免仍在此等病害中敷衍度过，乃终至于一衰不起，无可救药。重法过于重人，重职过于重权，重安定过于重动进，重限制过于重放任，此在一大一统政府之庞大机构，来适应农业国家之平稳步骤上，正常容易陷于此等病害而不自觉悟，乃终至陷于大病，不可自拔"。①

如若从行政的角度来看，钱穆的这些批评不可谓不切中要害。但说实话，他的批评基本也止于指出制度运作过程中出现的行政效率与政治风气问题，最多再批评一下君主对大臣的防范与限制，而没有进一步追问这一制度之所以出现的根源，它的运作逻辑与原理是否本身就是值得检讨的，尤其是君主何以能越来越专权。更为重要的是，钱穆自称分析古代制度需要重视"历史意见"，但他很多时候对"历史意见"的理解与择取，多集中于某一制度理应如何，其理想形态是怎样的，而比较欠缺审视某一制度在具体的历史进程中究竟是怎样的，现实的运作与理想的模型之间有无落差，如果有，原因何在。此外，正如张君劢指出的，虽然钱穆"意在探讨旧历史之真相，然其衷心所崇拜者，实为现代西方政治"。②钱穆经常用现代西方政治学的名词与概念来解释中国古代政治，如"其称宰相为副皇帝者，以西方责任内阁总理为背景者也。其称士人政府为平民政府者，以现代人民参政为背景者也。其重六部而抑九卿者，以现代西方内阁中各部为背景者也"。③基于此，张君劢说："钱著不举自己之特产，独于西方今日所争所尚者，特造为副皇帝、士人参政之名阴射之，实则，在名实两方面均不相符。其所以如此，乃钱先生内心上之自卑

---

① 钱穆：《中国传统政治》，载《国史新论》，第109页。
② 张君劢：《中国专制君主政制之评议》，第153页。
③ 张君劢：《中国专制君主政制之评议》，第153页。

感有以致之也。"①

钱穆是否在面对西方文明时心生自卑,这一点其实没必要做诛心之论,但他时刻不忘借他所接触到的新名词与新概念来描述中国古代政治,以此凸显后者并非一无是处,这其实既难以呈现中国古代政治制度与政治实践的本相,又难以让国人思考如何在近代变局下采取合理有效的因应之道。就近代以来的历史进程来看,古今之间的延续性固然值得重视,但现代政治毕竟还是与古代政治有着本质的区别,这一点不待多言。若对此悍然不顾,恐怕不易形成思考中国未来发展道路的恰当视角。而如果对近代西方社会科学有比较完整而深入的了解,那么在掌握中国古代历史文献的基础上,其实是可以对中国古代制度得出合乎逻辑、观点自洽的"时代意见"。比如刘子健运用近代行政学的视角,分析宋代官僚群体的行事风格与利益诉求,由此分析王安石变法为何难有成效。②唐长孺运用马克思主义政治经济学,长时段地考察东汉末期至唐代前期的政治、经济与军事制度,并归纳这一时期历史演变的整体特点。③傅衣凌同样运用马克思主义政治经济学研究中国土地制度与基层"乡族势力",分析中国传统社会的"韧性"所在。④此皆为当代历史研究中形成深刻且富于原创的"时代意见"之典范。反观钱穆的诠释思路,其限度其实已被同时代人察觉到。而在时过境迁之后,若还打算延续他学术观点中或许不那么自洽的部分,那就难免流于左支右绌、难以自洽。

① 张君劢:《中国专制君主政制之评议》,第153页。
② 刘子健:《王安石、曾布与北宋晚期的官僚类型》,载《两宋史研究汇编》,台北:联经出版事业股份有限公司1987年版,第117—142页。
③ 唐长孺:《魏晋南北朝隋唐史三论》,北京:中华书局2011年版。
④ 傅衣凌:《明清社会经济史论文集》,北京:人民出版社1982年版。

五、余　论

必须声明的是，笔者并非否定钱穆的史学成就。无论是他对先秦诸子的考辨，还是他的清代学术史研究，包括《国史大纲》中的真知灼见，都在20世纪中国史学发展史上有着重要的地位。他在这些论著里提出的观点随着新史料的发掘与新方法的运用，固然也会被人们重新检视，但他提出的问题、分析的路径，却值得受到重视，让人们能够先因后创、后出转精。

但是，钱穆史学遗产里那些在今日引起更为广泛关注的部分，则有必要对之进行穷源溯流的剖析与去魅式的探讨。因为这既涉及能否把握近代以来学术与思想论争中的关键问题，又关乎当代学术话语与学术体系的构建。钱穆史论中不时体现出的平民意识，值得在今天引起足够的重视，并尽可能使之学理化、体系化。另一方面，从后见之明来看，钱穆的史论固然能折射出不少近代思想与学术的重要现象，但其限度，特别是涉及中西比较时，还是体现得比较明显的。更为重要的是，钱穆回护中国历史与文化之心过于强烈，以至于对一些关键历史问题的解释，往往从一种理想状况出发，而有意或无意忽视了历史的复杂情境与曲折历程。这是今天看待钱穆史学时不能不具备的分寸感。

挖掘儒学的"实践性"与"平民性"

——论嵇文甫的儒学研究

现代中国思想史的主题之一，就是探索如何继承数千年之久的儒学遗产。这不仅关系到在民族国家林立之世能否树立起自洽的、有普遍性的政治与文化认同，还关系到如何处理与儒学相伴而生的中国社会和经济结构，例如小农经济的分化与转型等亟待解决的问题，更与建设现代性与民族性特征兼具的文化息息相关。从晚清开始，时人为了思考振衰起微之道，经常反思儒学对中国历史与文化的负面影响，及至新文化运动期间，在《新青年》《新潮》等杂志的影响下，出现了较为激烈的全盘性反传统思考，儒学的正面意义与历史价值被进一步遮蔽。

虽然彼时对儒学及其社会基础的批判具有一定的针对性，比如批判儒学与皇权之间的紧密联系，抨击礼教对人的束缚，揭示农村当中地主豪绅对农民的压迫，以及儒学自身出现的僵化倾向。但正如毛泽东指出的，"五四"新文化运动带有"形式主义"的特征，即"对于现状，对于历史，对于外国事物，没有历史唯物主义的批判精神，所谓坏就是绝对的坏，一切皆坏；所谓好就是绝对的好，一切皆好"。[①]

---

① 毛泽东:《反对党八股》，载《毛泽东选集》第3卷，北京：人民出版社1991年版，第832页。

因此，到了1930年代，随着民族危机的进一步加剧，随着通过革命实践不断认识到"言必称希腊"的教条主义、主观主义的弊病，在"五四运动"中应运而生的中国共产党开始较为系统地思考如何将革命理论与民族特色相结合，如何挖掘中国历史传统中的积极因素，如何培养从中国的历史与实际出发思考问题的良好习惯。从"新启蒙运动"开始，中国共产党人与左翼知识分子就大力提倡"民族的自觉与自信"，[①]在1938年召开的中国共产党六届六中全会上，毛泽东强调："今天的中国是历史的中国的一个发展；我们是马克思主义的历史主义者，我们不应当割断历史。从孔夫子到孙中山，我们应当给以总结，继承这一份珍贵的遗产。"因此，"使马克思主义在中国具体化，使之在其每一表现中带着必须有的中国的特性"，就成为"全党亟待了解并亟须解决的问题"。[②]

此后，在中国共产党的领导下，边区与大后方的左翼知识分子开展了一场"学术中国化"的运动，它不但进一步深化、发展了"马克思主义中国化"的内容，使后者更具学理性，而且较为全面地重新梳理中国历史传统中的许多内容，其中包括了对于儒学传统的重新估定。[③]其中，作为对先秦学术与宋明儒学深有研究，在民国学界具有一定影响力的马克思主义学者嵇文甫（1895—1963）在彼时的一系列关于儒学的论著尤其值得关注，可从中分析早期的中国共产党人

---

① 张申府：《什么是新启蒙运动》，载《什么是新启蒙运动》，北京：生活·读书·新知三联书店2014年版，第7页。
② 毛泽东：《中国共产党在民族战争中的地位》，载《毛泽东选集》第2卷，第534页。关于对毛泽东"马克思主义中国化"思想的解读，参见李放春：《毛泽东"理一分殊"思想发微——纪念"马克思主义中国化"命题提出八十周年》，《开放时代》2018年第3期，第130—146页。
③ 关于"学术中国化"运动的梗概，参见郑大华：《抗战时期"学术中国化"运动的再研究——纪念抗日战争胜利七十周年》，《浙江学刊》2015年第4期，第5—14页。

如何探讨儒学遗产,深入理解马克思主义中国化对于中国革命的重要意义。①

一、"民族文化的新发扬"

1926年,嵇文甫加入了中国共产党,不久后,接受组织委派赴苏联留学,进入莫斯科中山大学,系统学习马列主义。大革命失败之后,为了探讨中国社会性质与革命动力问题,左翼知识界兴起了关于中国社会性质与中国社会史的论战。作为马克思主义者,嵇文甫自然坚信历史唯物主义在历史研究中的指导意义,强调认识具体历史时期的经济基础与生产关系的重要性,但他认为对于涉及意识形态领域的思想史问题,不应简单地套用公式化的马列主义。1931年底,在为自撰的《先秦诸子政治社会思想述要》作序时,他指出:"思想虽然是生活的反映,虽然是以一定物质条件为基础的上层建筑,但从生活到思想,从下层到上层,是一个复杂的过程,并不是才明彼即晓此的。"而当前"有些治中国社会史的,因为对于思想史缺乏充分的素养,所以每遇到思想史上的问题,总有些生吞活剥强作解人的情况"。②

嵇文甫这一观点背后所体现的研究方法,就是着眼于分析历史

---

① 关于嵇文甫对于"学术中国化"的论述,已有学者进行梳理,但进行更具学理性的分析仍有不少空间。参见林万成:《嵇文甫与"学术中国化"运动》,《郑州大学学报(哲学社会科学版)》2017年第6期,第127—131页。关于嵇文甫在抗战期间学术活动与著述的梗概,参见于文善:《抗战时期嵇文甫对文化思想史研究的贡献》,《首都师范大学学报(社会科学版)》2010年第4期,第132—137页。
② 嵇文甫:《先秦诸子政治社会思想述要·序》,载《嵇文甫文集》上卷,郑州:河南人民出版社1985年版,第144页。

上的思想学说的复杂面貌，仔细梳理思想学说在不同历史时期的作用与影响，避免用简单的视角与结论去审视它们。具备了这样的分析方式，就能较为全面地看待中国思想史上的各种学说。比如长期作为统治阶级官学的程朱理学自晚清以降多被时贤抨击，认为此乃致使中国落后的祸首之一。而嵇文甫在发表于1932年的《程朱论"仁"之阐略》一文里，通过梳理程颢与朱熹对于"仁"的阐释，认为："合观程朱二贤论仁之志愿，俱为阐明仁之全体大用，以传圣人之心，近取诸身，远取诸物，以立仁之基本信条，及综合古来学者部分论仁之意义，而使之具体化，是诚善言仁者也。"[1]具有这样的研究方法与研究立场，是他后来在"马克思主义中国化"运动中能够做出较大学术贡献的重要前提。

此外，近代中国反传统思潮的一个基本认知前提，就是受到近代西方孟德斯鸠、黑格尔式的历史哲学影响，认为中国社会因长期"停滞"而落后。后来的一些左翼学者，虽然在对于"停滞"的性质判断上有别于晚清的趋新士人与新文化运动中的执牛耳者，但他们基本都接受了这种"停滞论"对中国社会的总体判断。如此一来，就不易从学理上，甚至情感上认识到中国传统思想的正面价值。相比之下，嵇文甫在发表于1937年的一篇文章中认为：

> 说中国两千年来没有走出封建社会，这里面并不包含中国社会两千年不变或者说停滞不进的意思。因为在封建社会范围以内，尽有变化，尽有进步。封建社会的本身，就在发展的过程中，经历许多阶段，变换许多形态，根本就不是静止的。一听说两千年停留在封建社会中，就说是两千年不变的社会，这是把封

---

[1]　嵇文甫：《程朱论"仁"之阐略》，载《嵇文甫文集》上卷，第258页。

建社会本身看成不变的了。①

因此,他声称包括中国在内的"东方社会"只是"进步迟缓而已,并不是真停滞"。②这一认识,其实显现出他承认中国传统在漫长的历史流变中具有不同的形态,古代思想学说是动态的,而非本质主义的"铁板一块"。既然如此,在不同的历史时期内,某种思想学说较之先前,就有可能具备一些"进步性"的特征,从而为今日对之进行新的阐扬提供了历史认知上的基础。

正是基于这样的学术理念,在抗战时期"马克思主义中国化"的文化路线下,嵇文甫开始较为系统地思考如何展开"民族文化的新发扬"。但进行这一工作,首先需要的是辨明应在怎样的政治与文化立场上来"发扬"。因为近代中国许多立场各异的政治与文化团体都曾经表达过对于传统的重视。特别是蒋介石政权长期以来把孙中山学说与所谓古圣先贤"道统"结合起来,蒋介石本人更是多次表彰王阳明、曾国藩,不少党国要员与地方军阀也纷纷提倡读经。对于中国共产党而言,这就更需要明确揭示自己的文化主张,避免与国民党政权的相关宣传相混淆,同时明白地告诉知识界与文化界,较为正确地继承传统的方式应该是怎样的。在发表于1940年的《学术中国化问题》一文中,嵇文甫描述道:

> 随着"中国化"口号的提出,一般开倒车迷恋骸骨的先生们又该洋洋得意了。他们不了解或故意歪曲了这口号的正确含义,而一味呐喊其阿Q式的胜利。他们会说:"还是我们的对罢,

① 嵇文甫:《对长期封建论的几种诘难和解答》,载《嵇文甫文集》上卷,第590页。
② 嵇文甫:《对长期封建论的几种诘难和解答》,载《嵇文甫文集》上卷,第591页。

看！你们自己回头了。"

针对此，嵇文甫强调，"学术中国化"并非是要回到国粹派或中国文化本位派的旧路，而是要建立一种"中国自己的新文化"，它是广义上的中国"现代化"运动的一个环节。只是这种"现代化"必须带有中国自身的特征，而非对域外文化的生吞活剥、被动接受：

> 我们要"现代化"，自然免不了要借径于西洋，可是一说要"全盘西化"，那就要使中国依附于西洋，什么都是西洋的好，而中国也将不成其为中国了。这正是中国社会半殖民地的反映，而"全盘西化论"之不餍人意，也正在于此。为着克服这种依附性、半殖民地性和机械性；为着使中国现代化运动更加深化、醇化、净化，于是乎有"中国化"运动之发生。这对于"全盘西化论"，又是一个"否定"，即所谓"否定的否定"。①

关于这一点，在发表于《中国民族文化的新发扬》一文里有更为详尽的分析。在近代中国，由于西力东侵导致中国国势衰颓，不少人开始构建（或曰"想象"）一种带有整体意义的"西学""西方"，视其为新的"道"或"体"，用以审视中国的历史与现实。②在此思路下出

---

① 嵇文甫：《漫谈学术中国化问题》，载《嵇文甫文集》中卷，第45页。
② 关于这一现象，参见罗志田：《从西学为用到中学不能为体：西潮与近代中国思想演变再思》，载《民族主义与中国近代思想》，台北：三民书局2011年版，第98—123页。值得注意的是，史华慈曾指出："很少有人会断言，18、19世纪以来的西方在政治、社会、意识形态等各方面形成了一个轻易可被理解的综合体。"（参见史华慈著，叶凤美译：《寻求富强：严复与西方》，南京：江苏人民出版社1990年版，第1页）但正如论者所言，"西方文明"在18、19世纪里，已成为一重要概念，将"西方"与"东方"做对比，更是由来已久。参见雷蒙·威廉斯著，刘建基译：《关键词：文化与社会的词汇》，北京：生活·读书·新知三联书（转下页）

现的大量论著,要么把中国形象渐渐地整体负面化,要么把中国视为相较于他们所想象的西方而言的"反常"或"特殊"之物,很难从中国自身的历史脉络出发思考问题。因此,要想树立坚实的"民族文化",必须在方法论层面反思这样的态度。嵇文甫认为:"各民族自有其历史遭遇,自有其生活经验,因以形成各种不同的民族文化。只有透过这五光十色错综复杂的各民族文化,而后才可以真正认识出来世界文化的统一性。抹杀民族间的具体差异,而徒高谈世界文化,其结果只能造成空洞贫乏之死公式,不会有什么切实的成就。"①

　　具体到中国,嵇文甫说:

　　　　我们中国历史的发展,自取一条悠缓浑融的路线。在上古既没有像希腊、罗马那样烂熟发展的奴隶制度,在中古也没有像日耳曼、斯拉夫各族那样严峻的农奴制度,在近代又没有形成像英、美列强那样耀眼的资本制度。她的阶级对立,没有西洋那样尖锐;她的时代转变,没有西洋那样急剧。②

为了更好地看出嵇文甫这一观点的特色,可以将其与中国社会史论战期间的马克思主义史家对中国历史的整体把握做一比较。在影响甚广的《中国古代社会研究》一书里,郭沫若宣称:"只要是一个人体,他的发展,无论是红黄黑白,大抵相同。"因此,"由人所组织成的社会也正是一样"。他进而推出结论:"然而中国人不是神,也

　　(接上页)店2005年版,第564—566页。犹有进者,在清末民初的语境里,不可否认的是,时人对于西方,特别是西欧与美国,除去一二超拔之士,基本上将其视为进步的、华美的象征,特别是当拿中国与之做对比时,更是如此。
①　嵇文甫:《中国民族文化的新发扬》,载《嵇文甫文集》中卷,第70页。
②　嵇文甫:《中国民族文化的新发扬》,载《嵇文甫文集》中卷,第70页。

不是猴子，中国人所组成的社会不应该有什么不同。"① 很明显，那时的郭沫若并不承认中国社会有自己独特的发展轨迹，而是强调可以根据马克思主义理论推导出中国社会如何与世界其他地区社会一模一样。这样的思考方式，很大程度上会流于嵇文甫所批评的"空洞贫乏之死公式"，授人口实，无助于马克思主义真正在中国大地上生根发芽。

因此，思考中国传统与中国现代化的关系，必须注意到前者的巨大影响力，注意到中国之所以为中国的基本特征：

> 我们需要现代化，然而怎样能现代化呢？不管自己的文化传统，而随便把些现代事物乱往身上粘附填塞，行不行呢？我们的问题，不是要不要现代化，而是怎样使在这现代化和我们自己历史的发展接上榫而不至脱节，和我们民族内的生命融洽为一而不至害着文化失调症。我们虽不是社会有机体说的信徒，然而也总不赞成"揠苗助长"，不赞成用"外铄"方法改造我们的文化。我们的文化，自有其经纬脉络。只有详审这些经纬脉络，引端抽绪，顺其自然，——引入现代化的道路，才算得真正现代化。②

从中国现代思想史的发展过程来看，如此理解中国、理解中国传统与现代化的关系，不但象征着中国左翼知识分子在理论与实践上越发成熟，开始慢慢改变"对于自己的历史一点不懂，或懂得甚少"的状况；③ 更具体表现了在经历了近代激烈的新旧之争后，中国知识分子在认识上、立场上更为全面与冷静，在分析问题时开始善于从

---

① 郭沫若：《中国古代社会研究》，北京：商务印书馆2017年版，《自序》第3页。
② 嵇文甫：《中国民族文化的新发扬》，载《嵇文甫文集》中卷，第70页。
③ 毛泽东：《改造我们的学习》，载《毛泽东选集》第3卷，第798页。

中国自身出发。

在此基础上，嵇文甫开始反思晚近流行的一些审视中国传统的方式。对于"五四"新文化运动期间钱玄同等人激烈的反传统态度，他强调："时代转变了。现在我们知道中国文化不仅有其丑恶黑暗方面，也还有其美丽光明方面；不仅有小脚、鸦片、姨太太，也还有其哲学、文艺、美术上的各种丰富遗产。"所以，"把过去一切看出秽恶，虽说在某一特殊时期自有其作用，而究非平情之论"。[1] 其实，随着时势的变化，这一认识自然不难形成，包括钱玄同本人，晚年其实也开始重新思考传统的价值。[2] 对嵇文甫而言，更为关键的是要系统反思所谓的"纯客观主义"。他指出：

> 这般学者态度似乎还公允，他们不管什么民族的或非民族的，而只把中国传统文化和埃及、巴比伦等古代文化同样看待，完全当作一种过去的史料。他们研究国故，只是抱着学问上的趣味，并不认为在现实生活中还有什么意义。他们所标榜的是实事求是的客观态度。这种态度自然很好，然而其结果产生一种繁琐学风。[3]

嵇文甫所描绘的现象，很明显是在针对胡适倡导的"整理国故"运动，以及后来傅斯年在中研院史语所提倡的学风。[4] 特别是"整理

---

[1]　嵇文甫：《中国民族文化的新发扬》，载《嵇文甫文集》中卷，第73页。
[2]　关于这一点，参见王锐：《钱玄同对于章太炎学说之取舍》，载《新旧之辨：章太炎学行论》，桂林：广西师范大学出版社2017年版，第91—92页。
[3]　嵇文甫：《中国民族文化的新发扬》，载《嵇文甫文集》中卷，第73—74页。
[4]　在发表于1946年的另一篇文章中，嵇文甫表达了相似的观点，并且直接点名胡适与傅斯年。参见嵇文甫：《不讲哲学的哲学与不立史观的史观》，载《嵇文甫文集》中卷，第368—371页。

国故"运动，众所周知，虽然它将中国传统作为研究对象，但基本态度是批判式与否定式的，因为在彼辈眼里，中国传统只是一堆未经整理、散乱不堪的材料，其内在意义基本被消解。[1]用胡适的话来说，他研究中国古典小说并非是在表彰中国古典文学，只是在训练思想方法。更为重要的是，虽然胡适本人对待中国传统自有其立场，并且在人文研究中严格说来并无绝对的"客观"，研究者"注意点之不同，而各得到自己所需要的材料，是明明受着主观的影响"，但"整理国故"式的考证忽视了对于中国传统的整体把握与价值判断，在形式主义的客观之下，极易导致"一般没有思想，或者正确点说，思想浅薄庸俗的人，就只能提出些浅薄庸俗没意思的问题"。[2]如此一来，中国传统的内在价值将受到忽视，对于中国传统的认识，很有可能会出现一种"博物馆"式的心态。如果承认中国传统自有不可磨灭的价值，那么在研究中就应该杜绝这样的"客观"：

> 我们还要主观的能动的选择一番，把精力用到有价值的方面去。我们不能把我们的民族文化和埃及、巴比伦那些早已僵硬了的文化一例看待。我们要在现代的新基础上把我们的民族文化复兴起来。[3]

本着这样的立场，嵇文甫着眼于阐发儒学的正面价值。

---

[1]　关于这一点，参见罗志田：《从正名到打鬼：新派学人对整理国故的态度转变》，载《国家与学术：清季民初关于"国学"的思想论争》，北京：生活·读书·新知三联书店2003年版，第334—340页。
[2]　嵇文甫：《中国民族文化的新发扬》，载《嵇文甫文集》中卷，第74—75页。
[3]　嵇文甫：《中国民族文化的新发扬》，载《嵇文甫文集》中卷，第75页。

二、儒学的"实践性"

在中国革命的进程中,教条主义曾经对中国共产党造成过严重损害。红军到陕北后,毛泽东系统阅读了不少哲学著作,写下了大量批注,开始思考从哲学层面与党内教条主义做斗争。[①]在《实践论》中,他指出:"只有人们的社会实践,才是人们对于外界认识的真理性的标准。"强调"通过实践而发现真理,又通过实践而证实真理和发展真理"。[②]因此,重视实践,重视调查研究,也成为"马克思主义中国化"的重要组成部分。

此外,在抗战期间,中国共产党领导的文化战线与国民党意识形态簇拥者展开论战。具体到哲学与思想史领域,正如侯外庐回忆的,许多左翼知识分子"都把唯心主义哲学家冯友兰、贺麟视为对立面"。[③]而冯、贺二人在当时恰与国民党政权关系紧密。比如贺麟在谈论知行关系时,硬生生把蒋介石放进来,宣称:"凡是真正受过蒋先生人格的感化与陶冶的人,实在能看透荣辱生死,临难不易变节。""任何真正哲学思想,特别蒋先生自己的哲学思想,乃是基于笃行力行的坚苦收获,乃是行以求知,不行不知,且行且知,换言之,知行合一、甘苦有得的产物。"[④]而针对冯友兰在《新原道》一书里试图

---

① 陈晋:《毛泽东阅读史》,北京:生活·读书·新知三联书店2014年版,第74—79页。
② 毛泽东:《实践论》,载《毛泽东选集》第1卷,第284—296页。
③ 侯外庐:《韧的追求》,载张岂之主编:《侯外庐著作与思想研究》第1卷,长春:长春出版社2016年版,第97页。
④ 贺麟:《知难行易学说与力行哲学》,载姜义华编:《中国现代思想史简编》第4卷,杭州:浙江人民出版社1983年版,第654、655页。

发挥其"新理学"，构建一套极具现实感的哲学体系，[①]杜国庠明确指出："我们认为中国哲学的精神，不是'经虚涉旷'，而是'实事求是'；认为我们为学做人的需要，也是'实事求是'的精神。玄学是反科学的，歪曲事实，有损学者风度，贻误青年事业，尤应纠正。"[②]由此可见，在具体的思想论争中，强调中国哲学中的实践性特征也是马克思主义思想家着力展开的工作。

　　进一步而言，嵇文甫本人也一直致力于挖掘儒学传统中的躬行实践因素。他表彰在"无为"之风甚炽的宋代，在士大夫阶层的阻挠之下，"王安石是个有为的政治家，他要一新百度，把这个积弱民族振兴起来"。[③]针对时人常认为陆王之学语涉玄虚，远离躬行，在发表于1931年的《对于陆王学派的一种观察》一文里，嵇文甫指出陆王之所以重视"良知"，是因为"只要本心作得主宰，那读书、稽古、求师、访友……种种功夫，原都是用得着的"。真正的"致良知"，是要做到"当慎思自慎思，当明辨自明辨，当读书稽古自读书稽古，种种功夫，都从良知出发，都是'天理节文所在'"。因此他认为："陆、王学说，玄妙之中，实自有他们极平实的地方。"[④]很明显，在嵇文甫眼里，重视"有为"，于躬行实践中呈现"道"，实为儒学传统中的宝贵遗产。

----

① 《新原道》的最后一篇名曰"新统"。在该篇结尾处，冯友兰说："所以圣王，专凭其是圣人，最宜于做王。如果圣人最宜于做王，而哲学所讲底又是使人成为圣人之道，所以哲学所讲底，就是所谓'内圣外王之道'。新理学是最玄虚底哲学，但它所讲底，还是'内圣外王之道'，而且是'内圣外王之道'的最精纯底要素。"参见冯友兰：《新原道》，载《贞元六书》下册，上海：华东师范大学出版社1996年版，第856页。
② 杜国庠：《玄虚不是中国哲学的精神——评冯友兰〈新原道〉》，载《杜国庠文集》，北京：人民出版社1962年版，第405页。
③ 嵇文甫：《从王安石变法说到中国历史上的无为思想》，载《嵇文甫文集》上卷，第503页。
④ 嵇文甫：《对于陆王学派的一种观察》，载《嵇文甫文集》上卷，第266、267、269页。

　　基于以上因素,在抗战期间的"学术中国化"运动中,嵇文甫着重挖掘、阐释儒学的实践性格。1943年他出版了一本名为《民族哲学杂话》的小册子。其中,他以几个中国传统哲学的概念为标题,阐述了"民族哲学"中的一些基本内容。在讨论"诚"的概念时,他说:

> 大概先哲讲学,最重亲切体验,具体认识。会得彻时,纵说横说,无非这些字。什么"性"啦,"天"啦,"中"啦,"仁"啦,"诚"啦,虽然各有取意,各从一方面立说,而精神、脉络,实自贯通。倘若咬文嚼字,泥守训诂家的方法,而不能观其会通,"心知其意",那么到处都将成为断港绝潢。[1]

这里所谓的"亲切体验,具体认识",其实就是一种极强的实践性格。而要做到"会得彻",达到"观其会通",同样需要在实践中完成,在具体的事务中体现。这段话可以视为嵇文甫审视中国古代哲学的方法论。即从实践入手,在实践中体悟儒家典籍中的重要概念。而非局限在文字训诂,流于恆饤之学,与实践断绝关系。

　　相似的,在解释"义"与"命"这两种概念时,嵇文甫认为"义"的本意为"人道所当为,是人之本分,人之天职",体现"义"的方式,归根结底还是在于实践,通过行动来完成自己的本分与天职。"如果还没有自尽其道,自尽其'义',便不能算是'莫之致',因之也不能算是'正命'。"因此,他强调儒家"从'义'上讲命,从'人'上讲天"。[2]换言之,儒家主张重视责任,重视义务,君子应本此而行,有

---

① 嵇文甫:《民族哲学杂话·诚》,载《嵇文甫文集》中卷,第93页。
② 嵇文甫:《民族哲学杂话·诚》,载《嵇文甫文集》中卷,第100、101、102页。

所作为。在行动的过程中，义理层面的"义"与"命"遂显现出来。

此外，在《民族哲学杂话》中，嵇文甫还以重视实践为标准，去审视历代儒者的言说。他认为朱熹论"太极图"，要在"中正仁义"上分出"阴阳体用"，实为"越讲越支离"：

> 若以太极为体，则阴静时也是它，阳动时也是它；犹喜怒、哀乐、作止、语默，总是这个人也。然而人总是在那里或语或默，或作或止的；并没有一个既不语又不默，既不作又不止的人。同样，太极总是在那里一阴一阳，一动一静的；并没有一个既不阴又不阳，既不动又不静的太极。假如真有那么个东西，超然独立于阴阳动静以外，那么它也将与阴阳并立而为三，就不成其为太极了。由此可知"用"虽由体而生，但离"用"实亦无从别求所谓"体"。①

这里所谓的"用"，指的就是一种行动、一种实践。"太极"正是在这样的状态中方能显现，实践的重要性也随之凸显出来。当然，嵇文甫如此评价朱熹，对于持不同立场的人来说，自然会有不同的看法。但重点在于，他评判先哲的标准，就在于是否认识到实践的重要性，是否强调"太极""体"这类具有总摄性原理的概念是从实践中产生的。

根据同样的标准，嵇文甫认为王阳明之学也带有极强的实践特征：

> 不离"行"而言"知"，是我们民族哲学的一个特色。……一提到"唯行论"，我们很容易联想起颜李学派，这是当然的，因

---

① 嵇文甫：《民族哲学杂话·一多》，载《嵇文甫文集》中卷，第109页。

为他们专讲实习实行。然而还有一个重要人物我们不应忽略的,那就是王阳明。尽管表面上他讲得那样玄妙不易捉摸。但实际上他也是以"行"为中心的。他的知行合一论,本是正对着从"知"入手的朱学而发。他认为:"未有不行而可以言学者,则学之始固已是行矣。"他从"行"入手去学,有"行"不通处,然后"问",然后"思",然后"辨",都弄明白了,然后再来个"笃行之"。始于"行",终于"行"。①

按照一般的哲学史、思想史叙事,颜元之学的兴起,主要是针对王学末流造成的袖手谈心性学风的反思。习斋之学强调实践,强调研究现实中的各种复杂问题,属于明清之际"实学"的重要组成部分。然而在嵇文甫的论述里,王阳明之学并未脱离实践,他之所以主张明心见性,也是由于在实践中碰到了疑难之处,然后通过形而上的思考,使疑惑得解,进而更好地去实践。这一对王学的基本判断,不仅表现在《民族哲学杂话》之中,同样也是他的代表作《左派王学》(出版于1934年)与《晚明思想史论》(出版于1943年)的核心观点,是构成他解读明代思想流变的重要理论基础。比如在后一本书中,嵇文甫更为扼要地谈道:

他(王阳明)并不反对"知",但求知不能当做"行"以外的另一件事。从行动中,从生活中,自然涌现出来的问题,才是活问题;从行动中,从生活中,自然涌现出来的知识,才是活知识。这种思想,直到现代哲学界才可以见到它充分的健全的发展形态,然而早在四百多年前,阳明已经很明显的启示给我们了。②

---

① 嵇文甫:《民族哲学杂话·一多》,载《嵇文甫文集》中卷,第111页。
② 嵇文甫:《晚明思想史论》,北京:北京出版社2016年版,第18页。

此处提及的"现代哲学界"，联系到当时左翼知识界的用语习惯，很明显指的就是毛泽东的《实践论》。而毛泽东在《新民主主义论》中指出："中国现时的新文化也是从古代的旧文化发展而来，因此，我们必须尊重自己的历史，决不能割断历史。"[①]如果说这代表了"马克思主义中国化"进程中对于中国传统的一个基本态度，那么嵇文甫对于王学，以及对其他中国传统思想的解读，无疑丰富了"实践性"在中国传统中的内涵，也从学理上形成了将中国传统思想中重视实践的品质与当时的新民主主义文化中对实践的强调勾连起来的可能性。

犹有进者，在《晚明思想史论》里，嵇文甫以重视实践的"实学"为主线，重构了晚明思想演变的谱系。按照一般的认知，王学内部在阳明去世后出现了不小的分化。东林党人的兴起，以在学术层面大力抨击泰州学派"猖狂无忌"为职志。而之后的顾炎武、黄宗羲等人，更是较为系统地反思王学在明代的各种弊病。然而在嵇文甫看来，这些看似相反的学说，其实都有着一个共同的趋势，即由虚向实：

晚明思想界有几个明显的趋势：其一，从悟到修，这表现于东林各派的王学修正运动，以及云栖、憨山等尊重戒律，特唱净土；其二，从思到学，这表现于古学复兴，及西学的输入；其三，从体到用，这表现于张居正、徐光启等的事工思想，以及左派诸人的大活动；其四，从理到气，这表现于刘蕺山等的反理气二元论。这几种趋势，矛盾冲突，参互错综，形成一个斑驳陆离的局面。然而进一层追求，观其会通，尚可以看出一个总趋势：即从超现实主义到现实主义是也。从悟到修，悟虚而修实；从思到学，思虚

---

①　毛泽东：《新民主主义论》，载《毛泽东选集》第2卷，第708页。

而学实；从体到用，体虚而用实；从理到气，理虚而气实。①

在近代中国，晚明清初这一段历史受到许多人的重视。或是出于革命光复之意表彰晚明的抗清志士；或是为了引进新知而重新解释晚明清初的重要学说；或是为了继承或反思清代学风而强调晚明清初学术的复杂形态。②在思想史、哲学史领域，晚明清初成为比肩先秦的另一个思想转折的重要时间点。因此，如何解释晚明清初历史与思想的变迁，很大程度上关系到对于中国传统的整体把握，也关系到在文化论争中能否获得充分的话语权。嵇文甫以"实学"的展开作为分析晚明思想变迁的主线，在学理层面有助于人们透过彼时表面上互为激荡的学术主张背后的共性，丰富对于晚明思想史的认识。更为重要的是，他通过具体的研究，强调了重视实践是儒学的优良传统，是在这个时代值得被阐扬的中国文化中"民主性的精华"。③

三、儒学的"平民性"

在《新民主主义论》中，毛泽东指出："新民主主义的文化是大众的，因而即是民主的。它应为全民族中百分之九十以上的工农劳苦

① 嵇文甫：《晚明思想史论》，第223页。
② 关于这一点的详尽讨论，参见秦燕春：《清末民初的晚明想象》，北京：北京大学出版社2008年版。
③ 毛泽东：《新民主主义论》，载《毛泽东选集》第2卷，第707页。近代不少士人，如章太炎、柳诒徵、唐文治等，也在强调儒学的核心之一是注重实践、反对空谈。嵇文甫的言说，从近代思想史的脉络来看，其实与这些人的观点有着一脉相承之处，即从近代中国所面临的危机出发，探讨如何让儒学在解决危机的行动中发挥更大的作用。关于这一点，因牵涉甚广，需撰写另文详论。

民众服务,并逐渐成为他们的文化。"①虽然中国共产党人在抗战期间
强调要重视中国历史,重视从孔夫子到孙中山的中国传统遗产,但这
并不表明中国共产党的文化政策忽视了对于封建的、落后的内容进
行批判。特别是在党的政治路线里,反封建是重要的组成部分。而
对于近代中国而言,所谓"封建的"因素,主要就是指地主劣绅对广
大农民的剥削与压迫,以及维系这种剥削与压迫的政治制度。而在
讨论儒学传统时,不能不承认的是,在中国历史的演变过程中,儒学
长期作为士绅阶层的主流意识形态,很大程度上承担着为士绅作为
社会精英阶层进行论证的任务。及至近代,当儒学受到冲击时,相伴
而来的就是开始质疑、批判中国社会中的士绅支配格局。清末章太
炎与刘师培的很多言说就体现出这样的思想特点。"五四"新文化运
动期间对于"礼教"的批判,某种程度上也直指之所以产生这种"礼
教"的社会等级结构。到了中国社会史论战与中国社会性质论战期
间,不少参与者运用马克思主义理论更为详尽地揭示了中国传统社
会结构的生成机制与运作逻辑,揭示了地主士绅长期以来对农民的
剥削,由此彰显出中国革命必须直面的基本社会矛盾。因此,在阐扬
儒学传统时,如何处理儒学与士绅阶层的关系,是否能从儒学传统中
提炼出区别于皇权与绅权的"平民性",就成为"学术中国化"运动
亟须面对的问题。

　　作为马克思主义者,嵇文甫自然清楚儒家传统的这一特征。晚
清以降,随着民主思潮在中国的传播,一些有心回护中国传统的人士
时常用儒家的"民本"思想比附民主思想。如梁启超在《先秦政治
思想史》中声称:"孟子言政,其所予政府权限并不大。消极的保护
人民生计之安全,积极的引导人民道德之向上,曷尝于民政有所障

---

① 毛泽东:《新民主主义论》,载《毛泽东选集》第2卷,第708页。

耶?"①针对这样的论调,嵇文甫屡次强调中国传统的民本思想与现代政治中的民主理念并非一物。例如对于梁启超所表彰的孟子,他指出:"他(孟子)不相信民众有参与政权的能力,他以为民众只配在生产上下点气力,政治是'君子'们的专门事业,'野人'是不配过问的。这不是和《左传》上说的,'君子勤礼,小人尽力'一样的口调么?世界上哪有这样的民权政治?孟子的理想社会,仍是天子、诸侯、大夫、士、庶人,宝塔式的封建组织。"②

此外,明清之际的士人,如黄宗羲、顾炎武,在近代也被诠释成具有朴素民主思想的先驱人物。黄宗羲的《明夷待访录》在戊戌变法期间更是成为梁启超等人借以宣传民主思想的重要中介。而嵇文甫在撰于1931年的《十七世纪中国思想史概论》里,明确地指出黄宗羲思想中的"绅权政治"论:

> 不管梨洲说得多么漂亮,他总是没有超越了士大夫统治的理想。丞相是士大夫,学校中所教养的也都是士大夫。他以为只要把政权公开给士大夫,不由君主及其左右近习恣意妄为,政治就清明了。这只可谓之绅权政治,而不可谓之民权政治。绅权政治是由贵族政治脱化而来,当时诸大师都抱此理想,而梨洲所言最带急进色彩,可算是当时绅权论者的左翼。但是无论怎样左,他也没有左到民权主义。③

同样的,对于顾炎武的政治主张,特别是他宣称的要"寓封建之意于郡县之中",嵇文甫指出:"这正是当时地主阶级所需要的一种自救方

---

① 梁启超:《先秦政治思想史》,北京:中华书局2015年版,第135页。
② 嵇文甫:《吊民伐罪与民权思想》,载《嵇文甫文集》上卷,第134页。
③ 嵇文甫:《十七世纪中国思想史概论》,载《嵇文甫文集》上卷,第100页。

策。但亭林巩固地主阶级统治的方策犹不止此。他不仅要加强地方官的权力，并且要加强豪家大姓的权力。他很明了当时政权是建筑在豪家大姓之上，他很明了豪家大姓是当时国家的柱石。"①

　　因此，如果要从"大众的"角度去审视儒家传统，那么恐怕很难直接阐发后者思想中如何体现"平民性"，如何在立场上直接"为工农劳苦民众服务"，这样只会流于穿凿比附。而应挖掘儒家传统中按照思想逻辑推理，有机会形成朴素的、初步的"平民性"可能性的要素，或者说在漫长的历史进程中，偶尔露出的一些具有类似于"平民性"的思想萌芽。

　　在这一点上，嵇文甫着重表彰明代思想史中的"左派王学"。在他看来，属于"左派王学"中人，"他们诚不免于'狂'，但'狂'正是王学的特色。王学中最惊动人、最富于刺激性的地方，只有他们最能发挥。讲王学而不讲龙溪、心斋领导下的'左倾'一派，王学的精神至少失掉一半"。②与"左派王学"相对的，是所谓"右派王学"，主要是以江右地区的士人为主。他们多主张"收摄凝聚"，强调"必须从静中培养多年，到枯槁寂寞，一切放下之后，然后良知的真面目迥然呈露"。他们声称"若果然圣愚同视，专凭当下直觉信手做去，不下一种收摄凝聚的功夫，实实'致'他一番，终将流入狂禅一路"。③换言之，彼辈反对"左派王学"泯除士庶差异的作风，反对后者流露出来的"狂"的习气。引申而出的，就是要保持王学的士大夫性格。

　　从"右派王学"所反对处出发，便可看出"左派王学"的基本特征。嵇文甫指出，"左派王学"的"狂"，除了在修养功夫上显露个性，

---

① 嵇文甫：《十七世纪中国思想史概论》，载《嵇文甫文集》上卷，第105页。
② 嵇文甫：《左派王学》，载《嵇文甫文集》上卷，第405页。
③ 嵇文甫：《晚明思想史论》，第48页。

立身行事独具一格,更为关键的是,他们的讲学风格与学术主旨体现了"平民性"的萌芽。他们把王阳明的遗教发扬光大,强调匹夫匹妇皆可成德,经常与贩夫走卒坐而论道,其追随者也多有出身寒素、不在士籍者。而后者的加入,更使得"左派王学"沾染了更为强烈的平民性格。"我觉得左派王学颇带有些下层社会的气氛。随着当时革新和解放的潮流,王学日益左倾,即日与下层社会相接近。却也非有下层社会之推动,王学也不会左倾得那样厉害。"①此外,"左派王学"对普通人所遭受的困苦有着极强的共情意识。只要是看到民众有难,他们便勇于作为,不被教条化的礼法所束缚:

> 孟子不肯再请发棠以救饥民,而说那是冯妇的行径,"众皆悦之,其为士者笑之"。又说:"今有同室之人斗者,救之,虽被发缨冠而往救之可也。乡邻有斗者,被发缨冠而往救之则惑也,虽闭户可也。"这是儒家的正宗思想。若龙溪诸人却不管这些。他们不论斗者是同室,或乡邻,都要被发缨冠而往救之,决不肯闭户。他们不管什么冯妇不冯妇,为士者笑不笑,只要能救饥民,虽三请五请十请八请,"强聒不舍","上下见厌",都可以的。他们不怕负污辱之名,见笑之行。他们尽可以"从井救人"。他们这种行径,不合于"儒",而倒近于"侠"。②

在嵇文甫看来,"左派王学"的出现,从中国思想史的流变来看,主要的意义在于动摇了儒学与士绅阶层相互配合的思想生成机制,局部反映出下层社会的声音:

---

① 嵇文甫:《左派王学》,载《嵇文甫文集》上卷,第457页。
② 嵇文甫:《晚明思想史论》,第118页。

　　中国学术思想向来是由士大夫包办的。只有在社会生活转变，社会秩序动摇的时候，士大夫内部起了分化，下层社会才有机会反映出一些特殊色彩来。当明朝中叶，因商业资本之扩大而深入，社会表面上的繁荣富庶，与社会内心里的冲突纷乱，在在给人以紧张跃动的刺激。于是代表旧地主阶级思想的正统派道学，渐为一部分士大夫所不满。及白沙、阳明出来，对于正统派道学举起叛旗，一扫当时思想界肤廓迂拘的积习，而另注入一种新血液，遂形成道学的左翼。这种道学的左倾运动，给当时思想界以很大的刺激，使崭然成个新局面。[1]

　　虽然"左派王学"的讲学内容由于和士绅阶级所时常诵读者具有高度的同构性，因此未必真能代表下层民众的主要心声，同时也未必能把下层民众从"自在状态"变为"自为状态"，进而能对士绅支配格局进行政治上与经济上的冲击。但是它的意义恰恰在于体现了儒学传统内部的某种张力，即随着社会结构出现变化，会形成一些新的思想侧重点，会吸引一些新的群体参与儒学活动。

　　值得注意的是，在《晚明思想史论》中，嵇文甫征引王心斋的弟子王一庵的这段话：

　　　自古农工商贾，业虽不同，然人人皆可共学。孔门弟子三千，而身通六艺者才七十二，其余则皆无知鄙夫也。至秦灭学。汉兴，惟记诵古人遗经者，起为经师，更相授受。于是指此学独为经生文士之业，而千古圣人与人人共明共成之学，遂泯没而不传矣。天生我师，崛起海滨，慨然独悟，直宗孔孟，直指人

---

[1]　嵇文甫：《左派王学》，载《嵇文甫文集》上卷，第462页。

心。然后愚夫俗子不识一字自人,皆知自性、自灵、自完、自足,不假闻见,不烦口说,而二千年不传之消息一朝复明矣。①

很明显,王一庵认为孔子弟子大多数皆为"无知鄙夫",这并非是对于先秦学术生态的实证性论述,而是从自己的经历出发,相信古今之间心同理同,强调孔门弟子也具有很强的平民性格,从而为自己所处的学术团体正名。此外,他将王心斋的贡献置于儒学发展史中审视,一方面指出秦汉以降儒学衰退之象,一方面指出王心斋通过让平民百姓参与讲学活动中的做法实有重振儒学之功。这其实也体现出他对于儒学传统的高度认同(或者说希望被更为"主流"的儒学话语所接受),辩白其师实属儒学之羽翼,而非圣人之异端。窃以为只有认识到"左派王学"的这一特征,才能更为完整地理解嵇文甫对它的这一基本评价:

> 这班左派分子都主张教学相长,主张"教不倦"即"学不厌",主张"察迩言","取诸人以为善"。他们看那班牧竖樵夫都是共学的师友,都有可"察",都有可"取"。这使他们的意识自然渐渐下层社会化了。晚明狂禅运动风靡一时,实在和这有很大的关系。这种下层社会的思想运动,一方面说是怪诞而驳杂的;另一方面说却是虎虎有生气的。晚明思想界,或多或少,或正或反,整个都受这种影响。②

"左派王学"在讲学方式与讲学内容上确实体现了"平民性",并且让

---

① 黄宗羲:《明儒学案》卷三二《王一庵语录》,转引自嵇文甫:《晚明思想史论》,第232—233页。
② 嵇文甫:《晚明思想史论》,第234页。

晚明思想界"整个都受这种影响"。但是这种影响并未转化为实际
的政治与社会力量，从社会结构中改变士绅支配的格局，使之具有更
为鲜明的"平民性"。[①]这一局面的真正实现，还得依靠嵇文甫所参
与的"学术中国化"背后的政治前提，即让占人口绝大多数的中国民
众成为具有主体意识与能动性的政治力量。而这大概也是中国传统
思想在近代中国得以实现真正转型的最根本动力。

四、结　语

在阐释毛泽东在六届六中全会上的报告时，推动"新启蒙运
动"兴起的代表人物张申府认为："'五·四时期'的启蒙运动有的
地方不免太孩子气了。因此为矫正'打倒孔家店'的口号，我曾提
出'打倒孔家店，救出孔夫子'，就是认为中国的真传统遗产，在批
判解析地重新评估，拨去蒙翳，剥去渣滓之后，是值得继承的。"[②]嵇
文甫在此期间对儒学传统所做的大量阐释工作，可以说也是在"救
出孔夫子"，使儒学能在"马克思主义中国化"进程中发挥应有的
作用。他在坚持党的政治与文化路线的基础上，主张发扬民族文
化，着力于阐释儒学传统中的"实践性"与"平民性"，希望能祛除
长期附加在儒学之上的玄虚风气与士绅色彩，使这种经过改造之后
的新儒学能与马克思主义的基本立场接榫，成为构建中华民族新文

---

① 按照沟口雄三的研究，"地主阶层、乡绅阶层或商人阶层等所谓地方精英的经济
　势力、社会势力不仅没有削弱或后退，反而在整个清代切切实实地得到了扩
　展"。沟口雄三著，郑静译：《中国的公与私·公私》，北京：生活·读书·新知
　三联书店2011年版，第166页。
② 张申府：《论中国化》，载《什么是新启蒙运动》，第144页。

化、弘扬民族精神的新资源。

station站在今天的角度，或许有人会说，嵇文甫对待儒学与马克思主义，其实是把后者置于更为优先的位置，儒学只是被放在第二位。因此，他对于儒学的阐扬，从出发点上已属"异端"。诚然，嵇文甫，包括与他处于同一战线的其他学者，都有着十分坚定的马克思主义信仰。但正是因为他们相信马克思主义能够使近代中国摆脱危机，觉醒的人民能够通过自己的作为来实现翻身解放，所以才有极强的思想动力去认识中国的历史与现实，才会坚信中国的力量在于中国深厚的文化基础，以及继承这些基础的人民群众。他们之于儒学，虽然强调祛除其中的"落后性"与"封建性"，但较之近代秉持文明等级论与殖民主义话语下论述儒学的言说，他们无疑更具有主体意识与能动性；较之借助儒学来文饰自己剥削与压迫行为的政经特权集团，他们力求代表中国大多数人的利益，真正体现儒家"天下为公"的优良传统。就此而言，嵇文甫的儒学论述，对于在当前重新思考中国传统的意义，特别是反思我们在今天究竟需要的是哪一种儒学，是具有"平民性"的儒学，还是带有明显特权色彩，旨在恢复一些与现代性价值极不相符的等级制度与特权思想的儒学，甚至全然不顾晚清以来饱含忧患意识的人们对儒学的剖析、检讨与改造，无疑提供了极具启发的参考。

后　记

　　在我很小的时候，就看到家中书柜上摆着上海古籍出版社出版的罗根泽先生的《中国文学批评史》、刘大杰先生的《中国文学发展史》、朱东润先生主编的《中国历代文学作品选》。当然，对于何谓"文学批评"、中国历代不同文学流派之得与失，自然不是我当时的年纪所能完全明白的，只能粗略记下这些书里提到的一些人名和书名。不过，家中所藏的上海古籍出版社出版的"中国古典文学基本知识丛书"，诸如《曹氏父子和建安文学》《钟嵘和诗品》《孔尚任和桃花扇》《刘熙载和艺概》，却是我能够模模糊糊明白一二的。而"中国古典文学作品选读"里的《汉魏六朝诗一百首》《唐诗一百首》《宋诗一百首》，则是我经常寻章摘句，抄在笔记本上，用来彰显自己能背诵不少古人"名人名言"的绝佳参考。可以说，我能粗识古典，认识到中国古代文化之灿烂，离不开上海古籍出版社当年出版的这些篇幅虽不大，但足可传世的著作。

　　到了我有了比较独立的"买书意识"后，上海古籍出版社的"蓬莱阁丛书"，以及其他近代政学两界人物的文集，包括相关研究著作，便成为我经常购买的书目。犹记2006年初，我有机会赴华中师范大学参加自主招生考试。来到武汉，当别的应考学生都在匆忙复习时，我却去著名的江汉路古籍书店看书,并买了一本上海古籍出版社出版的《龚自珍全集》和汤用彤先生的《魏晋玄学论稿》。当然,如此不把应试当回事,自然不可能考中,虽然后来我还是来到了华中师大读书。2012年,我来上海联系攻读博士之事。稍微安顿好后,第一件事就是跑到福州路上的古籍书店看书买书。只是后来才知道,原来古籍书店的三楼是卖旧书的。四年博士读下来,我也不记得一共去过几趟古籍书店,在那里买过多少本书了。越长大,越深刻感到世事艰难,如行逆旅,有形或无形的羁绊无处不在,遭困厄或被拿捏已成常态。社会上人与人的关系这般复杂,想认真做点事情着实不易。因逼仄而生的内耗使人身心俱疲,那些毫无意义、不知缘何而生的怨念与缠斗,让人想躲也躲不开。唯有读书,能让人摆脱俗务之扰。可是现在愈发觉得,其实读书并不累,但能够为持续性的一心一意读书思考创造条件,则真的很艰辛、很曲折。

粗算起来,我已有近三十年阅读上海古籍出版社出版的各类图书的历史。能在成长过程中读到这么多好书,使我庆幸年华未曾虚度。因此,这次能有机会在此出书,真是倍感荣幸。感谢出版社接纳拙著,感谢黄芬老师的精心编校。

王 锐

2024年2月于南宁民歌湖畔

图书在版编目（CIP）数据

道不远人：近代中国的儒学与儒生 / 王锐著.
上海：上海古籍出版社，2025.4. -- ISBN 978-7-5732-
1535-2

Ⅰ. B222.05-53

中国国家版本馆CIP数据核字第20251VW524号

道不远人：近代中国的儒学与儒生

王　锐　著

上海古籍出版社出版发行

（上海市闵行区号景路159弄1-5号A座5F　邮政编码201101）

（1）网址：www.guji.com.cn

（2）E-mail：guji1 @ guji.com.cn

（3）易文网网址：www.ewen.co

山东韵杰文化科技有限公司印刷

开本890×1240　1/32　印张13.25　插页5　字数320,000

2025年4月第1版　2025年4月第1次印刷

ISBN 978-7-5732-1535-2

B·1443　定价：88.00元

如有质量问题，请与承印公司联系